Bruhn
Was deutsch ist

Joachim Bruhn

Was deutsch ist

Zur kritischen Theorie der Nation

ça ira

Gesamtverzeichnis, Leseproben, Texte:
www.ca-ira.net

Bei dem vorliegenden Buch handelt es sich um die zweite, erweiterte und überarbeitete Auflage der 1994 erschienenen Erstausgabe.

Postfach 273 www.ca-ira.net
79002 Freiburg info@ca-ira.net

Umschlag: Dietrich Roeschmann, Freiburg,
unter Verwendung eines Fotos von Rüdiger Buhl, Kirchzarten
Druck: TZ-Verlag & Print GmbH, Roßdorf
ISBN 978-3-86259-141-1

Die Deutsche Bibliothek verzeichnet diese Publikation in der Deutschen Nationalbibliografie; detaillierte bibliografische Daten sind im Internet über http://dnb.d-nb.de abrufbar.

Für meine Genossinnen und Genossen
von der Initiative Sozialistisches Forum
in Freiburg und anderswo

Inhalt

Anhang

Vorwort zur Neuauflage: Was heißt antideutsch?

von
Manfred Dahlmann

> Kritik meint nicht den halbherzigen »Gegensatz zu den Konsequenzen, sondern den allseitigen Gegensatz zu den Voraussetzungen des deutschen Staatswesens.«[1]
>
> Karl Marx

›Antideutsch‹ ist zunächst ein Etikett, das man Leuten aufgeklebt hat, die es nicht lassen konnten und können, ihren Mitmenschen mit der ständigen Frage auf die Nerven zu gehen, wie sie es mit dem kategorischen Imperativ halten, alle Verhältnisse umzustoßen, in denen der Mensch ein geknechtetes, ein ausgebeutetes und von allen guten Geistern verlassenes Wesen ist. Der so Adressierte goutiert dieses Etikett, insoweit in ihm treffend zum Ausdruck kommt, daß er sich der herrschenden Geschichtsvergessenheit verweigert und auf der Erfahrung beharrt, daß die auf der Grundlage der Kapitalvergesellschaftung zwar keineswegs einzulösenden, aber doch wenigstens virulent gehaltenen Hoffnungen auf eine Gesellschaft ohne Zwang dann unwiederbringlich einkassiert werden, wenn sie sich in ihren deutschen Formen organisiert. Antideutsch denken und handeln heißt demzufolge, die politischen Vermittlungs- und Repräsentationsformen von Gesellschaft und Staat, die auf der Trennung von freien und gleichen Warenbesitzern einerseits und am Allgemeinwohl orientierten Staatsbürgern andererseits beruhen, gegen die zu verteidigen, die sie zugunsten eines autoritären Volksstaates überwinden wollen, dessen Subjekte von nichts anderem als von seiner Wohlfahrt abhängig sind. Wer in diesem Sinne das Etikett ›antideutsch‹ nicht auch auf sich bezieht, mißachtet zumindest die

1 Karl Marx, *Kritik der Hegelschen Rechtsphilosophie*, Marx-Engels-Werke Bd. 1, Berlin-Ost 1979, S. 390.

Gefährlichkeit der – selbstredend nicht auf Deutschland und deutsche Staatsbürger beschränkte, sondern immer schon weltweit grassierende – deutschen Ideologie, deren historischer Kern darin besteht, daß auf ihr Konto nicht nur die ›normale‹ kapitalbedingte Ausbeutung und Herrschaft, nicht nur die dem Kapital aus Prinzip immanenten Kriege und nicht nur der ihm in seinen Grund eingeschriebene Antisemitismus (und ergo: der Antizionismus) gehen, sondern fördert das Fortleben einer Ideologie, der zudem noch die historisch und empirisch nicht zu leugnende Tatsache inhärent ist, daß die deutsche Fassung der Beziehung von Staat und Gesellschaft die Auslöschung der Menschheit in zwei Weltkriegen im allgemeinen und den mörderischen Antisemitismus im besonderen beinahe total verwirklicht hätte. In der Existenz des Staates Israel manifestiert sich der Einspruch gegen den historisch bewiesenen Vernichtungswahn der deutschen Ideologie praktisch.[2] Die Haltung gegenüber Israel gibt demnach das entscheidende Kriterium dafür ab, wo genau die Grenzlinie zwischen deutsch und antideutsch zu ziehen ist.

So sehr sich also die antideutsche Ideologiekritik historisch begründet – sie verweigert sich dennoch dem typisch linken Ansinnen, sich der Geschichte in der Absicht zuzuwenden, dort Anschluß an eine ihr gemäße politische Bewegung zu finden. Der Antideutsche maßt sich an, auch geschichtliche Prozesse dem Primat der Vernunft zu unterwerfen; und in dieser Hinsicht weist er das Etikett ›antideutsch‹ umgehend zurück: Er weiß um die Unvernunft partei- und bewegungspolitischer, das freie Denken verhindernder Programmatik und Theorie. Er verurteilt deshalb entschieden jeden Versuch, die Bezeichnung ›antideutsch‹ zum Aufbau einer positiven Gruppenidentität zu mißbrauchen, komme dieser von außen oder von innen. Was aktuell unter dem Label ›antideutsch‹ firmiert, besteht denn auch aus nichts weiter als einem Gemenge von Einzelpersonen, die allerdings, und das kann und braucht gar nicht verschwiegen zu werden, eine Reihe von Essentials gemeinsam haben.

2 Siehe dazu auch: Initiative Sozialistisches Forum, *Furchtbare Antisemiten, ehrbare Antizionisten. Über Israel und die linksdeutsche Ideologie,* Freiburg 2002.

Dazu gehören neben den schon genannten auch die biografischen Gemeinsamkeiten einiger der Älteren unter ihnen: Diese verweigerten sich dem Aufgehen der Nach-68er Bewegungen in die Partei der Grünen, nachdem sie theoretisch die marxoide Arbeitswertlehre und politisch den Stalinismus, Leninismus und Trotzkismus hinter sich gelassen hatten. Sie beharrten auf der Notwendigkeit der Abschaffung von Staat und Kapital und Politik und Nation; sie unterließen den Unfug etwa der RAF, das Parteiprogramm der Grünen mit den Weihen revolutionärer Gewalt zu versehen und sie fanden es ganz erfreulich, daß zumindest Teile der Linken sich dem Wiedervereinigungstaumel mit der Parole ›Nie wieder Deutschland!‹ widersetzten, ahnten aber wohl damals schon, wohin das führen mußte: Wie seit je, hat auch diese Linke keine praktischen Konsequenzen aus ihren Absichten gezogen, sondern sich als deutsch erwiesen, das heißt sie handelte und dachte im Namen eines anderen, angeblich besseren Volksstaates Deutschland – und sei es, indem sie ihr Anliegen so vehement und abstrakt gegen Deutschland richtete und so schließlich bloß einen Antiimperialismus gegen Deutschland vertrat. Die Antideutschen mußten auch und gerade dieser Linken schließlich nachweisen, daß der in ihr fortwesende Antizionismus und Antiamerikanismus, ihr Philo-Islamismus nichts anderes sind als moderne Varianten des urdeutschen Antisemitismus. Und den Antinationalen mußten sie recht bald schon begreiflich machen, daß es Unterschiede gibt in Begriff und Sache der Nation, aufgrund derer eine Gleichbehandlung aller Nationen in der Kritik theoretisch und praktisch völlig fehl am Platze ist.

Der heute so genannte Antideutsche wußte seit je, daß es zwischen Wert-, Staats- und Ideologiekritik nicht die geringsten Unterschiede geben kann; sie sind ein- und dasselbe. Er weiß, daß sich die linke Theoriebildung, spiegelbildlich zur linken Praxis, mit Ausnahme der der Kritischen Theorie, seit den Auseinandersetzungen zwischen Marx und Bakunin auf dem absteigenden Ast befindet. Somit sollte es nicht verwundern, daß in die Essentials antideutscher Kritik, über die Kritische Theorie Adornos, Horkheimers u. a. hinaus, Einflüsse eingegangen sind, die auf Theorien zurückgehen, deren Verfasser, wie etwa Freud und Arendt, kaum je dieser Linken zuzurechnen waren. Selbst erzreaktionäre Apologeten des deutschen Wegs, man denke an Carl Schmitt, tragen, wo es um die Reflexion der wirklichen Prozesse kapitalistischer Reproduktion geht, wie unfreiwillig auch immer, mehr zu deren Erkenntnis bei als jede explizit linke Theorie seit Marx.[3] Einig ist man sich unter Antideutschen weiterhin, daß der Heideggerianismus jeder Spielart, mit Ausnahme vielleicht gewisser Momente bei Sartre, schonungslos der Kritik unterliegt – auch wenn dieses Denken, etwa im Poststrukturalismus, als scheinbar ungefährliche Mode nur unter Akademikern Verbreitung gefunden hat und dieser in all seinen Schattierungen die philosophische Grundlage der deutschen Ideologie bildet.

Der Antideutsche ist per definitionem im kulturellen und akademischen Betrieb so wenig anschlußfähig wie im politischen – worauf er sich keinesfalls etwas einbildet. Aber er besteht darauf, daß Kritik nur dann etwas gilt, wenn sie nichts anderem verpflichtet ist als der Vernunft. Er verzichtet deshalb auf den Habitus des angeblich über den Dingen stehenden, Vor- und Nachteile säuberlich sortierenden Experten in der Hoffnung, daß die Wirklichkeit ihm und seinen Befürchtungen doch noch Unrecht gibt. Er läßt es den Theoretikern nicht durchgehen, wenn ihre Denkgebäude darauf hinauslaufen, die Unterscheidung zwischen Opfern und Tätern zu verdrehen oder auch nur zu verwischen, wenn die Intellektuellen und andere Kopflanger die Verantwortlichkeit des Individuums für die herrschenden Zustände in eine angeblich historische, ökonomische, systemtheoretisch-strukturale oder auch nur anthropologische Gesetzmäßigkeit verschwinden lassen. Er ist von Haus aus negativ – was in einer Gesellschaft, die auf *positive thinking* geeicht ist, kaum auf Gegenliebe stoßen kann. Die Vorwürfe, einen absoluten Wahrheitsanspruch zu vertreten, arrogant im Auftreten zu sein, also sich um das ›Vermittlungsproblem‹ nicht zu kümmern, sind ihm so gewiß, wie er weiß, daß das Geschwafel akademisch geführter ›Diskurse‹ für die Emanzipation der Menschen folgenlos bleibt.

3 Siehe dazu auch: Jörg Finkenberger, *Staat oder Revolution. Kritik des Staates anhand der Rechtslehre Carl Schmitts*, Freiburg 2015.

Der Antideutsche ist sich nicht zu schade, waschechten Konservativen auch einmal recht zu geben, wenn diese sich, aus welch fadenscheinigen Gründen auch immer, gezwungen sehen, das Richtige zu tun, das heißt, wenn sie die deutsche Ideologie bekämpfen und die Existenz Israels sichern. Der Antideutsche ist sich seiner selbst als Kommunist so sicher, daß es ihm egal ist, wenn ihm Linke ein Paktieren mit dem Klassenfeind vorwerfen, wenn er etwa den Krieg der USA gegen den Irak im besonderen und gegen den islamfaschistischen Terror im allgemeinen aus sehr triftigen, weil materialistischen Gründen begrüßt und würdigt (und kritisiert, wenn dieser nicht entschieden genug geführt wird). Er tut dies schließlich auch aus seinem ureigensten Interesse, denn er weiß, wie übrigens jeder Linke auch (nur gibt der das nie offen zu), daß sein Überleben als Kritiker und Kommunist davon abhängt, daß die deutsche Ideologie und deren mörderische Praxis nicht doch noch den Sieg über die liberale davon trägt.

In all dem macht er selbstredend den Staatsfetischismus nicht mit, der die Volksfrontstrategien und Bündnispolitiken dieser Linken bisher angetrieben hat: nämlich den Kampf für den Kommunismus aufzuschieben, um sich ›zunächst‹ der Verwirklichung der bürgerlichen Freiheits- und Gleichheitsrechte zu verschreiben (als ob die nicht seit über zweihundert Jahren längst im Zentrum des kapitalistischen Weltmarktes genau in der einzigen Form durchgesetzt sind, in der sie sich auf der Grundlage des Kapitals überhaupt verwirklichen lassen). Vom Recht, und damit vom Staat, zu verlangen, eine gerechte Gesellschaft herzustellen, das heißt sein Gewaltmonopol vernünftig zu gebrauchen, ist und bleibt grober Unfug – weder Staat noch Recht lassen sich je als Instrumente zur Herstellung herrschaftsfreier Verhältnisse verwenden. Der Versuch, das Recht für linke Interessenpolitik zu vereinnahmen, kennzeichnet mehr den Versuch, Herrschaft ausüben zu wollen, statt Herrschaft abzuschaffen. Dieser Staatsfetischismus läuft immer auf dasselbe hinaus, nämlich darauf, daß die zu Subjekten formierten Individuen sich nicht als freie und gleiche, in Konkurrenz zueinander stehende Staatsbürger verstehen, sondern als Volksgenossen einer schützenswerten kulturellen Gemeinschaft, das heißt als Deutsche. Unter den Bedingungen allgemein durchgesetzten bürgerlichen Rechts gehört die Bekämpfung der in der kapitalistischen Gesellschaft mit Notwendigkeit fortdauernden Ungerechtigkeit nicht in das BGB geschrieben, sondern sie hat dort zu erfolgen, wo sie allein noch stattfindet: in den politischen und privaten gesellschaftlichen Beziehungen; und sie hat sich dort vor allem auch gegen die völkischen, religiösen und rassistischen Selbstzuschreibungen der Subjekte zu richten. Die Verteidigung der von der Aufklärung erzwungenen Trennung eines die Bedingungen der Kapitalreproduktion rechtlich absichernden Staats, der die für jeden Staatsbürger gleich geltenden Rechte und Pflichten jenseits ihrer tatsächlichen Unterschiede organisiert, und einer Gesellschaft, in der diese Unterschiede ausgetragen werden können und sollen, ist deshalb das Essential antideutscher Kritik, weil eben diese institutionelle Trennung eine der wenigen Sicherungen gegen die deutsche, gegen die barbarische Aufhebung des Kapitals auf dessen eigener Grundlage darstellt, die genau so lange nicht zerstört werden darf, bis der Kommunismus die Vorgeschichte der Menschheit abgeschlossen haben wird – ganz abgesehen davon, daß der Kritik nur so der politische Raum zur Verfügung steht.

Der Antideutsche weiß somit gar nicht so recht, ob der Kommunismus heute noch als ›links‹ daherkommen kann oder auch nur sollte, zumal der Materialismus die Subversion der Politik ist.[4] Dies ist eine der vielen offenen Fragen, über die weiterhin zu streiten sein wird. Keinen Streit aber kann es darüber geben, daß es unabdingbar zur Vernunft gehört, der exstierenden Unvernunft mit einem gehörigen Schuß Pragmatismus zu begegnen, also einer Pragmatik, die die Verarbeitung neuer Erfahrungen ermöglicht und die vollkommen anders geartet ist als die, über die sich ›linke Politik‹ in ihrer Praxisversessenheit geradezu definiert: nämlich aus ideologischer Borniertheit immer wieder dasselbe zu tun und dies dann noch als Fortschritt zum Sozialismus, ergo: zum Staat des ganzen Volkes zu verkaufen.

Der antideutsche Kritiker lehnt es aus all diesen Gründen ab, konstruktiv zu sein; er will entschieden das Gegenteil, zielt er doch

4 Siehe dazu auch die Schriften von und über Johannes Agnoli; Initiative Sozialistisches Forum, *Der Staat des Grundgesetzes*, in: Ders.: *Das Konzept Materialismus. Pamphlete und Traktate*. Freiburg 2009.

auf die Destruktion der tief in Kopf und Gefühl verankerten Fetische von Staat, Geld, Nation und Kultur – unter pragmatischer Berücksichtigung der historisch bedingten Unterschiede und Machtverschiebungen. Er führt dabei jedoch nie einen Dialog mit Leuten, die sich nicht von Grund auf von denjenigen distanzieren, die die Juden oder, was dasselbe ist, den Zionismus für ihr und anderer Leute Unglück verantwortlich machen. Ebenso denunziert er jede Verhandlungsbereitschaft denen gegenüber, die, bevor sie sich als Staatsbürger und Marktsubjekte definiert haben, als Angehörige einer Religions- oder Volksgemeinschaft anerkannt, ›respektiert‹ werden wollen. Da jede Fetischkritik aggressive Abwehr erzeugt, muß der Antideutsche, ob er will oder nicht, provozieren. Nicht also provoziert er um der Provokation willen, wie ihm unterstellt wird, sondern weil er dem Kritisierten eben den Spiegel vorhält, der sein Denken und Handeln als fremdbestimmt und somit nicht als Resultat eigener Reflexion ausweist. Er macht dabei vor niemandem halt: der Arbeiter wie der Arbeitslose unterliegt schließlich denselben Verblendungen wie der Kapitalist – und dieser erst recht. Der Antideutsche hat also dem altlinken Wahn abgeschworen, es sei die vom Kapital mit Notwendigkeit herbeigeführte Pauperisierung der Massen, ihre Verüberflüssigung für das Kapital, die sie für vernunftgemäßes Handeln prädestiniere. Das genaue Gegenteil ist der Fall: diese Massen laufen zur deutschen Ideologie über, wenn Politik und Staat ihnen diesen Weg nicht versperren. So wie die rechten Populisten ihnen auf diesem Weg vorauslaufen, so laufen ihnen ihre linken Apologeten, von den *no globals* bis hin zu den alten und neuen Sozialdemokraten, hinterher. Der Kommunismus hingegen baut weiterhin auf nichts anderes als auf die bewußte Tat der Einzelnen, die es verabscheuen, ein gutes Leben nur führen zu können, wenn die meisten Menschen unter dem Zwang zur Arbeit ein menschenunwürdiges Dasein fristen müssen. Wenn diese Hoffnung trügt, wenn die Massen freiwillig ihre Knechtschaft wählen, wird er niemals sein. Denn entweder das Proletariat ist oder es ist nicht, entweder der Kommunismus ist nicht oder er ist.

»Wir sind Deutsche – was seid Ihr?«
Über das Recht auf nationale Selbstbestimmung und die Pflicht zur totalen Herrschaft

Der Nationalwahn, der eine Zeitlang nur am Rockzipfel von Abendland und NATO ganz hinten in der Türkei sich austoben konnte, die Leidenschaftlichkeit der Volksstämme, die sich bislang in bestenfalls folkloristisch relevante Reservate von Armenien übers Amselfeld bis Irland und vom Baskenland über Tirol und Schlesien bis nach Litauen abgeschoben fühlte – Wahn und Volk haben ihr organisches Zentrum, ihre leibliche Mitte wiedergefunden: die Wüstenei um das Brandenburger Tor und den Reichstag, eine Gegend, die immer noch so öde und so leer aussieht, wie sie, aller Wahrscheinlichkeit nach, schon bald wieder sein wird.

Die schlichtweg umwerfende und hinreißend niederschmetternde Einheitsfront, die darauf gegründet ist, daß sich alle gegeneinander auf den gleichen Rechtstitel berufen, bereitet den Untergang vor: Ob einer, wie im rechtsradikalen Schmierblättchen *Europa vorn*, die ›Selbstbestimmung für Tirol‹ fordert, oder einer lieber die Basken mit dem mao-stalinistischen Slogan ›Völker wollen Befreiung‹ charmiert, bleibt die unerhebliche Geschmacksfrage, über die man sich unbedingt streiten muß. Was dem Staatsbürger als bloßem Konsumenten im System des Pluralismus polizeilich untersagt ist: den Nachbarn mit seiner Vorliebe fürs Deodorant der Marke XY um Schlaf und Verstand zu bringen, genau das wird ihm als Kleinaktionär der je nationalen ›Solidargemeinschaft‹ (Helmut Kohl) mit allem Nachdruck gestattet. Wer der Werbung für ein Produkt der *absoluten* Spitzenklasse bis zur Bereitschaft auf den Leim geht, etwaigen Kostverächtern seiner Lieblingsware den Krieg zu erklären, der kommt in die Klapsmühle; wer aber der Nationalreklame sich verweigert und das Volk XY, das aber das seine zu sein hat, als Ware minderer Güte verschmäht, der wird als Relativist gescholten und exkommuniziert. So nimmt die Masse der nur zeitweilig mit produktiven Aufgaben betrauten Staatsbürger, die einstmalige Klasse der mittlerweile ›abhängig Beschäftigten‹, im Bewußtsein ihrer je individuellen gesellschaftlich organisierten Überflüssigkeit dankend das Angebot an, sich nützlich zu machen und zur Belohnung sich einmal selber ›unabkömmlich‹ melden zu dürfen. Der Nationalwahn ist die Maske vor der ökonomisch organisierten und politisch verwalteten sozialen Nichtigkeit des Individuums, ein Schleier und eine Tarnung, nach der es doch gieren muß.

Nichts bringt daher den Nationalwahn, die Ideologie der atomisierten Masse, mehr in Schwung als die allseits sorgsam kaschierte und gleichwohl alle mächtig nervende Wahrheit, daß man gegen die geballte Macht von Kapital und Staat als Mensch nur ein Nichts, als Staatsbürger meist wenig mehr als ein Niemand, als Volksgenosse jedoch ein immer gern gesehener Mitmacher ist. Das »Volk ohne Angst«, das der *Spiegel* im Osten entdeckte, bezieht seine Energie und durchschlagende Wucht aus der namenlosen Angst des Einzelnen, die ihn zur Vorwärtsverteidigung mobilisiert. Der selber pathologische Charakter des Versuchs, die bürgerliche Krankheit der sozialen Nullität mit einer gehörigen Dosis ›nationale Identität‹ zu kurieren, besteht im Gesundbeten der Krankheit, im Wunderglauben der abgeklärten Kommunikationsgesellschaft, eine Lüge werde dadurch war, daß alle sie unter Eid als Wahrheit bezeugen. Nur ist es damit unter Umständen noch nicht getan. Denn was der ordinäre Nationalismus, wie er unter Demokraten gang und gebe ist, in der Reklame fürs Modell Deutschland höflich verschweigt, das muß dem Individuum im Ausnahmefall, der die Krise ist, die gesteigerte und selbstbewußte Form dieses Nationalismus, *der Nationalsozialismus,* auf den Kopf zusagen, auch wenn es das Individuum vermutlich eben diesen kosten wird: *Du bist nichts, Dein Volk ist alles!*

Weil aber die autonome Verfügung übers unverwechselbar eigene Wesen, die das Recht auf nationale Selbstbestimmung ausmachen soll, schon daran scheitern muß, daß keiner weiß, was das eigentlich sein soll: *deutsch,* darum gesellt sich zur Verblendung die Enttäuschung, und dem individuell erzwungenen Wahn folgt die kollektiv gewollte Wut. Das *deutsche Wesen,* das doch so ungeheuer positiv sein soll, kann nirgends anders sich zur Geltung bringen als in der Verfolgung, kann unmöglich anders sich darstellen als ex negativo in der Fahndung nach den ›Undeutschen‹. Der Wille zur Identität erzwingt als seine Rechtfertigung und sein gutes Gewissen die Vorstellung, man müsse die ›Minderwertigen‹ verfolgen und die ›Überwertigen‹ vernichten, damit das eigene Wesen freie Bahn bekommt. Der Nationalist ist daher die »verfolgende Unschuld« (Karl Kraus) in Person. Er ist es, der sich umzingelt und verfolgt wähnt; er setzt sich daher, wie es das Parteiprogramm der *Republikaner* will, »für das Lebensrecht und die Menschenrechte aller Deutschen ein« – so energisch, als organisierten die Juden und die Türken schon wieder den Teutozid; er fordert die Wiedervereinigung »auf Grund des – auch für das deutsche Volk geltenden – freien Selbstbestimmungsrechts«, als würde es ausgerechnet ihm verweigert. Wie zum Hohn aber demonstriert ihm gerade sein heiligster Ort das absehbare Ergebnis seines neuerlichen Dranges nach nationaler Selbstverwirklichung: die Ruinenstätte über dem Führerbunker, die die letzte Volksgemeinschaft hinterließ, ist die Architektur der deutschen Utopie. Und so ist dem Stakkato der ›Wir sind Deutsche! Wir sind Deutsche!‹-Sprechchöre aus Leipzig, der neuen Hauptstadt der Bewegung, schon die verzweifelte Wut abzulauschen, daß dieses Mal wieder nichts draus werden wird – nichts außer Mord, Totschlag und Vernichtung.

Wer nicht weiß, daß etwas gar nicht ist, der muß, deutscher Logik zufolge, wollen, daß es unbedingt sein soll. So wird aus Herkunft Zukunft, und aus Dummheit Philosophie. Wie der metaphysische Durst der Deutschen auf ihr wahres Wesen in einem zünftigen Besäufnis zu stillen sei, das hat der Nationalpräses Richard Weizsäcker in seiner volksgemeinschaftskundebuchreifen Rede gegen den 8. Mai 1945 schlagend demonstriert. »Die Deutschen und ihre Identität – zwei Fragen sind damit zusammengefaßt. Die eine heißt: Ich gehöre zu einem Volk, dem deutschen Volk. Welche Merkmale haben wir Deutsche als Volk? Sodann aber, und das ist die zweite Frage, bin ich ein Mensch.« Daß nach der zweiten das Fragezeichen tatsächlich fehlt, liegt nicht an des Präses mangelhafter Grammatik, sondern daran, daß ›deutsch fühlen‹ und ›Deutsch können‹ einander notwendig ausschließen: Die Ideologie des Nationalwahns spricht sich gerade gegen die aus, macht genau die Deutschtumslehrer zu Verbalidioten, die sich auf Sprache und Kultur, auf Goethe und Turnvater Jahn mächtig viel einbilden. Aus Weizsäckers fragezeichenloser Schönhuberei folgt klipp und klar, daß die Leute bloße Exemplare der Gattung ›Deutsche‹ sind, sich dementsprechend aufzuführen haben und sich, als blöde Attrappen und Erscheinungen des deutschen Wesens, nicht etwa als Gesellschaft, sondern als ein und einiges Volk zu benehmen haben. Dieser Regel für völkischen Benimm ist der Mensch als Deutscher ein sprechender Affe, der dazu ermuntert wird, außer Almosen, Bananen und Wüstenrot vom Leben nichts mehr zu erwarten und aus Dankbarkeit dafür wie besessen am Leierkasten der Nationalhymne zu kurbeln.

Auf die Frage: was ist deutsch? kann weder so noch so, nicht im Schluß vom Schein aufs Wesen noch in der Folgerung vom Wesen auf den Schein eine Antwort gegeben werden. Daß ein glattes Nichts keine Fragen stellen und keine Antworten geben kann – das kommt den Dealern der legalen Droge ›Volk‹ und ihrem Boß mehr als nur gelegen. Denn das ›deutsche‹ Wesen würde nichts taugen, es wäre abartig und minderwertig, könnte man es so penibel definieren wie es das Strafgesetzbuch mit Mord und Totschlag tut. Was der Justiz recht und billig ist: alles fein säuberlich ins passende Kästchen, das ist dem Nationalstaat, der Reklame machen muß, viel zu rationalistisch: Im System des Nationalwahns gilt nur der Satz »Undeutsch ist und weg muß, wer ...« als schlüssiger Beweis, und darum hat man 1945ff. die Mörder laufen lassen müssen, weil man für ihre undeutsche Haltung partout kein einziges gerichtsverwertbares Indiz und Zeugen nur vom Hörensagen finden konnte. Deutsche Wesensschau und arische Esoterik verabscheuen das Greifbare und Konkrete, weil man handfest werden will. Richard Weizsäcker hat, wie alle postmodernen Patrioten, seine Lektion aus der politischen Pleite von Hitlers Lehrmeister Jörg Lanz von Liebenfels gelernt: Der ging politisch bankrott, und ein anderer hat Führer werden müssen, weil Lanz, befangen darin, ›deutsch‹ zu definieren, sein Zentralorgan *Ostara* eine *Zeitschrift für Blonde* nannte. Wer es allzu genau wissen will, der verdirbt sich den Markt. Die Zeitung hat eine Allgemeine zu sein, denn Glatzköpfe sollen auch mitmachen, und das Wesen der Deutschen hat in der Schwebe zu bleiben, weil die deutschen Grenzen erst noch definitiv nach den Vorgaben von mindestens 1937 festgelegt werden müssen. Aus Herkunft und Abstammung sollen Zukunft und Vernichtung werden. Also sagt Richard Weizsäcker, es sei einzig »unsere Sache, dem Begriff ›deutsch‹ einen Inhalt zu geben. Mein Deutschsein ist kein unentrinnbares Schicksal, es ist eine Aufgabe«. Erst wenn die Undeutschen ihrem Schicksal nicht mehr entkommen können, ist die Hausaufgabe: Beantwortung der deutschen Frage, fürs Wesen befriedigend gelöst.

Vorerst begnügt sich der demokratische Nationalismus damit, die ideologischen Fetzen für die Schnitzeljagd aufs völkische Losungswort: ›Rasse allerorts‹ auszustreuen. Es mag immerhin sein, daß der Präses nicht weiß, was er sagt, und daß ihm die Ideologie im Unbewußten sitzt, so tief, daß die dialektische Theorie der Charaktermaske stimmen würde, und daß er tatsächlich, einmal als Mensch betrachtet, besser und vernünftiger wäre, als dies seine ›Rolle‹ als deutscher Politiker glauben macht. Aber die objektive Logik der ideologischen Form geht über derlei Kleinkram und inneren Vorbehalt hinweg. Der Teufel ist ein Eichhörnchen, und die Nationalexorzisten vom Schlage Schönhuber und schlimmer sind die faktischen und legitimen Kinder des Präses. Vor dem 9. November 1989, allerdings der ›Tag der Deutschen‹, ging es darum, Staat und Volk auf die Fahndung nach der verlorenen ›nationalen Identität‹ zu schicken; jetzt, mitten im kleinlauten Zusammenbruch des Staatskapitalismus im Osten, steht die Erkenntnis an, daß kaum etwas verloren ging und in Zukunft unentrinnbare Aufgaben *en masse* zu bewältigen sind. Medium und Motor dessen ist die allgemein um sich greifende Sucht, seinen Senf zur Definition des deutschen Wesens zu geben, ein Nationalgebrabbel, das zum irrsinnigen Getöse anschwillt. Die Sinngebung des gar nicht Vorhandenen schreitet voran; der Wunsch, zu wissen, was das eigentlich ist und was das bedeuten mag: deutsch, Volk, Nation, wird zum Trieb, zur Sucht. Wo dunkler Rauch aufsteigt, da muß einfach ein Feuer lodern, sonst war alles umsonst. So zündet man es an und heizt ein. Gerade wer sich zu kurz gekommen fühlt, will sich hervortun und eine neue – seine – Definition von Nation durchsetzen: So wird, im Kampf um Geschmacksfragen und nichts als Meinungen, das eine und einzigartige Volk tatsächlich produziert – als Volksgemeinschaft, so, wie es seinem Begriff praktisch entspricht, als blinder und gewalttätiger Naturzusammenhang. Ameisenstaaten sind schlagkräftiger, als humane Gesellschaften es wären, die Einheit, Disziplin, zentrales Kommando und Volkssouveränität als Inbegriff von Hierarchie noch nicht einmal dem Namen nach kennen würden. Die im Abseits sich Wähnenden brüten menschenfreundliche Begriffsfüllungen aus. So der Sozialdemokrat Eppler am ›Tag der Deutschen Einheit‹ 1989 vor versammeltem Parlament: ›Zu einer Nation gehört, wer sich dazu bekennt‹. Das klingt nett: Ein Herz für Ausländer. Aber es kommt der nationalen Ideologie auf diesen oder irgend einen anderen Inhalt gar nicht an – Hauptsache, die Frage, wer gehört vielleicht dazu, wann, warum und wieso, inwiefern und inwieweit, und wer garantiert nicht, wird mit Interesse erwogen, akademisch bedacht und am Brandenburger Tor heiß diskutiert: Der Rest – die politische Entscheidung – wird sich finden, wenn es dem Kapital not- und dem Profit guttut. Es geht um die Frage als solche, und um gar keine Antwort. In ihr steckt schon der Terror, die Selektion. Das ›Rätsel der Nation‹, über das der Geopolitiker Rudolf Kjellén in den zwanziger Jahren gerne gemeinsam mit Rudolf Heß spekulierte, kennt nur eine formale Lösung, die eben, als formale, schon Inhalt genug ist: »Die Nation im Verhältnis zu ihren Mitgliedern ist die Person, die alle ihnen gemeinsamen Eigenschaften besitzt und nur diese.« Solche allgemeine Qualität kann nichts sein, was im Leben eines wirklichen Individuums statthätte – nicht die Sprache, denn wer beherrscht die schon? Weizsäcker? Nicht die Kultur, denn welcher Deutsche versteht schon Kant, Hegel, Marx? Habermas? Und nicht das Blondhaar. Und so weiter und so fort: Einheit ist nicht in Sicht. Es kann sich nur um eine dem konkreten Individuum völlig fremde, ganz und gar abstrakte, unvorstellbare Allgemeinheit handeln, vor der alle gleicher sind als gleich, nicht als Gleichgedachte, sondern als Gleichzumachende: Ihre Sterblichkeit, genauer, weil ja die Nation nur irdischen Seelentrost bereithält, ihre Umbringbarkeit.

Mord liegt in der theoretischen Perspektive der ideologischen Form selbst; Totschlag wartet am Ende der schiefen Bahn, auf der Nation, ihrem Begriff getreu, immer schon steht, längst bevor irgendeiner daran gedacht hat, den Meinungsaustausch über nationale Fragen ins Rollen zu bringen. Nicht jeder Ideologe zieht auch persönlich die praktische Konsequenz seines Gedankens, aber jeder hilft, sie vorzubereiten. Wer aber, wie der Vorwärts-Leitartikler Peter Brandt, der Ansicht ist, »das Nationale existiere an und für sich nicht« (1/1990, 8), der hat in einem recht und zugleich sein Teil am Wahn: Es existiert tatsächlich nicht – gerade darum muß es der Staat durchsetzen. Der Staat ist *das Nationale an und für sich* – die Produktion des homogenen Staatsvolkes im Prozeß der Gleichmacherei. Scheinbar human will er die Gleichheit aller als Staatsbürger vor dem Recht, und wesentlich tödlich zielt er auf die Gleichheit aller als Volksgenossen vor der ›Rasse‹. Im Nationalismus feiert sich der Staat als Subjekt, als heroische Persönlichkeit und souveräner Übermensch; unbegreiflich aber bleibt ihm und seinem Volk, warum unumschränkte Souveränität und entfesselte Ausbeutung überhaupt funktionieren. Das ›Rätsel der Nation‹ kann – in letzter Instanz – nur im Märchen vom Blut dargestellt werden, als Erzählung, der man lauscht, nicht als Erklärung, die man versteht. Die Theorie vom Staat als des Repräsentanten des souveränen Volkes, das sich durch ihn als sein Mittel und Instrument rechtmäßig selbstbestimmt, mündet so in eine ›Philosophie des Blutes‹, die über diese »rational unfaßbare Macht, die die Einheit der Menschen gleichen Wesens erzwingt«, spekuliert.

Weil niemand weiß, wie das Ganze, das bekanntlich die Unwahrheit ist, in Wirklichkeit gleichwohl zu funktionieren vermag, muß der Wahn definitorisch zwangsrationalisiert werden – eine Mythenproduktion hebt an, an der systematisch teilhat, wer, wie Peter Brandt, wie entmaoisierte Grüne oder wie immer noch stalinisierte Linke, der guten Hoffnung ist, irgendwo im Nationalwahn verberge sich »der subversive, demokratische Rest der nationalen Empfindung der Volksmassen« (Dorothee Sölle). Die Suche danach ist schon die ganze Entdeckung, oder, weil Sozialdemokraten das vielleicht verstehen, das Ziel ist das Nichts, der Weg alles. Die *Subversion* liegt aber an anderer Stelle, liegt in den Gründen der Popularität des Präses begraben. Als nationaler Ideologe Mittelmaß, steht Richard von Weizsäcker für einsame Rasse, ist er das Güte- und Frischesiegel deutscher Genealogie. So edel deutsch wie er denkt jeder, so nachweisbar deutschtümlichen Adels ist kaum einer. In der Anerkennung, die dem Präses auch seitens einer sonst auf demokratische Egalität so überaus bedachten Linken entgegengebracht wird, west die falsche, die barbarische Subversion der bloß formalen Gleichheit. Der Begeisterung für sein Talent, ›hüben‹ alles und jeden zu repräsentieren, entspricht ›drüben‹ der Haß auf die Genossen, den die sich zwar redlich verdient haben, und der ihnen doch aus ganz falschen Gründen zuteil wird: Sie werden dafür bestraft, daß sie keine Volksgenossen sind.

»Deutschland umarmt sich« (*Bild*, 11. November 1989), kommt zu sich und um den Verstand. Die Parole »Wir sind Deutsche – was seid ihr?«, von der die *Badische Zeitung* (3. Januar 1990) berichtet, sie stamme von Leipziger Skinheads, röhrt aus den tiefsten Empfindungen der niemals geteilten Volksseele. Hier spricht man ›deutsch‹ und meint: »Wir sind alle von Weizsäckerschem Adel – was seid ihr? Proleten! Was ist das deutsche Volk? Alles! Was stellt es heute dar? Ein schäbiges Etwas! Was begehrt es zu sein? Nichts!«

Der ganzheitliche Volksstaat und seine Insassen

Volkssouveränität oder freie Assoziation?

1. Aus dem nationalen Zusammenhang

»Die Rechnung, daß alle, außer den Deutschen, ihre Interessen wahrnehmen dürfen, wird nicht aufgehen.«
Rudolf Augstein, in: *Der Spiegel*, 20. November 1989

»Der Fahrkartenschalter nach Canossa ist geschlossen.«
Franz Schönhuber, Rede in Abensberg, 3. März 1989

»Zum ersten Mal seit der blutigen Niederschlagung der demokratischen Revolution von 1848 hat der Begriff ›Volk‹ in der politischen Sprache wieder einen guten, einen aufrechten Klang, klingt nach Demokratie, nach Freiheit, nach Menschenrechten.«
Joschka Fischer, *Jenseits von Mauer und Wiedervereinigung*, in: *taz*, 16. November 1989

»Ist denn der Begriff des ›Volkes‹ mit und an Hitler endgültig gestorben?«
Dorothee Sölle, *Ein Volk ohne Vision geht zugrunde. Anmerkungen zur deutschen Gegenwart und zur nationalen Identität*, Wuppertal 1986, S. 29

»Herrscher ohne Volk«
Der Spiegel, 23. Oktober 1989

»Volk ohne Angst«
Der Spiegel, 30. Oktober 1989

»Das Volk siegt«
Der Spiegel, 13. November 1989

»Was da so polemisch gegeneinander wütete, ist mir als mein eigenes Innenleben bekannt. Habermas und Hillgruber haben meinungsmäßig bequem in mir Platz.«
Martin Walser, *Über Deutschland reden*, in: *Die Zeit*, 4. November 1989

2. *Zeitung für Deutschland*: Das Wahrlügen der Reklame

Das Selbstverständliche und Alltägliche taugt nicht zur Sensation. Daher entnimmt man die Öffnungszeiten der Schwimmbäder, Kaufhäuser und Sparkassen nicht den Schlagzeilen der Zeitungen. Meldungen wie die, daß die Frühschicht bei Daimler zu nachtschlafener Zeit begann, würden, groß aufgemacht, den Verdacht nähren, hier ginge es nicht mit rechten Dingen zu, und so vielleicht den Kampf gegen die Lohnarbeit bestärken, damit derlei Tartarenmeldungen in Zukunft unterbleiben können. Kein Boulevardblatt würde es wagen, eine glatte Nullmeldung auf die erste Seite zu setzen. Aufmacher wie »Gunter Sachs ein Trottel« verbeißt sich selbst, wenn auch mühsam, die Springerpresse; und nicht einmal die aktuellen Reportagen von der Sexfront der herrschenden Klasse zehren vom bloßen Triebvollzug, sondern mindest vom Schimmer des Verdachts, diesmal sei der Chauffeur der Gehörnte. Es sind daher die Angst vor einer im Publikum etwa noch vorhandenen Restvernunft und mehr noch die Gewißheit, die Leute ertrügen lieber ein langweiliges Leben als eine langweilige Zeitung, die als der Anstand und die informatorische Seriosität der Presse erscheinen. So kann sich nur ein Romancier Titel wie »Schnee auf dem Kilimandscharo« oder »Vom Winde verweht« leisten. Und weil allerletzte Neuigkeiten wie »Herrhausen – ein deutscher Patriot« (*FAZ*) nur den zu verblüffen vermögen, der die führende Bank der Nation bislang für eine besonders raffinierte Tarnung der längst ausgestorbenen Kommunistischen Internationale hielt, darum muß die Veröffentlichung von Nullmeldungen bezahlt werden und darum kommen sie in die Anzeigenrubrik. Auch daß der 9. November, wie der *Stern* fast in Echtzeit meldete, wirklich »Der Tag der Deutschen« ist, wußte man, wenn nicht unbedingt von 1918 her, so doch jedenfalls seit 1938. Woher also die Aufregung? Und woher die Selbstherrlichkeit, die die beschämende Nachricht – die im übrigen nie bestritten wurde –, daß es in Deutschland ein Volk gibt und keine Gesellschaft, als letzte Meldung in die Welt hinausposaunen läßt?

Aus der Entwicklungspsychologie des Kleinkindes ist bekannt, wie es um das Verhältnis von Geist und Trieb bestellt ist. Der Geist kommt über das Kind; trotz aller didaktischer Kniffe und pädagogischer Tricks eignet sich das Kind die Sprache nicht in einem langwierigen Lernprozeß an. Der Nürnberger Trichter ist nur eine notwendige Bedingung, nicht der wesentliche Grund des Spracherwerbs. Zwar dient die Sprache der Artikulation der Bedürfnisse, aber der darunterliegende Trieb wird erst durch die Sprache zur wirklichen Natur des Menschen; erst als bewußt gewordener ist er gesellschaftsfähig, vermittlungstüchtig und realitätstauglich. Diese Vergeistigung des Triebes vollzieht sich als Aha-Erlebnis, als Katharsis und Schock darüber, daß endlich gelingt, was sich zuvor nur blind vollzog. Fragen, die man gar nicht hatte, erfahren in den Antworten, die man bewußtlos suchte, ihre zutiefst befriedigende Lösung. Das Resultat verschlingt den Prozeß, der zu ihm führte, und der Geist begreift sich als autark und aus Eigenem konstituiert. Vollkommene Dummheit und blitzblankes Bescheidwissen laufen in eines, und es gibt keinen Begriff dieses Verhältnisses, der sich nicht in dem dadurch eröffneten Dilemma verfinge.

Obwohl, spricht man von Völkern im allgemeinen, und im besonderen vom deutschen, eher vom Ungeist die Rede sein müßte, so läßt sich doch der sich ebenso selbst verhüllende wie plötzlich seiner selbst durchsichtige Umschlag einer auf bürgerliche Wohlanständigkeit bedachten Gesellschaft nach genau diesem infantilen Schema begreifen. »Es gibt das Volk. Das ist jetzt bewiesen«, reportiert Martin Walser der *FAZ* am 5. Dezember mit einer Nonchalance, als mache ihm das gar nichts aus. Den abgeklärten Zeitgenossen, der schon einmal Disney-World besucht hat, beeindruckt es herzlich wenig, Galilei bei der Entdeckung der Fallgesetze zu erwischen. Wie Schuppen fällt es Leuten von den Augen, die immer schon durchblickten, und der Bote, der die fieberhaft erwartete Nachricht bringt, ist selber so verblüfft, daß er sich als das Gewohnheitstier aufführt, das wie jeden Morgen die Zeitung aus dem Briefkasten holt. Es ist, als habe man die infantile Nation, verkörpert in Martin Walser, in genau dem Augenblick ertappt, da ihr bewußt wird, daß sie sprechen kann, aber noch nichts gesagt haben will, in genau der historische Sekunde also, in der die ›deutsche Frage‹ zum Ausrufezeichen greift und all die urdeutschen Antworten schon auf der Zunge hat, die sie gleich herausplappern wird.

Fast schon sichtbar wird, was kein Dialektiker jemals sehen konnte – den Umschlag von Quantität in Qualität, die Verwandlung der bloßen Masse jahrelang sorgsam gehätschelter und aufgehäufelter Identitätsängste, die nur auf den Zusammenbruch des Staatskapitalismus im Osten als ihren Katalysator warten mußten, in die selbstbewußte Wucht und provokative Wut des Kollektivs. Die schlimmen Jahre der allseitigen Konkurrenz sind ausgestanden, man ist wieder Volk und kann es noch gar nicht glauben. Im Schock der Wiedergeburt schließen sich die Elemente des Wahns zum System und bilden ein kompaktes Ganzes, das sich von seinen Konstituenten nicht mehr begreifen, geschweige denn verstehen läßt. Der völkische Zwangscharakter entledigt sich all der täuschend echt wirkenden Phrasen von Innerlichkeit und Seelentiefe, läßt ›Identität‹ und ›Kultur‹ das sein, was sie immer schon waren: Gemeinschaftssucht im Wartesaal. Frank und freisler bekennt man sich zu sich. Noch weiß der puterstolze, wie aus dem Ei gepellte Nationalwahn noch nicht so recht, ob er der eher taktisch denkenden Obrigkeit schon so ganz willkommen ist. Diese Unsicherheit macht den merkwürdigen Klang von Walsers Kassensturz *Zum Stand der deutschen Dinge* (*FAZ*, 5. Dezember 1989) aus, in dem sich die Leidenschaft des Insektenforschers fürs wimmelnde Treiben des Organischen mit der Gelassenheit des Theologen im Angesicht des himmlisch jenseitigen Lebens nicht zur Katzenmusik logischer Widersprüche fügt, sondern vielmehr zur grandiosen Harmonie des ontologischen Volksbeweises.

So ist die *FAZ* vom 5. Dezember schon jetzt ein unschätzbares historisches Dokument, das die besten Aussichten hat, den Rang der konstantinischen Schenkungsurkunde zu erreichen, jener Urkunde, die sich die Päpste selber fabrizierten, um ihre Bereicherungssucht mit den Weihen historischer Legitimität vom Ursprung her zu versehen. Sie ist nicht nur deshalb einzigartig, weil sie Walsers Wasserstandsbericht vom »deutsch-deutschen Zusammenfluten« gedruckt und damit allen, denen das Wasser sowieso schon bis zum Halse steht, den Ausländern und vielleicht ein paar Linken, den unter Umständen wertvollen Hinweis gegeben hat, sich aufs Untertauchen vorzubereiten. Sondern auch deshalb ist die *FAZ* vom 5. Dezember ein äußerst wertvolles Dokument, weil die Redaktion den Bericht des »gebrannten Zeitgenossen« Walser, der die deutsche »Verantwortungsgemeinschaft« vor der Geschichte am liebsten vom Auschwitzer Krematorium herleitet, gleich auf den nächsten Seiten um zwei Artikel ergänzt hat, die es nicht nur erlauben, der organischen Chemie des teutogenen Schwachsinns auf die Schliche zu kommen, sondern auch die Rolle zu beleuchten, die eine von der sozialistischen Weltrevolution zur ökopazifistischen Krähwinkeltreue verkommene Bewegung im nationalideologischen Laboratorium hat spielen dürfen.

Denn kaum hat man Walser dabei beobachtet, wie er sich um einen ›messianisierten Marxismus‹ erleichtert, fällt beim Umblättern der Blick auf die Schlagzeile »Leiden an Adorno«, die ein Klagelied übers Verhältnis von deutschem Gemüt und menschlicher Vernunft ankündigt. Der Vorwand – die Rezension der Tagebücher Thomas Manns, während der Arbeit am *Doktor Faustus* – ist fadenscheinig, denn schlagend bewiesen werden soll, daß es eine genialisch zur Kultur drängende deutsche Schaffenskraft vom Schlage Manns unmöglich mit einem ausgemachten Nörgler und Ideologiekritikaster vom Typ Adorno aushalten kann. Unter der Vernunft, versteht sich, kann deutsches Leben nur leiden; sie ist so wasserfest, daß sie dem »Zusammenfluten« trotzt. Und welcher sozialwissenschaftlich gebildete Linke, welcher sozialtechnologisch arbeitende Grüne wäre noch nie darüber verzweifelt, die intransigente Kritik Adornos zur geschmeidigen Methode und zum populären Instrument verbiegen zu wollen? Wer würde das nicht verstehen wollen, daß die Kritik das Gift des Lebens ist? Mit den »Leiden an Adorno« wird so das eine Thema angeschlagen, über das sich die Volksgemeinschaft längst vor dem Fall der Mauer – aus vielerlei Gründen, die aber im Ergebnis herzlich egal sind –parteiübergreifend einig war: vom Klerikalphilosophen Rohrmoser, der die kritische Theorie des wurzellosen Kosmopolitismus und also terroristischen Nihilismus bezichtigte, bis hin zu den so überaus vitalen Autonomen, denen die negative Gestalt der materialistischen Vernunft immer schon zu ›abstrakt‹, zu ›blutleer‹ und ›abgehoben‹ aussah, Habermas inklusive, der sein »Leiden an Adorno« zum System der Geschwätzigkeit sublimieren mußte. In der Aversion gegen die kritische Theorie, die sich aus dem Widerwillen gegen jedes Denken speist, das sich nicht zur Meinung machen läßt, wurde die nationale Gesinnung geprobt, die nun, nach dem Volksfest, auf die Fahndung nach den Urhebern all der Zwistigkeiten und Zänkereien gehen wird, die das ontologisch schon immer in seiner Existenz bewiesene Volk bislang um die phänomenale Geltung brachten.

Auch hier ist die *FAZ* vom 5. Dezember allzugern behilflich. Gleich auf der nächsten Seite veröffentlicht sie, ganz nach Art der dümmlichen Reklamewettbewerbe, die einen in der ganzen Zeitung nach den Buchstaben des Glückswortes suchen lassen, eine weitere sog. Buchbesprechung mit der Überschrift: »Physiognomische Fragmente«. Sie nimmt sich ein Buch mit dem Titel *Jüdische Porträts* vor, das wohl alle Chancen hat, auf der nächsten Buchmesse ein Kassenschlager vom Range »Untermenschen sehen dich an« zu werden. Hier wird die Frage konkret gestellt, die nach Walsers Eröffnung und dem feuilletonistischen warming up fällig ist: »Kann man sehen, wer Jude ist? Hat man die achtzig großformatigen Porträts dieses Buches durchgesehen, so gibt es keinen Zweifel mehr über die Antwort, die so banal ist wie die Frage: manchmal sieht man es, manchmal sieht man es nicht.«

Aber abgedroschene Fragen gestatten allemal durchschlagende Antworten. So hat sich die Anschaffung dieses Fahndungshausbuches für 68 Deutschmark immerhin gelohnt: die, die so aussehen als ob, die sind es auf jeden Fall, und die, die aussehen wie unsereins, wird man unschwer erkennen, wenn sie beim Volksfest nicht mitmachen und uns dabei stören, wie Walser droht, wie »wir doch gerade dabei sind, friedfertig zu werden«. Der Bogen vom ›messianisierten Marxismus‹ über das »Leiden an Adorno« zur jüdischen »Physiognomie« ist geschlagen, der Feind erkannt, und die Identifizierung jener, die sich diesem Fahndungsraster entziehen können, wieder auf den Anfang verwiesen, eine Enttäuschung, die dem Eifer die Sporen gibt und die Ohren spitzen läßt: Wer in Zukunft von ›Gesellschaft‹ spricht, statt vom Volk, wer den lebendigen Organismus der ganzheitlichen Nation zum abstrakten und falschen gesellschaftlichen Ganzen erklärt, der denunziert sich selbst. »Denn die Leute in der DDR«, so Walser, »haben sich zum Volk erklärt. Das Wort ist unseren vom Mißbrauch eingeschüchterten Lippen fremd geworden. Jede Sprache, die sich nicht soziologisch sterilisieren ließ, verfiel bei uns sofort dem entsetzlichsten Verdacht. (...) Wer statt Gesellschaft Volk sagt, darf, nein, der muß sofort niedergeschimpft werden.«

Die Walsersche Fahndungsdurchsage mag treffen wen immer – die Linke jedenfalls nicht. Denn die deutsche Linke und die grünen Deutschen haben sich die Sprache noch nie ›soziologisch sterilisieren lassen‹ und immer, frei nach Mao Tse Tung, von den ›Völkern, die Befreiung wollen‹ geschwärmt; das ›andere Deutschland‹ wußte meist sehr genau zwischen den guten nationalen Befreiungsbewegungen, wie zum Beispiel die kambodschanische unterm kleinen Steuermann Pol Pot eine war, und den verderbten, den Bewegungen der Tiroler und Sudentendeutschen etwa, zu unterscheiden. So besteht zwischen der Nation und ihrer Linken aller Häme zum Trotz ein recht inniges Verhältnis, das sich darin resümieren ließe, daß es die Rechte herzlich wenig zu kümmern braucht, wenn die Linke wieder einmal ein revolutionäres Volk ausfindig gemacht hat, sei es auch in Nicaragua, so lange es eben nur – ein *Volk* ist.

So ist die *FAZ* vom 5. Dezember ein Ereignis geworden, das künftigen Historikern die Arbeit leicht machen wird, zum Extrablatt einer Zeitung, die sich weit über Frankfurt hinaus verallgemeinern konnte, weil sie endlich ihrer alten Neigung, der *Völkische Beobachter* von heute zu sein, nachgegeben hat. Da ist es nur gerecht, daß zugleich die links sich fühlende und dies in ihrem Namen schon ins rechte Licht rückende *Deutsche Volkszeitung* den Bankrott anmeldet: Gegen den Strich läßt sich das Volk nicht interpretieren, das ersatzlos aufgehoben gehörte. So war der 9. November wieder einmal ein Tag, der sich für alle Deutschen noch auszahlen wird.

3. Historikerstreit, Futurologenharmonie

Der völkische Taumel des 9. November erklärt, worin das öffentliche Interesse am ›Historikerstreit‹ bestand: Er war die intellektuelle Generalprobe auf die Ergebenheitsadressen, die die deutschen Professoren, vielleicht noch fixer als letztes Mal im Deutschen Herbst 1977 oder gar 1914, dem Staat des ganzen Volkes zustecken werden. Denn was war das wirklich Neue am zünftigen Streit? Der Gegenstand konnte es nicht sein, denn das begriffslose Interesse für den Führer und seine Untaten umschlich genau den wunden Punkt: daß die ›Reeducation‹ der Alliierten nichts anderes war als die pure Hilflosigkeit einem Volk gegenüber, das partout keinen einzigen Führer und Unterführer ohne langes Federlesen an den nächsten Baum hängen wollte, das *ein* Volk bleiben wollte und lieber die ›Kollektivschuld‹ sich auferlegte, als aufs Kollektiv zu verzichten. Um so lauter wurden dafür die Vor- und Nachteile jener Umerziehung verhandelt, die doch nur ein armseliger Ersatz der ausgebliebenen Revolution sein konnte. Der ganze Streit, der die Prämien auf die Integration in die ›politische Kultur des Westens‹ gegen den Geländeverlust im Osten aufrechnete, versandete harmonisch dort, wo es 1914 schon einmal anfing – in Mitteleuropa. Die ebenso stumme wie strikte Weigerung, den Führer als den Exzeß und das Ekzem der bürgerlichen Gesellschaft zu begreifen, der er war, macht die Seelenruhe, mit der sie ihn damals beauftragen mußte, immer noch aus. Als die *FAZ* kürzlich über die mutmaßlichen Motive der RAF spekulierte, klang das nicht von ungefähr nach dem Endergebnis des von ihr angezettelten Konflikts der geschichtsforschenden Sozialpartner: »Mördern, die nicht von einem begreifbaren Motiv (etwa Gewinnsucht) her geortet werden können, ist freilich schwer auf die Spur zu kommen« (*FAZ,* 1. Dezember 1989). In der RAF bekämpfen die bürgerliche Öffentlichkeit und ihr Staat den Führer, dessen mörderische Uneigennützigkeit und rücksichtslosen Gemeinsinn sie nicht verstehen dürfen. Anders würde deutlich, daß sie nur kapieren, was sie selber umtreibt: Profit, und was in Hitler noch über sie hinaustreiben mußte. Wollten sie Hitler nach Maßgabe einer nicht nur theoretischen Vernunft und also bei Strafe ihres Untergangs erkennen, so wäre die Wahrheit unmittelbar identisch mit ihrer Selbstentleibung und praktischen Selbstaufhebung. Daher bestand der abgründige Schwindelcharakter des endlosen Reichshistorikertages darin, die hinterm Berg gehaltene Frage zu prüfen, ob die den Juden unter Adenauer widerwillig genug gewährte pekuniäre Kompensation endlich, nach dem Umweg über Israel, aufs Konto der eigenen Wiedergutmachung gebucht werden könne. Die nirgends ausgesprochene Frage, die doch einzig interessierte, war, wie es mit dem Wechselkurs von Schuld und Schulden mittlerweile stehe. Sie umschlich man wie das Fettnäpfchen, in das man endlich treten können möchte, ohne sich zu beschmutzen. Die ›Stunde Null‹, von der Augsteins Antisemiten*spiegel* (8. Januar 1990) spricht, meint die Währungsreform, den großen Währungsschnitt mit der Geschichte.

Schon die Thesen der Nolte und Hillgruber waren keineswegs als Provokation der Demokraten gemeint, sondern speisten sich vielmehr aus aufrichtiger Neugier und ehrlicher Sorge um den weiteren Fortschritt der freiheitlich-demokratischen Grundordnung. Denn nicht nur »wer ökonomisch so viel geleistet hat, hat ein Anrecht darauf, sich nicht ewig diese zwölf Jahre vorhalten zu lassen« (Strauß) – auch der politische Fortschritt will honoriert werden. Die Wirtschaft hatte das ihre besorgt; nun mußte der demokratische Staat Rechenschaft legen. Auch Noltes Idee, panische Angst vorm Bolschewismus habe Hitler so gründlich um den deutschen Verstand gebracht, daß er sich, toll vor Angst, in eine ihm als vegetarischem Arier zutiefst wesensfremde ›asiatische Tat‹ stürzte und immer nur Dschingis Khan sehen konnte, wenn er in den Spiegel blickte, war es nicht. Denn was nicht neu ist, sondern schon in Alfred Rosenbergs Artikel *Der Pogrom am deutschen und russischen Volke* am 4. August 1921 im *Völkischen Beobachter* stand, das vermag einen Historiker, der seine Quellen und Akten zu verwalten versteht, nicht zu erschüttern: Schon 1921 herrschte für Rosenberg, dem Original von Noltes Plagiat, der »jüdische Terror«, der erst 1943 gebrochen werden konnte, herrschte die »planmäßige Vernichtung der russischen nationalen Intelligenz durch die Judenregierung« (Rosenberg 1921, 83). Ohne neues Faktum keine neue Interpretation; kein neuer Ansatz der Faschismusforschung ohne authentische Hitler-Tagebücher. Daß der Führer in Notwehr handelte, das wußte man schon. Hannah Arendt hat das Schweigen, aus dem die demokratische Seelenruhe der Historiker kommt, als die Verwandlung »der Todesfabriken in eine bloße Möglichkeit« beschrieben: »Die Deutschen hätten nur das getan, wozu andere auch fähig seien. (...) Deshalb wird jeder, der dieses Thema anschneidet, *ipso facto* der Selbstgerechtigkeit verdächtigt« (Arendt 1950, 46). Und möglicherweise waren die KZ eben doch nötig, um das »Leiden an Adorno« im Sinne volksmedizinischer Prophylaxe zu kurieren.

Nichts Neues also im nationalen Lager, dafür im Westen. Die Vertreter des linken und liberalen Lagers erinnerten an die Jammergestalten des ›hilflosen Antifaschismus‹, wie sie Wolfgang Fritz Haug in den sechziger Jahren beschrieben hat (Haug 1987). Der als Gegengift zum nationalen Chauvinismus verschriebene ›Verfassungspatriotismus‹ gleicht dem Übel, für dessen Therapie er sich hält, und mahnt in seiner überaus gut inszenierten Ahnungslosigkeit an die sozialdemokratischen Verfassungsfeiern der zwanziger Jahre, als die Pleite den Rednern schon im Gesicht stand und Gustav Noske sich die Rente verdiente, die ihm die Nazis danach zahlten.

Das wirklich Neue war der Beweis, daß es mit dem Verhältnis von Basis und Überbau wieder so steht, wie es sich vulgärmarxistisch gehört, dargestellt in der Weise, wie der den ökonomischen Wiederaufbau vertretende Nolte zum die demokratische Moralaufrüstung repräsentierenden Habermas ins Verhältnis sich setzte. Martin Broszat, der führende Empirist und daher tonangebende Metaphysiker, hat das Friedensangebot, das die Basis dem Überbau macht, wenn sie ihn endlich eingeholt hat, so charakterisiert: »Der Stellenwert von Auschwitz im ursprünglichen geschichtlichen Handlungskontext ist ein extrem anderer als seine Bedeutung in der nachträglichen historischen Sicht.« (Broszat 1988, 13) So also lautet das Angebot zur Güte: Die einen kritisieren und rekonstruieren den Kontext, die anderen konstruieren und affirmieren die Perspektive – und dabei versteht man sich ganz vorzüglich, denn den einen kommt es auf den kommunikativ verbürgten, in den Strukturen der Geschwätzigkeit eingebauten Fortschritt, d. h. auf »den normativen Gehalt dieser einzigartigen Revolution« (Habermas 1989, 465), so sehr an, daß ihnen die Zeit auf den Nägeln brennt, während sich die anderen von nichts weiter mit Siebenmeilenstiefeln entfernen wollen als vom braunen Ursprung genau der postmodernen Gesellschaft, der sie an die Kinderkrankheiten der nationalen Identität fesselt. Wer nicht dabei war, der kann nicht mitreden – so die Hermeneuten. Wer heute über den Faschismus spricht, der redet über den Ausnahmezustand der Moral und kann nimmermehr beweisen, daß er sich anders verhalten hätte als die Ahnen – so die Modernisierungstheoretiker.

Entweder man redet Kontext – oder man hat Perspektive: dieser schizoide Wahrheitsbegriff muß systematisch die Opfer zur bloßen Nebensache und zur Fußnote der Geschichte stempeln. Wer aus dem ›Kontext‹ hinaus in den Tod getrieben wurde und daher zum ›Rückblick‹ kaum mehr in der Lage ist, die Toten, wird noch einmal, diesmal geschichtswissenschaftlich und demokratietheoretisch abgesichert, exekutiert. Wer überhaupt keine der denkbaren Betrachtungsweisen des Nazismus mehr einnehmen kann, der hat, so der Konsens der Kontrahenten, auch nichts zu sagen. Der Gedanke, daß sich der Gegensatz von Kontext und Perspektive – in der Gruppendynamik als Gegensatz von teilnehmender und beobachtender Position bekannt, der nur entweder arrogante Besserwisserei oder blöde Betroffenheit zuläßt – in Auschwitz zur durch und durch negativen Einheit vermittelt und also an sich und für sich vernichtet wurde, und daß hieraus zwar nicht der Begriff des Nazismus zum Zwecke akademischer Reputation, wohl aber sein dialektischer Name sich gewinnen ließe, der das mordsmäßige Gehäuse der kapitalisierten Gesellschaft kritisiert – diese objektive Idee war der Paukboden des akademischen Geplänkels und sprach sich in all den Peinlichkeiten aus, in denen die Historiker sie verleugneten. Die gleich doppelte Negation der Toten noch einmal ist der wissenschaftsfähig gewordene Hohn auf die Opfer, den die Akademie, distinguiert wie immer, mit dem völkischen Pöbel teilt, der die Steuern zahlt. Gerade weil man aus dem »Leiden an Adorno« weiß, daß zum Waffenarsenal der intransigenten Kritik auch die »besonders intensive jüdische Erinnerung an den Holocaust« (Broszat 1988, 12) gehört, gerade daher muß der nur allzu verständliche Gedächtnisaffekt pedantisch kontrolliert und akribisch diszipliniert werden. Der Differenz wie Einheit in einem enthaltende Dualismus von Faktizismus des Kontextes und Metaphysik der Perspektive muß im Zaum gehalten werden, damit der Inhalt nicht die Form sprengt. Werturteil und Tatsachenfeststellung müssen sämtlich auseinanderdividiert werden, damit nicht bekannt wird, warum das ›unwerte Leben‹ tatsächlich vernichtet wurde. Im Namen der positiven Erkenntnis wird das Urteil am bloß Zufälligen und Subjektiven noch einmal vollstreckt. Deutschland gehört, Tote inklusive, wie Richard Weizsäcker auf dem Historikertag in Bamberg 1988 feststellte, auf immer und ewig den Deutschen, denen also, die zuerst hier waren und die bis zum Schluß tapfer ausgehalten haben. *Die* lassen sich ihre Geschichte, die sie die Volks- als ›Verantwortungsgemeinschaft‹ fort- und fortpflanzen läßt, weder von Unbefugten noch von deren Angehörigen betreten. Objektiv, wie die Deutschen in eigenen Angelegenheiten immer schon waren, fahren sie den Statthaltern der Erinnerung übers Maul und bezichtigen sie des Lobbyismus. Der wissenschaftlich gebotene Widerwille dagegen, so Broszat, »von Auschwitz her die ganze Geschichte des Dritten Reiches von rückwärts her aufzurollen, anstatt sie, wie das der historischen Methode entspricht, nach vorwärts zu entfalten« (Broszat 188, 12 f.) ist die Kehrseite der Bewunderung dafür, daß in der nazistischen Archaik die marktwirtschaftliche Postmoderne schon lauerte, bereit, den Bruch, der nur zur Pleite werden durfte, zu überbrücken. So steht genau neben und hinter dem positivistischen ›Kontext‹ die Selbstzufriedenheit darüber, daß das KdF-Auto von gestern als Volksgemeinschaftswagen von heute die fremdländische Konkurrenz um Längen schlägt; und so zeigt sich ›perspektivisch, daß in der Aufmöbelung der völkischen Arbeitskraft durch Freude nichts anderes angelegt war als das Recht auf die alljährliche Okkupation des Auslands im aufgemotzten Kübelwagen.

So tobte der Streit um das zum Sperrgebiet erklärte Wesentliche und akademische Vorsicht machte das Neue, um das es doch allen ging, unaussprechbar. Nur Ernst Nolte, der Schmuddelfleck am demokratischen Bewußtsein, hat es sagen dürfen: »Gerade diejenigen, die am meisten und mit dem negativsten Akzent von ›Interessen‹ sprechen, lassen die Frage nicht zu, ob bei jenem Nichtvergehen der Vergangenheit auch Interessen im Spiel waren oder sind, etwa die Interessen einer neuen Generation im uralten Kampf gegen die ›Väter‹ oder auch die Interessen der Verfolgten und ihrer Nachfahren an einem permanenten Status des Herausgehoben- und Privilegiertseins« (Nolte 1987, 41).

Was zuvor schon von links im gefühligen Sterbenswörtchen ›politische Identität‹ vorbereitet wurde, kommt in der Rede von der ›nationalen‹ zu Bewußtsein und besagt nichts anderes als die Bereitschaft des Individuums, von der Gemeinschaft sich versaften zu lassen. Was schon den Kampf gegen die Neutronenbombe begeisterte, die schweißtreibende Angst davor, was die Waren ohne ihre legitimen Eigentümer treiben würden, die Pseudoangst vorm Identitätsverlust, agierte sich jetzt aus. So bewirkte der therapeutische Jargon der psychischen Eigentlichkeit eine ungeheure Dynamisierung des Nationalismus, einen genuinen Nationalismus von unten. Nach der Lektüre des *Vati*-Buches des ›Mauerspringers‹ Peter Schneider jedenfalls war die Lust am ›deutsch-jüdischen Dialog‹, der, wenn schon, denn schon, ein christlich-jüdischer zu sein hätte, nicht mehr zu bremsen, und jeder anständige Barfußhistoriker hatte einen Juden aufzutreiben, den er, nach einem verlegenen Geständnis in Sachen ›Kontext‹, die Antwort abzupressen gedachte, daß er die These mindest diskutabel fände, ein ›Antisemitismus ohne Juden‹ widerspreche jeder Erfahrung und sei daher auch an sich unmöglich. Daher müsse doch wohl etwas am Juden dran sein, das die Nazis zu Recht provozierte, die Überheblichkeit des ›auserwählten Volkes‹, ihre Lust aufs Privileg nämlich. Denn, so Nolte, »die Rede von der ›Schuld der Deutschen‹ übersieht allzu geflissentlich die Ähnlichkeit mit der Rede von der ›Schuld der Juden‹, die ein Hauptargument der Nazis war. Alle Schuldvorwürfe gegen ›die Deutschen‹, die von Deutschen kommen, sind unaufrichtig, da die Ankläger sich selbst oder die Gruppe, die sie vertreten, nicht einbeziehen und im Grunde bloß den alten Gegnern einen entscheidenden Schlag versetzen wollen.« (Nolte 1987, 14)

Dieses brisante Gemisch aus unheimlicher Einfühlungsgabe und offensiver Begriffsstutzigkeit, die jeder Selbsterfahrungsgruppe und ihrem Supervisor zur Hölle wird, war der Treibstoff des Kampfes gegen die Entfremdung vom Selbst, der nun eskalierte. Denn wenn der Jude am Nazi irgend etwas zu provozieren gehabt hatte, dann, so der Umkehrschluß, muß am Juden etwas ganz Besonderes, Unverwechselbares und Einzigartiges dran sein, ein ganz besonderer Stoff, dessen Entzug nicht auszuhalten ist. »Es gab eine Zeit«, bekennt der *Stern*-Redakteur Klaus Liedtke (29 September 1989), »in meinem Leben, da wäre ich gerne Jude gewesen. (...) Das war, als meinen Schulkameraden und mir Filme von Leichenbergen in den

KZs vorgeführt wurden, für die die Generation meiner Eltern die Verantwortung trägt.« Der nekrophile Wunsch, lebendigen Leibes in die Leichname zu schlüpfen, gibt den philosophischen wie gesellschaftspraktischen Inhalt von Identität zu Protokoll: den Tod. Was gefühlsstark auftrumpft, will jeder Seelenregung ein für allemal ledig werden; was sich da in den Anderen einschleichen möchte, tarnt sich als Freundlichkeit, mimt Verständnis und will ins Herz treffen. Doch der Masochismus, der aus der Identifikation mit den Toten spricht, dient nur zur Maske der latenten Lust an der Quälerei und wendet sich daher von seinem Objekt, der Volksgemeinschaft Israel, im gleichen Moment ab, als diese das Bild vom guten Juden mit den Mitteln der israelischen Armee nachhaltig dementierte. Das praktische Dementi der Wahnidee vom guten Volk und von den Opfern, die aus Schaden klug zu werden haben, machte die Identifikation zunichte – und die Projektion des Ich-Ideals auf den Juden schlug um in seine psychische Injektion. Die Deutschen, linksgrün vorneweg, gefielen sich nun in der exquisiten Rolle des verworfenen Volkes. Und daher ist es auch ein bloßer Zufall, daß das erschütternde Wort von der BRD als einer ›imitatio Ahasveri‹, einer Kopie des ›ewigen Juden‹, der im halbierten Deutschland ewig und ruhelos seine abhanden gekommene Mitte sucht, nicht von Antje Vollmer stammt, die es unerhört bedauernswert findet, »wenn Mensch seinem Volk nicht trauen kann« (*taz*, 10. Mai 1986), sondern aus dem Reklamewisch für ein neues rechtsradikales Blatt, die ›Staatsbriefe‹, dem es, wie den Grünen auch, darum geht, »das Jenseits von Individualismus und Kollektivismus« zu entdecken.

4. Inneneinrichtung eines Salonfaschisten

Die Frage nach seiner Identität, Unverwechselbarkeit und Einzigartigkeit liegt dem Deutschen seit jeher auf der Zunge. Die weltbürgerlich kantischen Fragen: Was kann ich wissen? Was darf ich hoffen? Was soll ich tun? kann der Deutsche, der sich, wie in dem blöden Witz aus Amerika, wonach, wer seinen Vater kennt, schon von Adel ist, als ausgesetztes Waisenkind fühlt, nur als Frage nach den Ahnen stellen. »Mehr als andere Völker ist der Deutsche aus seiner Veranlagung heraus genötigt zu der Frage: Was bin ich? Was soll ich? Warum bin ich so, wie ich bin? Inwiefern und warum bin ich anders als die Anderen? Warum verstehen und anerkennen sie mich nicht? Während andere Völker die Naivität und Unmittelbarkeit ihres Selbstbewußtseins gewahrt haben, muß er sich vor sich selbst und vor den anderen stets wieder rechtfertigen, um so mehr, als er nicht gleich zur Selbstzufriedenheit, zur ruhigen Selbstgenügsamkeit kommen kann«: Was auch aus den psychonationalistischen Tagebüchern von Martin Walser stammen könnte, ist in Wahrheit ein Plagiat, das ein Nazi schon 1937 an ihm verübt hat (Krieck 1934, 16). Ähnlich aufschlußreichen Bekenntnissen und deutschen Fragen hat Jürgen Habermas bereits im November 1979 in den vorbereitenden Duellstücken des ›Historikerstreits‹, den »Stichworten zur ›Geistigen Situation der Zeit‹«, Imprimatur erteilt und damit auch den Satz auf Seite 46 als kommunikativ-vernünftig abgesegnet, in dem Walser, als sei es eine Selbsterfahrung, in Wahrheit das Habermassche Verhältnis zur kritischen Theorie charakterisiert: »Schlimmer als der geschmähte Jargon der Eigentlichkeit kommt mir der Jargon vor, in dem da geschmäht wurde« (Walser 1979, 46). Instinktiv hat Walser geahnt, daß Habermas eines Tages selbst Heidegger für ›anschlußfähig‹ halten würde. Wer seine Theorie nach dem Muster einer permanenten Sudentenkrise aufbaut und alles auf ›Anschlußfähigkeit‹ überprüft, kann um Blut und Boden, um Sein und Zeit keinen Bogen machen.

Walsers Fortsetzungsroman zum Thema ›Schuld und Sühne‹ in Deutschland bringt die Lehr- und Wanderjahre einer ganzen Generation linker Meisterdenker wenn nicht auf den Begriff, so doch immerhin zur Anschauung. Es ist das Leben des vom Alltag entfremdeten Maulwerkers, der einmal am Stammtisch mit Handlangern über den richtigen Gebrauch von Dachlatten sich unterhalten möchte, und der spürt, daß ihm noch der rauhbeinige Humor und schnöde Charme der unteren Klassen abgeht. Er schiebt's auf sich, schimpft sich einen ›Intellektuellen‹, was nicht nur anmaßend klingt. Daß der Geist seinem Grund sich entfremdete und eine ziemlich bodenlose Angelegenheit werden mußte, das vermag er sich nicht aus der Relation zu erklären, in der die Wahrheit zur Wirklichkeit steht – ihm muß der Anspruch auf Wahrheit nur überhaupt, der mit dem Intellekt, ob er will oder nicht, doch verbunden ist, an sich suspekt sein. Wahrheit ist ihm Ichsucht. Geist, der nicht zur Wirklichkeit aufgehoben werden kann, muß niedergemacht werden. Die Einsamkeit des Intellektuellen, Produktivkraft der Erkenntnis, wird als die Isolationshaft denunziert, unter der ganz andere zu leiden haben. Es geht um Anschluß: »Endlich keine Kritik mehr der eigenen Neigung, sondern Zustimmung zur bisher ununterbrochen bekämpften Neigung. Zulassung des Widerspruchs, endlich.« Der Intellektuelle, der sich den Vernunfthaß der Rechten zugeeignet hat, denunziert den Geist als den großen Gleichmacher, als Taylor der Lebenswelt, und schlägt sich auf die Seite des Vitalen, das die Aufhebung aller Widersprüche sein soll, die der Gesellschaft vom Staat des Kapitals verboten ist. Das Glück, die Muttersprache halbwegs fehlerfrei gebrauchen zu können, treibt in die Arme von Vater Staat, dessen geschlossenes Gehäuse die Primärsituation simuliert, dem Entmündigten eine hündische Zutraulichkeit erlaubt und als Preis Folgsamkeit verlangt. »Diese Nation, als gespaltene, ist eine andauernde Quelle der Vertrauensvernichtung« – wo der ewige Gebär- und Sterbezusammenhang zu reißen droht, ist man auf Kopfgeburten von Walser dringend angewiesen. Der Intellektuelle hat das Volk zu denken, und indem er über seine Herkunft spekuliert, entwirft er die völkische Zukunft. Die Abnabelung vom Ursprung: Einheit, soll die Wunde heilen und die verlorene Unmittelbarkeit in zweiter Potenz restituieren, indem der Ödipuskomplex aufs Ganze übertragen wird. Der Naturzustand der Gesellschaft, die zum Volk erniedrigte Menschheit, soll ein zweites Mal, diesmal nicht als Schicksal, sondern als politischer Wille, hergestellt werden. Volk ist, was das Abstrakte negiert, Volk, nicht nur etymologisch Heerhaufen und bewaffnete Masse, verspricht die Geborgenheit der Kumpanei und die Intimität der Kameraden. So intim miteinander zu werden wie es früher die Burschenschaftler waren, die nicht einmal zum Urinieren den Kreis der Spießgesellen zu verlassen brauchten, weil sie ihr Bedürfnis in die Rinne unterm Tisch abschlagen konnten, wird Traum und Verheißung, die Kaserne zum Asyl für Gesellschaftsflüchtlinge.

Volk tut not. Walser kommt es so vor, »als hätten sich unsere Intellektuellen nach 1918« – in Burgfrieden und Weltkrieg waren sie noch dabei – »vom Volk getrennt und hätten seitdem die Erfahrung, die man im Volk, mit ihm oder durch es hatte, verdrängt. Schon das Wort ruft vielfältiges Schaudern hervor. Volk – ist das überhaupt ein Begriff? Ist das nicht ein total obsoletes Wort? Macht der Ausdruck ›Klassengesellschaft‹ das überflüssig, was sich historisch unter dem Wort ›Volk‹ angesammelt hat? Und welcher Klasse gehören die Damen und Herren an, die daran arbeiten, Volk zuerst zu einem Ausdruck von etwas Gemeinem zu machen? Und ist es ein Fortschritt, den unerläßlichen Mengenausdruck in so etwas Unwirkliches, Unhistorisches wie Kollektiv zu treiben?« Von »Damen und Herren«, die noch im Dunkeln bleiben, wird das Volk in die Eiswüsten der Abstraktion, ins Kollektiv, vertrieben. Deutlich wird, wer eigentlich an der ›Kollektivschuld‹ schuld ist und bewältigt gehört. Dunkelmänner des Egoismus arbeiten an der Zerstörung des Organischen. Die Welt ist verkehrt, nicht die Gesellschaft. Eine geheime Verschwörung ist am Werke, die es macht, daß das Volk allemal lieber Gianna Nanini und ›Einstürzende Neubauten‹ als Egerländer Marschmusik hört, lieber Bukowski liest als Walser. Es ist der gekränkte Narzissmus, der aufs Ganze geht und sich als das Ganze setzt. Neid auf die Konkurrenz, die besser ist, tarnt sich als Attacke gegen den ›Materialismus‹. Zum Inbegriff dieses ›Materialismus‹ müssen ausgerechnet die herhalten, die die bürgerliche Gesellschaft als praktizierten Idealismus durchschauen halfen: »Sobald sich einer ich-süchtig austobt, wird er gestreichelt. Also tobt sich, wer Streicheln braucht, in erwünschter Weise aus. Da können wir den Gewährenden gar nicht weit genug gehen. Am liebsten bis zu der schon von Adorno gehätschelten Unverständlichkeit (...) Und wie liebevoll wird die gleißende Ichsucht andauernd photographisch und kommentatorisch begleitet!«

Die Trauer über die Unfähigkeit zu denken radikalisiert sich zur Wut auf die Philosophie. Was einem selber nicht gelang, ob aus Faulheit oder Volkstum, soll auch kein anderer mehr schaffen. Für die Publizität, die der kritischen Theorie mehr aus Schuldgefühl denn gesellschaftlichem Verständnis heraus zuteil wurde, wollen die sich rächen, deren Talent immer nur bis Wildbad Kreuth oder zu den Freiburger Literaturtagen langt. Walser, der sich vor Jahren noch als ›demokratischer Sozialist‹ bezeichnete, hat den Gipfel der Postmoderne erklommen und steht nun am Abgrund des Präfaschismus. Er mischt sich unter die Sozialphilosophen der Bohème, verkannte Geister, die ihren Geist verbrannt haben, taucht ein in den Nullpunkt der Klassen, fühlt sich als Mitte zwischen den Gegensätzen und daher als berufener Vermittler. »Den entscheidenden Faktor der Linkswende aber bildete die zurückgekehrte deutsch-jüdische Intelligenz, die eine letzte Chance erhielt, Deutschland nach ihren weltbürgerlichen Maßstäben umzumodeln – ein Prozeß, der so vollständig gelang, daß für zwei Jahrzehnte von einem eigenständigen deutschen Geist nicht mehr die Rede war. (...) Was die westdeutsche Linke allen Völkern gestattete: das Nationalbewußtsein, das hatte sie sich selbst verboten, und so war sie heimatlos im eigenen Land geworden. Emigrationssüchtig durchstreifte sie die ganze Welt ...«: So vernichtend sind die Deutschen von den Juden behandelt worden, schreibt der Salonfaschist Gerd Bergfleth (1984, 180), daß sie darüber selber zur ›imitatio Ahasveri‹ entarten mußten. Der Zynismus der ›Vernunftkritik‹, die dem Führer dafür dankbar ist, daß den Adorniten die vorletzte Chance, Deutschland nach »weltbürgerlichen Maßstäben umzumodeln«, im letzten Augenblick vereitelt wurde, begreift sich selbst als die Ausgewogenheit in Person und setzt die Barbarei des Nazismus zur Aggression der Volksfeinde ins Schönhuberische Verhältnis: Notwehr. »Warum bin ich anders als die Anderen?« war die deutsche Frage, und die Antwort darauf ist, man selber sei das auserwählte Volk und die Anderen bloße Neider. Die Frage nach dem »Deutschsein« (Walser) führt auf das evidente Paradox, man sei deutsch, weil die Juden einem das wahre Judentum neideten. Denn im übrigen, so Ernst Krieck in seinem Volksbrevier »Der Staat des deutschen Menschen«, »sind wir uns selbst und den Völkern rundum, die nach der durchsichtigen lateinischen *clarte* strebten, das faustische und ahasverische Gespenst geblieben. Beinahe sind wir zu Schicksalsgenossen der Juden geworden, nur in jenem umgekehrten Sinn, daß der ›ewige Jude‹ den freien Weltraum gewann, als er Heimat und Mutterboden verlor, während der ›ewige Deutsche‹ mit dem Verlust des Weltraums auf die Enge seiner völkischen Not zurückgeworfen wurde« (Krieck 1934, 19).

Walsers nationale Seelenwucherung läßt nichts aus, keine Seelenmassage, die sich friedenstüchtige Kirchentage jahrelang zuteil werden ließen, keine einzige der Marotten, die die Friedensbewegung mittels Menschenketten und Flagellantenwesen in den hinterletzten Herrgottswinkel verschleppt hat, keine der Gemeinheiten, die man sich nur unter dem Vorwand aufrichtiger Betroffenheit von der Seele reden durfte. Es ist eine einzige Paraphrase und endlose Drehung um die ebenso sinnlose wie einleuchtende Alternative ›Haben oder Sein‹, die die Habenichtse um die Vernunft und die Philosophen um den Unterhalt bringen soll. Materialismus gilt als Konsumrausch und Spiritualismus als Weg der Selbstfindung durch Askese, Adorno als Gottesmörder am Deutschtum und die Germanen als arische Lichtgestalten. Gemeinnutz vor Eigennutz! – nichts fehlt beim Nationalliteraten, was schon die ebenso antibürgerlichen wie prokapitalistischen Geistrevolutionäre der frühen zwanziger Jahre umtrieb, nichts, was sich nicht schon in den Programmen und Phantastereien des ›deutschen Sozialismus‹ eines Moeller van den Bruck, Rosenberg oder Adolf Hitler finden ließe: Antibolschewismus, der kulturrevolutionär auftrumpft, deutsche Revolution, die mit den ›Ideen von 1914‹ gegen die von 1789 zu Felde zieht, metaphysische Verblasenheit, die sich auf Holzwege begibt und in Sackgassen nach Erlösung fahndet. So soll die perfide Assoziation von Kritik, Egomanie und Impotenz, die im Bilde Adornos als des leibgewordenen Todestriebes vorgestellt wird, für Quertreiberei aus Prinzip stehen. Philosophie, die sich unterm Druck der zum Umstand verharmlosten bürgerlichen Gesellschaft nicht in die Rationalisierung des Falschen rettet, wird der Selbstsucht bezichtigt und des in aller Überheblichkeit fruchtlosen und abstrakten Geistmenschentums, das, wie es die Autorin des ›Müttermanifestes‹, die Ökolibertäre Gisela Anna Erler, einmal auf den Punkt gebracht hat, nichts anderes bezweckt, als den »Autogenozid der Deutschen« (Kommune 11/87, 33). So harmlos und weltfremd ist das deutsche Wesen, so unsicher und verführbar, daß, was man den Juden noch antun mußte, es unter der Manipulation der Überlebenden der Lager an sich selber verübt. Als treuer Stenograph seines Identitätswahns gibt Walser eben die Geisteshaltung zu Protokoll, die Herbert Marcuse in seinem schon wieder lesenswerten Aufsatz »Der Kampf gegen den Liberalismus in der totalitären Staatsauffassung« darin zusammengefaßt hat, es ginge dem völkischen Sozialismus immer nur um

»Ausfälle gegen eine bestimmte Gestalt des Bürgers (den Typus des kleinen und kleinlichen ›Händlertums‹) und gegen eine bestimmte Gestalt des Kapitalismus (repräsentiert durch den Typus der freien Konkurrenz selbständiger Einzelkapitalisten), – nie aber gegen die ökonomischen Funktionen des Bürgers« (Marcuse 1934, 25).

Der Kampf gegen die Habgier schlägt den Pfeffersack und trifft den Kuli. So spricht aus dem Affekt gegen den großbürgerlichen Lebensstil Adornos alles andere als der Wille zur Verallgemeinerung von Luxus und Privileg. Wer aus dem Kollektiv der ›proletarischen Nation‹ herausragt, soll niedergestampft und gleichgemacht werden. Die Polemik gegen den unproduktiven, nicht ›von seiner Hände Arbeit‹ lebenden und doch scheinbar den ganzen Reichtum sich aneignenden ›Händler‹ vereint den ›demokratischen Sozialisten‹ Walser allemal mit den feindlichen Brüdern vom parteikommunistischen Ufer, wofür hier nur die unnachahmlich deutlichen Titel zweier im Verlag *Marxistische Blätter* erschienener Bücher aus der Reihe *Zur Kritik der bürgerlichen Ideologie* zitiert seien: Igor S. Narskis *Die Anmaßung der negativen Philosophie Adornos* und Wilhelm Raimund Beyers Traktat *Die Sünden der Frankfurter Schule.* Überheblich und verdorben, arrogant und gierig, elitär und antiplebejisch: auf dieses Urteil kann man sich allemal verständigen. Wesensmetaphysik, betreibe sie nun die Apologie des deutschen oder des proletarischen Seins, kommt zum immer gleichen Ergebnis: Wer von den Möglichkeiten des Individuums eine höhere Meinung hat als die, es tauge nur zum Exemplar übergeordneter Gattungen, verfällt dem Richtspruch der Autorität. So ist StaMoKap dem Nationalsozialismus allemal näher verwandt als der Perspektive der freien Assoziation.

Und daher versteht sich der Grund von selbst, der Habermas daran hindern mußte, im ›Historikerstreit‹ den Finger in die nationalistische Wunde zu legen. Nolte, der ja gerade den gruppendynamischen Aspekt *Identitätsgier* angesprochen hatte, der darauf beharrte, daß keiner vom kollektiven Zwang zum Geständnis ausgenommen werden darf, hätte unschwer mit den Mitteln der Kommunikationsphilosophie nachweisen können, daß ein wirklich den Nationalwahn treffendes Argument mit der Trennung von teilnehmendem und beobachtendem Standpunkt, von ›Kontext‹ und ›Perspektive‹, unvereinbar gewesen wäre und ein schwerwiegender Verstoß gegen seine Sozialphilosophie, die mit den Subjekten aufräumen will, bevor es welche gab.

Vielleicht hatte der Stillstand der Kommunikation und die urplötzlich die kommunikative Kompetenz befallende Sprechlähmung aber den noch viel handfesteren Grund, daß es Habermas bestimmt todpeinlich gewesen wäre, hätte der vielbelesene Nolte sich der Stelle in den von Habermas edierten deutschen Hieb- und Stichworten erinnert, in der Walser auf den Punkt kommt: »Auschwitz. Und damit hat sich's. Verwirkt. Wenn wir Auschwitz bewältigen könnten, könnten wir uns wieder nationalen Aufgaben zuwenden. Aber ich muß zugeben, eine rein weltliche, eine liberale, eine vom religiösen, eine überhaupt von allem Ich-Überschreitenden fliehende Gesellschaft kann Auschwitz nur verdrängen. Wo das Ich das höchste ist, kann man Schuld nur verdrängen. Aufnehmen, behalten und tragen kann man nur miteinander. Aber jede Tendenz zum Miteinander reizt bei uns den Verdacht auf Obsoletes. Wo Miteinander, Solidarität und Nation aufscheinen, da sieht das bundesrepublikanisch-liberale Weltkind Kirche oder Kommunismus oder Faschismus. Geschichtsabweisend ist der aktuelle Intellektuelle. Beckett ist sein Mann. Schöne Ausbrüche der Ichsucht, autoerotisches Babytum, und die ständig gefeierte Selbstmordwürdigkeit der menschliches Existenz sind das Lieblingsspiel. Ich vermute, daß seit Beckett der Geschichtsverlust in der Literatur drastisch zugenommen hat. Ist Beckett wegen seiner heroischen Geschichtsverneinung ein deutscher Lieblingsdichter? Adorno hat diese Geschichtsverneinung mit polemischen Bemerkungen gegen Brecht blanko abgesegnet« (Walser 1979, 48). Habermas wird wohl Noltes Schachzug vorausgesehen haben und hat darum zum Wesentlichen geschwiegen. Denn ausgerechnet Adorno für die Unfähigkeit zu trauern verantwortlich zu machen, die kritische Theorie der Sterilisation deutscher Geschichte, der man Fruchtbarkeit nicht absprechen kann, zu bezichtigen, das hätte dem ›Historikerstreit‹ eine ganz andere Richtung gegeben und die insgeheim schon herrschende Futurologenharmonie offengelegt.

Walser ruft zum Kreuzzug gegen die innere Besatzungsmacht, gegen den Sinn des Habens, für den Unsinn des Seins, damit die *nationale Solidarität* endlich den abstrakten politischen Raum verläßt und in den seelischen Äquivalenten von Blut und Boden, in Gefühlskraft und Ichstärke, Wurzeln schlagen kann. Nicht aus deutschen Fabriken kommt die Ellenbogengesellschaft, sondern aus Amerika. Habgier ist undeutsch, das Kapital also eine amerikanische Erfindung. Der Egoismus findet seine stärksten Bataillone in Cola und Chewing Gum, und so ergibt sich ganz zwanglos die Wendung der 68iger Parole ›Yankee go home!‹ ins Psychotherapeutische. Volk ohne Sein: Der Kampf um den Sinn unterliegt einem ständigen Bombardement von außen und den Anschlägen der fünften Kolonne der Adorniten von innen.

Es waren diese Schreckensbilder der Entfremdung von Sein und Zeit, die in der Ökobewegung das Laufen und in der Friedensbewegung das Sprechen lernten. Der allgemeine Abscheu vor der Vernunft brachte die totale Konfusion von links und rechts mit sich. Es liegt an dieser totalen Verschwisterung und dem Griff nach jedem Händchen, das sich in der Menschenkette gerade anbot, daß mit Gründen kaum noch zu entscheiden ist, ob zum Schalmeien blasen oder zum Fackelzug getrommelt wird: Alle reihten sich ein, alle forderten das gleiche. Der Tod war beschlossene Sache, und der Rest ganz egal. So praktizierte man den »Exterminismus« (Bahro) zuerst an sich selber und exerzierte Volksgemeinschaft. Ob der Alt-SDSler Günter Maschke, mittlerweile ein führender Lautsprecher des ›deutschen Sozialismus‹ oder der ehemalige Radikalautonome Thomas Schmid im Bonner Hofgarten gesprochen hätte, das wäre Jacke wie Hose gewesen. Schmid hätte doch nur Deutschtum gepredigt: »Ich werde die deutschen Schrecken gewiß nicht vergessen, aber ich will auch mein Deutschsein nicht länger vergessen. Wo das deutsche Grauen liegt, da liegt auch ganz nah bei die deutsche Faszination. Gefährlich ist das gewiß – wer das aber faschistoid nennt, der beeindruckt mich nicht mehr« (Schmid 1978, 120). Und weil es den Faschisten noch nie beeindruckt hat, daß man ihn einen Nazi schimpfte, schon darum hätte Maschke im Bonner Hofgarten für die Nationalrevolution agitiert: »Die Linke hat noch nicht begriffen, daß sie sich zum Wurmfortsatz der Umerziehung erniedrigen ließ und damit zum Handlanger amerikanischer Interessen« (Maschke 1987, 370). Wenn endlich das Fraternisieren so weit gediehen ist, daß Nationalrevolutionäre der Friedensbewegung attestieren, sie sei ihr in Sachen Deutschtum himmelweit überlegen, ist es nur gerecht, wenn ÖkoPax im Gegenzug und in puncto Antikapitalismus den immensen Vorsprung des völkischen Sozialismus anerkennt.

Die überaus rasante Verwurzelung Martins in der Genealogie der Walsers veranschaulicht die Energie und Dynamik, die der Nationalismus auf seinem Umweg durch die ›nationale Identität‹ tankte, einem Umweg, der letztlich eine Abkürzung war. Die fugendichte Verschmelzung und Verlötung von National- und Identitätswahn entwickelt eine enorme Durchschlagskraft, die um einiges über dem Bunkerbrechkoeffizienten von Cruise Missile und Pershing II liegen dürfte. Die »ungeheure Liebe«, die »ausbricht zwischen den Deutschen, wenn die Mauer fällt«, und die Antje Vollmer predigt (*Frankfurter Rundschau*, 2. Dezember 1989) zeugt von den Erfolgen des gewaltfreien Kampfs gegen den Konsumterror. Vollmers »Plädoyer für eine sanfte Zweistaatlichkeit«, für den *safer sex* unter deutschen Staaten, gibt den entscheidenden Fingerzeig auf die nun nicht mehr verheimlichte, vielmehr demonstrativ zur Schau getragene Zweisamkeit von links und rechts. Und demonstriert überdies, entsprechend der beliebten Dialektik von Standbein und Spielbein, von Basis und Parlament, eine Intimität, die, im Unterschied zum Antisemitismus der Historiker, gerade darum kaum einer bemerkte, weil sie schon allzu offenkundig war: Alle waren sie für die Souveränität, und zwar für die des Volkes.

5. Vertragsmystiker und Blutrationalisten
Die negative Dialektik der Nation und die Kugel des Abbé Sieyès

Der politische Gegensatz findet wie selbstverständlich und naturgegeben innerhalb der politischen Form Staat statt. Die Form gilt als neutral und bloß formal; ihr Inhalt als Sache freier Vereinbarung oder politischen Kampfes um Mehrheiten. So gerät das Rätsel der sozialen Synthesis, die es macht, daß die reine Form jeden Inhalt sich anverwandelt, sich selber als der materielle Inhalt setzt, aus dem Blick. Der ›Historikerstreit‹ um Vergleichbarkeit oder Unvergleichlichkeit der Massenvernichtung war gerade deshalb so redselig, weil das Dritte des Vergleichs, ökonomischer Wert und politische Souveränität, zum Anathema erklärt wurde (Türcke 1987). Man verglich größere mit kleineren Greueln, suchte ein Maß und kümmerte sich nicht darum, worauf der Maßstab geeicht ist. In den Kategorien der *Kritik der politischen Ökonomie* ausgedrückt benahm man sich als Käufer, der um den Preis feilscht, der diesen Preis für ungerecht hält, während ihm zugleich die soziale Tatsache, daß, »was nichts kostet, auch nichts ist« (Lothar Späth), als Dogma nur überhaupt gilt. Als Skeptiker der Preise sind die Mitglieder der bürgerlichen Gesellschaft doch zugleich Jesuiten des Wertes. Glauben müssen sie, was keiner erklären kann, weil ihnen der soziale Zusammenhang und sein Funktionieren als das Wunder schlechthin erscheinen. Die ›unsichtbare Hand‹, die den höheren Sinn der rücksichtslosen Konkurrenz eines jeden gegen alle – das Gemeinwohl – garantieren soll, ist die stummsynthetisierende, abstrakte ökonomische Form, die sinnlich konkret im Geld sich darstellt und in der Akkumulation um ihrer selbst willen prozessierendes Leben gewinnt: negative Vergesellschaftung. Sie bedarf der verdinglichten Darstellung des sozialen Zusammenhangs neben den und gegen die Individuen, die, selber in Bourgeois und Citoyen quasi schizoid zerfallen, die Einheit des Ganzen sich nur in der quasi-theologischen Kategorie des Wunders geistig vorzustellen vermögen. Das Metaphysische am »sinnlich-übersinnlichen Wert« (Marx) spaltet sich ab und gewinnt eine selber dingliche Gestalt, ist zweite, gesellschaftlich erzwungene und produzierte Natur. Die ›unsichtbare Hand‹, die transzendentale Ordnung macht, daß etwas fraglos Ursprüngliches her muß, etwas zweifellos Erstes und übergreifend Allgemeines, das einsichtig macht, warum man sich, obwohl die Konkurrenz Gründe genug bietet, im Alltagsleben erstaunlich selten an die Gurgel geht, warum man untereinander den Frieden hält und meist anderen Völkern, nicht dem Nachbarn oder dem Arbeitgeber, den Krieg erklärt. Die kapitalisierte Gesellschaft als allgemeiner Benutzungszusammenhang erzwingt die Vorstellung eines Unabgeleiteten, das an sich, vor jedem Nutzen und vor jeder Brauchbarkeit, allgemein ist und wahr: die Nation.

Das Rätsel der sozialen Synthesis soll seine Lösung in der vorab, vor aller Gesellschaft und vor jeder Geschichte, bestehenden Einheit der Nation finden. Daran, was diese Einheit sei, bricht der Kampf der Sinnstiftungen los wie nur auf dem Markt der um den Preis. »Es gibt zwei grundverschiedene Ansätze, über die nationale Identität zu sprechen,« meint etwa Dorothee Sölle: »Es gibt ein Nationalbewußtsein von oben und eins von unten. Schon das Wort ›Volk‹ wird ja in unserer Sprache auf sehr verschiedene Weise benutzt, geopolitisch und soziopolitisch. Geopolitisch gedacht, handelt es sich um die Gemeinschaft der Bewohner einer bestimmten Fläche, eines Lebensraumes, in dem die Menschen durch Geschichte, gemeinsame Sprache und Kultur verbunden sind. Soziopolitisch handelt es sich um das einfache, gewöhnliche, niedere Volk – im Gegensatz nicht zu anderen Ländern, sondern im Gegensatz zu den Mächtigen. (...) Es scheint mir entscheidend, beide Bedeutungen zusammenzuhalten und sie nicht voneinander zu isolieren. (...) Es gibt einen ›Patriotismus der Armen‹.« (Sölle 1986, 29 f.) Jeder ist gezwungen, die undenkbare Einheit nach Maßgabe seines Interesses zu verstehen und geistig sich zurechtzulegen. Er verhält sich als Interpret eines Textes, dessen Autor sakrosankt ist und dessen Name tabu. Das politische Spiegelspiel von links und rechts, in dem die objektive Form Nation reproduziert wird, vollzieht sich im Kampf der Deutungen, im Kampf zwischen Nominalismus und Ontologie.

Der (demokratische) Nominalismus will es den Leuten selber überlassen, was sie sich unter ›Volk‹ vorstellen: Volk ist, was man draus macht. Die (autoritäre) Ontologie will die Leute dazu bewegen, pädagogisch oder im Befehlston, den objektiven Inhalt des Volkes als einer Naturkategorie endlich geistig anzuerkennen und politisch zu bezeugen. Der einfache Gegensatz und bloß logische Widerspruch des subjektiven zum objektiven Begriff der Nation erscheint als leibhaftiger Antagonismus. Das Bewußtsein dieses Gegensatzes erfüllt den Begriff von Ideologie als objektiv notwendiges *falsches* Bewußtsein, das, auf dem Boden der Form Nation, die Möglichkeit korrekten und angemessenen Denkens und Verhaltens stiftet. Daraus erwächst ein Streit der Meinungen, der ebenso unerbittlich ist wie sein Gegenstand paradox, der ebenso temperamentvoll wie aussichtslos geführt wird. Den Kontrahenten erschiene der Satz: »Die wahre Kritik analysiert daher nicht die Antworten, sondern die Fragen« (MEW 40, 379), als mindest unpraktisch und voraussichtlich wahnsinnig, weil ihnen die nationale Frage selber fraglos ist. Wo die autoritäre Ontologie gegen die ›Endlösung der deutschen Frage‹ agitiert, das Volk als Gebärzusammenhang und die Nation als Züchtungsanstalt begreift, und daher das Wort ›Volk‹ wie folgt füllt: »Völker sind Abstammungs- und Vererbungsgemeinschaften mit eigener Sprache, eigener Kultur und eigenem Selbstverständnis (Identität)« (Schröcke o. J., 4) – da hält sich der demokratische Nominalismus an Ernest Renans Subjektivismus der Nation und spricht vom ›plébiscite de tous les jours‹:« Nation ist nichts unzerstörbares, Nationen werden und vergehen. Bezogen auf uns Deutsche: Zu unserer Nation gehört, wer sich dazugehörig fühlt. Und dieses Gefühl, zusammenzugehören, ist nach wie vor lebendig.« (Eppler 1989, 15) Wo die Linke also, wäre das Boot der Wohlstandsgemeinschaft nicht schon voll, ihrem Begriff von Nation gemäß, einen ›deutschfühlenden‹ Tamilen oder ›deutschdenkenden‹ Bantu mit Freuden aufnehmen müßte, da muß die Rechte noch der eigenen Nation hinsichtlich ihrer rassischen Reinheit permanent mißtrauen, ihre genetische Qualität beargwöhnen und daher – in letzter Instanz – Heiratsverbote und Rassengesetze erlassen. Der Logik ihres eigenen Argumentes gemäß müßten die Linken die Rechten erfinden – und umgekehrt. Subjektiver und objektiver Nationalismus bedingen einander wie ein Zwilling den anderen und schlagen ineinander um: Dies ist das Spiegelspiel der Ideologie und das Schicksal ihrer politischen Protagonisten.

Im Spiegelspiel steht der ›Verfassungspatriotismus‹ gegen den Staatsnationalismus. Was am Staat, im Dualismus von Norm und Wirklichkeit, von Verfassungsideal und Staatshandeln begann, wiederholt sich, in ganz anderen Phrasen, die genau das gleiche meinen, an der Nation. Die liberale *Frankfurter Rundschau* warnt vor »unreflektiertem Patriotismus«, vor »plattem Nationalismus«, vor dem »Chauvinismus eines Schönhuber«, und polemisiert gegen »den engstirnigen und gefährlichen Nationalismus« (28. Dezember 1989). Und wie sieht er aus – der reflektierte, gehobene, weitherzige und pazifistische Nationalismus? Nichts anderes meint er, wie Augstein im *Spiegel* schrieb, als »daß der nächste Anschluß sich wirtschaftlich vollziehen« werde. Reflektiert, wie dieser Nationalismus ist, verzichtet er auf bewaffnete Gewalt und zückt den Geldbeutel. Denn

»Rendite aus dem Osten setzt Frieden voraus und Kapitalanlagen«, meint der linke Sozialdemokrat Norbert Gansel, »schaffen und zeigen Vertrauen und Sicherheit – so einfach ist das!« (*Frankfurter Rundschau*, 13. September 1989).

Gegen das linke Volk, das sich in den Staat als sein Gewand und seine Form kleidet, und über dieses ›Medium‹ selber sich bestimmt, steht das rechte Volk, das immer schon durch den Staat bestimmt und strukturiert ist, den Staat, der nichts anderes darstellen soll als das zum Selbstbewußtsein und zur Handlungsfähigkeit gelangte Wesen des objektiven Naturdings Volk. Der »Staat des ganzen Volkes« (Parteiprogramm der KPdSU) soll die linke Alternative sein zum autoritären »Volksstaat« (Schutzbund deutsches Volk) und ist doch nur dessen Rückseite. Alle fragen nach dem Ursprung von Nation und Souveränität: Wer aber konstituiert wen, was ist das Erste, von dem alles andere sich ableitet und aus dem alles weitere folgt? Dem demokratischen Nominalismus ist das Ganze die Summe seiner Teile, der rechten Ontologie gilt, in durchaus dialektischer Konsequenz, das Ganze als Synthese, nicht Summe, somit als Wesen eigener Dignität. Hier ist es das Ganze, das aus der Masse der Leute die Individuen erwählt und selektiert, die zum Subjekt taugen, und den Rest verwirft. Denn »die Volkssouveränität gehört zu den verworrenen Gedanken, denen die wüste Vorstellung des Volkes zugrunde liegt. Das Volk, ohne seine Monarchen und die eben damit notwendig und unmittelbar zusammenhängende Gliederung des Ganzen genommen, ist die formlose Masse, die kein Staat mehr ist, und der keine der Bestimmungen, die nur in dem in sich geformten Ganzen vorhanden sind – Souveränität, Regierung, Gerichte, Obrigkeit, Stände und was es sei –, mehr zukommt«, wie Hegels *Rechtsphilosophie* erklärt (HW 7, § 279). Das Volk ist Produkt und der Staat sein Schöpfer; die Individuen nur chaotische Menge, Pöbel, von blinden Interessen umgetriebene Masse. So ist die Souveränität, der Rechtsphilosophie zufolge, die irdische Darstellung Gottes, »nicht ein Abgeleitetes, sondern das schlechthin aus sich Anfangende« (ebd.). Der Souverän ist so einerseits und an sich die Einheit der Gegensätze, die Bedingung der Möglichkeit eben des Spiegelspiels, das die politischen Subjekte treiben und durch das hindurch sie aus freiem Willen wie objektivem Zwang die Einheit reproduzieren. Am Gegensatz von Nominalisten und Ontologen reflektiert sich das unbegreifbare Unwesen der letzten Instanz. Die beiden einander logisch ausschließenden Weisen, in denen die Bürger die Entstehung des Souveräns sich vorstellen – Konstitution durch Vertrag der Individuen untereinander oder autoritäre Setzung aus objektivem Zwang – wiederholen sich im Gegensatz des subjektiven zum objektiven Begriff der Nation.

Es liegt in der Dialektik schon des revolutionär bürgerlichen Begriffs der Nation – von der Sache ganz zu schweigen –, daß die formale Gleichheit aller vor dem Recht stets in Gefahr steht und der Versuchung ausgesetzt ist, in ihre materiale Gleichheit vor Blut und Rasse umzuschlagen. Hinter der bürgerlichen Gesellschaft des Vertrages lauert die Volksgemeinschaft der Artgenossen. Die antifeudale Revolution, die das allgemeine Menschenrecht nur in der bornierten Form des Nationalstaates verwirklichen konnte, war zugleich eine anti-internationalistische Revolution und wandte sich gegen den Kosmopolitismus der Aristokraten und Jesuiten. Als antifeudale Revolution war sie genötigt, zwischen bloßen Staatsangehörigen und Staatsbürgern zu unterscheiden, als anti-internationale zwischen guten und schlechten Völkern. Das Proletariat, die Frauen, Kinder und Unmündigen, jeder, der kein Eigentum erwerben kann oder es sinnlos verschleudert, wurde aus der Gesellschaft der Rechtssubjekte ausgeschlossen: So schied sich das Volk von der Bevölkerung. Die anti-internationale Revolution mußte, ebenso konsequent am Eigentum orientiert, das den Menschen erst zum politische Subjekt macht, die Roten und die Schwarzen ausschließen und brachte es im übrigen noch nicht einmal zu einem verbindlichen Völkerrecht, weil noch die bürgerliche Nationalkonkurrenz, je mehr sie in der Konkurrenz bestand, desto mehr den Verdacht auf sich zog, mit unlauteren Mitteln zu arbeiten und rassisch verdächtig zu sein. Der alte Witz, man nenne die Syphilis in Deutschland die französische, in Frankreich die italienische und Italien die deutsche Krankheit, hat darin seinen Anlaß: Die Konkurrenz erscheint als Erbfeind, dessen Erbgut versaut ist.

Weil das Menschenrecht der Bürger, weil die bürgerliche Subjektivität auf dem Zwang zur Selbstverwertung des Individuums beruht, das sich, wie es die *Erklärung der Menschenrechte* will, als sein

Eigentum betrachtet, darum ist die bürgerliche Gesellschaft strukturell antisemitisch und fundamental rassistisch. Was die reflexive Identität des bürgerlichen Subjekts an ihm selbst bedroht, wird aus ihm ausgeschlossen und zum Feind, zum auf Vernichtung zielenden Anti-Subjekt fingiert, aus dessen Bekämpfung Citoyen und Bourgeois ihre Stärke beziehen. Was dies bürgerliche Subjekt von sich abscheidet, das stellt es sich als das ihm antagonistische Subjekt, als Anti-Einheit, als Anarchie vor. Ein Teufel und das Böse in Person muß sein, wer Herrschaft als solche nicht fraglos anerkennt. Die Angst vor dem Chaos legitimiert Synthese als Gewalt. Einer, der es wissen muß, meint: »Der Staatlichkeit kann nicht entronnen werden, Grundsätzliche, anarchische Verneinung jeglicher Hoheitsgewalt, also jeglichen Staates, hat nichts mit Widerstandsrecht und -pflicht zu tun. Umsturz mit anarchischer Zielsetzung ist stets objektiv böse« (Albrecht 1976, 253). Was antibürgerlich, gar antikapitalistisch und -etatistisch sein soll, gilt als das wesentlich Widernatürliche. Der Inbegriff aller Ausgrenzungen ist ›der Jude‹, der die Einheit der Nation von außen als Kosmopolit zu bedrohen hat und von innen als Parasit. Noch der revolutionäre Humanismus der französischen Revolution muß an diesem, seinem inneren Widerspruch zugrunde gehen und die Hoffnung Lügen strafen, er sei Fortschritt der Gattung und »Organisation der Erdbürger in und zu der Gattung als einem System, d.i. kosmopolitisch verbunden« (KW 12, 690). Der Universalismus der Menschenrechte ist die objektive Ideologie der Produktivierung der Gesellschaft und die Legitimation aller geistigen Ausschlüsse, praktischen Ausgrenzungen und tödlichen Ausmerzungen aus dem Patriotismus des Privateigentums. Kein Unterschied zwischen traurigem Sein und utopisch-wahrhaftigem Sollen ist am Menschenrecht zu notieren, sondern, vielmehr, die Einheit des bürgerlichen Seins, das aus der Differenz zu allem erwächst, was nicht kapitalproduktiv sein kann.

Das macht den *Dritten Stand*, der 1789 erklärte, er sei nichts und wolle alles, strukturell totalitär. Die bürgerliche Klasse erklärte sich zur Menschheit und verwandelte so die Leute in das Volk der Bürger. Dessen Egalität grenzt negativ sich ab gegen arbeitsloses Einkommen und Luxus und begreift die Nation als produktiven

Arbeitskörper. Der Dritte Stand, so Emmanuel Joseph de Sieyès, der Vater der französischen Verfassung, ist »eine vollständige Nation«. In der Polemik gegen den internationalen und unproduktiven Adel, auf den die Guillotine wartet, legt man sich das geistige Instrumentarium der Massenvernichtung zurecht. Der Adel ist »eine Klasse von Menschen, die, ohne Funktion wie ohne Nutzen, bloß deswegen, weil sie existieren, die an ihre Person geknüpften Privilegien genießen. Er bildet wahrhaftig ein Volk für sich, aber kein echtes Volk, da er aus Mangel an nützlichen Organen nicht durch sich selbst existieren kann, sich vielmehr einer wirklichen Nation wie jene Schmarotzerpflanzen anhängt, welche nur vom Saft der Bäume leben können, die sie krank machen und austrocknen« (Sieyès 1981, 124). Am historischen Ursprung der bürgerlichen Herrschaft stellt so der Adel die »Gegenrasse« (Hitler) zum bürgerlichen Volk dar, als deren eigentliche Gestalt die Zukunft ›den Juden‹ erweisen wird. Die bürgerliche Revolution stiftet Gesellschaft als allgemeinen und totalen Benutzungszusammenhang, als durchdringende Funktionalisierung von Individuum und Natur durch das Kapital, das dem ›Wertlosen‹ den Kampf ansagt.

Darum muß schon im subjektiven Begriff der Nation, der doch vom empirischen Menschen so viel Aufhebens macht, eine Spaltung auftreten, eine strukturelle Differenz zwischen empirischer Nation als Volk und transzendentaler Nation als Verwertungsgemeinschaft Kapital. Bürgerliche Herrschaft ist Niemandsherrschaft, Herrschaft des Gesetzes, das sich mittels des Staatsapparates exekutiert. Das Gesetz, so Sieyès, »gewährt nichts, es schützt nur das Bestehende, so lange es dem Gemeininteresse nicht schadet. Ich stelle mir das Gesetz als Mittelpunkt einer gewaltigen Kugel vor; zu ihm befinden sich alle Bürger auf der Kugeloberfläche ausnahmslos in derselben Entfernung und nehmen dort gleiche Plätze ein« (ebd., 188). Die Egalität der Individuen als produktiver Subjekte ist eine vor dem Nichts im Zentrum des Zusammenhangs ihrer Vergesellschaftung. Ihre Gleichheit hat tatsächlich statt, aber nur in Ansehung ihrer Funktionalität, nicht als Ausdruck ihrer Individualität, sondern nur insoweit sie Teile des allgemeinen Menschen, des Souveräns im Zentrum bilden und sich als funktionale Exemplare der kapitalisierten Gattung bürgerlicher

Mensch beweisen. Menschen sind die Individuen nur insoweit und nur so lange, als sie sich als irdische Statthalter *des* Menschen verhalten; der Mensch des Menschenrechts ist das politische Transzendentalsubjekt, das den Zusammenhang der Individuen als Subjekte so stiftet wie nur der Wert den Zusammenhang der chaotischen Welt der differenten Gebrauchswerte als Waren. Der bürgerliche Mensch in seiner gedoppelten Existenzweise als Citoyen und Bourgeois bedient den Doppelcharakter der Ware, dem als Charaktermaske er vorsteht. Indem der *homme*, der Mensch an und für sich, nichts anderes darstellt als die Vermittlung des ökonomischen Triebwesens Bourgeois mit dem politischen Geistwesen Citoyen und nirgends anders existieren kann als in dieser Vermittlung, erweist er sich als die *Wertform des Individuums*, die seinen bürgerlichen Gebrauchswert wie staatsbürgerlichen Tauschwert aus sich ebenso entläßt wie unter sich begreift. Wie die Wertform aus der im Kapital negierten Gesellschaftlichkeit erwächst und wie die negative Vergesellschaftung die praktische Darstellung und empirische Handgreiflichkeit ihrer ebenso absurden wie realen Einheit im Geld zur Anschauung bringt, so auch politisch: Der politische Souverän ist der sinnlich faßbar gewordene ganz und gar abstrakte Funktionszusammenhang des gesellschaftlichen Prozesses in seiner unausweichlichen Verdoppelung.

Die Kugel des Abbé Sieyès, deren Zentrum das Nichts und deren kohäsive Kraft die Kraft der Vernichtung ist, stellt dar, was der politische Gegensatz der Vertragsrationalisten, die den Staat aus der horizontalen Ebene, auf der sich der gleiche und gerechte Tausch vollzieht, ableiten wollen, zu den Stiftungsmystikern, die die autoritäre Struktur des politischen Kommandos mit Gott und der Natur begründen, notwendig verschleiert – wenn sie es auch in verschleierter Form darstellt: Die horizontale Ebene des Tausches ist gleichsam in sich gekrümmt. Daraus erwächst Herrschaft als dritte Dimension, als Ableitung des Tausches, die aus der Perspektive der Tauschenden absolut undurchschaubar und opak bleibt, Herrschaft, die doch nichts anderes ist als die Konsequenz des Unwesens, das durch den Tausch hindurch prozessiert: der Aneignung und Ausbeutung der Ware Arbeitskraft durchs Kapital. Autoritäre Herrschaft als dritte Dimension des egalitären Tausches zieht die Konsequenz der

Ausbeutung, die das Kapital durch den objektiven Schein der Egalität hindurch organisiert und ist zugleich deren unerläßliche Bedingung wie absolute Voraussetzung. Wie die Republik des Marktes die bloße Erscheinungsform der Despotie der Fabrik ist, die doch anders nicht erscheinen und sein kann, so ist das allgemeine Wahlrecht, aus dem das Parlament als Subjekt des Staatswillens hervorgeht, so ist die Demokratie die zwingend gebotene Erscheinung und einzig gemäße Verschleierung der Diktatur des gewaltmonopolistischen Souveräns, der die Gesellschaft vermittels der allgemeinen Wehrpflicht als sein Objekt setzt.

Gleiche Rechte, gleiche Pflichten: Diese Reziprozität ist die politische Darstellung des ökonomischen Äquivalententausches, der anders nicht erscheinen kann als in Form seiner eigenen Verhüllung, d.h. als Inhalt. Der ›Gesellschaftsvertrag‹, der die Staatsgewalt als Produkt eines intersubjektiven Konsenses stiften soll, enthält eine jeder Vereinbarung vorab entzogene und jedem Konsens zutiefst unerreichbare Generalklausel: den Zwang zur Freiheit. Was liberale Demokratietheorie etwa bei Rousseau zu monieren weiß, Erziehungsdiktatur, stellt die Voraussetzung ihrer eigenen Geltung dar, die sie, als in Kraft gesetzte, verleugnen muß. Denn »damit der Gesellschaftsvertrag keine leere Form sei, enthält er stillschweigend folgende Verpflichtung, die allein den übrigen Kraft gewähren kann; sie besteht darin, daß jeder, der dem allgemeinen Willen den Gehorsam verweigert, von dem ganzen Körper dazu gezwungen werden soll; das hat keine andere Bedeutung als das man ihn zwingen werde, frei zu sein. Denn die persönliche Freiheit ist die Bedingung, die jedem Bürger dadurch, daß sie ihn dem Vaterland einverleibt, Schutz gegen persönliche Abhängigkeit verleiht, eine Bedingung, die die Stärke und Beweglichkeit der Staatsmaschine ausmacht.« (Rousseau 1762, 22) Hinter dem Menschen steht die Gewalt, die die Form der Freiheit stiftet; die Befreiung von persönlicher Abhängigkeit geschieht als Unterwerfung unter den abstrakten Funktionszusammenhang der wechselseitigen produktiven Benutzung, die die ›Staatsmaschine‹ garantiert. Freiheit ist Formsache. Das Übersinnliche der Form offenbart sich im abstrakt-allgemeinen Menschen und kodifiziert sich in einem Menschenrecht, dem selbst ihre Urheber attestieren müssen, sie hätten es nicht gemacht sondern bloß anerkannt (Robespierre 1791, 129): Das Menschenrecht ist das politische Naturgesetz, Objektivität, die anerkannt werden muß. Unversehens erklärt sich der Staat, den die Subjekte nur zum Notar ihrer Verträge bestellt haben sollen, zum Urheber des Vertragswesens. Das Mittel offenbart sich als Zweck, der bloße Schiedsrichter als erste und letzte Instanz, der unparteiische Dritte manifestiert sich als Garant der profitablen Einseitigkeit des Ganzen.

Die Kugel des Abbé Sieyès soll bedeuten, daß keiner herrscht, weil alle beherrscht werden, daß alle gleich sind, weil ungleich und subaltern vor dem Nichts im Zentrum ihres gesellschaftlichen Zusammenhangs. Herrschaft steckt in der Relation, die Macht im bloßen Verhältnis der Individuen, das sie unterm Diktat der Form und als Subjekte aufeinander haben müssen und das doch nicht anders darstellbar ist als in der Form des aus ihrer bürgerlichen Gleichheit notwendig ebenso ausgeschlossenen wie diese erst ermöglichenden Dritten, des unvergleichlichen Souveräns. Der Souverän ist das Maß alles Menschlichen und stiftet die Qualität, in deren Medium die subjektivierten Individuen als gleichberechtigte und gleichermaßen verpflichtete Bürger sich vergleichen.

Herrschaft ist Formsache. Das Bild des Sieyes muß verschleiern, daß die Gesellschaftskugel ins Nichts rollt, daß die falsche Integration und negative Synthese nur gelingen kann als Flucht nach vorne, als Rette-sich-wer-kann in Permanenz, nur als Prozeß. Die Griechen mußten die Welt als flache Platte sich vorstellen, weil anders die Menschen am Südpol von der Erde herunterfielen. Ihnen war jene Einheit von Zentrifugal- und Zentripetalkraft undenkbar, die es macht, daß alle kopfüber im Nichts hängen und doch festen Boden unter den Füßen haben. Und um im Bild zu bleiben, das nun zur Darstellung des Begriffs sich verwandelt: Der Zentrifugalkraft des Kapitals, das die Individuen beständig aussaugt und abstößt, muß die Zentripetalkraft des Souveräns, der auf den stummen Zwang der Ökonomie die lautstarke Gewalt der Politik setzt, kontern. Das Kapital als »automatisches Subjekt« (MEW 23, 169), das sich produktiv auf sich selbst bezieht und das die existierende Wahrheit der Selbstreflexivität des subjektivierten Individuums ausmacht: nicht als

Denken, als Prozeß, kann seine ichlose Subjektivität nur durch den Souverän hindurch entfalten. Dann erscheint Synthese als Gewalt, Einheit als Vereinheitlichung und Vergleichung: Identität der Subjekte als Resultat ihrer politökonomischen Identifizierung als Objekte. Das Sein des Kapitals ist Prozeß, seine Identität die Praxis der Identifizierung: *Kritik der politischen Ökonomie* kann nur als Kritik der Politik überhaupt – Kritik sein.

Es liegt in der Dialektik der Sache selbst, daß der subjektive Begriff der Nation über sich hinaustreibt. Der abstrakte Zusammenhang der Funktionalisierten schlägt um, wird zum Ding und versachlicht sich in Nation und Staat. Der intersubjektive Zusammenhang der freien Willen stellt in dialektischer Konsequenz sich dar als organische Einheit der Individuen und als konkrete Totalität eines bloßen Naturkörpers. Der theoretische Gegensatz von Vertragsrationalisten und Blutmystikern erscheint sich im Spiegelspiel der Politik als der Widerspruch von Vertragsmystikern und Blutrationalisten. Der ›mechanische‹ Staatsbegriff ist die zirkuläre Prämisse und Konsequenz des ›organischen‹ in einem: Die seelenlose ›Staatsmaschine‹ Rousseaus als begeisteter Volkskörper. Das Ganze ist mehr als die Summe seiner Teile, der Einzelnen. Das kantische Problem, wie die Gesellschaft der bornierten Interessenten Allgemeinheit stiften könne, löst sich praktisch in der Vorstellung vom Allgemeinen als Natur. »Das Problem der Staatserrichtung ist, so hart wie es auch klingt, selbst für ein Volk von Teufeln (wenn sie nur Verstand haben), auflösbar und lautet so: ›Eine Menge von vernünftigen Wesen, die insgesamt allgemeine Gesetze für ihre Erhaltung verlangen, deren jedes aber in Geheim sich davon auszunehmen geneigt ist, so zu ordnen und ihre Verfassung einzurichten, daß, obgleich sie in ihren Privatgesinnungen einander entgegenstreben, diese einander doch so aufhalten, daß in ihrem öffentlichen Verhalten der Erfolg eben derselbe ist, als ob sie keine solche bösen Gesinnungen hätten‹« (KW 11, 224). Der freie Wille der Einzelnen kann zur ganzheitlichen Erscheinung als Staat nur gelangen, indem er sich selber durchstreicht. Freiheit verhält sich, als ob sie von Natur wäre, wird zum Ding. Freilich zieht der vertragstheoretische Subjektivismus Kants nicht die Konsequenz der Verdinglichung und treibt sie nicht zur Substantialisierung. Er begnügt sich darin, zwischen dem empirischen Volk, wie es geht und steht, und dem transzendentalen Volk zu unterscheiden; er trennt die »volonté de tous« von der »volonté général« (Rousseau), behauptet, ihr Zusammenhang sei Rationalisierung und nicht entfremdende Verdinglichung. Die Übersetzung des Besonderen ins Allgemeine ist bloße Formsache; der Staat der Dolmetscher, der die Kommunikation zwischen den Individuen und der Gattung nur ermöglicht: »Die gesetzgebende Gewalt kann nur dem vereinigten Willen des Volkes zukommen. Denn, da von ihr alles Recht ausgehen soll, so muß sie durch ihr Gesetz schlechterdings niemand Unrecht tun können. Nun ist es, wenn jemand etwas gegen einen anderen verfügt, immer möglich, daß er ihm dadurch Unrecht tue, nie aber in dem, was er über sich selbst beschließt« (KW 8, 432). Die formale Zentralisierung produziert den Staat als politisch dargestellte Gattung; der allgemeine Mensch wird als besonderes Wesen handgreiflich. Dies Wunder der ›unsichtbaren Hand‹ geschieht wie von selbst, es steckt in der Form. Die Form ist es, die das Ganze zum Subjekt, zu dem erhebt, was die organizistische Staatstheorie die ›Persönlichkeit‹ des Staates nennt. Sie stellt sich, im Bilde des Hobbes, als Leviathan dar, als der Übermensch, dessen Haut aus wirklichen Menschenkörpern zusammengeflickt ist.

Die Gleichheit der Staatsbürger vor dem Recht vermag die Integration des Ganzen nicht zu leisten und legt sich ein Fundament, in dem sie die abstrakte Gleichheit als konkrete Homogenität darstellt, den Staatsbürger zum Volksgenossen transformiert. Die Gesellschaft der Freien und Gleichen wird zur Gemeinschaft der Gleichartigen und also gleich Hörigen. In Krise, Klassenkampf und Krieg wird die in der Form Staat präsente objektive Möglichkeit des Umschlags aktualisiert; die Balance des Systems gleicher Rechte und gleicher Pflichten zerbricht, wenn sich die Krise der Akkumulation zur Krise des Souveräns ausweitet. Diese Balance beschreibt die *Allgemeine Staatslehre* von Georg Jellinek so: »Vermöge der Herrschaft der Staatsgewalt ist das Volk Objekt des Imperiums und besteht in dieser Richtung aus lauter Subordinierten, vermöge der gliedlichen Stellung der Individuen in ihrer Eigenschaft als Elemente des Staates als Subjektes hingegen aus lauter Koordinierten. Die Individuen als Objekt der Staatsgewalt sind Pflichtsubjekte, als Glieder des Staates hingegen Rechtssubjekte« (Jellinek 1914, 408). Der Doppelcharakter des Staates, der die Verdoppelung der Subjekte spiegelt, soll in der Normallage im allgemeinen Wahlrecht seine Vermittlung finden. In der ›juristischen Sekunde‹ der Wahl, im bloßen Moment, da der Stimmzettel in die Urne geworfen wird, sollen die einander ausschließenden Bestimmungen von Regieren und Regiertwerden zur Einheit finden und im Wähler als dem wahren und wirklichen Souverän inkarnieren. Aber die Krise, die das politische System aus dem Gleichgewicht wirft, verallgemeinert die Subalternität, und wirft das Individuum in »den Zustand der Unterwerfung, in dem es, der Persönlichkeit entkleidet, bloßes Subjekt von Pflichten ist« (ebd., 426).

Die Ideologie dieser Unterwerfung heißt: Volk; die Legitimation der Diktatur; Nation, das Programmwort ihrer terroristischen Praxis: Rasse. Im gesellschaftlichen Zustand von Normalität und Konjunktur genügt der subjektive Begriff der Nation, um den Staatsbürgern die gesellschaftliche Einheit als Symbol darzustellen: Bundesadler, Deutschlandfahne und Nationalhymne sind dann antiquierter Plunder, den man kaum beachten muß, und das Kennzeichen ›D‹ eine Geschmacksfrage. Das nationale Sentiment wird hierin zur privaten Marotte, vergleichbar den schwarz-rot-goldenen Bierwimpeln, die Schönhubers Devotionalienversand feilbietet. In diesen halbwegs ›normalen‹ Zeiten ist vom »Zusammengehörigkeitsgefühl der Deutschen« (Helmut Kohl, *FAZ*, 29. November 1989) die Rede. Und jeder mag sich darunter vorstellen, was er will. Der bloße Verweis aufs Organische der Gesellschaft genügt: »Im Staate mit Volksvertretung ist das Volk nicht nur die, eine unterschiedslose Summe darstellende, Gesamtheit der Staatsangehörigen, sondern eine zum Zwecke der Bestellung von Repräsentanten organisierte Einheit.« (Jellinek) Mißlingt die Repräsentation und steigt der Integrationsbedarf, dann radikalisiert der Staat seine Anforderungen an die Staatsbürger und engt den Kreis der zur Rechtssubjektivität befugten Individuen noch weiter ein als es etwa die juristische Kategorie der Mündigkeit schon tut, auf der die Differenz zwischen Bevölkerung und Volk und der Unterschied zwischen Staatsangehörigen und Staatsbürgern beruht. Herrschaft, die nicht mehr allein Formsache sein kann, zwingt den Subjekten das rückhaltlose Bekenntnis und die rücksichtslose Praxis ihres Inhalts:

Verwertung, auf. Das »generalisierte Systemvertrauen« der Subalternen (Niklas Luhmann) soll den Staat nicht mehr bloß in toto billigen, sondern jede einzelne Maßnahme bejubeln. »Das Staatsbewußtsein umfaßt den freiwilligen Gehorsam gegen den Staat und die Achtung vor ihm, so wie das Vertrauen zum Staat. Es äußert sich ferner in der Hingabe im staatlichen Dienst, in Notzeiten auch im Bewahren von Disziplin gegenüber staatlichen Eingriffen in die persönlichen Freiheitsrechte und schließlich in der als Vaterlandsliebe bezeichneten Haltung«: im Notstand wird deutlich, was die *Allgemeine Staatslehre* eigentlich meinte, als sie vom »Bewußtsein schicksalsmäßiger Verbundenheit der Volksangehörigen in Vergangenheit und Zukunft« sprach, aus dem »das Nationalbewußtsein erwächst, das in Zeiten der Not eines Volkes besondere Bedeutung erlangen kann« (Küchenhoff 1967, 36 f.). Der kriselnde Souverän treibt die Folgen des staatsbürgerlichen ›Zusammengehörigkeitsgefühls‹ mit Zins und Zinseszins ein. Anfangs begnügt er sich mit der Forderung, das bloße Gefühl einmal massiv zu bekunden. Die staatsbürgerliche Gesinnung soll den Fahneneid ablegen, damit die Individuen mobilisiert und rekrutiert werden können. So ist dem Nationalwahn »Deutschland die Gesamtheit aller deutsch empfindenden, deutsch denkenden, deutsch wollenden Deutschen: jeder Einzelne von uns ein Landesverräter, wenn er nicht in dieser Einsicht sich für die Existenz, das Glück, die Zukunft des Vaterlandes in jedem Augenblicke seines Lebens persönlich verantwortlich achtet«, definierte Paul de Lagarde – auf den das Programm der *Republikaner* ausdrücklich sich beruft – 1875 in seiner Schrift *Über die gegenwärtige Lage des Deutschen Reiches* (zitiert nach Mendlewitsch 1988, 119).

Die systematische Spaltung im Begriff der Nation radikalisiert sich zum Begriff des ›deutsch denkenden Deutschen‹. Das krude Leben innerhalb der deutschen Grenzen, deutsche Sprache, Kultur, deutsches Brauchtum und Folklore – sie genügen nicht mehr. Das Subjekt hat den Anforderungen der Macht Folge zu leisten; passive Identifikation alleine langt nicht mehr. Gerät der Souverän in die Zwickmühle der Krise, so gibt er jedem Deutschen den Befehl, nichts anderes zu sein als ein bloßes Exemplar des deutschen Wesens, das sich in ihm vergegenständlicht und das der Staat definiert. Weil der Deutsche die Ehre hat, seinen Staat zu verleiblichen, muß er seiner Vernunft sich entledigen. Der Souveränität, der Verdoppelung des Kapitals zur Politik, kann die Zerlegung der Menschheit in Ausländer, Staatsangehörige und Staatsbürger im selben Maße nicht mehr ausreichen, in dem die Identitätskrise des Kapitals zur panischen Angst vorm endgültigen Exitus des Profits sich steigert. Nach Maßgabe seiner Krise erhöht der Staat seine Anforderungen ans produktive Subjekt und treibt dessen Funktionalisierung ins Extrem. ›Das deutsche Wesen‹ ist der Inbegriff der totalen Kapitalfunktionalität des Individuums. Der subjektive Nationenbegriff, der die Menschen nur als Verwirklichungen des Wesens des Menschen gelten ließ, schlägt derart um in den brutal objektiven, der den Einzelnen, wenn überhaupt, nur gelten läßt als bloßes Exemplar seiner ›Rasse‹. So trug »die Ordnung, die 1789 als fortschrittliche ihren Weg antrat, vom Beginn an die Tendenz zum Nationalsozialismus in sich« (Horkheimer 1939, 29).

6. »Ein Volk von Staatsbürgern«

Rassismus und Antisemitismus sind die gesellschaftliche Wirklichkeit der bürgerlichen ›Tendenz‹, von der die kritische Theorie sprach. Der Nationalsozialismus transformiert das zum Volk totalisierte Bürgertum zur Volksgemeinschaft und erklärt den Bürger zur Rasse. Wenn es »eine größere Ehre sein muß, als Straßenfeger Bürger dieses Reiches zu sein, als König in einem fremden Staate« (Hitler 1936, 491), dann muß der Zusammenhang von Straßenfeger und Staat so intensiv dargestellt und derart faszinierend symbolisiert werden, daß alle Unterschiede in der Homogenität des Blutes aufgehoben scheinen und die Gewalt, die den Zusammenhang stiftet und garantiert, zum legitimen Mittel, zur puren Technik rationalisiert werden kann. Ausdruck dessen ist die Entwicklung des Rechts der Staatsbürgerschaft im Faschismus. Die »innige Vermählung von Nationalismus und sozialem Gerechtigkeitssinn«, die die Nazis inszenierten, sollte ein »Volk von Staatsbürgern« (ebd., 486) schaffen, das mit der Führung durch dick und dünn geht und sich im kollektiven Verbrechen unwiderruflich mit ihm vereinigt. Der Gegensatz von subjektivem und objektivem Begriff der Nation, den das Recht der Staatsbürgerschaft im Gegensatz von *jus soli* und *jus sanguinis* reflektiert, eskaliert zum Widerspruch, der nur im Begriff der Rasse seine phantasmagorische Lösung finden kann. Die Passagen in Hitlers *Mein Kampf*, in denen er das Verhältnis des »Staatsangehörigen« zum »Staatsbürger« (ebd., 488-491) behandelt, sind der geheim gehaltene Schulungstext jeder Ausländerbehörde und jedes Bundesgrenzschützers, der die Verfolgten abweist. Die rassistische Polemik gegen die einfache Verleihung der Staatsbürgerschaft an jeden, dem es, wie immer, gelang, über die Grenzen zu kommen, beschwört die Identität des Volkes gegen die Fremden. Der Faschist beklagt: »Der ganze Vorgang der Erwerbung des Staatsbürgertums vollzieht sich nicht viel anders als der der Aufnahme zum Beispiel in einen Automobilklub. Man teilt dem in Frage kommenden bisherigen Zulukaffer nämlich mit: ›Sie sind hiermit Deutscher geworden!‹ Was kein Himmel schaffen könnte, das verwandelt solch ein beamteter Theophrastus Paracelsus im Handumdrehen. Ein einfacher Federwisch, und aus einem mongolischen Wenzel ist plötzlich ein richtiger ›Deutscher‹ geworden« (ebd., 489).

Die Frage, was denn ein Deutscher sei, ist jedem ADAC-Mitglied ein dringendes Bedürfnis, jedem *Zeit*genossen und jedem Schönhuber geläufig – die Antwort, wer als Deutscher zu gelten hat, gibt der Souverän, indem er das Wunder der ›unsichtbaren Hand‹ mit den Mitteln der Magie des Blutes doch noch sich ereignen läßt. Die aus sich selbst explodierende Einheit des Ganzen, die der Souverän erzwingen muß, stellt die schon den Liberalen unbegreifliche Synthesis der kapitalisierten Gesellschaft als ›Zauberstück‹ und ›im Handumdrehen‹ als Einheit der Menschen gleicher ›Art‹ dar. Der Liberalismus und die Demokratie, die die Synthesis im Kantischen ›als ob‹ nur formaliter darstellen konnten, treten die Macht an den Faschismus ab, der den Auftrag hat, sie materialiter zu produzieren. Die idealistische Philosophie des aufstrebenden Bürgertums läßt sich von der nazistischen ›Philosophie des Blutes‹ beerben: Diese ›Philosophie‹ findet ihren Ort nicht mehr auf dem Markt der Öffentlichkeit, sondern auf der Rampe von Auschwitz. Sie soll, »wenn sie mehr sein will als ein bloß rational erklügeltes Wissenschaftssystem, ganz rigoros den Finger auf die Verschiedenheit der Menschen legen müssen. Es wird nicht mehr möglich sein, eine Philosophie des Menschen zu schreiben. Denn wenn auch irgendein Gemeinsames allen Menschen zugrunde liegen sollte, das sie als Menschen von der übrigen Natur unterscheidet, so fragt es sich doch sehr, ob dieses allgemeine Menschsein tatsächlich das Wesentliche im Menschen ist. Denn die letzte metaphysische Bestimmung des Menschen liegt in seiner Gebundenheit an seine Gemeinschaft, in seiner Verpflichtung an sein Blut« (Emmerich 1937, 287). Der Leviathan des Hobbes wird zum Behemoth Hitlers. Das Begräbnis des Menschen wird in der Wiederauferstehung der Deutschen als Deutsche zelebriert. Die bürgerliche Lüge von der menschlichen Gattung wird den Individuen von den Nazis in rassischer Münze heimgezahlt. Gnadenlos deckt der Nazi – negativer, barbarischer Ideologiekritiker par excellence, der er ist – die Lebenslüge der bürgerlichen Gesellschaft auf. Aber die ›Kritik‹ will die Lüge nicht in die Todeskrise stürzen, sondern zielt auf die Schwäche des Bürgertums, auf die Unfähigkeit dieser »bloß ewig diskutierenden Klasse« (Carl Schmitt), den Schwindel zu praktizieren.

Was den Bürgern, die das positiv bestimmte Wesen des Menschen nicht realisieren konnten, bei der Herstellung der Einheit dessen, ›was Menschenantlitz trägt‹, notwendig mißlingen mußte, damit reüssieren die Nazis, indem sie den philosophischen Begriff vom Menschen als überflüssiges ›Sein zum Tode‹ praktisch bewahrheiten und die Individuen in das Nichts peitschen, das im Zentrum ihrer Vergesellschaftung auf sie lauert. Die Einheit der Gattung ist der Tod der Einzelnen. Auschwitz war, so betrachtet, ein ins Gigantomanische vergrößertes Forschungslaboratorium, in der Empiriker und Positivisten in der ihnen einzig zugänglichen Weise an der experimentellen Verifikation von Philosophie und Metaphysik arbeiteten. Das ›Wesen‹ der Philosophie bewies sich an den Opfern empirisch als das Nichts, als der Tod und die einfache Negation, als das Sinnlose, das den Lebenden an sich unbegreiflich ist und das sie in der Vernichtung als namenlosen Schmerz durchlitten. Die faschistische Tat war infamer als Mord; sie enteignete die Opfer noch des letzten und erbärmlichen Restes von Individualität, beraubte sie der Gewißheit, Schlimmeres als den Tod habe keiner zu befürchten (Adorno 1966b, 361 f.). Darin erwies sich der Nazismus als praktizierter Idealismus, der es nicht mehr nötig haben wollte, durch die Zufälligkeiten der Erscheinung hindurch sich zu vermitteln (Hegels Humanität!), sondern der vielmehr sich absolut setzt und den zufälligen Einzelnen, dem Begriffe nach schon immer ein Überflüssiger, vom Körper der abstrakten, reinen Gesellschaft abschneidet. Die Philosophie an der Rampe, die Unwesentlichen selektierend, lieferte die Probe auf Robert Musils Diktum: »Ohne Philosophie wagen heute nur noch Verbrecher, anderen Menschen zu schaden.« (Musil 1981, 193)

Deutsch sein heißt, eine Sache um ihrer selbst willen tun. ›Das Deutsche‹ ist die vermittlungslose Existenzweise des souveränen Unwesens; ›der Deutsche‹ das Selbstbewußtsein des Unwesens als eines unantastbar souveränen Totschlägers. Das Unwesen treibt die Abstraktion von den Lebenden zu ihrer Annihilation fort. Überschreitend hebt es auf, was schon im bürgerlichen Rechts der Staatsbürgerschaft angelegt ist. Noch heute gibt es Linke, die sich auf Robespierre und Sieyès berufen und wirklich glauben, der Rekurs aufs *jus soli* sei das gerade Gegenteil und tauge zur Kritik des *jus sanguinis*: »Der unterschiedliche Besitz von Vorteilen ist kein Kennzeichen der Staatsbürger; die Ungleichheiten in Eigentum und Fleiß sind wie die Ungleichheiten in Alter, Geschlecht, Körpergröße usw. Sie berühren die Gleichheit als Staatsbürger in keiner Weise; die staatsbürgerlichen Rechte können nicht von diesen Unterschieden abhängen« (Sieyès 1981, 188). Das klingt human, ist es aber nicht. Denn »Menschenrecht bricht Staatsrecht« (Hitler 1936, 105): Die Homogenität der Bürger als Subjekte gleicher Rechte und Pflichten überbietet sich, und der allgemeine Mensch, der Souverän, kassiert die in Umlauf gesetzten Exemplare seiner Gattung wieder ein und setzt neue Unmittelbarkeit. Der Bürger als Rasse soll nun gerade in der revolutionär negierten Verschiedenheit identisch werden: mindestens blond und blauäugig. Der Relativismus des Konkreten gibt vor, die dogmatische Herrschaft der Abstraktion an der Wurzel auszurotten. Aber die Unmittelbarkeit der biologischen Kategorien von Blut und Rasse ist Wahn und Halluzination. Phrenologie, Volkstumskunde, IQ- und Verhaltensforschung, Genetik und deutsche Graugänse: Die Pseudowissenschaften des Nazismus gewinnen ihre durchschlagende Wirkung und nachhaltige Suggestivkraft gerade aus der absoluten Vergeblichkeit ihres Unterfangens. Der Empirismus der Verschiedenheit, der Relativismus, ist die haarsträubendste aller Metaphysiken. Die spekulativste Philosophie hat nicht in den Hegelschen Werken ihr Zuhause, sondern in den Laboratorien der Praktiker, die nur zählen, messen, wiegen und vergleichen: tagsüber am Mikroskop, abends zur schwarzen Messe. ›Rasse‹ heißt der Wahn, der in allem nur das erkennt, was seinen Thesen zur Illustration taugt. Noch nicht einmal um den positivistischen Beweis geht es, sondern um Evidenz: »Der Mensch ist sorgfältiger als irgend ein anderes Wesen studiert worden und doch besteht die größtmögliche Verschiedenheit des Urteils zwischen fähigen Richtern darüber, ob er als eine einzige Spezies oder Rasse klassifiziert werden solle oder als zwei (Virey), als drei (Jacquinot), als vier (Kant), fünf (Blumenbach), sechs (Buffon), sieben (Hunter), acht (Agassiz), elf (Pickering), fünfzehn (Bory St. Vincent), sechzehn (Desmoulins), zweiundzwanzig (Morton), sechzig (Crawfurd), oder als dreiundsechzig nach Burke« (Darwin 1875, 195). Der an sich zum Scheitern verurteilte Versuch, des deutschen Wesens durch empirische Forschung geistig mächtig und praktisch Herr zu werden, entlarvt, daß es den Rassisten nicht darum geht, ›Volk‹ und ›Rasse‹ als etwa hypothetisch existente Sachverhalte zu analysieren, sondern darum, sie als vom Souverän dringend gebotenes Projekt zu realisieren. Das Volk ist, gerades Gegenteil von Herkunft, die Zukunft der bürgerlichen Gesellschaft. Charles Darwins gut positivistischer Einwand gegen den ethnologischen Blick auf die Gesellschaft gleitet am zukunftsorientierten Charakter des rassistischen Unterfangens ab. Seine Bemerkung, der Naturforscher habe »kein Recht, Objekte mit Namen zu belegen, welche er nicht definieren kann«, trifft genau und geht doch ins Leere. Das Resultat der Rasseforschung verdoppelt und verdreifacht die Wut der Verfolger. Die nominalistische Willkür, irgendwelche Bayern und Ostfriesen mit dem Schmückwort ›deutsch‹ zu bedenken, blamiert sich gerade als Konsequenz des Vergleichs von allen mit jeden. Denn das Ergebnis besteht in der Erkenntnis, daß »die Schädel vieler Süddeutscher und Schweizer so kurz und breit sind wie die der Tartaren« (ebd., 194 f.).

Darum muß der Souverän das deutsche Wesen, das er an den Deutschen unmöglich finden kann, aus eigener Machtvollkommenheit setzen: ›Deutschsein‹ heißt, einen Menschen um seiner selbst willen zu bewältigen. So besteht die ›Identität‹ des Deutschen darin, sich am genauen Ort, wo Vernunft Platz hätte, freiwillig die Staatsräson zu implantieren. Gerät die Selbstreflexivität des Kapitals in die Krise und zeigt das ›automatische Subjekt‹ Zeichen von Agonie, dann muß, in einer Art Münchhauseneffekt, der Souverän das untergehende Ganze am eigenen Schopf aus dem Sumpf ziehen. Wenn das Wesen seine Erscheinung kassiert, haben die Einzelnen, wollen sie überleben, nur die Wahl, ihm unmittelbar sich einzuverleiben. Dieser Staat, der »nicht auf Vertrag, sondern auf Homogenität und Identität des Volkes mit sich selbst beruht« (Schmitt 1928, 229), verlangt freiwillige Selbstverwertung der mit ihm Identifizierten. Er bricht mit der relativistischen Empirie und organisiert den tödlichen Spuk seines dogmatischen Wesens. Denn, so zitiert Carl Schmitt aus Edmund Husserls *Logischen Untersuchungen*, »jede Gleichheit hat Beziehung auf eine spezies, der die Verglichenen unterstehen. Und diese spezies ist beiderseits nicht abermals ein bloß Gleiches und kann es nicht sein, da sonst der verkehrteste regressus in infinitum unvermeidlich wäre« (ebd., 235 f.). Auf die Frage: was ist deutsch, darf nicht geantwortet werden, sollen sich die Deutschen nicht in ihrer »asiatischen Tat« erkennen (Ernst Nolte) und die Frage kann unmöglich beantwortet werden, weil die absehbar endlose Suche nach einem ebenso dinglichen wie allgemeinen Kriterium des in den Deutschen sich niederschlagenden Wesens die Entscheidung, die fallen, und den Ausnahmezustand, der erklärt werden muß, ›in infinitum‹ aufschieben würde. Denn der Staat hat es eilig, wenn er anfängt, mit seinen Bürgern über das ›Zusammengehörigkeitsgefühl der Deutschen‹ sich zu unterhalten. Während er – und das ist die *politische Kultur* – den Identitätsängsten seiner Subjekte einfühlsamer lauscht und betroffener sich zeigt als manch ein Therapeut, greift er unterm Tisch zum Messer.

7. Das eine Volk

»Die Sozialisten vertraten gegen das Bürgertum dessen eigene fortgeschrittene Phase und strebten schließlich eine bessere Regierung an«: So charakterisierte Max Horkheimer das Paradox der antagonistischen Kooperation, die in der Weimarer Republik zwischen den Linken und den Rechten bestand und in deren Windschatten die Nazis auf die »Machtergreifung« sich vorbereiteten (Horkheimer 1940, 49). Ein Zufall war es nicht, daß die Propaganda der Linken für die Sozialisierung und Nationalisierung der Produktionsmittel, für die Verstaatlichung des Kapitals nicht nur in der Sowjetunion, in der Nationalsozialisierung der Gesellschaft landete. Die Sozialisierung sollte mit den Mitteln der an sich und wesentlich als neutral verstandenen Form Staat und mit den Mitteln der parlamentarischen Gesetzgebung durchsetzt werden. Dieser Linken galt der Staat als Hebel und die ›Staatsmaschine‹ als Fuhrwerk des Fortschritts. Durch die Benutzung der Form Staat zu Zwecken der Emanzipation wurde die Befreiung um ihr gesellschaftliches Standbein gebracht und der proletarische Widerspruch gegen das Kapital zur herrschaftseigenen Energie transformiert (Agnoli 1990, Modugno 1975). Die ignorierte Form siegte über alle Versuche, sie zu instrumentalisieren. Die materielle Einheit der Antagonisten im formalen Gegensatz, im Spiegelspiel der Politik bewies sich so als der tatsächliche Inhalt der ideologischen und politischen Formen. Herrschaft ist bloße Formsache: Die Linken hatten den Staat nur interpretiert, darum ging die Logik der Politik über sie hinweg. Ideologiekritik, die die Logik der Form entschlüsseln könnte, der Form, die es macht, daß jede ihrer subjektiven Interpretationen Sinn auf die Mühlen des objektiv Falschen gießt, verfiel schon damals dem Verdikt, abstrakt zu sein, abgehoben und mindestens unpraktisch. Die Anwürfe gegen die Ideologiekritik sind die neuesten Plagiate des redseligen Abscheus vor ›Chaos‹ und ›Anarchie‹: Man ahnt, was die Ideologiekritik als ›abgehobene‹ praktisch doch bedeutet; man spürt, daß die ›Abschaffung des Staates‹ dem Kapital an den Kragen und daher zu weit ginge. So teilte die Linke den Haß auf den ›privilegierten‹ Geist, den die Rechte im Kampf gegen die Herrschaft des ›parasitären‹ Geldes mobilisierte. Die Subjektivität der Sinnstiftung hält sich zugute, Meinung zu sein und damit Ausdruck der Persönlichkeit des Individuums (Adorno 1966a). Das Denken wird relativiert, pluralistisch verhöhnt; und so wird das Individuum zu einem permanenten Mißtrauen gegen sich selbst und die Wahrheitsfähigkeit seines Denkens erzogen, das es ihm leicht macht, der

Macht sich zu überantworten und sich als Subjekt dem Souverän einzuverleiben. Immer ist es die unschuldige Meinung, die nichts gesagt haben will, was irgend die Idee der negativen Wahrheit träfe. Die Meinung erzeugt die subjektive Energie, die die selbstbewußte Dogmatik der Souveränität in Schwung hält.

Am aktuellen Meinungsstreit der Linken mit den Rechten darüber, ob sich auf den Straßen von Leipzig nun *ein* Volk oder vielmehr *das* Volk offenbart habe, wiederholt sich der Versuch, gegen die zur *politischen Kultur* umgetaufte bürgerliche Öffentlichkeit den ›fortschrittlicheren Inhalt‹ linker Verbaldefinitionen durchzusetzen. Daraus resultiert jene vulgäre Nationalismuskritik von Links, der sich die kommunikationskompetenten Manager der ›Kritischen Theorie‹ verschrieben haben, und die nichts anderes wiederholt als den Vulgärmarxismus, dessen Widerlegung ihnen die akademische Reputation beschaffte. Aus der Chefetage des Frankfurter Instituts für Sozialforschung wird verlautbart, in der demokratischen Zivilgesellschaft von heute sei ›der Ort der Macht leer geworden‹, aber ›bei einem Teil der Mitglieder der sich herausbildenden Zivilgesellschaft‹ bestünde die Gefahr, die Macht erneut mittels einer ›identitären Symbolisierung der ›Nation‹‹ von unten zu produzieren. Klipp und klar ginge es um Alternativen im Selbstverständnis der Unteren: »›Wir sind ein Volk‹, statt ›wir sind das Volk‹« – das soll eine Frage sein. (Dubiel u. a. 1990). Aber der Kampf um die ›Hegemonie‹, als den die Affirmationstheoretiker aus Frankfurt und ihr Sponsor Peter Glotz die Reproduktion der Ideologie belieben zu mißverstehen, ist von den Rechten unter dem Etikett ›semantischer Bürgerkrieg‹ längst antizipiert und gekontert worden. Während die Linken das Volk am Werke sehen und sich freuen, den basisdemokratischen Ursprung der souveränen Gewalt endlich einmal *in vivo* beobachten zu können, da feiern die Rechten unterdessen die Geburt des einen Volkes ab. Sie sehen abermals die autoritäre Stiftungslegende der Macht bewahrheitet, wonach der triebhaft-organische Mechanismus Volk nur mit den Mitteln der Souveränität zum vergeistigten Ganzen erhoben werden kann.

Aber wie auch immer: »Nicht nur die Nation strebt nach einem Geiste. Auch der Staat sucht eine Seele. Während die Nation vom Staat einen vernünftigen Zügel erhält, schenkt sie wiederum dem

Staat das pulsierende, sinnliche Leben und die Einheit, die keiner irdischen Lebensform fehlen darf, wenn sie eine Persönlichkeit werden will« (Kjéllen 1924, 124). Man kann die Sache drehen und wenden, wie man will, und man kann es mit der Nation halten wie mit einem Geldstück – der Adler symbolisiert die organische Einheit, die Zahl das Individuum. Kopf oder Zahl?: Beides soll miteinander nicht das geringste zu tun haben, obwohl und gerade weil die Synthesis des sozialen Zusammenhangs, die nur als Prozeß sich vollziehen kann, das Geheimnis bleiben soll. Die Gegensätze des Spiegelspiels der Politik schlagen ineinander um und werden zum vom Souverän sorgsam beaufsichtigten Spiel, das die Vertragsmystiker mit den Blutrationalisten treiben. Sie sind de facto wie de jure Krähen, die dem Staat kein Auge aushacken: »Wo es politische Parteien gibt, findet jede den Grund eines jeden Übels darin, daß statt ihrer ihr Widerpart sich am Staatsruder befindet. Selbst die radikalen und revolutionären Politiker suchen den Grund des Übels nicht im Wesen des Staats, sondern in einer bestimmten Staatsform, an deren Stelle sie eine andere Staatsform setzen wollen« (MEW 1, 401).

Die subjektive und die objektive Theorie der Nation vereinigen sich durch den Widerspruch hindurch und unter der Kuratel der Form zum Zwecke der Reproduktion der Macht. Anstandshalber haben die Politiker, gerade die links von der Mitte, die Form zu wahren: Joschka Fischer hofft sehr darauf, »daß es dem Volk der DDR an Identität und Selbstbewußtsein, an Kraft zum eigenen Staat und zu einer deutschen Nation nicht mangeln« wird (*taz*, 16. November 1989), weil für ihn als basisdemokratischem Vertragsmystiker das ›Recht auf nationale Selbstbestimmung‹ eine wunderschöne Sache ist, die mit der ›Pest des Nationalismus‹ eigentlich nichts zu tun hat. Vom Volk, das seinen Staat errichtet, soll es abhängen, wes Geistes Kind die politische Kommandogewalt sein wird und zu welchen Zwecken die Hebel der Macht in Bewegung gesetzt werden sollen. Hier erscheint der Zentralismus des politischen Willens als die notwendige Form, in der das Volk zum Selbstbewußtsein gelangt: ›Die Nation strebt nach einem Geiste‹.

Die genau konträre Auskunft beschwören die autoritären Stiftungsmystagogen um Helmut Kohl als Wahrheit: Die Souveränität des Volkes kann sich nur im Staat artikulieren, denn erst als Staatsvolk kommt es politisch zur Existenz und darein haben sich die Leute nicht einzumischen. Denn schließlich ist es der Staat an sich, der Souverän als ›das schlechthin aus sich Anfangende‹, der noch vor jeder Abstimmung über die Pöblierung der Regierung das unbestreitbare Faktum setzt, daß, kreuzt man auch nur irgendeine der wie Waren im Supermarkt zur Wahl stehenden Parteien an, man immer schon das politische Kommando bejaht hat, das die Auspressung des Mehrwerts legal organisiert und gewalttätig garantiert. Wer wählt, der kann es sich, bestenfalls, noch aussuchen, wer ihn ausbeuten darf. Der Staat ist das Subjekt. »Jeder Staat hat das Recht, das eigene politische und soziale System frei zu wählen« (Kohl, *FAZ*, 29. November 1989). Dem rechten Lager soll es der Staat sein, der das Volk konstituiert, indem er es auf die souverän gesetzten Formen der politischen Willensbildung festlegt: ›Auch der Staat sucht eine Seele‹.

Im Spiegelspiel geht unter, was jeder sowieso schon längst weiß, wenn er von ›uns Deutschen‹ spricht: der Nationalstaatsbürger ist ein in der Wolle gefärbter Chauvinist. Wenn die liberale Wochenzeitung *Die Zeit* unter der Überschrift *Im besten Sinne deutsch* die beweisbare These riskiert: »Deutsche Kriege waren Weltkriege, deutsche Geschichte ist – auch heute wieder – Weltgeschichte« (24. November 1989), – dann weiß der Staatsbürger, daß ihm bald wieder die Stunde schlägt, und aktiver Gehorsam vor Staat und Kapital angesagt ist. Im Kopf ist er immer schon, lange vor der Musterung, Staatsbürger in Uniform. Das Spiegelspiel der Politik erzieht ihn zu vorauseilendem Gehorsam. Daran hat die Linke, die ihre internationalistischen Jugendsünden tilgen will und nicht mehr als vaterlandslose Gesellen sich schimpfen lassen möchte, ihren konstitutiven Anteil. Sie stimmt in den allgemein geäußerten Ekel vor Kosmopolitismus ein und denunziert wie die *FAZ* das »Weltbürgertumsdenken« als »eine bürgerliche Spielart des Internationalismus« (*FAZ*, 28. Dezember 1989). Jetzt kann sie auf ihren Anteil an der Beute pochen. Das verdrängte, exorzierte und exkommunizierte »Leiden an Adorno« wird als der Schmerz wiederkehren, den das von eigenen Gnaden erlöste und vom ganzheitlichen Staat wiedergutgemachte Volk anderen antun wird.

Schlimmer als Mord

Ulrich Sonnemann, ein kluger Hasser der Sozialdemokratie, hat einmal bemerkt, es sei unmöglich, diese Partei zu verstehen, wenn man nicht zuvor eingesehen habe, daß sie an Stalin schon so urheberrechtlich beteiligt gewesen ist wie später dann an Hitler. So liegt es gewiß nur an jenem der SPD eigentümlichen Charakter, in dem notorische Vergeßlichkeit, allerneueste Gegenwart und unentwegter Zukunftsfrohsinn derart zusammenschießen, daß er im Resultat nur noch mit der paradoxen Rede vom infantilen Greis oder auch ewig senilen Jüngling begrifflich annähernd zu fassen ist, der es macht, daß Sozialdemokraten bislang kein anerkennendes Wort für Berija und Konsorten in den Sinn kam. Eine auf den neuesten Stand gebrachte Version von Sonnemanns These aus dem Jahre 1968 wäre die begründete Vermutung, daß man unmöglich das unselige Gerede der RAF von Stammheim als dem ›Reformbuchenwald‹ der Gegenwart individualpsycholgisch begreiflich sich machen kann, hat man nicht zuvor Klaus von Dohnanyis in der *Frankfurter Rundschau* vom 14. Dezember 1989 veröffentlichte Spekulationen über eine deutsche Antwort auf die nationale Frage gelesen. Die Gründergeneration der RAF muß, was ihre Unternehmungen zwar nicht vernünftiger, aber allemal verständlich macht, einen Sozialreformer von seiner Statur vor dem geistigen Visier gehabt haben, als sie ihre Thesen zur Stadtguerilla verfaßte. Weil sie aber unter der permanenten Angst lebte, es sei eigentlich der 29. Januar, übersah sie glatt, daß es sich in Wirklichkeit schon wieder um den 3. August handelte, was doch aus Dohnanyis Rede zweifelsfrei hervorgeht: »Fernsehzuschauer und Zeitungsleser in der ganzen Welt haben nun vier Wochen lang beobachten können, wie die Öffnung der Mauer schon in den ersten Stunden und seither immer mehr ein offenbar ungebrochenes Gefühl der Zusammengehörigkeit der Deutschen in beiden deutschen Staaten hat frei werden lassen, das – und dies ist nun für jedermann ersichtlich – ganz offenkundig nur durch Gewalt und Pression über 40 Jahre unterdrückt, nicht aber beseitigt werden konnte. (...) Wenn die Einheit entgegen dem Wunsch der Selbstbestimmung dem deutschen Volk verweigert werden sollte (...), wird in Deutschland der Nationalismus erwachen.« Diesen schönen altdeutschen Trick, der als Drohung mit einem empfindlichen Übel ausgibt, was doch in Wahrheit Reklame für das höchste Gut darstellt, beherrscht auch Helmut Schmidt, wenn er jeden, der gegen die Einheit sich ausspricht, nur in aller Freundschaft davor warnen kann, daß er damit »einen gefährlichen deutschen Nationalismus auslösen könnte« (*Die Zeit*, 15. Dezember 1989). Es sind immer die anderen, die schuld sind: wie die Unternehmer am Klassenkampf, den die Gewerkschaften eigentlich ablehnen, so die RAF am Sicherheitsstaat, wie die DKP am Berufsverbot, so die »vielfältigen Stimmen aus Ost oder West« (Dohnanyi) am Nationalismus, den die Sozialdemokraten eigentlich von Herzen verabscheuen. Nur der Widerwille vor dem Chauvinismus ist es, der sie sich friedfertigen Nationalisten empfehlen läßt. Der kleine Lapsus, Hitler en passant noch dafür zu loben, daß man ihm zwar allerhand Übles nachsagen kann, aber wenigsten das Schlimmste nicht, daß er das Zusammengehörigkeitsgefühl der Deutschen gebrochen hätte, unterläuft mit so aufrichtiger Miene, daß er anders denn als Ausfluß eben des ungeheuren nationalen Friedenswillens, den die SPD schon gelegentlich ihrer Zustimmung zur Hitlerschen ›Friedensresolution‹ vom 17. Mai 1933 bekundete, gar nicht mißverstanden werden kann. Als Hitler damals im Reichstag die Gefahren beschwor, die aus der »Disqualifizierung eines großen Volkes zu einer Nation zweiten Ranges« erwüchsen, und anmerkte, natürlich sei es »der tiefste Wunsch der nationalen Regierung des Deutschen Reiches, eine solche unfriedliche Entwicklung durch ihre aufrichtige und tätige Mitarbeit zu verhindern«, konnten die Sozialdemokraten sich ihrer geschlossenen Zustimmung einfach nicht enthalten. So viel Wille zum Frieden ist einfach überwältigend. Einer, der dabei war und es daher wissen muß, Wilhlem Hoegner, der spätere bayerische Ministerpräsident, schildert die Gefühle der sozialdemokratischen Reichstagsfraktion nach der Rede Hitlers so plastisch, daß man wohl Petra Kellys Erinnerungen über die Ereignisse im Bundestag am Abend des 9. November abwarten muß, um solch ein Stück wahrhaftiger Nationalliteratur noch einmal lesen zu dürfen: »Jetzt kam die Abstimmung. Unsere Nachbarn zur Rechten (...) blickten voll Erwartung auf uns. Wir erhoben uns mit ihnen und stimmten der Erklärung des deutschen Reichstages zu. Da brach ein Beifallssturm der anderen Abgeordneten los. Selbst unser unversöhnlichster Gegner, Adolf Hitler, schien einen Augenblick bewegt. Er erhob sich und klatschte uns Beifall zu. Der Reichstagspräsident Göring aber stand auf und sprach großartig die Worte: ›Das deutsche Volk ist immer einig, wenn es sein Schicksal gilt.‹ (...) Dann fingen die deutschnationalen Abgeordeten das Deutschlandlied zu singen an. Die meisten in unseren Reihen sangen mit. Manchen liefen die Tränen über die Wangen. Es war, als hätte uns Sozialdemokraten, die man immer als verlorene Söhne des Vaterlands beschimpfte, einen unsterblichen Augenblick lang die gemeinsame Mutter Deutschland ans Herz gedrückt. (...) (Aber) der Traum von Volksgemeinschaft und großer Versöhnung währte nur einen Augenblick.« Der abgefeimte Vorwurf, Hitler habe die Volksgemeinschaft verraten, weil er die SPD nicht hatte mitmachen lassen, gewährt einen tiefen Einblick in die gegen Erfahrung wie Kritik fugendicht abgeschottete sozialdemokratische Urteilskraft, eröffnet den Blick in einen Abgrund, angesichts dessen nur darüber spekuliert werden kann, welche Mittel und Methoden die Gruppe Ulbricht hätte anwenden müssen, um dieser Sorte ›anderes Deutschland‹ das Volkstum aus den seelischen Innereien zu operieren. Es ist diese »unheimliche Friedfertigkeit« (Martin Walser, *FAZ*, 5. Dezember 1989), die Dohnanyi die Brandrede des Führers gegen Versailles zum Ultimatum gegen Jalta redigieren läßt: »Wir haben den Krieg verloren, noch längst nicht alle Schuld getilgt, aber Teilung ist kein Strafmaß für verlorene Kriege und 40 Jahre sind länger als heute lebenslänglich für Mord.«

Und wenn die Alliierten keinen anderen Grund dafür beibringen könnten, an ihrer Oberhoheit über das geteilte Deutschland der bloßen Verlierer eisern festzuhalten, als den zum Nationalismus sich nur allzu gerne nötigen lassenden sozialdemokratischen Friedenswillen eines Dohnanyi – sie hätten schon Gründe genug. Denn ein Mörder ist, so stellt §211 des Strafgesetzbuches fest, »wer aus Mordlust, zur Befriedigung des Geschlechtstriebes, aus Habgier oder sonst aus niedrigen Beweggründen« einen Menschen umbringt. Die Nazis aber handelten nicht aus niedrigen Beweggründen, sie waren Idealisten reinsten Wassers und darum schlimmer als Mörder. Als Strafe darauf, nach über vierzig Jahren immer noch nicht begriffen zu haben, daß der ›Traum von der Volksgemeinschaft‹ nur Realität werden konnte, weil ihm noch die Menschlichkeit der Mörder abging, müßte Vierteilung stehen.

Mord und Totschlag

Konsequenzen der deutschen Einheit

Nichts verbindet mehr als gemeinsam begangenes Unrecht. Das Abitur des Mafiosi ist der Mord, der ihn auf Gedeih und Verderb an die kriminelle Gemeinschaft kettet. Blut ist allemal dicker als Wasser, sagt der Volksmund, und nicht nur das organisierte Verbrechen beruht auf Blutsbanden. Auch die organisierte Gesellschaft, die Nation, muß die Erinnerung an ihr Gründungsverbrechen am Leben halten. Fahnen und Hymnen bezeugen ihr souveränes Recht auf das Leben und den Tod ihrer Angehörigen. Sie mahnen an die bedingungslose Verpflichtung auf die politische Einheit und an den kollektiven Mord, der im Namen des Volkes begangen werden mußte. Das politische Ritual vergegenwärtigt das Opfer, auf dem die Gemeinschaft gründet. Die Friedhofsschändungen von Ihringen und das Pogrom von Hoyerswerda demonstrierten, daß die Erinnerung an die Opfer langsam verblaßt, daß die ›nationale Identität‹ allmählich schlapp macht und der Erneuerung bedarf. Die Totschläger und die Mörder sind im Westen wie im Osten die Avantgarde der inneren Wiedervereinigung, die den Staatsvertrag mit wirklichem Leben erfüllen wird.

Auschwitz, das Gründungsverbrechen der bürgerlichen Gesellschaft der Deutschen, hat fünfzig Jahre nach der Wannsee-Konferenz seine vergemeinschaftende Kraft eingebüßt. Die ›Kollektivschuld‹, die die Westdeutschen erfanden, um allen Widrigkeiten zum Trotz das nationale Wir-Gefühl zu retten, verliert im genauen Maße ihre Bindewirkung, in der die durch die Wiedervereinigung provozierte Krise der sozialen Integration voranschreitet. Als Ideologie war sie wahr und Lüge zugleich – nichts als die blanke Wahrheit, weil sie das historische Endergebnis des Nationalsozialismus aussprach, und schamlos gelogen, weil sie dies als veritablen Pluspunkt verbuchte und um die Erkenntnis der gesellschaftlichen Gründe sich drückte. Die Anerkennung der Schuld mit den Mitteln ihrer systematischen Verleugnung führte zur ›kalten Amnestierung‹ der Bürokraten und danach zur Justizposse der 60er Jahre, als die Hilfsarbeiter der Vernichtung vor Gericht gestellt wurden; eine politische Farce hob an, deren letzter Akt nur die allseits ersehnte ›biologische Endlösung der Nazi-Frage‹ sein konnte. Ein kollektives Unrecht von der Statur des Massenmordes juristisch, d.h. in Kategorien von Moral, Schuld und Vergeltung beheben zu wollen, konnte nur bedeuten, es staatstragend zu bewältigen, d.h. seine gesellschaftlichen Ursachen prinzipiell auszuklammern. Ausgerechnet der Staat, der 1933 als Nothelfer der aus allen Fugen geratenen kapitalistischen Gesellschaft sich bewährte, sollte nach 1945 als probates Hilfsmittel gegen rotbraunen Totalitarismus taugen. Aus dieser abgründigen Zweideutigkeit bezog der ›hilflose Antifaschismus‹ sein besonderes Gepräge: Die demokratische Abneigung gegen den Führer hatte den ›wehrhaften Staat‹ der freiheitlich-demokratischen Grundordnung und seine Wirtschaft zu rechtfertigen. Darin bestand der objektive Zynismus der postfaschistischen Gesellschaft im Westen. Die NS-Diktatur hatte den Bund zwischen Volk und Staat unwiderruflich besiegelt, aber die Niederlage von 1945, die nicht zur Befreiung werden durfte, machte es unmöglich, den Ursprung dieser Einheit offen zu bekennen. Daß der Führer den Krieg gegen die Alliierten verloren hatte, war sein allgemein beklagter Fehler; daß er den Vernichtungsfeldzug gegen die Juden jedoch im wesentlichen gewann, das konnte unmöglich gefeiert werden. Die Volksgemeinschaft war zum klassenübergreifenden, gar klassenvernichtenden Fundament des Staates geworden, aber das, was alle wußten, mußte doch, dem Ultrakonservativen Hermann Lübbe zufolge, ›kollektiv beschwiegen‹ werden. Nur selten kam die Sache so drastisch zur Sprache wie in der *Volks- und Schulausgabe* des Grundgesetzes, die Ende der fünfziger Jahre ein Doktor R. W. Füsslein, Ministerialdirektor im Bundesministerium des Innern, besorgte. Das Kapitel *Die Volksgemeinschaft in der Demokratie* kommentiert: »In der Verfassung sucht man vergeblich Vorschriften über die Volksgemeinschaft, ihre Förderung und ihr Wirken. Diese – vielleicht wichtigste – Seite des Staatslebens entzieht sich jeder Rechtssetzung.« Das macht: Sie ist Sache der Staats-Gewalt. Was der Ministerialdirigent raunte, macht sich der jugendliche Neonazi heute zu eigen. So wenig macht ihn dies zum ›Ewiggestrigen‹ wie den Staat, dem er brachial zu Hilfe eilt. Er spricht nur den Zynismus aus, daß es eines neuerlichen Opfers bedarf, um die soziale Integration zu reparieren. Indem er selbst Hand anlegt, macht er dem Staat etwas vor.

Das kapitalistische Deutschland bewältigte den Nationalsozialismus, indem es seiner Lebenslüge, die Demokratie hätte mit dem Führer nicht das Geringste gemein, bis zur vollendeten Selbsthypnose verfiel. Die konsequenzlose Rede von der ›Kollektivschuld‹ log mit der Wahrheit und lobte die Bundesrepublik als die gesunde Mitte der Extreme. Das ›Sozialistische‹ am Nationalsozialismus wurde generös der Sozialistischen Einheitspartei übereignet, während der Westen von Europa her am ›Nationalistischen‹ sich therapieren ließ. Wo alle schuld waren, da konnte, nach den Geboten deutscher Logik, kein einziger mehr verantwortlich gemacht werden, und das Kapitalverhältnis gleich gar nicht.

Das sozialistische Deutschland konnte diesen strategischen Kniff des Westens im ideologischen Wettstreit der Systeme unmöglich wettmachen. Denn gegen die ›Kollektivschuld‹ konnte es nur die Klassenschuld der Bourgeoisie aufbieten, die mit der Gründung der besseren, der proletarischen Nation verheilt sein sollte. Während der Westen das volksgemeinschaftliche Resultat ohne dessen Geschichte haben wollte, bemängelte dies der Osten, aber nur, um die urplötzlich proletarisch auferstandene Staatsräson zu rechtfertigen. Nicht Staatlichkeit als solche und also das herrschaftliche Verhältnis von Befehl und Gehorsam, das den Ausbeutungscharakter der Ökonomie getreu anzeigt, sollte für Hitler verantwortlich gewesen sein, sondern allein der arbeiterfeindliche, gar ›volksfeindliche‹ Gebrauch des Staates durch die besitzenden Klassen. Das war ebenfalls nichts als die Wahrheit, aber gleichwohl gelogen. Denn selbstverständlich hatten die Bürger dem Führer den Steigbügel gehalten, aber als bloße Vertreter und Nutznießer der kapitalen Vergesellschaftung hatten sie es in einer Weise tun müssen, die im Ergebnis auch ihre politische Herrschaft vernichtete. Nur so konnte die Herrschaft des Kapitals als Produktionsverhältnis behauptet werden. Denn in dieser bonapartistischen Verkehrung war der Nationalsozialismus nicht nur genötigt, die Interessen des Kapitals gegen die Bürger zu verwirklichen, sondern überdies dazu, das Interesse der Arbeiterklasse gegen die Arbeiterparteien durchzusetzen. Aus dieser doppelten

Frontstellung gegen Bürger und Arbeiter zugleich im Interesse von Kapital und Arbeit erwuchs der Mythos des ›Nationalsozialismus‹, der bis heute nachhallt. Die Nazis verstaatlichten die gesellschaftliche Arbeitskraft und erfüllten so den etatistischen Traum, den die deutsche Arbeiterbewegung seit Ferdinand Lassalle und später, je nach Fraktion, mit Karl Kautsky oder Wladimir Iljitsch Lenin hegte; Karl Marx und Michail Bakunin zum Spott. Durch die Vorbereitung der allseitigen Vernichtung enthob der Nazismus die Arbeiter der Sorge um den Verkauf ihrer einzigen Ware, der Arbeitskraft. Der ›antifaschistische Staat‹, die DDR, durfte diese proletarische Kollaboration umso weniger wahrhaben, als er das ›Recht auf Arbeit‹ so unermüdlich zum Staatsziel erhob wie nur sein westlicher Zwilling die ›Vollbeschäftigung‹. Kein Wunder daher, daß im Osten der ›Staat des ganzen Volkes‹ den Antisemitismus in Gestalt des Antizionismus ebenso am Leben hielt, wie es der Westen in der faschistoiden Hochachtung der Springer-Presse für die ›Blitzkriege‹ Israels tat. Was dem demokratisierten Nazi im Westen zur Widerlegung des Urteils über die Juden taugte und zum perversen Beweis, daß die Opfer sich mittlerweile gebessert hätten, das diente seinem sozialisierten Pendant zur Befestigung der Arbeitsmoral gegen ›Parasitismus‹ und zur Hebung des Nationalgefühls gegen ein ›wurzelloses Weltbürgertum‹, das, wie Otto Grothewohl 1950 meinte, »den Völkern rät, ihre nationale Selbstständigkeit im Interesse eines imaginären allgemeinen Wohls über Bord zu werfen«, dabei aber nur »das Wohl der amerikanischen Finanzmagnaten« im Auge habe. Und so drückt sich heute in der rassistischen Wut östlich der Elbe nichts anderes aus als die Enttäuschung darüber, daß es der Staat noch nicht einmal mit bolschewistischen und staatskapitalistischen Methoden vermochte, die Arbeitskraft auf Dauer sich einzuverleiben und die Arbeiter in pensionsberechtigte Staatsdiener zu verwandeln, die sich nur noch die Mühe machen müssen, die Prämie ihrer politischen Loyalität zu kassieren.

So waren, jedes nach seiner Façon, die beiden Hälften des gespaltenen Deutschland auf ihre Wiedervereinigung prächtig vorbereitet, und die politische Einheit konnte nur in der solidarischen Tilgung der Kollektivschuld münden, zu der der Westen das Knowhow und die Finanzen beisteuerte und der Osten die definitive Rehabilitation der Totschlagparole vom ›Volk‹, das einzig und allein ›wir‹ sind. Die Ironie dieser Geschichte mag, wer für Makabres empfänglich ist, darin erblicken, daß der ›sozialistische Staat‹ ausgerechnet an dem Versuch zugrunde ging, der Wiederkehr des Nationalsozialismus ein für alle Mal vorzubeugen. Indem er im Zuge seiner gegen alle Kapitalrationalität rücksichtslosen Arbeitsbeschaffung sich ökonomisch übernahm und kurz vor der Zwangsvollstreckung jämmerlich einging, schuf er im Zusammenbruch eine Situation, die der Ende der zwanziger Jahre schon jetzt so ähnlich sieht, daß nur noch der Kladderadatsch auf dem Weltmarkt fehlt. Jedenfalls besteht die Rache der Geschichte in dem Tatbestand, daß die ›wehrhafte Demokratie‹ in ihrem nationalen Wahn sich nötigen lassen mußte, eine nach Maßgabe der Kapitalrationalität unproduktive und also überflüssige Menschenmasse nur deshalb sich einzuverleiben, weil sie zweifellos überaus deutsch ist.

›Aus der Geschichte lernen‹ zu wollen, ist vergebliche Liebesmüh, wie schon das Scheitern aller Versuche, den Deutschen endlich Hitlers Autobahnen aus dem Kopf zu schlagen, zur Genüge beweist. Nicht eine blöde Reprise der Geschichte bahnt sich an, sondern der Wiederholungszwang macht sich Luft, dem die kapitalistische Vergesellschaftung in ihren Katakomben beständig Futter gibt. Während die Feuilletons den Rassismus, wie unter Pädagogen üblich, zum psychologisch verständlichen ›Vorurteil‹ über den ›Fremden‹ und ›Anderen‹ stilisieren, und während sie ihn, wie unter Soziologen beliebt, als Ausdruck ›relativer Unterprivilegierung‹ sich zurechtbiegen, ignorieren sie konsequent seinen zutiefst politischen Charakter. Es scheint, als hätten die Soziologen, Psychologen und Politologen klammheimlich darauf sich verständigt, ihren geballten Sachverstand ganz allein zum Beweis des Wunsches zu verausgaben, daß alles verstehen alles vergeben heißt. Als Aufstand für die Ordnung, als konformistische Rebellion gegen die Regierung und für den Staat findet der Rassismus für Demokraten nicht statt. Hitler, der, nach einem Wort Theodor W. Adornos, »wie kein anderer Bürger das Unwahre am Liberalismus durchschaute«, ist der immer noch verleugnete Doppelgänger des demokratischen Staates.

Der in Verruf geratene Satz, daß, wer vom Kapitalismus nicht reden wolle, vom Faschismus gefälligst zu schweigen habe, meinte die tödliche Konsequenz jener Subjektivität, die die Verwertung des Kapitals als Zwangsjacke ihrer Selbsterhaltung den Menschen aufherrscht. Deren Krise ist die begriffslose Selbstkritik des politischen Systems der Freiheit und Gleichheit als einer unmöglichen Gesellschaftsform. Denn frei und gleich sind die Menschen nicht, wie der Liberalismus verspricht, wie sie gehen und stehen, sondern als Subjekte, d. h. als Privateigentümer und Marketing-Direktoren ihrer Arbeitskraft, der einzigen Ware, mit der sie auf eigenes Risiko zu wuchern haben. Das Menschenrecht ist alles andere als ihr Recht und vielmehr der juristische Inbegriff aller Zumutungen, die die Verwertung gegen die Individuen geltend macht. Genau hier setzte der hämische Egalitarismus der Nazis den Hebel an. »Menschenrecht bricht Staatsrecht«, heißt es in Hitlers *Mein Kampf*. Das verwirklichte den Liberalismus mit den Mitteln seiner Vernichtung. Weil der Einzelne nur als kapitalproduktives und staatsloyales Subjekt von Belang ist, weil seine Existenz für den Fortgang des Betriebs herzlich egal ist, weil seine allseits gelobte ›Identität‹ nicht die seine ist und ganz im Gegenteil davon abhängt, ob überhaupt und wozu er taugt, weil daraus *summa summarum* folgt, daß seine ›Anthropologie‹ nur in der jedem Einzelnen vertrauten, allgemein bekannten und genau darum kollektiv verdrängten Angst davor wurzelt, seiner insgeheim längst geahnten sozialen Überflüssigkeit auch noch öffentlich überführt zu werden – eben darum fühlt er sich genötigt, ›ein Deutscher‹ zu sein, vorauseilenden Gehorsam zu beweisen und die Flucht nach vorn anzutreten. Die sozialen Schichten im deutschen Westen, die ihre Tauglichkeit für die mutmaßlichen zukünftigen Zwecke ihres Staates heute schon unter Beweis stellen wollen – die rechtsextremistischen ›Protestwähler‹ also, denen die liberale Öffentlichkeit alles andere unterstellen mag als ausgerechnet bewußten Neofaschismus –, rekrutieren sich aus den sensibelsten Teilen des deutschen Volkes: aus der auf dem Arbeitsmarkt unverkäuflichen Jugend, aus den Eigenheimbesitzern des Stuttgarter ›Speckgürtels‹, die befürchten, das die Inflation das mühsam Zusammengeraffte schmelzen läßt wie Eis in der Sonne, aus den Polizisten und Militärs, die als Spezialisten für körperliche

Gewalt schon immer den siebten Sinn für die Bedürfnisse des Staates besaßen, dazu aus den Proleten und der neuen Massenarmut, in deren ›Neue Heimat‹ die Flüchtlinge absichtlich hineingepreßt werden, um dem Asylrecht sodann mit Volkes Stimme den Garaus zu machen. So entsteht der Pöbel, der vom Staat als Schwungmasse in Richtung Diktatur benötigt werden wird. Im Osten dagegen liegen die Dinge einfacher: Wer kein anderes Argument dafür beibringen konnte, am demokratischen Wohlstand zu partizipieren als ausgerechnet das, ›deutsch‹ zu sein, wird nie vergessen, wer ›das Volk‹ in Wahrheit ist. Mord und Totschlag sind daher das gebotene Mittel, sich um einen Posten beim Staat zu bewerben, die integrative Kraft des Gründungsverbrechens zu erneuern und sich zum Dank für unabkömmlich erklären zu lassen.

»Es ist offenbar«, schrieb der Anarchokommunist Michail Bakunin vor über einem Jahrhundert, »daß alle sogenannten allgemeinen Interessen der Gesellschaft, die der Staat angeblich vertritt, eine Abstraktion, eine Fiktion, eine Lüge bilden und daß der Staat gleichsam eine große Schlächterei und ein ungeheuerer Friedhof ist«. Keine kapitalistische Gesellschaft hat leidenschaftlicher und unnachgiebiger daran gearbeitet, diese Lüge wahrzumorden, als die der Deutschen. Und es sieht ganz und gar nicht danach aus, als würde sie jemals von ihrem Wahn ablassen können.

Nation ist geil

Man muß nicht unbedingt Helmut Kohl dabei beobachten, wie er das Wort von der ›Wiedervereinigung‹ in den Mund nimmt, um auf den Verdacht zu kommen, das deutsche Volk habe einen ausgeprägten Hang zur Autoerotik, und das einzige Aphrodisiakum, das bei ihm stets anschlage, sei der lüsterne Blick in den Spiegel. Es genügt schon, Antje Vollmer, die weibliche Ausgabe des längst ausquotierten Pfarrer Sommerauer, von der ›unheimlichen Liebe‹ säuseln zu hören, die unter den Deutschen ausgebrochen ist wie nur der Liebeswahn in der Kaserne. Wenn gar nichts mehr geht, dann wird das Lied der Deutschen aufgelegt, das eindeutig zweideutig ›Einigkeit und ...‹ verheißt. So ist, was den Franzosen vielleicht die rauchige Stimme bedeutet, mit der Jane Birkin das ›Je t'aime‹ haucht, den Deutschen jedenfalls die Big Band der Bundeswehr, wenn sie ihre Sehnsucht nach grenzüberschreitender Enthemmung schmettert. Schon beim Gedanken ans Strammstehen bekommt der Deutsche Gefühle. Daher bedeutet »Deutschlands Auferstehung«, über die die *Nationalzeitung* am 17. November 1989 so ins Schwärmen gerät wie der pensionierte Unterscharführer, den es beim Schmachtblick des treuen Schäferhundes doch noch unter der Decke juckt, eine nationalerotische Sensation allerersten Ranges. Und wie immer, wenn es der Nation vor Rührung nicht nur im Auge feucht wird, kann sich die alternative *taz* kaum noch beherrschen. Denn auch Alternative wollen wiedervereinigt werden und nicht immer nur zusehen müssen, wenn es die Erwachsenen tun. Der Fachmann für nationale Pubertätsprobleme, den die *taz* als »Publizisten vieler Bücher über Ökologie und Selbsthilfebewegung« am 13. Dezember ankündigt, ist der Alternativökonom und *Netzwerk*-Gründer Joseph Huber. Und tatsächlich ist Huber, der schon vor Jahren über die Endlösung als Alternative zur Sozialhilfe rein sachlich sich verbreitete, wie kaum ein anderer dazu geeignet, den Oswald Kolle der linksdeutschen Enthemmung zu geben und über Alternativen zum lustfeindlichen ›Systemfetischismus‹ zu spekulieren. Wie sollte auch, wer jahrelang über die 1937 Stellungen der ›Selbsthilfe‹ promovierte, den Deutschen in der Stunde ihrer Vereinigungsnot nicht beistehen? Vor allem die Linken, meint Huber, hätten es schwer, und da er nicht wissen will, was Herbert Hupka empfiehlt, rät er zu seinem speziellen Omnipotenzmittel: »Anders als in der sozialen Frage«, so die Diagnose, »hat sich die Linke in Deutschland mit der nationalen Frage immer schwer getan. Mit dem Nationalgefühl als einem Bindemittel moderner Gesellschaften können viele Sozialdemokraten und die meisten Grünen so wenig umgehen wie Puritaner mit dem Sex. Wer aber Gefühle der Zusammengehörigkeit aufgrund nationaler und kultureller Identität unterdrückt, ist entweder ein Technokrat auf dem Weg zum Roboterstaat oder ein Ideokrat auf dem Weg zur Diktatur seiner Doktrin.« So leicht hat es sich die Linke mit der vom Jargon der Caritasdirektoren ›soziale Frage‹ getauften Ausbeutung gemacht, daß es ihr nun schwer fällt, den Nationalismus als das Gleitmittel des Kapitals zu kritisieren, das dabei behilflich ist, so der Systemfetischist Niklas Luhmann, die Gesellschaft zu ›interpenetrieren‹. Und weil die verklemmten Linken zum Vaterland sich verhielten wie die Moralapostel zum GV, darum wird zur Initiation der kollektive Gang ins Nationalbordell angeraten. Zur deutschnationalen Ehrlichkeit eines Hupka freilich – und das macht die besondere Perfidie der alternativen Elite aus – ist Huber unfähig. Sein Vorschlag, das »Nationalgefühl als Bindemittel« zu benutzen, ist das Produkt jener Feinfühligkeit aus strategischem Kalkül, die unter dem Etikett der ›Politik in erster Person‹ in Selbsterfahrungsgruppen und ichzentrierten Interaktionsgemeinschaften eingedrillt wurde, das Fabrikationsrezept, das das morsche Vaterland als den letzten Schrei nach ›nationaler Identität‹ unter die Leute brachte. Aus Hubers launigem Tip, mit dem nationalen Trieb ganz einfach lockerer ›umzugehen‹, spricht exakt die menschenfreundlich geschminkte Gemeinheit, mit der schon den Selbstmordkandidaten in maostalinistischen Gruppen geraten wurde, die Widersprüche doch einfach ›auszuhalten‹. In den rezeptfreien Sprechblasen des Psychoslangs steckt eine abgründige Gleichgültigkeit, die, während sie Anteilnahme mimt, auf nichts anderers als ihren Vorteil sinnt. Erst das Interesse, den authentischen Nationalwahn der Leute politisch zu nutzen und zu mehren, macht ihn zur Methode und damit so recht böse und gefährlich. Es ist wie mit dem ›Sex‹, mit dem ›umgegangen‹ werden soll: die Liebe, die ihr Objekt nicht direkt ansteuern darf, ohne zuvor von einem auf Soll und Haben bedachten inneren Staatshaushalt den Passierschein ausgestellt zu bekommen, verdirbt darüber und wird gemein. Was in der bürgerlichen Familie die Gemeinheit der Triebe bewirkt, ihre Instrumentalisierung in der vertraglich festgelegten gegenseitigen Nutzung der Geschlechtsorgane zur Zeugung der Erben, das besorgt die Hubersche Wohngemeinschaft, indem sie den Eros als allzeit parates Hausmittel zur Selbstmedikation auf Flaschen zieht und als Therapeutikum verhökert.

Freilich verrät Hubers ausgebuffter Seelentrost, die ›Zusammengehörigkeitsgefühle‹ endlich einmal zuzulassen, wenig mehr, als von der heimlichen Leidenschaft der Alternativen fürs Ganzheitliche und Organische lange bekannt war. Schon geraume Zeit konnten sie es kaum noch mit der puritanischen Maxime aushalten, immer nur an das Eine zu denken, aber nie davon zu reden. Das Bedürfnis zum Bekenntnis sublimierte sich zur augenzwinkernden Geheimsprache, und so wußten die Eingeweihten, lange bevor sie als Echo der ›Deutschland! Deutschland!!‹-Parolen aus Leipzig sich angesprochen fühlen durften, was es mit dem Gerede von natürlichen Kreisläufen und sanften Wegen auf sich hatte und was mit den Greuelmärchen von der bösen Bombe und dem beschaulichen Biotop eigentlich gemeint war. Nichts brachte sie daher zu Zeiten von ÖkoPax mehr in Rage, als wenn sie es auf den Kopf zugesagt bekamen. Als es noch nicht zu spät schien, fühlten sich die Alternativen von der Kritik in ihren ›konkreten Utopien‹ und aufrichtigen Absichten gröblich verkannt, und es genügt, ihre Reaktionen auf Wolfgang Pohrts 1980 unter dem Titel *Das braune Grün der Alternativen* erschienene Würdigung des damaligen Schaffens Joseph Hubers zu studieren, um sich einen ungefähren Eindruck von dieser jetzt historischen Epoche zu verschaffen. Die schlußendliche Lockerung des Joseph Huber, der ›es‹ nun endlich ›zulassen‹ kann, war schon die Absicht seiner früheren Verkrampftheit. Indem die Alternativen die Behauptung wahrmachen, nichts anderes sei die Protestbewegung gewesen als ein einigermaßen exaltierter Generationenkonflikt, wenden sie sich vom sozialen ›Systemfetischismus‹ ab und damit der Genealogie zu, die sie mit dem Ursprung der Gemeinschaft verbindet. Die Ideokraten der Doktrin, denen es viel zu lange ›verkopft‹, ›abgehoben‹ und ›abstrakt‹ herging, entpuppen sich jetzt als die Pornokraten der Nation.

Unmensch und Übermensch

Über das Verhältnis von Rassismus und Antisemitismus

1. Dialektik der egalité

Artikel 3 (3) Grundgesetz bestimmt: »Niemand darf wegen seines Geschlechts, seiner Abstammung, seiner Rasse, seiner Sprache, seiner Heimat und Herkunft, seines Glaubens, seiner religiösen oder politischen Anschauungen benachteiligt oder bevorzugt werden«. Der Mensch, wie ihn die gemeinhin als Staatsgrundlage wie Staatsauftrag verstandene Verfassung allein zu kennen vorgibt, erscheint als ein aller seiner natürlichen und sozialen Bestimmungen entkleidetes Wesen, als Mensch an sich. Das politisch relevante Subjekt ist der Rest, der nach Abzug all dessen zurückbleibt, was die Individualität und Unverwechselbarkeit des Einzelnen ausmacht. Die ›Gleichheit vor dem Gesetz‹ geschieht als Vergleichung der Individuen nach ganz anderen Kriterien als nach denen ihrer Sinnlichkeit und Empirie. Ihr Maßstab konstituiert sich in der doppelten Negation von Privilegierung einerseits, Diskriminierung andererseits; der gleichgeltende Mensch als ihr Produkt – das juristische, d. h. das politökonomische Subjekt – verkörpert absolute Reziprozität und totale Äquivalenz. Als Gegenstand der gesetzlich formierten politischen Bearbeitung durch den Souverän gilt der Mensch nicht als Mann oder Frau, weder als Deutscher noch als Jude, weder als Badenser noch als Palästinenser, nicht als Christ oder Moslem noch als Kommunist oder Faschist. Der Mensch als Material des Staates erscheint, bevor die Nation ›hinzutritt‹, vielmehr als das Gattungswesens schlechthin, als abstrakter Mensch. So gelten die Bestimmungen und Verbote des Gesetzes weder den konkreten Einzelnen noch ihrer empirischen Vielheit. Sie meinen nicht die Menschen, sondern *l'homme*, d. h. *den Menschen überhaupt* als Subjekt wie Objekt der politischen Souveränität. Derart auf seinen bürgerlichen Begriff gebracht, gilt das Individuum als Subjekt des Staates, als Citoyen, der im Staat und vermittels des Staates die allgemeinen Bedingungen seiner gesellschaftlichen Existenz geltend macht, indem er von seinen besonderen Bedürfnissen abzusehen hat, die ihn als Bourgeois und Objekt der Staatsgewalt ausmachen.[1]

Diese schizophrene Konstitution des *l'homme*, der nicht als konkretes Individuum, sondern einzig als das mit sich selbst unheilbar im Streit liegende siamesische Zwillingspaar aus Bourgeois und Citoyen auf die gesellschaftliche Bühne tritt, setzt jeden Protest, jedes Geltendmachen besonderer Interessen, in ein zutiefst zweideutiges Verhältnis zum Staat. Die sozialistischen, feministischen oder antirassistischen Oppositionsbewegungen scheinen geradezu Bewegungen auf Rechnung und im höheren Interesse des Staates zu sein; ihr Ziel, das sie doch erst noch in aufreibenden Kämpfen durchzusetzen haben, scheint nichts anderes als der Staatsauftrag selbst, der ureigentliche Sinn und Zweck des Staates zu sein, d. h. die Verwirklichung seiner Verfassung. Hier geht es zu wie beim Wettlauf zwischen Hase und Igel: Der Staat als solcher ist immer schon dort, wohin sich die Opposition gegen den Widerstand des Staates für sich, d. h. seiner jeweiligen Regierung, gerade aufmacht. Darüber gewinnt die Opposition einen imaginären Charakter, der es ins Ungefähre setzt, ob ihrem Anliegen nicht mit der Bestellung von Genossen und Schwestern zu MinisterInnen am besten gedient wäre. Unklar und zweideutig wird so, ob derlei Emanzipationsbewegungen in ihrem Kampf gegen Privilegierung und Diskriminierung nicht eigentlich

1 Das in der Form der Rechtssubjektivität konstituierte Individuum, d. h. das Subjekt, hat seine Identität aus der Vermittlung der politischen und der ökonomischen Bedingungen seiner Selbsterhaltung zu gewinnen. Daß sich diese Abstraktion des Individuums zum Subjekt als Naturrecht ausspricht, macht ihren ebenso evident-ideologischen wie gesellschaftlich-unbewußten Charakter aus. Das bürgerliche Bewußtsein behandelt das System dieser Naturrechte, die Menschenrechte, wie die Physiker das Gesetz vom freien Fall, d. h. als Objektivität ohne historische Genesis. Soweit die Geschichte hineinspielt, gilt sie nur als Illustration, nie als genetischer Grund. Die französische Revolution von 1789 war der soziale Urknall dieser bürgerlichen Konstitution, der Moment, als sich ihre historische Genesis in objektive Geltung transformierte und sich darin gleichsam selbst verschluckte.

zum Treibsatz jener Abstraktion werden, die die eigentümliche Verfassung und die durchschlagende Kraft moderner, d. h. kapitalistischer Herrschaft ausmacht.

Dies ebenso irritierende wie doch charakteristische Oszillieren zwischen Protest und Affirmation bestimmte Verlauf wie Ergebnis aller modernen Protestbewegungen seit ihrer ersten: der proletarisch-sozialistischen. Und es prägte jene ebenso unausweichlichen wie notwendig fruchtlosen Debatten über die ›Dialektik von Reform und Revolution‹ von Rosa Luxemburg bis Herbert Marcuse. Indem die Protestbewegungen zur Verwirklichung der Versprechungen der bürgerlichen Revolution antraten, verwickelten sie sich in das Realparadox, das die politökonomische Struktur bürgerlicher Gesellschaften eröffnet, und verstrickten sich in die Antinomie, die das 1789 erklärte ›Menschenrecht des Bürgers‹ bereithält: dem Zynismus der gesellschaftlichen Realität im Namen von Werten und Ideen zu kontern, die, obwohl formell das genaue Gegenteil von Herrschaft und Ausbeutung, materiell doch deren unverzichtbare geistige Ergänzung und ideologische Darstellung sind. Was als Streit der Gegensätze erscheinen muß, das ist doch allerdings die Bewegungsform und Schauseite der gesellschaftlichen Einheit im Widerspruch und durch den Widerspruch hindurch. Das emanzipative Interesse, das in der Unmittelbarkeit seiner Bedürfnisse fundamental Fuß gefaßt zu haben meint, verfängt sich im Spiegelspiel der Politik und treibt, wie der Hamster, der eigentlich das Weite suchen will, das Perpetuum mobile endloser Herrschaft. Auf dem Boden der politischen Abstraktion, auf der Grundlage der Spaltung von Citoyen und Bourgeois, verkehrt sich das emanzipative Interesse wie von selbst und bewußtlos in sein Gegenteil, in die Affirmation des Allgemeinen. Reproduziert wird, was negiert werden sollte; die Absicht, die bürgerlichen Ideale der Freiheit, Gleichheit und Brüderlichkeit gesellschaftspraktisch zu bewahrheiten, mag sich im Resultat: in der Bestätigung bürgerlicher Herrschaft, nicht mehr wiedererkennen. Darin besteht die Transformationsleistung der Demokratie, daß der politische Kampf um die Mehrheit die Enteignung vom sozialen Interesse besorgt (Agnoli 1990, 107 ff.). Denn dessen Unmittelbarkeit erweist sich, nach dem Durchgang durchs Räderwerk der politischen Vermittlung, als unmittelbare

Allgemeinheit: Wenn, der Form halber, das oppositionelle Interesse nach Rechts- und Geldforderungen qualifiziert und quantifiziert wird, tritt der Reproduktionscharakter zu Tage, den der Protest fürs ›Ganze‹ und das ›Gemeinwohl‹ hat.

Im Spiegelspiel der Politik erscheint die Ungleichheit als Attentat auf die Geltung des kategorischen Imperativs, als Verletzung der gleichermaßen unbedingten wie doch bedingungslos gelten sollenden ›Gleichheit all' dessen, was Menschenantlitz trägt‹. Die Suspendierung des sprichwörtlichen Grundsatzes ›Wie Du mir, so ich Dir‹ kann nur noch auf nackte Willkür, angemaßte Macht und horrendes Privileg zurückgeführt werden. Deshalb erscheint jede Opposition gegen die bürgerliche Gesellschaft so, als meine sie gar nicht diese, sondern vielmehr ihren geschichtlichen Vorgänger und historischen Urahn: die feudale. Der Protest wird zum bloßen Einwand gegen die »äußeren Hindernisse einer sich selbst mißverstehenden Regierung« (KW 11 60). Dem Engagement für die Egalität kommt in dieser Grauzone von Emanzipation und Affirmation der Gegner abhanden, sie wird imaginär, verkehrt sich und wendet sich in letzter Instanz gegen sich selbst.

2. Widerspruch zum Menschenrecht?

Auch der Rassismus, der Ausschluß aus der Menschheit, der in der Mißhandlung von Individuen als willenlose Natur und bedürfnisloser Rohstoff, als Ding und bloßes Produkt von Geschlecht, Sprache oder Heimat sein Unwesen treibt, soll mit der intellektuellen Bekräftigung und praktischen Realisation des Äquivalenzprinzips geheilt werden: Was Du nicht willst, das man Dir tu, das füg' auch keinem andern zu! »Der Rassismus«, definiert Albert Memmis einflußreiches Standardwerk, »ist die verallgemeinerte und verabsolutierte Wertung tatsächlicher oder fiktiver Unterschiede zum Vorteil des Anklägers und zum Nachteil seines Opfers, mit der seine Privilegien oder seine Aggressionen gerechtfertigt werden sollen« (Memmi 1987, 103). Somit könnte Rassismus bestimmt werden nicht als chronische Pathologie, sondern als temporäre Infektion einer bürgerlichen Gesellschaft, die sich weigert, ihr eigenes Prinzip tatsächlich ohne Ansehen der Person gelten zu lassen: als sogar nach ihren eigenen Maßstäben grundlose und daher immanent kritisierbare Ausnahme, die sie sich von ihrer ureigenen Regel gestattet. Der ins Auge gefaßte materielle Vorteil spräche sich sodann als intellektuelles Vorurteil aus, die Aggression unterliefe aus persönlich interessierter Aversion. Der Egoismus der Bürger, der sie dazu verleitet, die Tatsachen einseitig zu werten und die Unterschiede haarsträubend zu verabsolutieren, wäre als angemaßte Allgemeinheit entlarvt.

Rassismus wird verstanden als ein Defekt und Mangel, als ein Produkt nicht der politökonomischen Struktur, die sich in der Ideologie der ›Gleichheit vor dem Gesetz‹ ausdrückt, sondern vielmehr als überkommenes Relikt und Produkt nicht verallgemeinerungsfähiger Interessen, die sich mit archaischen Trieben amalgamieren. Das rassistische Subjekt wird als der quasi feudale Fremdkörper einer an sich egalitären Gesellschaft ausgemacht, gegen den es die Idee der Gleichheit erst durchzusetzen gilt. Aufklärung will, in therapeutischer Absicht, das rassistische Interesse über seine eigene Bedingungen belehren: »Der Rassismus ist eine Gefahr für die Anderen, aber er schadet auch den Rassisten selbst, weil er wie ein Bumerang auf sie zurückfällt« (ebd., 142). In der Mythologie »des Anderen« (siehe nur Kristeva 1990) verschwindet die gesellschaftliche Konstruktion des Rassismus, und er erscheint als verstocktes Vorurteil, als Störung in der Wahrnehmung ›des Fremden‹. Die Abstraktion des Individuums zum Menschen an sich und damit zum Subjekt ist gleichsam verschluckt, das Menschenrecht wird zum Inbegriff und das Naturrecht zum Ausgangspunkt von politisierender Anthropologie. Der Staat, das Realsubjekt der Menschenrechte, soll, wie die Pädagogik das rassistische Vorurteil des Einzelnen, den Rassismus des Kollektivs bekämpfen, denn »auch die Gesellschaft muß unmittelbar behandelt werden, und das ist die Aufgabe des Politikers« (Memmi 1987, 142). Zum Arzt wird bestellt, wer den Giftschrank verwaltet.

Die Erklärung des ›Anderen‹ zum Unmenschen, zum Tier und zu Schlimmerem, verweist jedoch nicht auf den bösartigen Charakter bestimmter interessierter Subjekte, sondern auf den allgemeinen von Subjektivität, der sich in der ›Gleichheit vor dem Gesetz‹ als Subjektivität auf Gegenseitigkeit ausspricht und sich als Vertragsverhältnis darstellt, d.h. auf den ›freien Willen‹ als Kern der bürgerlichen Anthropologie. »Jeder hat das Recht auf freie Entfaltung seiner Persönlichkeit, soweit er nicht die Rechte anderer verletzt.« (Artikel 2 (1)): Freiheit, die ihre Grenze an der Freiheit des Anderen findet, ist die von Subjekten, die den wechselseitigen Ausschluß von den als Privateigentum gesetzten Mitteln der Befriedigung ihrer Bedürfnisse nur im Vertrag zu überwinden vermögen und sich darin als Eigentümer ihrer selbst betätigen und zugleich bestätigen. Die ›freie Entfaltung‹ unterliegt dem Diktat des Gleich um Gleich, jener Äquivalenz von Werten, als die die Ausbeutung von Arbeitskraft gegen Lohn dem schizoiden Citoyen-Bourgeois nur zu Bewußtsein kommt. Bürgerliche Subjektivität konstituiert sich als Selbstbewußtsein der Ware und daher im Kampf um die Realisierung ihres Werts.

Der rassistische Ausschluß aus der Menschheit speist sich aus der Angst vor der Entwertung; der Andere als Unmensch symbolisiert die Folgen, die die Niederlage in der Konkurrenz mit sich bringt: Verlust der freien Verfügung über sich selbst, Einbuße der Subjektivität und Angleichung an das Schicksal der Sklaven, Unmündigen und Entmündigten. Die »unverletztlichen und unveräußerlichen Menschenrechte« nach Artikel 1 (2) Grundgesetz basieren auf der staatlich garantierten Unverletztlichkeit des Privateigentums eines jeden Rechtssubjekts an sich selbst und weiterhin auf der kapitalistisch konstituierten Unveräußerlichkeit der doppelten Freiheit des Lohnarbeiters. Er muß ganz und gar frei sein, um sich als sein privateigenes ›Humankapital‹ behandeln zu können. Die Konkretion dieser Menschenrechte, die die Verfassung proklamiert, findet sich im Begriff der Geschäftsunfähigkeit, den das Bürgerliche Gesetzbuch diktiert: »Wer wegen Geistesschwäche, wegen Verschwendung oder wegen Trunksucht enmündigt oder wer (...) unter vorläufige Vormundschaft gestellt ist, steht in Ansehung der Geschäftsfähigkeit einem Minderjährigen gleich, der das siebente Lebensjahr vollendet hat« (§114 BGB). Und das heißt nichts anderes als: »Die Willenserklärung eines Geschäftsunfähigen ist nichtig« (§105 (1) BGB).

Dem Gesellschaftsbegriff des Antirassismus zufolge geschieht der Ausschluß aus der Menschheit nicht aus dem Selbstwiderspruch des zum Subjekt formierten Individuums, sondern er ist, als Widerspruch zum Menschenrecht und abstrakte Negation der, sei es historisch-ursprünglichen, sei es logisch-vernünftigen Gleichheit und Freiheit, Widerspruch von außen, Angriff aus dem Jenseits der selbstreproduktiven Gesellschaft, aus Geschichte und Triebstruktur. Darunter fällt auch der Antisemitismus, der, so Memmi, als ein Rassismus zu verstehen sein soll, »der sich gegen die Juden richtet« (1987, 72). Wie jeder Rassismus, so diene auch der Antisemitismus der Legitimation angemaßter Macht, und auch hier gelte, daß es eine »organische Verbindung von Rassismus und Herrschaft« (ebd., 96) gibt. Herrschaft soll derart das gerade Gegenteil von Politik sein, wie das Privileg den bloß äußeren Widerspruch zur Gleichheit aufführt. Es ist dieses nur soziologische Verständnis von Herrschaft, das den antirassistischen Begriff des Rassismus als blanker Manipulation und inszenierter Machination ausmacht. Aufklärung findet hier in den Formen der Ideologie selbst statt, als Teil des Verblendungszusammenhangs, dem sie mit nichts als Rationalisierungen und daher vergeblich zu entkommen sucht.

Nimmt man, wie Memmi, der hier als pars pro toto des antirassistischen Bewußtseins gelten darf, an, Antisemitismus sei bloß »ein durch sein Objekt näher bestimmter Rassismus« (ebd., 72), d.h. Ausdruck einer »Heterophobie«, die sich als »Negrophobie«, »Arabophobie« und eben »Judenphobie« (ebd., 123) äußern kann,[2] dann geht, mit dem Zusammenhang von Unmensch und Normalsubjekt, das verloren, was die latente Tendenz zur Selbstaufhebung der bürgerlichen Gesellschaft auszeichnet, jener auf dem Boden und mit den Mitteln dieser bürgerlichen Gesellschaft erzeugte Umschlag in die Barbarei, der zu Auschwitz, Treblinka, Majdanek, Sobibor eskalierte. Die antisemitische Volksgemeinschaft war »kein Rückfall

2 Und Memmi fährt fort: »Es bleibt dem Vergnügen des Lesers überlassen, entsprechende Begriffe für die aggressive Ablehnung und Entwertung der Frauen, Jugendlichen, Homosexuellen, Greise usw. zu suchen«. Die gängige Protestvokabel vom ›Kampf gegen Rassismus und Sexismus‹ ist ein Ausdruck dieses zur oppositionellen Politik gewordenen ›Vergnügens‹.

in die alte Barbarei, sondern der Triumph der repressiven Egalität, die Entfaltung der Gleichheit des Rechts zum Unrecht durch die Gleichen« (Adorno/Horkheimer 1984, 29). Es bedarf daher der Bestimmung jener negativen Dialektik »repressiver Egalität« und der Analyse derjenigen Subjektivität, die sich im Zuge der historischen Entwicklung einer Gleichheit formiert, die einzig als autoritäre Vergleichung durch das Dritte von Kapital und Staat hindurch zu funktionieren vermag. Die Anerkennung des »Anderen«, die »gerechte Gesellschaft«, die, Memmi zufolge, auf dem »Vertragsprinzip« (1987, 138) basieren soll, muß auf ihre gesellschaftliche Konstitution reflektieren – und die straft sie Lügen. Die Idee der Vergesellschaftung durch Vertrag gehört zum Kern der Menschenrechte; die reziproke Anerkennung der Individuen als Subjekte, Prämisse des Vertrags, ist jedoch keine autonome Leistung dieser Individuen selbst, sondern Resultat jener Verwertung des Werts um seiner selbst willen, die die Individuen als Charaktermasken zu exekutieren haben. Dergestalt trug »die Ordnung, die 1789 als fortschrittliche ihren Weg antrat, von Anbeginn an die Tendenz zum Nationalsozialismus in sich« (Horkheimer 1939, 29).

3. Unwertes Leben

Der Ausschluß aus der Menschheit ist die originäre Leistung und die logische Konsequenz der Gesellschaft der Menschenrechte. Derart ist das bürgerliche Subjekt verfaßt, daß es Identität nicht aus sich selbst erzeugen, nicht an sich selbst gewinnen kann, sondern nur im Prozeß einer ständigen Abgrenzung und eines permanenten Zweifrontenkrieges gegen das ›unwerte‹ und gegen das ›überwertige‹ Leben. Bürgerliche Subjektivität existiert nur in der vollendeten Leere der permanenten Vermittlung, die sie zwischen den Waren, im Tausch, und um den Preis der ihr andernfalls drohenden Annihilation zu stiften hat. Die Charaktermaske der juristischen Person kaschiert als Realfiktion, daß dahinter nichts stattfindet als die tautologische und autistische Selbstreflexion des Wertes in sich selbst. Der bürgerliche Mensch, zerrissen zwischen Eigentum und Akkumulation wie zwischen Recht und Pflicht, hat sich im Kampf gegen Unmenschen und Übermenschen zu integrieren. Identität, die gesellschaftspraktische Unterstellung mithin, die Individuen als Subjekte seien, wie es der Wert und seine Erscheinungsform, das Geld, quasi-ontologisch vorspiegeln, der Geschichte, der Natur und also ihrer Vergänglichkeit enthoben, funktioniert im System der Berechtigungen und Verpflichtungen als real gewordene, im Recht verdinglichte und vom Staat beschützte Abstraktion; der gesellschaftliche Zwang zur Sich-selbst-Gleichheit der Individuen als Subjekte erscheint in der juristischen Figur der Person und wirkt im Begriff der Mündigkeit als der archimedische Punkt, dem das Tun und Lassen der empirischen Einzelnen zugerechnet wird. In dieser Form prozessiert das Allgemeine gegen das Besondere.

Die juristische Person verhält sich zum wirklichen Menschen wie der Tauschwert zum Gebrauchswert, als Realabstraktion, der keine hypothetische oder nominelle, sondern eine synthetische und reelle Bedeutung zukommt. Abstraktionen in der Wirklichkeit geltend zu machen, das bedeutet, nicht nur nach Marx, die Wirklichkeit zu zerstören. Das Absehen von der Leiblichkeit und den Bedürfnissen der Individuen eröffnet das Schisma zwischen den besonderen Menschen und dem allgemeinen Menschen, zwischen dem empirischen Individuum und dem Transzendentalsubjekt, das sich im Gattungsbegriff darstellt, in den Menschenrechten ausspricht und im Souverän verkörpert. Der Souverän ist – was die politische Theologie noch wußte, die Politikwissenschaft aber nichts angeht – der allgemeine Mensch und damit die praktische Wirklichkeit und gesellschaftliche Existenz eines logischen Widerspruchs. Alles ist eines: die Menschen als Subjekte wie die Dinge als wertvolle Waren. Die Realabstraktionen der juristischen Person und des Geldes befassen noch das Verschiedenste unter sich, identifizieren die Dinge und die Individuen als sich selbst gleiche und drücken ihren kleinsten gemeinsamen Nenner aus, der nicht der ihre ist, ›als ob‹ (Kant)[3] er es doch sei. Dergestalt supponiert

3 Die Philosophie der Aufklärung ist die des ›als ob‹ par excellence, allerdings nicht als Vermutung und Hypothese ins Blaue hinein, sondern als notwendig falsches Bewußtsein über die Konstitution und die Bewegungsform der Realabstraktion, d.h. als Ideologie, der jede Manipulationsabsicht ganz fern liegt. »Kants Begriffe sind doppelsinnig.

das transzendentale Subjekt sich dem empirischen Individuum und substituiert es als Instanz der Vergesellschaftung.

Der interne, logische Widerspruch der Realabstraktion, ihre interne Unmöglichkeit und immanente Haltlosigkeit können nicht an ihr selbst, sondern allein in der Unfähigkeit der Empirie erscheinen, ihrem eigenen Begriff wahrhaftig zu genügen und rückstandslos zu entsprechen. Das transzendentale Subjekt wendet sich gegen das empirische, um an ihm sich zu illustrieren; sein innerer Widerspruch erscheint als Gegensatz, gar Widerstand des Empirischen gegen seinen Begriff. Das Menschenrecht, Ausdruck der Spaltung zwischen der materiellen, aber uneigentlichen, und der ideellen, dafür allerdings wesentlichen Menschheit, erzeugt, als conditio sine qua non seiner eigenen Geltung, Unmenschen und Übermenschen. Es ist der ideologische Überbau der etatistisch garantierten, kapitalisierten Gesellschaft und damit die praktische Gedankenform, in der die profitable Verwertung des Menschen als gesellschaftlich inszenierte Spaltung der Menschheit in wertes und unwertes Leben sich ausspricht. Anthropologie, die Lehre vom Menschen an sich, ist die Anleitung zu Totschlag, Mord, Vernichtung, die der Souverän in der Konsequenz des Übergangs vom universellen Menschenrecht zum nationalen Bürgerrecht als das innere Wesen und objektive Latenz von Staatlichkeit exekutiert.

> Vernunft als das transzendentale überindividuelle Ich enthält die Idee eines freien Zusammenlebens der Menschen, in dem sie zum allgemeinen Subjekt sich organisieren und den Widerstreit zwischen der reinen und empirischen Vernunft in der bewußten Solidarität des Ganzen aufheben. Es stellt die Idee der wahren Allgemeinheit dar, die Utopie. Zugleich jedoch bildet die Vernunft die Instanz des kalkulierenden Denkens, das die Welt für die Zwecke der Selbsterhaltung zurichtet und keine anderen Funktionen kennt als die der Präparierung des Gegenstandes aus bloßem Sinnenmaterial zum Material der Unterjochung. (...) Die Sinne sind vom Begriffsapparat je schon bestimmt, bevor die Wahrnehmung erfolgt, der Bürger sieht a priori die Welt als den Stoff, aus dem er sie herstellt« (Adorno/Horkheimer 1984, 102 f.). Die kapitalistische Produktion ist die materielle Bewahrheitung dieses realabstraktiven Apriori, d.h. die genuine Praxis der Utopie.

In der Unterscheidung zwischen Schein und Wesen, zwischen der Phänomenologie der Menschen und der Logik des menschlichen Gattungswesens, wird das soziale Schicksal derer präpariert, denen die ›nur‹ phänomenalen Qualitäten der Menschheit attestiert werden. Die bürgerliche Gesellschaft erbt und radikalisiert den Unterschied zwischen Mensch und Teufel in Menschengestalt, den das Christentum eröffnete. Die indianischen Zwangsarbeiter der Minen Potosìs gaben ihren Herren dasselbe Problem auf (Todorov 1987), das noch die spanische Inquisition und, zu ganz anderen Zwecken, die Nürnberger Gesetze zu lösen hatten.[4]

4 Darin liegt der Grund, der Raul Hilbergs Synopse der inquisitorischen Maßnahmen zur Produktion der »limpiezza de sangue« in Spanien und der Nürnberger Gesetze so überaus aufschlußreich werden läßt (Hilberg 1982, 15 ff.) Und daran wären die kritischen Ausführungen J. P. Reemtsmas (1992) über »Die Falle des Antirassismus« zu diskutieren: Er hat ganz recht, wenn er die theoretischen Rassismusbegriffe für ungeeignet hält, irgendetwas zur Erklärung, gar zur Kritik des Rassismus beizutragen: »Wenn die Idee einer ›rassistischen Einstellung‹ die Erklärung ist, die sich das verfolgende Kollektiv für die Persistenz seiner eigenen Praxis sucht, für die ihm die Gründe abhanden gekommen sind, dann würde jede antirassistische Vorurteilsbekämpfung nur das Terrain betreten, das der Rassismus ihr vorher bereitet hat« (280). Aber seine eigene These – bewußtlose Endlosigkeit der Verfolgung nach dem Vergessen der ursprünglichen Motivation, Verfolgung, der das Stigma der Verfolgten zum Anreiz wird – übersieht, daß es sich dabei um die herrschaftspraktisch-ideologische Frage der Spaltung der Gattung zum Zwecke ihrer kapitalistischen Produktivierung handelt: Ideologie allerdings wird nicht vergessen, sie wurde nie gewußt. Die Toten der Inquisition zählen, was die Ausarbeitung der Differenz zwischen dem empirischen und dem abstrakten Menschen und den Ausschluß aus der Menschheit betrifft, zu den Unkosten der »ursprünglichen politischen Akkumulation« (Althusser 1987) und zur Konstitution der modernen bürgerlichen und eigentlich kapitalistischen Souveränität. Hilbergs Synopse ist so aufschlußreich, weil sie das ›Erkenntnisproblem‹ illustriert, das jedwede Herrschaft von Menschen über Menschen praktisch zu lösen hat, obwohl sie es ihrer bloßen Form halber schon stets als gelöst unterstellen kann. Der Rassismus ist eine Rationalisierung, aber eine des ›Problems‹, daß die herrschende Klasse sich immer als distinkte Herrenrasse begreift,

4. Die Vernunft der totalen Verwertung

Der logische Widerspruch im Menschenrecht, der in der Idee vom Staat als dem allgemeinen Menschen prozessiert,[5] d.h. die Vorstellung von der handgreiflich wirklichen und unmittelbar allgemeinen Existenz des Menschen an sich, kommt im Souverän zur synthetischen Darstellung und zur organischen Praxis. Hier, zuerst in der absoluten Monarchie und dann in der Demokratie generell, erscheint der allgemeine Mensch als besonderes Exemplar. Das abstrakte Gattungswesen, das sich zum konkreten Individuum als nachgeordnete und abgeleitete Nominalabstraktion zu verhalten scheint, begegnet ihm gesellschaftspraktisch im Staat als Realabstraktion und tritt diesem Individuum als die unbedingte und absolute Voraussetzung seiner Existenz entgegen. Subjekt des Menschenrechts sind nicht die konkreten Einzelnen in ihrer Summe, sondern der Souverän als das konkret-allgemeine Gattungswesen. Der empirische Mensch gilt dem Souverän nur dann und nur insoweit als Subjekt, indem er als sinnliche Darstellung des transzendentalen Subjektes fungiert, d.h. als das organische Material der ideell-praktischen Allgemeinheit. Außerhalb dieser Funktionalisierung ist er buchstäblich ein Niemand und ein Nichts. Und das heißt: seine Existenz ist zufällig, sein Leben Urlaub vom Tod, seine Perspektive die der schon verhängten, bestenfalls befristet gestundeten Vernichtung. Der Form halber ist sein praktischer Ausschluß aus der Menschheit bereits beschlossene Sache, sein Leben ist befristet und steht unter dem jederzeit widerrufbaren Vorbehalt des Souveräns. Vernunft als Inbegriff gelungener Implantation des abstrakten Gattungswesens in den konkreten Einzelnen gibt den Maßstab, nach dem der Souverän über den Wert oder Unwert des Individuums verfügt. Der Souverän versteht sich selbst

längst vor dem Faschismus. Jede moderne bürgerliche Regierungslehre, die Demokratie als die Form begreift, die ›politische Klasse‹ zu erneuern und administrable Eliten zu rekrutieren, klärt darüber auf.

5 »Der Staat ist die realisierte, ausgebildete, explizierte Totalität des menschlichen Wesens. (...) Das Staatsoberhaupt ist der Repräsentant des universalen Menschen« (Feuerbach 1843, 243).

als den Zwang zur Wahrheit und als die Gewalt der Vernunft, d.h. als institutionalisierten »Zwang zur Freiheit« (Rousseau).

Vernunft befiehlt die politische Pflicht, das Denken des Einzelnen an die Kandarre zu nehmen. Ihr Grundgesetz hat Denis Diderot 1755 in der *Enzyklopädie* unter dem Stichwort *Naturrecht* notiert: Ein Prinzip immerhin sei unbestreitbar, »nämlich daß man in allem vernünftig denken muß, weil der Mensch nicht nur ein Tier, sondern darüber hinaus ein vernünftig denkendes Tier ist (...); weil derjenige, der sich weigert, die Wahrheit zu suchen, auf die Eigenschaft des Menschseins verzichtet und von den übrigen Mitgliedern seiner Gattung als wildes Tier behandelt werden muß; und weil jeder, der sich nicht der Wahrheit fügt, sobald sie entdeckt ist, unvernünftig oder böse, moralisch böse ist«. Die letzte Instanz der Unterscheidung zwischen Mensch und Unmensch ist der allgemeine Wille, der sich im Staat denkt. Er ist alles andere als der gesammelte Wille aller Einzelnen und dessen gerades Gegenteil. Diderot folgert: »Wenn wir aber dem Individuum das Recht absprechen, über die Natur des Gerechten und des Ungerechten zu entscheiden: wohin werden wir dann diese große Frage bringen? Vor die Menschheit! Nur ihr steht es zu, sie zu entscheiden, weil das Wohl aller die einzige Leidenschaft ist, die sie hat. Der besondere Wille ist verdächtig; er kann gut oder böse sein, doch der allgemeine Wille ist immer gut; er hat nie getäuscht und wird nie täuschen.« Gegen die bürgerlichen Subjekte hat der Souverän folgerichtig das Recht auf Leben und Tod: »An den allgemeinen Willen muß sich das Individuum wenden, um zu erfahren (...), wann es ihm geziemt, zu leben oder zu sterben.« Dem der Welt erschienenen Gott, dem Souverän, steht es allein zu, seine Kreaturen in Umlauf zu setzen und aus dem Verkehr zu ziehen. Wer sich ihm verweigert, wer »nur seinem besonderen Willen gehorcht, ist der Feind der Menschheit«; wer sich seinen Zwecken als untauglich erweist, »wer nicht vernünftig denken will, verzichtet darauf, Mensch zu sein, und muß deshalb als entartetes Wesen behandelt werden« (Diderot 1755, 378 ff.).

Stoff der Vernunft ist der allgemeine Wille nur als Inbegriff subjektloser Gegenseitigkeit, die alle umfaßt, aber niemanden meint; nur als das Selbstbewußtsein der prozessierenden Reziprozität, an der alle teilnehmen und die keinen priviligiert. Der allgemeine Wille, der den besonderen sich anmaßt, erscheint als reine Form, als geistlose Darstellung der wertförmigen Synthesis der Gesellschaft im Denken. Was in der systematischen Leere wie hypertrophen Fülle der Vernunft zur Erscheinung kommt: Verwertung als subjektloser Prozeß, teilt dem Individuum den Grad seiner Menschlichkeit zu nach Maßgabe seiner Fähigkeit zu produktiver Arbeit und politischer Loyalität. Vernunft, die der Einzelne beweist, wenn er seinen Lebensunterhalt nur sich selbst verdankt, soll in Arbeit gründen, die Eigentum schafft und Gesetze braucht. Faulheit ist viehisch, Eigentumslosigkeit unmenschlich, Revolution gegen die Gesellschaft der totalen Verwertung bestialisch.

5. Ausschluß aus der Menschheit

Das bürgerliche Subjekt begreift sich als fleischgewordener Begriff des Gattungswesens und manifeste Vergegenständlichung des Menschen an und für sich. Vor ihm gab es nur Tiere, neben ihm gibt es nichts anderes und nach ihm wird es überhaupt gar nichts mehr geben. Bürgerlich kommt die Menschheit an ihr begriffliches und also historisches Ende. In der Ethnologie rekapituliert das bürgerliche Subjekt die Vorstufen zur Menschheit, in der Anthropologie reflektiert es sich selbst als die logische Prämisse und in der Philosophie als die logische Konsequenz der Gattungsgeschichte. So klassifiziert, am Beginn der bürgerlichen Selbstoffenbarung, der Naturforscher Carl von Linné vier ›normale‹ Menschenarten: »Europaeus albus: (...) einfallsreich, erfinderisch, weiß, sanguinisch. (...) Er läßt sich durch Gesetze lenken. Americanus rubescus: mit seinem Los zufrieden, liebt die Freiheit (...), gebräunt, jähzornig. (...) Er läßt sich durch die Sitte lenken. Asiaticus luridus: habsüchtig, gelblich, melancholisch. (...) Er läßt sich durch (...) die allgemeine Meinung lenken. Afer niger: verschlagen, faul, nachlässig, (...) schwarz, phlegmatisch. (...) Er läßt sich durch die Willkür seiner Herrscher lenken« (zitiert nach Poliakov/Delacampagne/Girard 1984, 79; vgl. Schmitt-Egner 1975 und 1976). Die ontologische Differenz zwischen den Menschen und dem Begriff des Menschen, die den strukturellen Rassismus der bürgerlichen Subjektivität ausmacht, erscheint in der ethnologischen Rückschau, in den Berichten der Entdecker und Konquistadoren, als der Zufall historischer Gleichzeitigkeit des Ungleichzeitigen. Was anthropologisch absolut zu gelten hat, das muß doch einstweilen als Relatives existieren und fühlt sich genötigt, mit Unmenschen zu koexistieren. Die Hierarchisierung der ungleichzeitig existierenden Gattung ist die Form, in der das bürgerliche Subjekt seine Zerfallenheit mit sich selbst und seine Todesfurcht vor seiner ›Entartung‹ zum unproduktiven und illoyalen Tier in Menschengestalt verdrängt und auf die weltgesellschaftlich ›Verspäteten‹ projiziert.

Am Unmenschen muß bekämpft werden, was das Subjekt des Menschenrechts zu zerstören droht. ›Minderwertig‹ ist, wer zur Verwertung nicht taugt – aber womit sonst bedrohen Krise und Konkurrenz das bürgerliche Subjekt als mit dem sozialen Tod, der Vorhölle des physischen? Der Schwarze muß zum Nullpunkt der Menschheit erklärt werden, damit deren bürgerlicher Fortschritt zu Arbeit und Gesetz seinen Anfang nehmen kann. Der Untermensch symbolisiert die luxuriöse Faulheit und zwanglose Freiheit der Subsistenz, in deren Liquidation die bürgerliche Klasse sich selbst als allgemeine Menschheit außer Konkurrenz installiert. Nichts anderes ist der Schwarze als eine Chiffre und Negativfolie der feudalen Gesellschaft, die es zu revolutionieren, die es zu liquidieren gilt. Was ihm als sein kreatürliches Wesen zugemutet wird, trägt die Insignien des sozialen Unwesens der Feudalität: Aneignung ohne Arbeit, Herrschaft ohne Gesetz. So führen die ethnologische Rekapitulation der Geschichte und die anthropologische Reflexion auf die Gattung zum gleichen Resultat; die revolutionäre Manifestation des menschlichen Wesens als bürgerliches mündet in der mörderisch profitablen Liquidation der zu entarteten Unwesen erklärten, bloß phänomenalen und also dysfunktionalen Menschheit.

Der Bürger repräsentiert die Ontologie des Menschen; Schwarze, Indianer und Juden, faule Existenzen, werden im Prozeß der Erscheinung des Wesens diskriminiert und abserviert. Die Menschen werden dem Begriff der Menschheit subsumiert. Die negative Dialektik der Aufklärung besteht darin, daß sie in Feindaufklärung umschlagen muß. Ihre Theorie ist Subsumtion, ihre Praxis Annihilation; sie ist Ausdruck angemaßter und erpreßter Allgemeinheit, die ihrem Realgrund im System der totalen Vergesellschaftung sich anschmiegt.

6. Identifikation mit dem Nichts

Der rassistische Ausschluß aus der Gattung begründet sich im Mangel bürgerlicher Subjektivität, den Vernunft den Unmenschen attestiert. Deren erstes und prominentestes Kennzeichen ist das Eigentum an sich selbst, das Fundament von Selbsterhaltung und Selbstverwertung, das die Willensfreiheit ebenso stiftet wie erzwingt. Die politökonomische Konstitution des Subjekts setzt es als Subjekt einer doppelten Freiheit: seine Freiheit von Natur kann statthaben nur als Freiheit zur Verwertung. Sein Doppelcharakter besteht in der Produktion der Form von Freiheit durch Vernichtung ihres Inhalts: Gewerbefreiheit statt Freiheit vom Gewerbe. Sein Wesen hat dies Subjekt an der reinen Form der Vermittlung der individuellen Not der Reproduktion mit dem Zwang zur kapitalen Akkumulation. Um sich als Naturwesen zu erhalten, muß es sich als Sozialwesen verwerten. Aber der Wert des Menschen ergibt sich erst im Resultat der Vermittlung, sein Menschenrecht reflektiert die Oszillation zwischen der Berechtigung zur Selbstverwertung und der Verpflichtung zur Selbsterhaltung[6] und drückt aus, daß Subjektivität nur um den Preis der Objektivierung zu haben ist. Als Subjekte gleicher Berechtigung sind die Bürger unmittelbar Objekte egalitärer Verpflichtung. Gleichheit und Freiheit stellen sich als ihr gerades Gegenteil dar: als Ungleichheit und Unfreiheit, die anders als in realer Verkehrung wie zugleich imaginärer Aufhebung gesellschaftlich nicht zu erscheinen vermögen.

Die Gleichheit der Individuen als Subjekte existiert nur in Form ihrer Vergleichung durch das Recht, dessen letzte Instanz der Souve-

6 Die politische Pflicht zur Selbsterhaltung kommt im Verbot und in der Strafbarkeit des Selbstmordes zum Ausdruck, wie sie in vielen Nationen noch üblich ist. Darin bestimmt der Staat den Selbstmord als Zweckentfremdung, Mißbrauch und Diebstahl des ihm gehörigen Menschenmaterials. Noch das Privateigentum der Individuen an sich selbst wird derart relativiert, eine juristische Regelung allerdings, die im Zuge von »Überbevölkerung«, d.h. der profitablen Überflüssigmachung der Menschheit, an Bedeutung verliert. Die Theorien über den Selbstmord sind zum Verständnis dieses Aspektes ganz unnütz (vgl. nur Durkheim 1897, v.a. 382 ff.).

rän und dessen erstes Prinzip die Akkumulation ist. Dieser totalitäre Zweck der egalitären Gleichheit setzt ihre Verkehrsform, den Vertrag, als verschwindendes Moment seiner Verwirklichung. So wird der chaotische Wirrwarr der konkurrierenden Einzelwillen zum Akzidenz von Ordnung. Nicht der Vertrag erzeugt den Konsens und die Identität der ihn Abschließenden, er affirmiert ihn bloß: Quelle der Legitimität und Ursprung der Legalität in einem. Die wesentliche Identität der Einzelnen als Subjekte kommt nicht ihrem spontanen Willen zu, sondern ist Funktion ihrer Vergleichung. Frei und gleich wird nicht der Bürger geboren, sondern die Ware; ihm kommen die Insignien der Subjektivität einzig als Teil und organisches Glied von Kollektivität zu. Deshalb ist der Citoyen nur als Nationalstaatsbürger zu haben, und die bürgerliche Gesellschaft allein in der Form der Nation. Identität, die Gleichheit der Individuen als Subjekte, gründet in der Homogenität, der Gleichartigkeit aller Dinge als Waren. Die Einheit der Subjekte als Teilhaber einer Gesellschaft wird zum bloßen Schein ihrer wesentlichen Identität als Mitglieder eines Volkes. Der Gesellschaft der Robinsons tritt der arbeitsteilige Realzusammenhang ihrer gesellschaftlichen Reproduktion als Naturerscheinung ins Bewußtsein.

Wie das Subjekt, ökonomisch, ganz und gar zum Agenten des Werts gebannt und daher zur Behandlung seiner selbst als Ware verpflichtet ist, so wird es, politisch, zum Faktotum des Vertragswesens verhext und zur Erhaltung seiner Verkäuflichkeit ermächtigt. Im Medium kapitaler Ausbeutung wie unter den Auspizien souveräner Herrschaft reproduziert sich – durch das Spiegelspiel der Politik hindurch – der Widerspruch der Despotie der Fabrik zur Republik des Marktes und dokumentiert sich als der Widerspruch des kommandierenden Gewaltpotentials zum konsensheischenden Parlamentarismus. Der Pluralismus in Markt und Politik verkehrt sich in den Monolithismus von Fabrik und Staat.

Ihre atomistische Praxis, deren Vermittlung zur Existenz des Ganzen okkult bleibt und realmetaphysisch ist, erkennt die eigenen Resultate nur in verkehrter Gestalt an. Davon lebt, als unbesiegbarer Gegenspieler des Liberalismus, der Konservativismus seit der Gegenaufklärung der politischen Romantik. Adam Müller, der Apostel von Thron und Altar, hat, in seinen *Elementen der Staatskunst* (1808/1809), die Einseitigkeit der Liberalen um die der Konservativen erweitert und darin eine noch heute gültige Formel des konstitutiv gespaltenen bürgerlichen Bewußtseins gegeben: »Der Staat ist nicht bloß die Verbindung vieler nebeneinander lebender, sondern auch vieler aufeinanderfolgender Familien; sie soll nicht nur unendlich groß und innig im Raum sein, sondern auch unsterblich in der Zeit. Die Lehre von der Verbindung aufeinanderfolgender Generationen ist ein leeres Blatt in all unseren Staatstheorien.« (40) In der Polemik gegen den liberalen Staat als Anstalt zur Maximierung des individuellen Nutzens bereitete die politische Romantik das völkische Bewußtsein vor; ein Umschlag des bürgerlichen Selbstbewußtseins allerdings, der, indem er den Staat zum Garanten der ewigen Fort- und Fortzeugung der Gattung erklärt und damit die Frontstellung des Staates gegen die Lebenden legitimiert, doch nur die innerste Konsequenz der liberalen Idee zieht und unfreiwillig gesteht, daß die Individuen als bloß empirische nicht zum gesellschaftlich Wesentlichen zählen. Als Charaktermasken des Kapitals werden sie entwertet und aus dem Verkehr gezogen, wenn es seinen gesellschaftlichen Charakter ändert und sich die barbarische Tendenz nicht nur an der ›Peripherie‹ der Menschheit, sondern zudem in ihren Metropolen manifestiert.

Die Gesellschaft der Bürger treibt, nach Maßgabe ihrer Krise, vom Volk der Citoyens zur Rasse der Bourgeois. So macht die nazistische Transformation der bürgerlichen Klasse zur germanischen Rasse in ihrer Vernichtungswut gegen die Un- und Übermenschen die Lüge der Menschenrechte praktisch wahr: Was Naturrecht ist, das wird von Gesellschaft exekutiert. Auschwitz war die logische Konsequenz bürgerlicher Subjektivität und die historische Entbergung des Wesens ihrer Identität (Langenbach 1982), d. h. der praktischen Identifikation von Menschen mit dem Nichts, als das sie, theoretisch, lange vor der Wannseekonferenz gesetzt wurden. »Identität ist Tod« (Adorno).

7. Gleichheit als Homogenität: Jus soli et sanguinis

Der militante Garant des verkehrten gesellschaftlichen Zusammenhangs, der Staat, repräsentiert die verdrängte gesellschaftliche Arbeitsteilung als seine politische Natur und organischen Zusammenhang. Er stellt die subjektiven Freiheitsrechte der Einzelnen von der Gesellschaft als objektive Pflichten gegen das Ganze dar. Partizipation am Staat, der Idee zufolge von weiter nichts abhängig als von juristischer Mündigkeit, hat doch völkische Gleichartigkeit zur stillschweigend Prämisse. Weil die Gesellschaft der Konkurrenten im Staat als die Gemeinschaft der Immanenten erscheint, darum lauert hinter dem *jus soli* als dem gleichen Recht aller innerhalb einer Grenze ansässigen Staatsbürger das *jus sanguinis* als Gleichberechtigung aller Volksgenossen gleicher Herkunft und Art. Im Umschlag des formellen ins materielle Kriterium der Staatsbürgerschaft geschieht, was Fichte 1808 in seinen »Reden an die deutsche Nation« zwecks Volkwerdung der Deutschen empfahl: die Übersetzung der »äußeren Grenzen« des Staates in die »inneren Grenzen« seiner Angehörigen (Fichte 1808, 207). Der abstrakt-egalitäre Zusammenhang der bürgerlichen Gesellschaft fundiert sich im konkret-autoritären Ursprung der Volksgemeinschaft, in der Setzung der Gesellschaft durch den Staat. Nichts anderes stellt das völkische Recht dar als die konsequente Transformation der Prinzipien des bürgerlichen; nur derart vermag sich die liberale Gesellschaft zu integrieren, daß sie den sozialen Gehalt des Vertrages, die Pflicht zur Verwertung, unter die Obhut des autoritären Staates stellt und ihn fortan den eigentlichen Sinn formaler Legalität am Maßstab materieller, und d. h. völkischer Legitimität, abtragen läßt.

Die Gleichheit der Individuen als Rechtssubjekte konkretisiert sich in ihrer Homogenität als Staatsobjekte, der phänomenale Atomismus der bürgerlichen Gesellschaft mausert sich zur kapitalen Totalität, und die Vermittlung, den subjektivierten Individuen aufgebürdet, schlägt sich, im Volk, als objektive Unmittelbarkeit nieder. Nation, der bloße Zeugungs- und Geburtenzusammenhang der Individuen als kreatürlicher, tritt auf als Produkt der Souveränität und als politische Natur, die den Einzelnen immer schon genealogisch sich angeeignet und für sich rekrutiert hat. So kommt, vom Boden, den die Grenzpolizei des Staates gegen »die Flut der Anderen« bewacht, und so entsteht aus der »territorialen Integrität«, die das Militär vor den ›Fremden‹ beschützt, die Kategorie des Blutes in der Politik, das *jus sanguinis* als Konsequenz wie Prämisse des *jus soli.*

Obwohl es natürlich einen Unterschied macht, so tut es allerdings nichts zur Sache, mit welcher Vokabel der Begriff der Homogenität etikettiert wird. Kein Unterschied ums Ganze also, ob, mit Immanuel Kant, von der »Gleichheit all dessen, was Menschenantlitz trägt« gesprochen, ob, mit Nicolai Ceaucescu, vom »Prozeß der sozialen Homogenisierung« geschwärmt, oder ob gar, mit Adolf Hitler, von der »Artgleichheit« der Deutschen halluziniert wird. All diese Bestimmungen sind Bestimmungen der Homogenität, und sie geben der Vergleichung der Individuen zu Subjekten nur einen anderen Namen und ein anderes Maß. Die linke und die rechte Abweichung von der bürgerlichen Gleichheit, alle Versuche (sei es durch die »Arbeit der proletarischen Klasse«, sei es durch die »Genealogie der germanischen Rasse«), die Homogenität der Subjekte als Staatsbürger nach Maßgabe der Krise wie nach Maßgabe von Klasseninteressen überwindend zu fundieren, bewegen sich, als radikalisierende Interpretationen der objektiven Denkformen der politökonomischen Praxis, auf dem Boden der Homogenität, deren Subjekt der politische Souverän ist und deren Sinn in der Permanenz der Ausbeutung liegt.

Den Unterschied, den es für die empirischen Individuen immerhin ausmacht, ob sie als Bürger, als Arier oder Proletarier verglichen und gleichgemacht werden, nicht leugnend, aber zugleich den Allmachtsgefühlen, die die Form Staat in der Politik als ihrer Bewegungs- und Reproduktionsweise notwendig erzeugt, widerstrebend[7], hat Ideologiekritik, geistiger Vorschein revolutionärer Praxis, die die klassen-, und das heißt: staatenlose Weltgesellschaft intendiert, die Selbstideologisierung der Form Staat zu entziffern und darauf das Augenmerk zu lenken, was in seiner Logik liegt. Darin unterscheidet sie sich von antirassistischer Aufklärung der Sorte Memmi, daß sie die

7 Die liberale oder gar linke Polemik gegen »Das Abstammungsprinzip im Staatsangehörigkeitsrecht (als) Fossil nationaler Exclusivität« (so z. B. Franz 1990) behandelt den formellen Gegensatz von *jus soli* und *jus sanguinis* als materiellen Widerspruch. Die Popularität dieser Sichtweise gründet in der ungebrochenen Kontinuität jenes staatsidealistischen Juristensozialismus, wie er von Wolfgang Abendroth, Jürgen Seifert und Jürgen Habermas vertreten wird.

Widerlegung von Rassismus und Antisemitismus oder gar der Beweis der Nichtexistenz von ›Rasse‹ nicht interessiert, sondern vielmehr, wann das, was in der Bahn von Souveränität liegt, praktisch wird: die Transformation der bürgerlichen Gesellschaft in die rassistische Volksgemeinschaft. Denn Rasse ist kein Zustand, sondern Projekt von Herrschaft, sie »ist die Selbstbehauptung des bürgerlichen Individuums, integriert im barbarischen Kollektiv« (Adorno/Horkheimer 1984, 193).

8. Überwertiges Leben

Die juristische Figur des Privateigentümers imaginiert den Bürger als fixes, stabiles und identisches Wesen, fiktioniert ihn als politisch weniger observiertes als vielmehr staatlich konserviertes Subjekt. Aller Ärger mit dem Finanzamt ist augenblicklich vergessen, wenn ihm, selten genug als Revolutionsgefahr, die »soziale Liquidation« (Bakunin) droht. Das im bürgerlichen Gesetzbuch inkarnierte Äquivalenzprinzip, daß de jure die ordentliche wechselseitige Enteignung und Aneignung von Eigentum insoweit garantiert, als diese allseitig legale Übereignung die marktförmige Erscheinung der legitimen Realisierung eines fabrikmäßigen Wesens darstellt, administriert doch de facto die Akkumulation des Kapitals. Sie bedarf der Person als ihrer quasi-humanen Maske schon deswegen, weil sich die Ware noch nicht selbst zu Markte tragen und dort über ihren Preis vertragen kann. Recht, das »Urphänomen irrationaler Rationalität« (Adorno 1966b, 304), und das juristische System der Person als die entfaltete Wertförmigkeit des Menschen stellen die Grundform subjektivierter Ahumanität wie personalisierter Asozialität dar. Die sekundäre Humanisierung des Kapitalverhältnisses, die hier ihren Ausgang nimmt, wird durch den Zwang zur Produktion wie durch die Routine der Reproduktion zur Religion des Alltagslebens verhimmelt, zum blindwütigen Glauben, der keines Gottesdienstes mehr bedarf und keiner Kirche, dessen atheistische Praktizierung als Bekenntnis allerdings völlig genügt. So haben die Subjekte als Jesuiten der kollektiven Skepsis zu leben; die bürgerliche Gesellschaft als allseits geschlossene Anstalt ist ihr Kloster.

Die gesellschaftliche Realmetaphysik läßt die zu Individuen formierten Subjekte als an sich und existentiell unverzichtbare auftreten und handeln, und läßt sie doch zugleich als für sich und funktionell austauschbare sich fühlen und begreifen. Wirkliche Psychokratie überformt die spirituelle Technokratie. Die juristische Person als Wertform des Menschen verdoppelt ›politisch‹ jene unmittelbare Allgemeinheit, die das Geld als sinnliche Darstellung des Wertes ›ökonomisch‹ schon längst darbietet. »Der Besitz des Geldes«, schreibt Marx, »stellt mich zu dem Reichtum (dem gesellschaftlichen) ganz in dasselbe Verhältnis, worein mich der Stein der Weisen in bezug auf die Wissenschaften stellen würde« (Marx 1974, 133): Dergestalt rückt die Rechtssubjektivität ein jedes ihr teilhaftige Individuum in die Position des einen Souveräns der ökonomischen Synthesis, bugsiert es an den Ort der politischen Zentralperspektive und gestattet ihm schließlich, als der selbstbewußte Autor zu agieren, der den Gordischen Knoten der negativen Vergesellschaftung und ihres aus nichts als nomadierenden Monaden gewebten Sozialnetzwerkes schürzt. Bürgerliche Gesellschaft ist praktizierter Idealismus, das Subjekt ihr souveräner Ursprung.

Identität ist der fällige Name der existenziellen Angst vor der totalen Sabotage und dem Konkurs der Identifikation. Weil die kapitale Identität der Bürger nicht an sich selbst besteht, sondern einzig als flexible Funktion und nur im reibungslosen Funktionieren des Individuums als »Charaktermaske« (MEW 23, 100) des Marktes, darum erfährt das subjektivierte Individuum jede Stockung und jedwede Krise der Akumulation als Angst vor Entwertung, gar als Panik im Angesicht seiner tatsächlich höchst persönlichen und allemal ganz individuellen Überflüssigkeit für den weiteren Fortgang des produktiven Getriebes. Denn was das Privateigentum verspricht, das muß die Akkumulation noch lange nicht halten; und was der Boom verheißt, das dementiert der Schwarze Freitag energisch. Die politisch proklamierte privateigentümliche Identität – und das meint, trotz allem rational gefaßt, den Erhalt mindest des politökonomischen Subjekts als in letzter Instanz doch kreatürliches Individuum, seine Reproduktion als natürlicher Stumpf, auf dem die Sozialfunktion aufsitzt und an dem sie sich vergegenständlicht –, wird im gleichen

Moment ökonomisch denunziert und ihrer kapitaladäquaten Funktionalität überführt, wenn die Inflation zu galoppieren beginnt, wenn der im scheinbar zeitenthobenen Geldmaterial ab ovo et sub specie aeternitatis fixierte Wert verrückt spielt.

Die Börse fängt das Schreien an. Die Flucht in den Sachwert impliziert die Rettung in den Nationalismus; die Panik des Subjekts fahndet nach irgendetwas, woran das Individuum sich halten kann; es will Boden unter die Füßen kriegen, d. h. Grund und Boden, d. h. Privateigentum an unbeweglichen Sachen und zumindest ein Haus oder eine Eigentumswohnung. Der strukturelle Rassismus und fundamentale Antisemitismus des Subjekts, zuvor latent und objektiv die Möglichkeit, bricht aus: Wie zuvor die historische Defensive der ungleichzeitigen, so gewahrt dies Subjekt jetzt die Attacke der übergleichzeitigen Menschheit; was den Vollwertbürger anfangs aus der Vergangenheit heimtückisch bedrohte, das trägt plötzlich unverschämt seine Attacke aus der Zukunft vor (Bindseil 1981; Enderwitz 1987). Weil erstens das Kapital die Selbstverwertung des Wertes im Geld nur ausdrückt und keineswegs, als Eigentum, stillstellt, weil zweitens der Souverän die politische Verdoppelung der Akkumulation im gewaltmonopolistisch bewachten Recht bloß reflektiert und keinesfalls, in der Balance von Berechtigungen und Verpflichtungen etwa, beruhigt – darum fühlt sich das Subjekt in der Krise der sozialen Integration genötigt, von der rassistischen Ausgrenzung, Diskriminierung, Ausbeutung und Verfolgung der Unmenschen, die, bei aller Gewalt, immerhin noch seine Verteidigungsstellung ausmacht, zum Angriff überzugehen, zum Terror und zur antisemitischen Totalausrottung der Übermenschen. Der Rassismus leistet die Integration des an sich nichtigen bürgerlichen Subjekts insoweit und solange dieses sich in Kategorien von Arbeit und Geld, von Gesetz und Eigentum begreifen kann; der Antisemitismus dagegen soll die Implosion dieses Subjekts verhindern, das Nichts seiner Identität durch Vernichtung kurieren. »Menschenrecht bricht Staatsrecht« (Hitler 1936, 105): Der Aufstand der Ontologie des objektiven Menschen gegen die phänomenalen soll die Synthese eines aus allen Fugen gehenden Subjekts erzwingen, das sich einzig in Kategorien von Verwertung und Kapital, von Souveränität und Aneignung rechtmäßig begriffen fühlt und das nun seine liberale Charaktermaske konsequent abstreift. Die Vermittlung wird einkassiert. Die zu Subjekten formierten Individuen haben sodann einzugestehen, daß sie vom Kapital nicht bloß funktional instrumentalisiert, sondern vielmehr material konstituiert worden sind. Ihre Form ist schon ihr ganzer Inhalt, alles, woran sie sich halten können. Die Transformation des Staatsvolks der Bürger in die souveräne Volksgemeinschaft der Artgenossen zieht die letzte Konsequenz aus der bürgerlichen Gleichheit durch kapitalistische Vergleichung. Die nazistische ›Gleichschaltung‹ bringt an den Tag, was von der Agitation gegen ›Gleichmacherei‹ zu halten ist.

Im Rassismus halluziniert der Bürger seinen Untergang in krude Natur, im Antisemitismus seine Liquidation durch den hypertrophen Geist. Die – im Rassismus – so allgemeine wie diffuse Angst vor dem Verschwinden seines Subjektcharakters im plump Kreatürlichen kommt – im Antisemitismus – mit der allerdings spezifizierten und exakt adressierten Furcht vor der Auflösung seiner Subjektivität durch die geheimnisvollen Mächte des Abstrakten überein. Der Rassismus signalisiert den äußeren Widerstand gegen den Alleinvertretungsanspruch, den das bürgerliche Subjekt auf die Gattung erhebt, der Antisemitismus dagegen demonstriert dessen inneren Antagonismus, der die kapitale Totalität ihres narzißtischen Größenwahns zu überführen droht. Im Rassismus rekapitulierte das bürgerliche Subjekt seine siegreiche Revolution gegen das nur subjektiv und bloß uneigentlich Menschliche; es betrieb die Entwertung der Erscheinung durch das Wesen. Während die Opfer des Rassismus den Gegensatz zum Subjekt zu verleiblichen hatten, wird an denen des Antisemitismus der Widerspruch im Subjekt selbst ausgetragen. So tritt dem nutzlosen und also unwerten Leben des Unmenschen das überwertige und erst so recht überflüssige Leben des Übermenschen zur Seite: Das Subjekt, das dergestalt des Risikos der Vermittlung sich entledigt hat, das seine ambivalente Funktion als lebende Synthese von Citoyen und Bourgeois abgestreift und seine existentielle Identität als gemeines Gesellschaftstier (*zoon politicon*) gewonnen hat, schreitet voran zur Verwertung der Erscheinung durch das Wesen.

9. Ontologisches Bedürfnis, existenzieller Wahn

Nationalsozialistisch wird demonstriert, was es mit der liberalen Unterscheidung von Bevölkerung und Volk auf sich hat und was mit der ontologischen Grenze, die der Souverän zwischen den Staatenlosen, Staatsangehörigen und Staatsbürgern zog. Die bürgerliche Revolutionstheorie hatte, anfangs noch gegen den ›antinationalen‹ und ›parasitären‹ Adel, das theoretische wie praktische Instrumentarium entwickelt, um den Antagonisten zu erkennen und ihn als den Feind zu bestimmen. »Eine Privilegiertenklasse«, hieß es 1789 in der Kampfschrift *Was ist der Dritte Stand?*, »ist also nicht nur wegen ihres Korpsgeistes, sondern schon durch ihr bloßes Vorhandensein schädlich. (...) Nur in seiner Eigenschaft als Staatsbürger wäre der Privilegierte repräsentationsfähig; aber er hat diese Eigenschaft selbst verwirkt, er steht außerhalb der Bürgerschaft, er ist ein Feind der gemeinschaftlichen Rechte«. Die Polemik gegen die Aristokratie, den »Fremdkörper der Nation«, d. h. gegen »Leute, deren bloße Existenz einen dauernden Kampf gegen die große Gemeinschaft des Volkes bedeutet«, hatte zum Endergebnis, »daß solche Leute auch die Eigenschaft des Staatsbürgers verwirkt haben und noch viel eher von dem Recht, zu wählen oder gewählt zu werden, ausgeschlossen werden müssen als ein Ausländer, dessen offen bekundetes Interesse dem (unsrigen) wenigstens nicht unbedingt widerspricht« (Sieyes 1981, 190 f.).[8]

8 Der Aristokrat kann seiner sozialen Konstitution nach kein Rechtssubjekt sein, mag er auch noch so menschlich aussehen. Er muß von eigenem Ursprung und distinkter Rasse sein. Darum besteht gegen den Monarchen als Personifikation des allgemeinen Menschen, den die bürgerliche Gesellschaft sich in Form von Menschenrechten und im Begriffen der Volkssouveränität revolutionär aneignet, kein Rechts-, sondern ein Gewaltverhältnis: Er ist nicht justitiabel, er kann noch nicht einmal zur Todestrafe verurteilt, sondern nur einfach liquidiert werden (so Robespierre 1792): »Die Guillotine symbolisiert die negative Gleichheit« (Horkheimer 1936, 131). Die Nürnberger Gesetze konstatierten am imaginierten antivölkischen Souverän, an den Juden, nichts anderes als dieses: Ausschluß aus der Gattung.

Das Urteil über die Aristokratie war, als ungerechtes, gerechtfertigt; aber es war zugleich illegitim, kreidete es doch Individuen als bewußten Willen an, was ihnen als soziale Qualität eignete: Kein theoretischer Irrtum, wie er, in der Hitze des Gefechts, unterlaufen kann, sondern, am Vorabend des bürgerlichen Triumphes, schon Vorahnung der Krise und des Untergangs bürgerlicher Herrschaft. Darum mußte, in antizipativer Paranoia, jede andere Herrschaft als die von Bürgern nicht etwa als falsch oder unpraktisch, sondern vielmehr als subjektiv böse, chaotisch und abgrundtief scheußlich verteufelt werden (Schumacher 1937). Nachdem die bürgerliche Praxis über die Idee des Fortschritts der Menschheit, in deren Namen das Urteil über den König gerechtfertigt war, in Richtung auf die Selbstoffenbarung der kapitalen Ontologie in die Gattung hinein vorangeschritten war, kehrte sie im Existenzialurteil über die Juden ihren wahren Charakter heraus: Vorurteil, dem keine Beweisaufnahme nachkommt, Justiz, die keiner Verhandlung mehr bedarf, weil noch nicht einmal Justizmord intendiert wird. Der Antisemitismus ist nicht mit Gründen zu widerlegen: Wer durchs nackte Sein schuldig und als bloße Existenz sich verdächtig macht, dem hilft auch kein Indizienprozeß mehr, weil weder Bewährung noch Resozialisation den Schaden jemals beheben könnten. Das naturale Substrat, das Individuum, und seine soziale Funktion, das Subjekt, sind verschmolzen und gelten als ein und dasselbe. Subjektive Identität findet statt in der Identifizierung des Anti-Subjekts, als dessen Identifikation mit feindlicher Natur. Kein Recht auf Leben, das nicht durch die bloße Existenz des Souveräns bereits relativiert wäre: Die prinzipielle Nichtanerkennung der juristischen Subjektivität des Anti-Subjekts bedeutet die Einbuße des Rechts, überhaupt Rechte zu haben. Die SS-Einsatztruppen, die Aktivisten des Staates, und das mörderische Getriebe der Vernichtung, seine Bürokratie, zogen daraus die Konsequenz und machten den kurzen Prozeß, der keiner war.

Die Krise radikalisiert das ontologische Bedürfnis zum existenziellen Wahn; der Jargon der Eigentlichkeit wird zur Alltagssprache der Propaganda, und jeder Volksgenosse hat Heidegger im Mund. Gesunder Menschenverstand manifestiert sich als pathologisches Souveränitätskalkül. Die Implosion der sozialen Synthesis zieht die

Explosion des subjektivierten Individuums nach sich. Als leerlaufende Vermittlung ohne noch zu Vermittelndes, als plötzlich außer Kurs gesetzte kleinste Zelle des Souveräns ernennt sich der Bürger zum Extremisten des Gattungswesen und zum Terroristen im Auftrag der Menschheit. Er geht aus sich heraus. Der okkulte Charakter der sozialen Reproduktion hieß das Subjekt, solange sie nur gelang, mit der Rolle eines folgsamen Adepten des Geld- und Staatsfetischs sich bescheiden. Die Welt zum praktischen Handeln sich zurechtzudenken, das schaffte der ontologische Trieb allemal. ›Nationale Identität‹ als Antwort auf die Frage, was ›deutsch‹ sein soll und wer unter Gleichen als egal Verglichener gelten darf, genügte vollauf, um ökonomische Nützlichkeit wie politische Dienstbarkeit unter Beweis zu stellen. Mit der Aversion gegen ›Parasiten‹ und ›Kosmopoliten‹, mit dem Abscheu gegen das faule und grenzenlose Leben war es allemal getan. Die Krise fördert nun zutage, welch ungeheure praktische Gewalt dieser Denkform innewohnt.

Durch Krise und Ausnahmezustand seiner politischen Nichtigkeit wie ökonomischen Substanzlosigkeit überführt und als überflüssiges Leben entlarvt, sucht es die verlorene Sozialfunktion zurückzuerobern und seine Rekonstitution als Subjekt zu bewerkstelligen. In voller Auflösung begriffen, macht es sich nicht nur terroristisch an die Reduktion des Feindes auf das eigene Nichts – in panischer Flucht nach vorne verfällt es obendrein darauf, die Identität des Anti-Subjekts sich aneignen zu wollen. Denn, so die Logik, die direkt in den Nazismus führt, was ein so omnipotentes und geschichtsmächtiges Subjekt wie das bürgerliche derart zu desintegrieren und zu destruieren vermochte, das muß seinerseits über magische Kräfte und ein unzerstörbares, ein ewiges Wesen verfügen. »Nirgends zu Hause und nirgends fremd« (Schopenhauer 1986, 310): Die Juden sollen es sein, denen wahre Identität eignet, die zeitenthobene Unveränderbarkeit, die das vom Kapital denunzierte Versprechen des Geldes: privates Eigentum erfüllt, und die raumentrückte Harmonie dazu, die die vom Souverän destruierte Verheißung des Rechts: Ordnung wahrmacht. Das Nichts des Subjekts erscheint, magisch verkehrt und gespenstisch kostümiert, als das Sein der Juden, das Anti-Subjekt materialisiert sich als »Gegenrasse« (Rosenberg 1934,

462).[9] Die Gegenrasse der übermenschlichen Menschen, der gänzlich entindividuierten Subjekte und des unsterblichen Souveräns ist es, die dem wahnhaft rational denkenden Subjekt Kontra bietet. An seinem Untergang will es sich für alle Zeiten gesundstoßen, sein Tod soll ihm ewiges Leben einflößen. Sein Reich hat gefälligst, wenn schon im Diesseits gelegen, ein Tausendjähriges zu sein. Und da der Bürger, zumal der deutsche, sich ›beinahe‹ schon immer, wie ein Jurist des Führers schrieb, als »Schicksalsgenosse der Juden« empfand und als »faustisches und ahasverisches Gespenst« (Krieck 1934, 19), als triebgeladen und wesenlos, wurde der Nationalsozialismus zum ultimaten Projekt der bürgerlichen Gesellschaft: dem ›ewigen Juden‹ den Krieg zu erklären, das verhieß, die Zusammenbruchskrise der bürgerlichen Gesellschaft auf den Sankt Nimmerleinstag zu vertagen.

Man mordet natürlich in Notwehr, präventiv, um noch Schlimmeres zu verhinden. Hatte der Rassismus zuvor dazu getaugt, dem Bürger das schlechthin Andere der Gattung zu illustrieren und derart den kapitalen Bruch der wirklichen mit der nur scheinbaren Menschheit zu veranschaulichen, so gewahrt er nun – wie um die Symmetrie zu vollenden und zum Zweifrontenkrieg sich zu ermächtigen – die Evolution des Unmenschen zum Untermenschen. Das Vollwertsubjekt hat gegen die unteren und die oberen zugleich anzutreten. Das

9 Die hier entwickelten Thesen intendieren auch, die Geltung der Analysen Alfred Sohn-Rethels über das Geld als die ›bare Münze des Apriori‹ auf die Kritik der Politik zu erweitern. Es geht um die Konstitution des identischen Subjekts, d.h. in letzter Instanz: des Souveräns als des Subjekts par excellence, um dessen konjunkturelle Bewegung wie krisenhafte Dynamik. Die Rede von der »Wertform des Menschen« soll mehr und anderes sein als analogisierende Metapher, sondern der Begriff für Homologie, den die materialistische Kritik der politischen Ökonomie verlangt, wenn sie zugleich als Kritik der Politik will auftreten können (vgl. Sohn-Rethel 2018a u. 2018b). Die Tauschabstraktion am Gebrauchswert impliziert zuerst logisch, dann auch historisch die Menschenrechte als Abstraktion vom Individuum; wie der Schein des Geldes historisch das Gold war, sein logisches Wesen jedoch Funktion, so verhält es sich mit der phänomenalen Menschheit, dem Menschen an und für sich, dem Souverän.

Andere zur Gattung soll auf einmal nicht mehr seiner produktiven Konsumierung passiv entgegendämmern dürfen, jetzt hat es sich zu wehren, d. h. unter dem Kommando des Übermenschen anzugreifen: »Der Untermensch – jene biologisch scheinbar völlig gleichgeartete Naturschöpfung mit Händen, Füßen und einer Art von Gehirn, mit Augen und Mund, ist doch eine ganz andere, eine furchtbare Kreatur, ist nur ein Wurf zum Menschen hin, mit menschenähnlichen Gesichtszügen – geistig, seelisch jedoch tieferstehend als jedes Tier. Im Inneren dieses Menschen ein grausames Chaos wilder, hemmungsloser Leidenschaften: namenloser Zestörungswille, primitivste Begierde, unverhüllteste Gemeinheit. Untermensch – sonst nichts! Es ist nicht alles gleich, was Menschenantlitz trägt. (...) Und diese Unterwelt der Untermenschen fand ihren Führer: den ewigen Juden!« (Reichsführer-SS 1983, 217)

Was den Vernichtungselan antreibt, ist der Wille zur Aneignung; was die Notwehrwut zum äußersten reizt, das ist die hoffnungslose Nothilfe am bürgerlichen Subjekt. Das desaströse Subjekt geht daran, die Substanz und das Wesen produktiver Arbeit wie loyaler Untertänigkeit aufzuspüren und sich anzueignen. Zum aktivistischen Praktikanten des souveränen Kapitalfetisches mutiert, will es den Wert, das Wesen seiner Vergesellschaftung, nicht mehr nur als Geld funktionell haben, sondern es vielmehr als Kapital unmittelbar und existentiell sein. Das ontologische Bedürfnis sucht damit den schlagenden Beweis der Unabkömmlichkeit und Unverzichtbarkeit des Subjekts anzutreten und darin Befriedigung zu erlangen, daß es sich zum existenzialistischen Wahn steigert, dessen Resultat im unmittelbaren Privateigentum an der Substanz liegen soll, in ihrer unentfremdbaren Repräsentation. Zahllose Leichen und namenlose Tote liegen in der Bahn dieser an sich aussichtslosen Jagd auf Identität, die nicht enden kann, bevor alle Juden umgebracht worden sind.

Die Bürger als rassistische Gemeinschaft halluzinieren im Bild der Juden als ›Gegenrasse‹ das Geheimnis einer bürgerlichen Gesellschaft ohne Krise, das Mysterium von Herrschaft ohne Ausnahmezustand. Was immer schon das Rätsel darstellte, die ›unsichtbare Hand‹ der gesellschaftlichen Synthesis, gilt nun, in wahnhafter Verkennung wie traumwandlerischer Bestimmung, als das Wesen des Anti-Subjekts.

Weil der gesellschaftliche Zusammenhang als feindliche Natur erscheint, darum muß das ›››jüdische Wesen‹‹‹ – ebenso rational wie irrational[10] – das Prinzip von Synthesis durch den antagonistischen Geist darstellen. Die nazistische Imagination gestaltet das Bild ›des Juden‹ als die ebenso paranoid verdrehte wie projektiv karrikierte Repräsentation des automatischen Subjekts: »Dämon des ewigen Verneinens« (Rosenberg 1934, 462). Der ›gestaltenlose Anarchismus‹, die ›innere Unmöglichkeit, ja zu sagen‹, die die Nazi-Ideologie den Juden attestiert, ist die Kehrseite der Sucht nach Ordnung und Eigentum, ›Anarchismus‹ das Wort für die Angst vor dem Chaos, ›Kritik‹ die Chiffre für konstitutionelle Unfähigkeit zur Treue, ›Parasitismus‹ der Code für die systematische Unmöglichkeit von Produktivität. Weil der Nazi die negative Dialektik der kapitalen Synthesis als positive Ontologie ›des Juden‹ halluziniert, darum verfügt er, »daß die äußere Vielformigkeit des Judentums keinen Widerspruch zu seiner inneren Einheit bildet, sondern – so merkwürdig das klingen mag – seine Bedingung« (ebd.). Dies Wesen, das die Identität von Identität und Nicht-Identität verkörpert, das die praktische Wirklichkeit einer lo-

10 Die endlosen Debatten über die ›Rationalität‹ oder ›Irrationalität‹ der Massenvernichtung leben vom positivistischen Begriff instrumenteller Vernunft als Verhältnis von Mitteln zu Zwecken. Hier jedoch, vermittels wie inmitten der Massenvernichtung, ereignen sich die Desintegration und das Delirium des zwecksetzenden Subjekts selbst: weil das »automatische Subjekt« (MEW 23, 169) seinen Selbstbezug einbüßt, weil die Selbstverwertung des Werts stockt, die seine Identität ausmacht, darum muß es, von Staats wegen und durch den Gebrauch des Gewaltmonopols, wieder zur Raison und prozessierenden Einheit gebracht werden. Max Weber ist, nicht nur hier, ganz falsch am Platze – und der Gebrauch der Reichsbahn zum Transport der Juden nach Auschwitz ist, aller sogenannten militärischen Erfordernisse zum Trotz, kein Widerspruch zu einer dem Kapitalverhältniss unterstellten ›Rationalität‹, die noch nie anderes war als die bloße Projektion von bürgerlichen Theoretikern. All dies beweist weder, bürgerlich: die ideologische Autarkie des Rassenwahns noch, marxistisch: die ›relative Autonomie‹ des Staates, sondern, materialistisch, die historische Tendenz der Auflösung des Kapitals in nichts als Barbarei (ISF 1993), die in Deutschland zum ersten Mal antizipiert und praktiziert wurde.

gischen Unmöglichkeit verleiblicht, dies ›jüdische Wesen‹ also will der Nazi aus dem jüdischen Schein, und das heißt: aus den leibhaftigen Menschen, herausreißen. Nicht als ›Ökonomie der Endlösung‹ war Auschwitz der letzte Zweck des Nationalsozialismus, und nicht allein Vernichtung um der Vernichtung willen sein eigentliches Ziel, sondern Restitution des Subjekts durch exterministische Aneignung des Wesens von Anti-Subjektivität: »Auschwitz, nicht die ›Machtergreifung‹ 1933, war die wirkliche ›Deutsche Revolution‹ – die wirkliche Schein-›Umwälzung‹ der bestehenden Gesellschaftsformation. Diese Tat sollte die Welt vor der Tyrannei des Abstrakten bewahren« (Postone 1988, 254).[11]

11 Postones Aufsatz gibt die seit Alfred Sohn-Rethels *Ökonomie und Klassenstruktur des deutschen Faschismus* (1973), wiederveröffentlicht unter dem Titel: *Industrie und Nationalsozialismus* (2016), instruktivste Analyse des ›Antikapitalismus‹ der Nazis, und sie bedeutet den definitiven Bruch mit der traditionellen Interpretation gerade des ›linken Flügels des NS‹ als eines ›Sozialismus der dummen Kerle‹ in der Linie Bebel, Kautsky, Dimitroff. Gleichwohl trifft die These der ›barbarischen Revolution gegen das Kapital‹ die Sache nicht ganz. Denn Postones Ableitung des Antisemitismus aus den Fetischcharakteren des Kapitals vergißt das Moment der Zusammenbruchskrise der kapitalistischen Reproduktion, deren Wächter eben der politische Souverän ist: Postone bestimmt die Gewalt, die der Ideologie als objektiver Denkform eignet, aber er untersucht nicht, wer diese Gewalt auszuüben hat und warum. Daß die Juden als ›wurzellos, international und abstrakt‹ angesehen wurden, leitet er zwar aus der politischen Verdoppelung des Doppelcharakters der Ware in den Gegensatz von Bourgeois und Citoyen her, übersieht jedoch, daß dieser Gegensatz der Subjektivität des *l'homme* konstitutionell immanent ist. Weil Postone diesen Gegensatz konsequent als Widerspruch deutet, muß er die stoffliche Bestimmung der Staatsbürgerlichkeit, das *jus sanguinis*, als vorbürgerliches Relikt deuten und das *jus soli* als progressiv, d. h. als tendenzielle Überschreitung des bürgerlichen Zustands: »In Europa (...) war die Vorstellung von der Nation als einem rein politischen Wesen, abstrahiert aus der Substantialität der bürgerlichen Gesellschaft, nie vollständig verwirklicht« (Postone 1988, 252). Wäre »die Bestimmung von Staatsbürgerschaft als rein politischer Abstraktion« historisch möglich gewesen, der kapitallogische Antisemitismus hätte vielleicht, so läßt Po-

Schon die Normalität der kapitalistischen Akkumulation besteht darin, den Arbeiter zum ›Anhängsel der Maschine‹ zu degradieren. Reelle Subsumtion bezweckt nicht allein die Reduktion der Kosten fürs variable Kapital, zielt nicht nur auf die Vergegenständlichung des Kapitals im unmittelbaren Produktionsprozeß, sondern intendiert überdies und vielmehr die Aneignung der geheimnisvollen Potenz lebendiger Arbeit, Mehrwert zu setzen. »Das wirkliche Nicht-Kapital ist die Arbeit selbst« (Marx 1974, 943): Aber das Kapital, das als automatisches Subjekt die Potenz der Gattung ausbeutet und – Wesen des Fetischs – als sein eigenes Wesen und Leben darstellt, will der Sache auf den Grund kommen. Es will die Potenz aus ihrer stofflichen Form herauslösen und rein aneignen: produktive Zerstörung. Dies Wesen der Produktivität zu identifizieren, ist die Geschichte der kapitalistischen ›Rationalisierung‹, die historische Entfaltung des Kapitalbegriffs in die Gesellschaft hinein (Bruhn 1982). Und schon die Regularität souveräner Herrschaft geht darauf aus, das Wesen ›nationaler Identität‹ und also politischer Loyalität im Subjekt auszumachen und zu beschlagnahmen. Die Geschichte des Begriffs der Staatsbürgerlichkeit wie der Praxis der Verstaatsbürgerlichung ist die Chronik der Versuche, hinter das Geheimnis der unbedingten Treue zur Macht zu kommen. Die Kautelen und Prozeduren ihres Erwerbs und ihres Verlustes umschreiben, wie der Staat das subjektivierte Individumm zu funktionalisieren gedenkt: In letzter Instanz als den Soldaten, der, als belebter Agent des Gewaltmonopols, die Angst vor der Auslöschung seiner Kreatürlichkeit vergißt und bereit ist, ›für das Vaterland‹ zu sterben. So bezeichnet der Gegensatz des *jus sanguinis* zum *jus soli* die Bewegung, in der sich der Souverän seinem prominentesten Gegenstand annähert.

stone durchblicken, von einem dann wahrhaft bürgerlich zu nennenden Staat gebremst werden können. Hier rächt sich die Staatsvergessenheit noch avancierter Interpretationen der Kritik der politischen Ökonomie (vgl. dagegen Enderwitz 1991 und 1993).

Die Unterscheidung zwischen empirischer Bevölkerung und transzendentalem Staatsvolk, die das Kapital schon im Begriff der Geschäftsfähigkeit setzte und die der Staat im Begriff der politischen Mündigkeit verdoppelte, konstituierte die Hierarchie der staatenlosen Ausländer, der zum passiven Menschenrecht befugten Staatsangehörigen und der zum aktiven Bürgerrecht, zur Wahl, ermächtigten Staatsbürger. Was die bürgerliche Revolution im Formalismus des *jus soli* schon nicht wahrhaben wollte und doch souverän löste – das Problem des illegitimen Gebrauchs legaler Rechte –, das wird im Ausnahmezustand und in der Krise zur Überlebensfrage. Konsequent wird das formalistische Recht substanzialistisch aufgeladen: Die Phraseologie des ›Ahnenerbes‹ verschleiert nur den wirklichen Sachverhalt, denn es geht keineswegs um ›Ariernachweise‹ und keinesfalls um Genealogie, sondern um die Durchsetzung neuer, d. h. radikalisierter Kriterien der Partizipation am Souverän als ›Schutzverband‹. Als archaisch tritt auf, was ungeheuerlich modern ist: das Projekt einer Generalinventur der Bevölkerung und ihrer Musterung hinsichtlich ihrer Tauglichkeit zum Staatsvolk. »Reichsbürger kann nur der Reichsangehörige deutschen oder artverwandten Blutes werden, der durch sein Verhalten beweist, daß er gewillt und geeignet ist, in Treue dem deutschen Volk und Reich zu dienen, also namentlich seine Arbeits- und Wehrpflicht erfüllt haben muß« (Schmelzeisen 1938, 175): ›Blut‹ und ›Boden‹ berechtigen, für sich genommen, zu gar nichts.[12] Das *jus soli* ist das *jus sanguinis*, ist die reine Formalität, die Herrschaft auf Leben und Tod vollstreckt.

12 Carl Schmitt hat ganz recht: »Die Gleichheit all dessen, ›was Menschenantlitz trägt‹, vermag weder einen Staat, noch eine Staatsform, noch eine Regierungsform zu begründen.« Aber das bedeutet nicht, daß das *jus soli* progressiv oder gar staatsfeindlich wäre, wie Schmitt, der die Souveränität umstandslos mit dem Gewaltapparat identifiziert, glauben machen, und wie eine Linke, die umgekehrt den Staatsapparat mit der Souveränität gleichsetzt, gerne glauben möchte. Denn »eine Gleichheit, welche keinen anderen Inhalt hat als die allen Menschen von selbst gemeinsame Gleichheit, wäre eine unpolitische Gleichheit, weil ihr das Korrelat einer möglichen Ungleichheit fehlt« (Schmitt 1928, 227). Die bürgerliche Vergleichung ist deshalb an sich selbst politisch, weil

Zu Arbeit und Tod ›gewillt und geeignet‹: Schärfer läßt sich kaum fassen, was nicht nur Nazis ›deutsch‹ sein soll; keine umstandslosere und handlichere Definition des deutschen Wesens ließe sich geben als eben diese. Die Generalinventur der Bevölkerung dient diesem Test. Die Opfer, die erst ausgemusterten, dann ›ausgemerzten‹ Staatsfeinde und Arbeitsscheuen, haben das Leid durchzumachen, den Schmerz zu erleiden, den Tod zu erfahren, die unmittelbare Vernichtungsgewalt, die der Souverän als ultimate Drohung bereithält, wenn das Staatsvolk seiner Ineinssetzung mit dem Gewaltmonopol sich sträubt und beim leveé en masse zögern sollte.[13] Der nazistische Elan speist sich negativ aus der Drohung des Souveräns, die von der Krise enthüllte, nicht länger nur funktionelle, sondern nunmehr existenzielle Überflüssigkeit des Subjekts zu vollstrecken: Damit stachelt er die Volksgemeinschaft an. Das ist die ›Furcht vor der Freiheit‹. Und die Vernichtungswut wird positiv angefeuert durch die Verheißung des Souveräns, die subjektive Nichtigkeit durch den Raubmord am Anti-Subjekt zu therapieren. Das ist der ›Hitler in uns‹, die Lust an der Unterwerfung, die einem nutzt.

Die Opfer der volksgemeinschaftlichen Raserei der kapitalen Rasse, sind, so hat sie Hannah Arendt geschildert, »nichts als Menschen; jedoch (...) besagt dieses Menschsein nicht mehr, als daß sie dem Menschengeschlecht in der gleichen Weise zugehören wie die Tiere der ihnen vorgezeichneten Tierart. Dies abstrakte Menschenwesen (...)

ihr Kriterium anthropologisch ist und derart einen Abgrund zwischen Schein und Wesen eröffnet, den der Souverän ausfüllt. ›Alle Menschen von selbst‹ – das wäre freie Assoziation, d.h. der Kommunismus.

13 Der harte Kern von Hitlers *Mein Kampf*, der strategische Angelpunkt des deutschen Faschismus als eben – Nationalsozialismus, ist die Bestimmung des Verhältnisses des Staatsangehörigen zum Staatsbürger (1936, 488 ff.). An genau diesem Punkt sitzt der Ideologe Hitler mitten im Hirn des Staatsmannes Hitler. Und an diesem Sachverhalt scheiden sich die Wege von materialistischer Staatskritik und linker Demokratietheorie: Bei allem nur zu berechtigten Abscheu vor dem Faschismus ist der ›Kampf gegen Rechts‹ allzu unbegründet. Es geht darum, Hitler und Carl Schmitt als objektive Denker der Form Staat derart zu kritisieren, wie es Marx im *Kapital* mit Adam Smith und Ricardo getan hat.

ist gleichsam das genaue Gegenbild des Staatsbürgers, dessen Ungleichheit und Differenziertheit dauernd innerhalb der politischen Sphäre von dem großen Gleichmacher aller Unterschiede, der Staatsbürgerlichkeit selbst, eingeebnet werden; denn wiewohl der Rechtlose nichts ist als ein Mensch, ist er dies gerade nicht durch die gegenseitig sich garantierende Gleichheit aller Rechte. (...) Er ist gleichzeitig der Mensch und das Individuum überhaupt, das allerallgemeinste und das allerspeziellste«. (Arendt 1980, 267 ff.) Allein: das ›abstrakte Menschenwesen‹ gibt nicht das ›Gegenbild‹ und offenbart nicht das Andere der Staatsbürgerlichkeit, sondern es ist nur ein anderer Ausdruck des gleichen Unwesens, sein Spiegelbild. Die Identität, die das Menschenrecht verheißt, können sich Menschen nur im Tod aneignen. Das gelobte Land der Freiheit und Gleichheit liegt unter der Erde.

11. Ende der Vergleichung

Das Projekt der multikulturellen Zivilgesellschaft intendiert, dem Rassismus durch die Ausweitung des staatsbürgerlichen Status auf alle die entgegenzutreten, denen es glückte, irgendwie, legal oder illegal, über die Grenze zu kommen. Derlei Entnationalisierung der Staatsbürgerschaft und Trennung der Rechtssubjektivität von der ›Abstammung‹ setzt, logisch betrachtet, die Entnationalisierung der Staatsgewalt voraus, d.h. die Beseitung aller Grenzen. Aber nicht davon ist die Rede, sondern von ›Flüchtlingspolitik‹ und ›Kontingentierung‹. Die Ersetzung der Bestimmung, »Deutscher im Sinne des Grundgesetzes ist, wer ...« in §116 Grundgesetz durch die Vokabeln »Bürger und Bürgerin im Sinne dieser Verfassung ist, wer ...« ist der zwar redliche, aber ziemlich hoffnungslose Versuch, mit Rechtsmitteln einem Mißstand abzuhelfen, der nur durch die Beseitigung der letzten Instanz und also durch die Abschaffung des Staates zu beseitigen wäre. Die Idee, gegen den Rassismus Rechtsmittel einzulegen, mag humanitär sein, human ist sie nicht.

Das auf dem Wege des Massenmords reinstallierte bürgerliche Subjekt der keineswegs bürgerlichen, sondern postfaschistischen Gesellschaft täuscht sich, wie über den Charakter seiner Ökonomie, so über den Status seiner Politik. Indem es, nach der Methode Memmi, den Antisemitismus als Form des Rassismus mißverstehen möchte, will es sich über die negative Dialektik der bürgerlichen Gleichheit betrügen. Als Mangel an Gleichheit und Ausnahme soll erscheinen, was das Wesen dieser Gleichheit ausmacht. Der Rassismus wird als Ausgrenzung, Vorurteil oder Diskriminierung verurteilt, weil die Logik der Vergleichung, die des Antisemitismus als Sanatorium der Bürger bedarf, ganz außer Frage steht. Schon deshalb kann die Entfaltung der »Gleichheit des Rechts zum Unrecht durch die Gleichen« (Adorno/Horkheimer 1984, 29) kein Thema sein, weil für die Zukunft nichts ausgeschlossen werden darf, weil man gelernt hat, daß man einem Souverän keine Vorschriften macht.

Darin liegt die Falle des Antirassismus, daß die Humanisten, Demokraten und Sozialisten der antirassistischen Bewegung nach der Logik der Politik handeln, als praktizierende Idealisten der Souveränität, die sich bloß zur Regierung in Opposition setzen. Denn die »Freiheit, das ist die vollste Selbstbestimmung jedes einzelnen, ist das Prinzip des Staats; der Staat kann gar nicht unfrei sein. Kein Punkt ist in der reinen Staatsidee, von welchem die Unfreiheit entstehen könnte; der Begriff des Staates ist gar nicht imstande, eine Verfassung oder Verwaltung zu erzeugen, die unfrei wäre. Es ist daher ein absolutes Mißverständnis, in dem unfreien Staate den Staat als solchen zu verklagen oder anzugreifen«, schrieb der liberale Hegelianer Lorenz von Stein am Beginn der bürgerlichen Gesellschaft in Deutschland (1921, 66 f.). Bis heute haben noch nicht einmal die Marxisten den Staat und seine Ideale so gründlich ›mißverstanden‹, wie es unumgänglich wäre, wollte man ihn begreifen und ergo revolutionär beseitigen. Denn »eine emanzipierte Gesellschaft (...) wäre kein Einheitsstaat, sondern die Verwirklichung des Allgemeinen in der Versöhnung der Differenz. Politik, der es darum im Ernst noch ginge, sollte deswegen die Idee der abstrakten Gleichheit der Menschen nicht einmal als Idee propagieren« (Adorno 1979, 130).

Was sich, dessen ungeachtet, als Praxis aufspielt, betrügt um deren Begriff und Sache mit Pragmatismus.

»Antiziganismus«
Das Programm zum Pogrom

Dialog in Cottbus:
»Es ist eine Frechheit von den Medien zu behaupten, daß wir ausländerfeindlich sind. Es geht um die Zigeuner, die dreckig sind.« Manfred Stolpe: »Ein klares Wort und ein genaues Benennen der Situation sind wichtig.«

Frankfurter Rundschau,
5. September 1992

»Die haben hingemacht, wo sie gingen und standen«: So kolportiert der *Spiegel* vom 7. September 1992 den Abscheu eines Rostockers, der keinesfalls ausländerfeindlich ist, sondern für Hygiene. Daß Sinti und Roma mit Vorliebe »in Warenregale urinieren«, das ist nicht nur die ebenso unappetitliche wie lüsterne Botschaft der *Deutschen National-Zeitung* (4. September), sondern entspricht ganz dem Gusto auch der anderen völkischen Beobachter. Und daß Menschen, die nur gekommen seien, weil Nepper, Schlepper, Bauernfänger ihnen »eine westliche Glimmerwelt vorgegaukelt« (*FAZ*, 26. August) hätten, angeblich auf den Reichtum scheißen – das befriedigt den Voyeurismus einer Gesellschaft, die, unfähig das mühsam Ergatterte zu genießen, »den Dunkelhäutigen« (*Der Spiegel*) noch Wasser und Brot neidet. Aber das öffentliche Interesse daran, wie die Flüchtlinge ihr »Geschäft erledigen überall« (*taz*, 1. September) kontrastiert seltsam mit dem Bild, das der *Spiegel* mit dem Aufmacher »Wut auf den Staat« am 31. August veröffentlichte: Es zeigt ein Mitglied des Pöbels im Dreß der Fußball-Nationalmannschaft, das sich sichtlich in die Hose gemacht hat und dabei selbstbewußt den Hitler-Gruß entbietet. Trocken kommentierte die Schweizer *Wochenzeitung*: »Zwischen Hoffnung (siehe oben) und Angst (siehe unten)« (5. September). Ob es wirklich Angst war, und wovor eigentlich, die dem Mann das Schamgefühl austrieb, ob es an seiner hilflosen »Wut auf den Staat« lag, wie der *Spiegel* suggerierte, oder ob es nicht vielmehr aus hemmungsloser Vorlust unterlief, bald nicht mehr »antideutschen Politikern« (*National-Zeitung*) gehorchen zu müssen, ist allerdings keineswegs ausgemacht.

Denn am 17. August, eine Woche vor dem Pogrom von Rostock-Lichtenhagen, sah der *Spiegel* die Zukunft noch rabenschwarz, und seine Prognose hieß »Deutsche gegen Deutsche«. Die Krise griff rasant um sich, alle Feindschaften schienen durchprobiert, keine vermochte auf Dauer vom wütenden Selbsthaß der Landsleute im Osten abzulenken. Die zehn Leichen, die den Weg zur nationalen Identität bislang schon pflasterten, hatten zwar für einiges Aufsehen gesorgt, aber den erwünschten Erfolg nicht erbracht. Noch immer schwankte die öffentliche Meinung einigermaßen unentschieden zwischen der (eher linken) Verteidigung des Gewaltmonopols, d.h. dem Pochen darauf, daß Rassismus Sache des Staates zu sein hat, und der (eher rechten) Liebkosung des Pöbels mit sozialpsychologischen und karitativen, d.h. infantilisierenden Komplimenten. Trotz aller Selbstverleugnung der ›Ossis‹, die dazu führte, daß sie sich selbst bekämpften und dabei ›Mossis‹ und ›Fidschis‹ totschlugen, trotz der bewußtlosen Selbstaggression, die sie auf die ›Polacken‹ und ›Russkis‹ einprügeln ließ, schien das Ende der Fahnenstange erreicht und die Erkenntnis nahe, daß die asoziale Raffgier und der Futterneid der Volksgenossen nur im Kampf Mann gegen Mann enden konnten (vgl. Pohrt 1992, 166 ff.).

Aber der Volksgeist ist erfinderisch, auch wenn ihm nur Wiederholungen einfallen. Vom Gezank um die eleganteste Liquidierung des Asylrechts genervt, von der multikulturellen Forderung nach einem Einwanderungsgesetz verunsichert, das die nützlichen Handlanger fürs Grobe von den absolut Überflüssigen zu scheiden verspricht, und über dem Widerspruch zwischen der Begeisterung für staatliche Autorität bei gleichzeitigem Abscheu vor den regierenden Spesenrittern allmählich kirre geworden, ging die Perspektive nach und nach flöten. Die Dinge schienen erneut ihren natürlichen Lauf zu nehmen, und die Zeitungen wußten wieder von Selbstmorden im Plattenbau zu berichten. Zwischen den Deutschen und der Erkenntnis ihrer eigenen kollektiven Asozialität schien wenig mehr zu stehen als die Zeit, die keine Wunden heilt.

Mitten hinein in diese Trostlosigkeit platzte das völkische Wunder von Rostock-Lichtenhagen – die Erkenntnis, daß man die Liste der zu hassenden Ausländer noch gar nicht durchbuchstabiert hatte. Mit den Sinti und Roma war endlich ein Feind für den »Volksaufstand« (Kronawitter, *Der Spiegel*, 7. September) aufgetreten, der die eigene Asozialität zu verkörpern schien wie kaum ein zweiter – ein Haßobjekt, das nicht nur den Vorteil bot, die 1945 unterbrochene Arbeit fortzusetzen zu können, sondern überdies die Chance, die ›Ossis‹ mit den ›Wessis‹ doch noch glücklich wiederzuvereinigen. Im Angesicht der »Zigeuner-Invasion« (Nationalzeitung, 28. August) wurde die Schlagzeile der *Deutschen National-Zeitung* »Wie Deutsche leiden müssen« (28. August) doch noch wahr. Denn »mit Sinti und Roma wird keine Kommune fertig«, erklärte der sozialdemokratische Oberbürgermeister von Rostock (*Frankfurter Rundschau*, 28. August), und die *FAZ* sekundierte: »Europa hat noch nie gewußt, wie es seiner Zigeuner Herr werden soll« (31. August). Parteiübergreifend herrschte die eine Meinung, die die *Badische Zeitung* in Rostock zu Protokoll nahm: »Die reinste Seuche, diese Zigeuner« (28. August).

Die Euphorie der Deutschen über die Entdeckung der Sinti und Roma speiste sich aus dem erregenden Gefühl, jetzt den definitiven Trick gefunden zu haben, ihren Rassismus glaubhaft zur Notwehr umlügen zu können. Die therapeutische Wirkung war durchschlagend, die alten Feindschaften schienen vergeben und vergessen, und so konnte die *FAZ* unter der Überschrift »Zigeunerhaß in Eisenhüttenstadt« berichten: »Über die ›Fidschis‹ – die Asiaten – redet man fast respektvoll. ›Die arbeiten wenigstens, verkaufen Obst oder Zigaretten und wußten immer als erste, wo's was gab‹« (7. September). In den Vietnamesen erkannte man für einen Moment die eigene kleinkrämerische Abgefeimtheit wieder und die Fähigkeit, alles zu versilbern; ihre zuvor als unlauterer Wettbewerb, Dummenfang und Steuerbetrug denunzierten Überlebenstechniken galten jetzt, obwohl ökonomisch immer noch genauso unproduktiv wie ganz Ostelbien, als Zeichen von Arbeitswillen und Fleiß und daher als das einzige Eigenkapital, das man drüben zur Existenzgründung beibringen konnte. Wer ökonomisch überflüssig ist und daher nichts zu melden hat, der kann doch immerhin verlangen, so die neue Botschaft, für seinen blanken Arbeitswillen, seinen deutschen Anstand und seinen Fleiß bezahlt zu werden. Als den Ostdeutschen zu Bewußtsein kam, wie sie sich selbst zu nützlichen Ausländern ernennen konnten, als ihnen aufging, wie sie im Nachhinein die Wiedervereinigung in den Augen ihrer westlichen Sponsoren rechtfertigen könnten - nämlich als Individuen, die zweifellos unter das Cohn-Benditsche Einwanderungsgesetz fallen würden –, da war der Bann gebrochen. Jetzt erst, durch die Erfindung von Menschen, die keine Ausländer mehr sind, sondern »Scheinasylanten, Wirtschaftsschmarotzer und Kriminelle aus aller Herren Länder« (*National-Zeitung*, 4. September) vermochten sie sich als die antifaschistischen Nazis zu fühlen, die über die BILD-Schlagzeile »Ausland schimpft: Ihr Deutschen seid Nazis« (28. August) nur noch müde lächeln können. Denn, wie der Kanzler sagt, die Deutschen sind alles andere als ausländerfeindlich, aber Hygiene muß sein, und Schmutz hat kein Asylrecht.

Wie schon so oft war es der *Spiegel*, der das Programm zum Pogrom schrieb und ein Wort erfand, das in keinem Geschichtsbuch steht und schon gar nicht in Dudens *Deutsches Universalwörterbuch*. Getreu der Maxime, das alles, was auf -ismus endet, so wissenschaftlich honor und also moralisch legitim sein muß wie Antisemitismus, kreierte Augsteins Blatt wenige Tage nach dem Pogrom einen neuen Slogan, den »Antiziganismus«: »Roma und Sinti, meist aus Rumänien, sind in Deutschland zur Zeit die meißtgehaßten Ausländer. Wohin sie auch kommen, flackert Antiziganismus auf, klagen Bürger über Diebstähle, Belästigung, Radau, Bettelei, Chaos« (31. August). Und ein Mensch, der auf der *taz*-Leserbriefseite eingestand, er »schäme sich als Mecklenburger«, präzisierte, was damit gemeint war: »Seit Monaten kampieren die Sinti und Roma im Freien, und es ist nun einmal wahr, daß es unter diesen nicht nur die berühmten Ausnahmen sind, die sich danebenbenehmen« (1. September).

Die *Deutsche National-Zeitung* vom 4. September schließlich faßte Volkesstimme und amtliche Auffassung unter der Schlagzeile »Das Fanal von Rostock. Die wahren Schuldigen« zusammen. Das Zentralorgan von Dr. Freys Deutscher Volksunion schuf zugleich das Stichwort ›Antiziganismus‹ für die nächste Auflage des Wörterbuchs für Herrenmenschen: »Dem mit 200 Personen bereits überbelegten

Aufnahmeheim wurden täglich neue Asylbewerber, hauptsächlich Zigeunersippen aus Osteuropa, zugewiesen. Angebotene Zelte wurden von dem fahrenden Volk abgelehnt, sie campierten lieber im Freien. Solche Zigeunerlager muß man selbst erlebt haben, um sich die Wut der deutschen Anwohner erklären zu können. Überall Müll und Unrat. Die Gärten der Bürger umfunktioniert zu Scheißhäusern. Niemand wagt mehr, Garagen, Haus- oder Kellertüren unverschlossen zu lassen. Zigeuner betteln aggressiv, klauen Handtaschen, lassen in den Geschäften alles mitgehen. Entsetzte deutsche Hausfrauen werden beim Einkaufen mit Zigeunern konfrontiert, die in Warenregale urinieren. Minderjährige deutsche Mädchen wagen sich nachts nicht mehr auf die Straße. Zigeuner bedrängen sie mit einer in Deutschland unbekannten Heftigkeit.« Eine Gesellschaft, in der Arbeit weder frei macht noch glücklich und die deshalb den grausigen Sinnspruch ›Armut schändet nicht‹ auf Deckchen stickt, hatte den Grundwiderspruch zur ehrbaren Armut entdeckt – den offensiven Bettel, der nicht verschämt nach Almosen flüstert, sondern sein Recht wahrnimmt.

Nach dem Pogrom erschien kaum eine Zeitung, die nicht in irgendeiner Form über die triebhafte Asozialität der ›Zigeuner‹ ins Schwärmen geraten wäre, und es gab kein Blatt, das seine Leser nicht mindestens durch Kolportage sogenannter Augenzeugenberichte in wohliges Schaudern darüber versetzt hätte, daß sie, wie Adine Ulbricht aus Lichtenhagen erzählte, »meine Katze gegrillt, überall hingemacht und geklaut haben« (*Wochenpost*, 3. September). Immer deutlicher wurde es den Deutschen, daß nicht Not und Elend diese »dunkelhäutige Sippe« ins Land gebracht und der »Asylnotstand« vielmehr Methode hatte. Ein Plan mußte dahinterstecken – »die Besudelung deutschen Saubersinns und Ehrgefühls durch die öffentliche Fäkalpraxis der Fremdländischen« (*Der Spiegel*, 7. September). Und ausgerechnet die *FAZ* fragte sich in einem folgenlos lichten Moment, ob diese Rufmordkampagne nicht in Wahrheit der Ausdruck eines »kollektiven Phantasmas« sei (26. August).

Ihre Vorläufer im Reichspropagandaministerium verfuhren nach der Maxime, daß Lügen am leichtesten dann geglaubt werden, wenn sie so ungeheuerlich sind und dem bürgerlichen Alltagsverstand so drastisch über den Horizont gehen, daß sie unmittelbar mit den geheimsten Neigungen und Trieben zusammenfallen. Der Kurzschluß zwischen Propaganda und Trieb entfesselt die ungebremste Aggression; er nährt eine Wut, die darüber in Rage gerät, daß man ihr Objekt tatsächlich so zugerichtet hat, daß die intimsten Wünsche wahr werden. Vordergründig betrachtet könnte man annehmen, daß die Deutschen mit ihrem Enthusiasmus für ›öffentliche Fäkalpraxis‹ nur vergessen machen wollten, wie es damals in den überfüllten Zügen der Reichsbahn roch, als man die Brüder und Schwestern von Prag über Dresden zur Vereinigung transportierte. Aber die Begeisterung fürs Anale gründet tiefer als nur im nachträglichen Schamgefühl, und ihre Gründe erhellen sich, nimmt man die volkstümliche Polemik gegen die ›Einverleibung‹ oder ›Verdauung‹ des Ostens durch den Westen genauer unter die Lupe. Denn daß der Staat die Sinti und Roma zum Aggressionsobjekt des Pöbels zurichtete, an denen dieser sich wiederum als urinseliger Toilettenfetischist und fäkalphober Saubermann ausagieren konnte, deutet auf eine tiefe Störung hin, die Führer und Geführte eint – auf eine kollektive Regression der Persönlichkeitsentwicklung auf die analsadistische Stufe. Darin, so unterrichtet ein Wörterbuch der Psychoanalyse, »hat der Objektbezug Bedeutungen, die an die Defäkationsfunktion (Ausstoßen – Zurückhalten) und an den symbolischen Wert der Fäces gebunden sind« (Laplanche/Pontalis 1973, 63). Aus der Analerotik des Kindes entstehen die Charakterzüge, die nach Oskar Lafontaine zu den typisch deutschen Tugenden zählen: Ordnung, Anstand, Sparsamkeit.

Eigenschaften also, die gemeinhin als Antwort auf die Terrorfrage: Was ist deutsch? genannt werden. Allerdings gibt die Definition dessen, was deutsch ist, in erster Linie nicht über den natürlichen Charakter des so beschrieben und zusammengefaßten Kollektivs Aufschluß, sondern sie verweist auf die Anforderungen, die der Staat als »ideeller Gesamtkapitalist« (Friedrich Engels) an dieses Kollektiv stellt: Deutsch ist, wer kapitalproduktiv arbeitet und politisch bis in den Tod loyal ist. Selbstaufopferung und Selbstverwertung – darin besteht ›das Deutsche‹, und darin liegt die Botschaft der Nationalfolklore. Wer zur Selbstverwertung bereit ist, dazu jedoch keine Gelegenheit erhält, der versucht, seine unbedingte Treue zum Staat zuerst zu demonstrieren und dann zu kapitalisieren. Er wird sich so lange ostentativ ordentlich, anständig und sauber aufführen, bis der Staat ein Einsehen hat und ihm seine Verantwortungsethik in bar vergütet. Das ist der soziale wie sozialpsychologische Inhalt der staatstragenden Rebellion in Ost und West.

»Weder Rad, noch Galgen, noch Schwert, weder Rute noch Brandmarkung, weder Verschubung noch Landesverweisung, weder Zucht- noch Arbeitshäuser, weder Kinderheime noch Erziehungsanstalten, weder Kirche noch Schule haben diesen Menschenschlag zu ändern vermocht«, diagnostizierte 1937 ein Nazi-Psychiater die Sinti und Roma, was nur heißen konnte, »die Zigeuner- und überhaupt die Asozialenfrage« auf dem Wege »der restlosen Ausmerzung und Unschädlichmachung« zu lösen (zitiert nach Meister 1987, 20 und 17). Im Bild des Asozialen setzen der Staat und seine Öffentlichkeit das Schreckbild des nutzlosen und des so wenig kapitalproduktiven wie staatsloyalen Essers in Szene, das unmittelbar an das kollektiv beschwiegene Bewußtsein der Überflüssigkeit des je Einzelnen für den Fortgang der Akkumulation appelliert. Die ›antiziganistische‹ und erst recht die antisemitische Projektion erläßt ex negativo den Befehl, sich nützlich zu machen, vorauseilenden Gehorsam zu beweisen, dem Kapital und seinem Staat die geheimsten Wünsche von den Lippen abzulesen; der staatsfanatische Gesetzesbruch, der Anschlag auf Leib und Leben der ›Asozialen‹ demonstriert dem Staat, daß er sich auf sein Volk verlassen kann. Volksgemeinschaft soll die höchsteigene Asozialität überdröhnen. Kein Wunder daher, daß die *taz* eine Teilnehmerin der Rostocker Antirassismus-Demonstration mit den Sätzen zu Wort kommen läßt: »Ein israelischer Journalist meinte neulich, die Deutschen müßten ihre Selbstachtung finden. Er ist am Kern des Problems« (2. September).

Aber das Kalkül der konformistischen Revolte und insbesondere das des ostdeutschen Pöbels wird, je länger, desto drastischer, seiner Haltlosigkeit überführt. Der Analcharakter droht Konkurs zu gehen; der noch so resolute Wille zur Sparsamkeit allein vermag die ›Investitionsneigung‹ nicht zu stimulieren. So erscheint der ›Antiziganismus‹ als das vorletzte Signal vor der Schlacht ›Deutsche gegen Deutsche‹, d. h. als das Schreckbild dessen, wie die Deutschen sich aufzuführen gedenken, wenn ihnen nicht bald Genugtuung widerfährt. Indiz dessen ist die Nachricht, daß das jüdische Denkmal in Berlin im April, Wochen vor dem Sprengstoffanschlag vom 1. September, »mit Fäkalien besudelt« wurde (*junge Welt*, 1. September). Zwar werden Mord und Totschlag weiterhin jeden treffen, der sich des »Asylantenterrors gegen Deutsche« (*National-Zeitung*, 4. September) schuldig macht, gleichwohl bildet der ›Antiziganismius‹, logisch betrachtet, die letzte Stufe vor dem offenen Ausbruch des Antisemitismus.

Die gleiche Selbstermächtigung zur Barbarei, die in den Fäkalphantasien sich ausagiert, spricht auch aus der deutschen Faszination fürs öffentliche Urinieren. Das Gerücht, Roma hätten in den Supermärkten ihre Notdurft verrichtet und in die Regale uriniert, verbreitete sich wie ein Lauffeuer, so schnell, wie im April in Mannheim-Schönau das Phantasma, ein Schwarzer hätte eine Deutsche vergewaltigt. Obwohl der *Spiegel* mittlerweile nur noch von einem einzigen beweisbaren Fall spricht, der zudem eine bloße Kriegslist zur Ablenkung der Wachsamkeit des Ladenpersonals und zum Zwecke des Mundraubs darstellte (7. September), steht damit der Charakter der Roma als eines Anti-Volkes fest. Aber auf Fakten kommt es dabei nicht an. Denn wie in der Analerotik dem Stuhlgang, so kommt in der Harnerotik des Kindes dem Urin eine besondere Bedeutung bei. »Ich lernte in den Phantasien von Kindern und Erwachsenen«, schrieb die Psychoanalytikerin Melanie Klein, »immer wieder Phantasien kennen, in denen der Urin als eine brennende, zersetzende, vergiftende Flüssigkeit, als schleichendes und geheimes Gift phantasiert wurde. Die urethralsadistischen Phantasien haben einen grundlegenden Anteil an der unbewußten Bedeutung des Penis als eines Werkzeuges des Sadismus und auch an den durch diese sadistischen Phantasien bedingten Potenzstörungen des Mannes« (zitiert nach Laplanche/Pontalis 1973, 572). Die »in Deutschland unbekannte sexuelle Heftigkeit«, von der die *Deutsche National-Zeitung* in der gleichen Ausgabe vom 4. September spricht, in der die Schlagzeile »Der sexuelle Holocaust von 1945« zu lesen ist – und zwar über einer Rezension des Buches »BeFreier und Befreite« von Helke Sander und Barbara Johr –, ist das Alibi des eigenen Wunsches nach öffentlicher Triebhaftigkeit und hemmungslosem Verlust jeder Scham. Die »Vergiftung des öffentlichen Klimas durch die Sinti und Roma«, über die sich Herbert Reul, der Generalsekretär der nordrhein-westfälischen CDU, unisono mit dem Sozialdemokraten Hermann Heinemann, dem Sozialminister von NRW, empört (*Der Spiegel*, 7. September), ist das Eingeständnis der Impotenz zur Wiedervereinigung und zugleich ein Zeugnis der Entschlossenheit zur Fahndung nach den verborgenen Giftmischern.

Der ›Antiziganismus‹ ist das Präludium zu einem Antisemitismus, der sich frank und freisler als solcher bekennen wird. Der geheime und anonyme Saboteur der Einheit zeigt schon viele Züge der altbekannten ›jüdischen Weltverschwörung‹. Noch darf gemutmaßt werden – steht der Feind links und ist daher, wie ein Prof. Dr. Koschwitz aus Göttingen spekuliert, die »ungesteuerte Einwanderung ein Instrument der Linken« (*FAZ*, 7. September)? Steht der Feind oben und sind es die »antideutschen Politiker«, die in Wahrheit an der Misere schuld sind (*Nationalzeitung*, 4. September)? Oder steht der Feind draußen, und ist der rumänische Romachef Ion Ciobaba sein Agent? Von ihm jedenfalls berichtete die *FAZ* am 29. August, daß dieser »König von eigenen Gnaden die in ihn gesetzten Erwartungen seiner ›Untertanen‹ insofern nicht enttäuschte, als er in diesem Sommer energisch Wiedergutmachung für die etwa 35.000 Roma verlangte, die im Zweiten Weltkrieg in Konzentrationslagern in Transnistrien und der Ukraine umgekommen waren. Reagiere Bonn nicht, werde er mehr als eine Million Roma auf ›nur ihnen bekannten Wegen‹ nach Deutschland schicken, wo sie ihre Forderungen einklagen würden«. Die deutsche Frage wird damit beantwortet werden, daß der Feind überall zugleich ist und daß er nur ein Interesse hat: Rache für Auschwitz.

Das Menschenrecht des Bürgers

Zweihundert Jahre »Freiheit, Gleichheit, Sicherheit«

»Das Glück ist eine neue Idee in Europa«
St. Just, 1794

Nur wer von den menschlichen Leidenschaften nichts Gutes erwartet, vermag die Gesellschaft vernünftig zu ordnen; nur wer weiß, daß unter dem Naturdiktat der Selbsterhaltung der Mensch im Kriegszustand mit dem Begriff des Menschen liegt und also gezwungen ist, als der Wolf des Menschen sich aufzuführen, nur der ist imstande – als Gesetzgeber – die Einheit und Gleichheit all dessen herzustellen, was Menschenantlitz trägt. Die Vergleichung durch das Gesetz hat den Begriff des Menschen gegen die Menschen zu verwirklichen und in ihnen zu installieren. Das Resultat dieser Operation, die negative Freiheit, die durch die Freiheit aller anderen begrenzt wird, kann nur von einem Souverän gesetzt werden, der, als praktisch gewordener und handgreiflich agierender Inbegriff des Menschen an und für sich, d. h. als Realabstraktion, gegen die empirischen Individuen sich wendet. Und ergo handeln die Menschenrechte keineswegs von den Menschen, wie sie gehen und stehen, sondern sie befassen sich mit dem Menschen an und für sich, dem Menschen, wie er eigentlich zu sein hat. Diese Menschenrechte täuschen einen schönen Plural vor, der allerdings in Wahrheit den kleinen Fehler hat, ein pluralis majestatis zu sein. Die Identität der Menschen mit sich selbst liegt außer ihnen, im politischen Souverän; es ist dessen politökonomische Anthropologie, die sich in den Menschenrechten auslegt.

»Artikel 1: Die Menschen sind und bleiben von Geburt frei und gleich an Rechten. Soziale Unterschiede dürfen nur im gemeinen Nutzen begründet sein. Artikel 2: Das Ziel jeder politischen Vereinigung ist die Erhaltung der natürlichen und unveräußerlichen Menschenrechte. Diese Rechte sind Freiheit, Eigentum, Sicherheit und Widerstand gegen Unterdrückung«: Als nichts anderes tritt der revolutionäre Staat der bürgerlichen Gesellschaft auf denn als bloßes

Organ, uneigennütziger Notar und engagierter Kommissar jener dem Menschen an sich zukommenden, ebenso außergesellschaftlichen und natürlichen wie vorstaatlichen und objektiven Rechte, die die französische Nationalversammlung in der Erklärung der Menschen- und Bürgerrechte am 26. August 1789 feierlich anerkannte (Gauchet 1991, 9). Die Menschenrechte gelten seitdem in einem als Inhalt und als Zweck der politischen Vereinigung der Individuen zur bürgerlichen Gesellschaft; sie erscheinen als Staatsinhalt und Staatsauftrag zugleich. Indem der Gesetzgeber den Naturzustand des Krieges aller gegen alle, das Chaos der feudalen Willkür und des unproduktiven Privilegs überwindet, der einzig und allein durch »die Unkenntnis, das Vergessen und die Verachtung der Menschenrechte« entstehen konnte, setzt er das Naturrecht als die Herrschaft des Gesetzes. Und indem er die Individuen unter der politischen Form des Staatsbürgers vergleicht und sie in der *egalité* organisiert, emanzipiert er sie zu Menschen und damit zu den Subjekten, die endlich ihrem Begriff auch praktisch gerecht zu werden vermögen. Nicht ihre krude und phänomenale Natur, sondern ihre *prima facie* politische Anti-Natur, der Staat ist es, der die Individuen gesellschaftsfähig macht, und der in dieser Transformation zugleich, als allgemeiner Wille, das wesentlich und essentiell Natürliche am Individuum zum legalen Vorschein wie zur legitimen Darstellung bringt. Der Souverän ist die Vermittlung zwischen dem Individuum und seiner Subjektivität, der uneigennützige Makler und wesenlose Mittler zwischen den Menschen und ihrer Freiheit. Indem schließlich die souveräne Nation diesen allgemeinen Willen zentralisiert, indem sie das Gewaltrecht monopolisiert und unter die Aufsicht eines Gesetzes stellt, vor dem ohne Ansehen der Person und erst recht ihrer Bedürfnisse alle gleich sind und identisch in ihrer egalen Qualität als Rechtssubjekte, verstaatlicht sie das je individuelle Recht auf Selbsterhaltung und veredelt es derart aus einer »Ursache des öffentlichen Unglücks und der Verderbtheit der Regierungen« zum wohltätigen Kitt des sozialen Körpers. Und wie das Recht auf Selbsterhaltung in der Staatsraison aufgehoben wird, so aufersteht der Kampf aller gegen alle in der allgemeinen Konkurrenz und kehrt das Recht des Stärkeren in der anonymen Macht der Pleite wieder, die der freie Wettbewerb dem Unterlegenen aufherrscht.

Freiheit herrscht, wenn niemand persönlich gemeint ist, Gleichheit, wenn alle dasselbe Risiko laufen, Brüderlichkeit, wenn niemand aus dem Menschenrecht ausbrechen kann.

Das Programm dieser sozialen Befriedung nach innen ist unmittelbar das der unbeschränkten Souveränität nach außen – und der ›Gesellschaftsvertrag‹, der die Gleichheit der Rechtssubjekte stiftet, erscheint daher unvermittelt und im gleichen Atemzuge als der Herrschaftsvertrag, der die Souveränität der Nation konstituiert. Die Berechtigung der Individuen als Subjekte ist nur ein anderer Name für ihre Verpflichtung und Beschlagnahme als Objekte durch den Souverän. Nicht anders sind Habeas Corpus und die Garantie der Unverletztlichkeit des Körpers denkbar denn als die subjektive Kehrseite der kriegerischen Betätigung des Gewaltmonopols und damit des absoluten Rechts des Souveräns auf den Tod seines Menschenmaterials. Wer alles erlaubt, was nicht verboten ist, der darf auch jeden dazu zwingen, freiwillig sein Leben zu lassen.

Revolutionär emanzipiert die bürgerliche Klasse den Staat zum allgemeinen Menschen, der die besonderen Individuen als Subjekte seines Menschenrechts konstituiert. »Die Freiheit besteht darin«, sagt Artikel 4 der *Erklärung der Menschen- und Bürgerrechte*, »alles tun zu können, was einem anderen nicht schadet. So hat die Ausübung der natürlichen Rechte eines jeden Menschen nur die Grenzen, die den anderen Gliedern den Genuß der gleichen Rechte sichert. Diese Grenzen können allein durch Gesetze festgelegt werden«. Die Freiheit eines jeden als eines natürlichen Menschen, sein ›right to pursuit his happiness‹, wird gerade durch ihre allgemeine Vergleichung als Subjekte, d.h. als Untertanen der souveränen Gewalt garantiert. Die in die Grenzen ihrer eigenen Freiheit eingepferchten Individuen vermögen sich miteinander als Subjekte wie durcheinander zu den Gegenständen ihrer Bedürfnisse nur über den Vertrag zu vermitteln, der ihre Identität als Inhaber und Vollstrecker des gleichen, freien und allgemeinen Willens beurkundet. Die Gesellschaft der Individuen ist total, und die Subjekte, deren Einzigartigkeit doch gerade proklamiert wurde, gelten nur, insofern sie Exemplare ein und derselben abstrakten Menschheitsgallerte darstellen. In dieser ihrer Eigenschaft müssen die Bürger, allesamt Robinson Crusoes der totalen Gesellschaft, ihren sozialen Zusammenhang als Produkt freier Willen stiften und als den zwanglos erzwungenen Konsens, der ihnen als Individuen, und d.h. als Sklaven ihrer natürlichen Bedürfnisse, noch nicht einmal nach dem Vorbild des Ameisenstaates zugetraut wird. Und so erscheint die derart verfaßte gesellschaftliche Reproduktion des individuellen »Rechts auf Glückseligkeit« (Kant) nach Maßgabe des eigenen Geschmacks wie unter der Form des ebenso abstrakten wie allgemeinen, des niemanden besonders und deshalb alle gleichförmig betreffenden Gesetzes in den Augen der subjektivierten Individuen denn als die unmittelbar und instinktiv gewisse Existenz einer zwar zweiten und ›künstlichen‹, nun aber erst recht eigentlich ›natürlichen‹ Natur. Das Individuum begreift sich unter der Form des Subjekts als bloße Erscheinung des in ihm inkarnierten Menschen schlechthin, der sich wiederum, janusköpfig, in Bourgeois und Citoyen zerlegt. Das Subjekt seinerseits fühlt sich als Mensch für sich, als Bourgeois, dem der Mensch an sich – d.h. die Citoyenneté – im Gesetz als sein eigenes, obzwar pädagogisch gegen ihn objektiviertes Selbstbewußtsein gegenübertritt.

»Das Gesetz ist der Ausdruck des allgemeinen Willens«, bestimmt Artikel 6 der *Erklärung*. Es ist die Darstellung und Veröffentlichung einer totalisierenden, verallgemeinernden und allübergreifenden Subjektivität, die als nichts anderes sich repräsentiert und mißverstanden werden möchte denn als die bloße Summe aller empirischen, mit einem freien Willen begnadeten Einzelnen, die eingesehen haben, daß sie sich von ihrer eigenen Vernunft an die Kandarre zu nehmen haben. Der totale Wille erscheint als sein gerades Gegenteil: Konsens, Vertrag, freie Übereinkunft. Aber der konstitutive Widerspruch des Naturrechts, daß anno 1789, was doch vom Ursprung der Menschheit her nicht als die Wahrheit sein soll, noch revolutionär durchgesetzt werden muß, ergreift auch den Gesellschaftsvertrag, der den Ursprung restituieren und ihm zur Geltung verhelfen soll. Aus immanent nicht nachvollziehbaren und auch an sich undenkbaren Gründen schlägt der Vertrag der freien Willen um in ein unaufkündbares Diktat eigener Dignität und stellt plötzlich sich dar als das souveräne Kommando eines Allgemeinen, das seine Geschäftsordnung, die Menschenrechte, ganz eigenmächtig selbst erläßt und einfordert.

»An die Stelle der einzelnen Person jedes Vertragsschließenden«, sagt Jean-Jacques Rousseau im *Contrat social*, »setzt ein solcher Gesellschaftsvertrag sofort einen geistigen Gesamtkörper, dessen Mitglieder aus sämtlichen Stimmabgebenden bestehen, und der durch ebendiesen Akt seine Einheit, sein gemeinsames Ich, sein Leben und seinen Willen erhält« (Rousseau 1762, 19). Der Souverän ist ein blaues Wunder, eben noch reines Gedankending und im gleichen Augenblick schon praktische Tatsache. Allgemeinheit, eben noch bloß addierte Summe, freier Konsens und Vertrag, gewinnt urplötzlich handgreifliche Realität, wird mehr und anderes als seine Teile, wird Staat und wird damit die Bedingung der Möglichkeit aller Verträge. Die Summe der Personen wird selbst Person, der kleinste gemeinsame Nenner aller Einzelnen zum Inbegriff all ihrer Rechte und Pflichten. Empirische Individuen entlassen als Subjekte aus ihrer egalitären Mitte ein Transzendentalsubjekt, das sich prompt über ihnen wie aus dem Nichts materialisiert. So konstituiert sich eine ›öffentliche Person‹, die, unabhängig von der je zu kontrahierenden Sache und selbständig gegen den launischen Willen der Privatpersonen, die gesellschaftliche Verkehrs- und Vermittlungsform des Vertrags als solche zum Inhalt hat und garantiert. Die horizontale Vergesellschaftung entpuppt sich als vertikale Veranstaltung.

Denn der Vertrag der freien Willen enthält seiner bloßen Form nach Voraussetzungen, die den sich sich vertragenden Subjekte über den geistigen und praktischen Horizont gehen, eine Art Kleingedrucktes, das kein kritischer Konsument je finden würde. »Alle, die ihre Stimme abzugeben haben«, schreibt der revolutionäre Abbé de Sièyes, Autor des aufmüpfelnden Pamphlets *Was ist der Dritte Stand?*, »kommen von vorneherein überein, die Entscheidung immer der Mehrheit zu überlassen« (1981, 252). So enthält der Gesellschaftsvertrag, den doch jeder mit jedem abschließen soll und alle mit allen, eine vorab installierte Generalklausel, die nie und nimmer zum Gegenstand des gleichwohl unkündbaren Abkommens zu werden vermag. Die Zentralität des politischen Willens steht fest, bevor dieser überhaupt ermittelt worden ist. Nicht über die Frage also, ob überhaupt Staat sein soll, wird abgestimmt, sondern darüber, was seine jeweilige Regierung zu tun und zu lassen hat. Die Form Staat als solche, die Souveränität, steht weder zur Diskussion noch zur Wahl, sie ist in die zur bloßen Technik und Auszählung der Stimmen deklarierte neutrale Methode gerutscht, nach der die Majorität ermittelt wird. Und in dieser vollkommen willkürlichen, wenngleich ganz und gar nicht zufälligen Setzung denunziert sich der allgemeine Wille als selber partikular und das allgemeine Gesetz als Ausdruck der Gesetzlosigkeit des Allgemeinen.

Daran infiziert sich die reine Vernunft als die Erkenntnistheorie des Allgemeinen. Wie die Souveränität, so erweist sich auch die Form ihrer Reflektion als eine prekäre Angelegenheit, die den Gesellschaftsmitgliedern notorisch über den Verstand geht. Denn der konstitutive Widerspruch des Naturrechts pflanzt sich fort und arbeitet sich in die das Naturrecht erkennende Vernunft hinein. So offenbart sich das Menschenrecht, das sie erkennen will und das sie anerkennen macht, als der philosophisch aufgerüstete Rechtsanspruch des allgemeinen Menschen gegen die besonderen. Es ist die Vernunft, die den Individuen nach Maßgabe ihrer Willkür Subjektivität zuteilt und ihnen das Menschenrecht zumißt, die selbstherrlich darüber befindet, wer am allgemeinen Menschen partizipieren darf, die dekretiert, wer als bloßes Exemplar der zum Subjekt erhobenen Gattung ins totale System der gleichen Rechte und Pflichten sich eingliedern darf und wer nicht. Nicht die Menschen in ihrer empirischen Unmittelbarkeit sind die Subjekte ihrer Rechte, sondern die den Staat im philosophisch-ideologischen Terrain vertretende Vernunft, die so selbstbewußt-diktatorisch, wie es Denis Diderot in der *Enzyklopädie* unterm Stichwort ›Naturrecht‹ getan hat, verfügt, daß, »wer nicht vernünftig denken will, darauf verzichtet, Mensch zu sein, und deshalb als entartetes Wesen behandelt werden muß«, d. h. als »Feind der Menschheit« (Diderot 1755, 381 f.). Weil sich der Mensch schlechthin im Bürger offenbart, weil dieser Bürger daher nichts anderes darstellt als die Inkarnation des Selbstbewußtseins der Gattung, darum muß, wer zwar phänomenal Mensch ist, dies, nur logisch betrachtet, noch lange sein. Die Universalität der Vernunft basiert auf der fundamentalen Spaltung der Menschheit. Die Identität des Subjekts stellt sich her im Kampf gegen die Feinde der Menschheit; Rassismus und Antisemitismus sind die Konsequenz.

Diese Vernunft führt ein metaphysisches, ein überindividuelles und tendenziell antiindividuelles Leben; sie reduziert die Freiheit darauf, sie zu erkennen und anzuerkennen. Wahrheit ist objektiv, Gesellschaft Natur, Herrschaft Exekution von Naturgesetzen. Daher hat auch der Gesetzgeber, wie Maximilien Robespierre in seiner Rede *Über die Mark Silbers* am 20. April 1791 vor dem Konvent eingestand, die aus naturrechtlicher Vernunft entspringenden Dekrete »keineswegs gemacht«, sondern nur »feierlich bekanntgemacht« (Robespierre 1791, 129). Robespierre tritt auf als der politisierende Newton der bürgerlichen Gesellschaft, und der politische Souverän verhält sich zum Menschenrecht wie die Naturwissenschaft zum Gesetz vom freien Fall. Er erkennt die zweite Natur als die immanente Wahrheit der ersten, und er stülpt sie als Realabstraktion der ersten über, formt sie nach seinem Bilde und stiftet derart Anthropologie. Seine Erkenntnistheorie, die Vernunft, ist die geistige Fassung des gesellschaftlichen Naturgesetzes, dessen Potenzierung zur objektiven Ideologie, ihr Wesen die bloß theoretische Reproduktion jener Realabstraktion, die das Menschenrecht des Bürgers an den Individuen vornimmt. Darin besteht die Dialektik der Aufklärung, daß sie das Schisma von abstrakter Form und konkretem Inhalt verflüssigt und Identität dem prinzipiell maßlosen Prozeß permanenter Vermittlung aussetzt. Der Begriff des Menschen will sich vom Stoff abstoßen, vom Individuum, an dem er doch allein sich vergegenständlichen kann. Es ist dieser systematische Widerspruch, der die Realabstraktion zur Flucht nach vorn treibt, zur Subsumtion des Konkreten und zur Rekonstitution des Empirischen als Erscheinung der Form. Die bedürftige Stofflichkeit des konkreten Individuums gilt als bloß formelle, äußerliche und verschwindende Randbedingungen der bürgerlichen Gesellschaft.

»Der unterschiedliche Besitz von Vorteilen ist kein Kennzeichen der Staatsbürger«, kommentierte Emmanuel de Sièyes, »die Ungleichheiten in Eigentum und Fleiß sind wie die Ungleichheiten in Alter, Geschlecht, Körpergröße, Hautfarbe usw. Sie berühren die Gleichheit der Staatsbürger in keiner Weise; die staatsbürgerlichen Rechte können nicht von den Unterschieden abhängen. (...) Das Gesetz gewährt nichts, es schützt nur das Bestehende, solange es dem Gemeininteresse nicht schadet. Dort erst beginnen die Grenzen der Freiheit.

Ich stelle mir das Gesetz als Mittelpunkt einer gewaltigen Kugel vor; zu ihm befinden sich alle Bürger auf der Kugeloberfläche in derselben Entfernung und nehmen dort gleiche Plätze ein« (1981, 188). Die Abstraktion, die das Gesetz an den Individuen vornimmt, ihre Transformation zu Subjekten, ist, bis hin zum ›antirassistischen‹ Artikel 3 (3) des Grundgesetzes, keine Verallgemeinerung der sinnlich zu gewahrenden Eigenschaften konkreter Individuen, sondern die diktatorische Setzung des spezifisch bürgerlich-kapitalen Wesens als unmittelbar Allgemeines. Das Maß ihrer Gleichheit liegt außer ihnen; ›der Mensch‹ ist das Humankapital, zu dem die Individuen verglichen werden. Die Herrschaft des allgemeinen Gesetzes erscheint ihrem Begriffe nach als subjektlose Gewalt und als Niemandsherrschaft, als bloßer Inbegriff des kleinsten gemeinsamen Nenners, auf dem die Individuen ohne Ansehen ihrer Person und Bedürfnisse sich zur Gesellschaft zu vereinigen haben.

Erlauben heißt hier: zwingen; und diese Verpflichtung erscheint als ihr eigenes Gegenteil, als Berechtigung. Deutlicher als Artikel 17 der *Erklärung der Menschenrechte*, der das Eigentum zum »heiligen und unveräußerlichen Recht« erklärt, zum »Recht« daher, das in Wahrheit eine verdammte Pflicht ist, definiert Artikel 3 des *Entwurfs zur Einleitung der Verfassung* des Abbè das Maß, auf das die Menschenrechte geeicht sind: »Jeder Mensch ist alleiniger Eigentümer seiner Person; dieses Eigentum ist unveräußerlich« (1981, 253). Daß das Individuum sich zu sich selbst als zu seinem Privateigentum verhalten muß, daß es sich selbst als seine ursprüngliche Ware zu denken hat, daß es seine Mündigkeit im autonomen Umgang mit sich als seiner eigenen Verfügungsmasse zu beweisen hat, daß es seine Fähigkeit, zu seinen körperlichen und geistigen Kräften als Tauschwerten sich zu verhalten, immer aufs Neue erproben und unter Beweis stellen muß – all dies befördert das krud natürliche Individuum erst zum Menschen, zum Subjekt und zur Person, durch die hindurch, als seine Charaktermaske, das Eigentum als das vermenschlichte Allgemeine sich ausspricht. Das Privateigentum des Subjekts an sich selbst ist die Ontologie des Menschen an und für sich. Daran findet er sein Wesen. Subjekt ist er nur als das subjektivierte Eigentum, Mensch nur als selbstbewußte Ware, Bürger nur im Gleich um Gleich des Tausches.

Die *liberté* enthüllt sich als die totale Mobilisierung zum Gewerbe, die *egalité* als ausnahmslose Rekrutierung zur Selbstverwertung, und die *fraternité* erfüllt sich als sureté fortgeschrieben, als kollektive Subalternität vor der Autorität, die als Gewaltmonopolist und Schiedsrichter die Einhaltung aller Verträge und der Vertragsform selbst garantiert.

»Alle Beziehungen von Bürger zu Bürger sind frei«, jubelt de Sièyes: »Der eine gibt seine Zeit oder seine Ware, der andere gibt dafür sein Geld; hier gibt es keine Unterordnung, sondern nur dauernden Tausch« (1981, 106). Die unpersönliche Gleichheit des Tausches erscheint als absolutes Gegengift gegen Ausbeutung, Hierarchie und Willkür, die Freiheit als die endlich erreichte Einheit von Legimität und Legalität. Aber die antifeudale Revolution, der Aufstand gegen Aristokraten, die sich, um Luxus und Privileg zu genießen, bloß die Mühe machen mußte, geboren zu werden, täuscht sich systematisch über den eigenen Sozialcharakter. Denn die Revolution aller nützlichen und arbeitsamen Glieder des Gemeinwesens gegen das arbeitslose Einkommen und das parasitäre Dasein der Feudalen verfällt dem realen Schein einer Tauschgesellschaft, deren Wesen nicht, wie Sièyes verlangt, im Markt als ihrer Oberfläche und Schauseite schon aufgeht. Er selbst weiß es insgeheim besser: die horizontale Oberfläche ist die einer Kugel, ist in sich gekrümmt, und sie birgt einen ihr einhausenden Souverän, eine hierarchische Vertikalität, die notwendig allein in Gestalt ihres logischen Gegenteils, der Gleichheit, zu erscheinen vermag. Die ökonomische Seite dieses Souveräns, das, was unterirdisch und klandestin im gleichen und freien Tausch hockt, zieht seine Existenz aus der Ausbeutung des Unterschieds zwischen dem Wert und dem Gebrauchswert des Privateigentums des Subjekts an sich selbst. ›Seine Zeit oder seine Ware‹ für Geld zu geben, das ist keineswegs dasselbe. Aber dem bürgerlichen Begriff der Arbeit ist alles eins, solange es Eigentum ist.

»Das Eigentum an der eigenen Person«, sagt der Abbé de Sièyes, »ist das erste aller Rechte. Von diesem Urrecht leitet sich das Eigentum an den Handlungen und an der Arbeit ab. (...) Das Eigentum an außerhalb seiner selbst liegenden Gegenständen oder das Sacheigentum ist gleichfalls nur eine Folge des Eigentums an der Person und erscheint wie dessen Auswirkung. Die Luft, die wir atmen, die Frucht, die wir essen, werden durch die Wirkung einer freiwilligen oder unfreiwilligen Arbeit unseres Körpers zu unserer eigenen Substanz« (1981, 246). Es soll das Atmen sein, das Essen, das bloß organische Sein des Individuums, das, als Naturprozeß, ein Naturrecht auf Eigentum stiftet. Die Arbeit ist unmittelbar das Leben. Sie erscheint als die Aneignung dessen, was wertlos ist und keinen Preis hat, was keinem einzigen gehört und allen zugleich, der Natur als kostenloser Produktionsbedingung. Der Bürger denkt das Eigentum als Okkupation des allgemeinen Reichtums, als gerechten Diebstahl. Der Austausch von Arbeitszeit oder Ware gegen Geld vermag allerdings nur solange als die Realität von Freiheit und Gleichheit vorgestellt werden, als eben die feudale Identität des produktiven Individuums mit seinen Produktionsmitteln herrscht, die der Bürger doch revolutionär zerstört. ›Zeit‹ als privateigentümliche ›Ware‹ ist nichts ohne die Chance ihrer Vergegenständlichung, wertlos wie Luft, Wasser, Erde. Das bloße Ableben der Zeit schafft dem Körper keine ›eigene Substanz‹, sondern mündet im Hungertod. Und so genügt die zeitweilige Einwilligung der Person darein, die natürlichen Potenzen ihres Körpers einem anderen und gegen Geld zur produktiven Benutzung abzutreten, der Freiheit und der Gleichheit einzig im realen Schein des Tausches. Die Fabrik, die unmittelbar materielle Gestalt des ökonomischen Souveräns, straft den Schein lügen, indem sie dessen ureigenen Konsequenzen zieht und den Wert der Arbeitskraft das eine sein läßt und ihre mehrtwertproduktive Potenz, ihren Gebrachswert, als das andere behandelt. Die Identität des Subjekts, die es am Tausch gewinnen soll, ist pure Funktion dieses seines Doppelcharakters. Die Fabrik gibt dem Tausch das Wesen: Darstellung des Kapitals zum Zwecke der Profitrealisation. Und so leitet der ökonomische Souverän aus der Arbeit, die Eigentum schaffen soll, ebensowenig sich her, wie sein politischer Zwilling aus dem Vertrag es tat. Der gleiche Tausch wird zur Erscheinungsform seines geraden Gegenteils, der gewaltförmig in der Despotie der Fabrik organisierten Aneignung der lebendigen Arbeitskraft durchs Kapital, das ihren Wert nur bezahlt, um aus ihrem Gebrauchswert den als Mehrwert herauszuquetschen und einzustreichen. Wie sich der Gesellschaftsvertrag der Egalitären zur Legitimation der allgemeinen Subalternität vor unableitbarer Gewalt verkehrt, so verkehrt sich seine ökonomische Kehrseite, der ›dauernde Tausch‹, in permanente Akkumulation. Die Vernunft ist die Unvernunft, die prozessiert.

Sie ist diese Unvernunft nicht als ihr abstraktes Gegenteil und logischer Gegensatz, sondern als ihr konkretes Wesen und materieller Gehalt, als ihre gesellschaftliche Praxisform. Die Form des bürgerlichen Vertrags hat die Akkumulation des Kapitals zum Inhalt, und es ist dieser Inhalt, der das Wesen der Form ausmacht. Es spricht sich aus im bewußtlosen Bewußtsein und im gedankenlosen Denken dieses als zweite Natur installierten Tatbestands, d. h., wie Karl Marx sagte, im »Naturinstinkt der Warenbesitzer« (MEW 23, 101). Das Naturrecht der Bürger ist rationalisierter, zum System gemodelter Instinkt. Darin besteht die ideologische Wahrheit und die wahrhaftige Ideologie des Naturrechts als des geistigen Ausdrucks der Naturalisierung des Individuums zur frei und gleich geborenen Ware, als dessen Ehrenkodex von Ewigkeit her die Menschen- und Bürgerrechte sich brüsten.

Und trotzdem treten die emanzipatorischen und revolutionären Bewegungen seit zweihundert Jahren im Namen von Menschenrechten an, deren Prinzip die egoistische Klassenherrschaft des Bürgertums in Richtung der totalen Kapitalvergesellschaftung negativ überschreitet. Indem sie das Kapital und indem sie den Souverän im Namen der Verwirklichung der Menschenrechte von ihrer Instrumentalisierung durch die bürgerliche Klasse befreien wollten, wurden sie durch jeden Widerspruch und allen Klassenkampf hindurch zu einem Motor der Realabstraktion. Ihren kritischen Hebel fanden sie, Kommunisten und Anarchisten, Sozialdemokraten und Bolschewisten im Verein, darin, daß das Bürgertum im System des Zensuswahlrechts immerhin doch noch einen Unterschied zu machen wußte zwischen dem Eigentum als dem Maß der staatsbürgerlichen Qualität überhaupt einerseits und seiner bloßen Quantität als dem Maßstab des stimmberechtigten Einflusses auf das politische Gemeinwesen andererseits. So fiel den Emanzipationsbewegungen die Kritik der »Wahlrechtsverweigerung als Wesen des Bürgertums« (Kofler 1962, 126 ff.) in eines mit der Affirmation des Kapitals als des Prinzips abstrakter Verallgemeinerung und egalitärer Vergleichung. Denn mit der Unterscheidung von qualitativem Maß und quantitativen Maßstab des Eigentums zerfiel die kapitalisierte Gesellschaft der Freien und Gleichen dem Bürger de Sièyes schließlich doch in ein quasi-feudales System von Abhängigkeiten aus Menschen ungleichen Rechts. Die souveräne Nation trennte die Menschen- von den Bürgerrechten, weil sie letztlich, so de Sièyes, doch nur aus »Arbeitsmaschinen« und »Aktionären« bestand (1981, 266) – ein blanker Widerspruch, eine selbstsüchtige Inkonsequenz und ein schreiendes Unrecht, das Jakobiner und Sansculotten mit dem durchgeführten Prinzip der Qualität heilen wollten.

»Die Freiheit ist nur ein leeres Gespenst, wenn eine Klasse von Menschen die andere ungestraft aushungern kann. Die Gleichheit ist nur ein leeres Gespenst, wenn der Reiche durch das Monopol über seine Mitmenschen das Recht ausüben kann, über Leben und Tod zu entscheiden«, proklamierte 1793 Jacques Roux, der gescheiterte Lenin der *Enragés* (147). Es war die mangelhafte Realisierung des bürgerlichen Prinzips, der Ausschluß der Habenichtse aus der Rechtssubjektivität, wogegen sie antraten, nicht das Maß der Vergleichung selbst. Dem Ausschluß aus der Staatsbürgerlichkeit und der Reduktion auf den politisch passiven Status von Schutzbefohlenen und Passivbürgern, die Immanuel Kant für Kinder, Frauen und Arbeiter mit Vernunftmitteln rechtfertigte, konterten sie im Namen des Volkes und der wahren Allgemeinheit – so wie die dafür von den Bürgern unter die Guillotine geschleppte Olympe de Gouges, die Ahnherrin des Feminismus, deren *Erklärung der Rechte der Frau und Bürgerin* von 1791 den das Eigentum heilig sprechenden Artikel 17 der Menschenrechte grundstürzend neu formuliert wissen wollte: »Das Eigentum gehört beiden Geschlechtern, gemeinsam oder einzeln. Jeder Mensch verfügt über ein unveräußerliches und heiliges Recht darauf« (de Gouges 1791, 41); so wie die sozialdemokratisierte Arbeiterbewegung, deren Utopien wie ein spätes Echo jener Angst klingen, die den Bürger Rousseau befürchten ließ, »daß den Menschen der gesellschaftliche Zustand nur solange vorteilhaft ist, als jeder etwas und keiner zuviel hat« (1762, 27); so wie die antirassistischen Bewegungen von heute, deren Kerntruppe, amnesty international, unermüdlich »Verwirklicht die Menschenrechte!« fordert (Amnesty 1988, 3).

›Die Internationale erkämpft das Menschenrecht!‹: Solange die revolutionären Bewegungen mit dem Programm der bürgerlichen Revolution nur endlich ernstmachen wollten, gaben sie das traurigste Beispiel dafür, daß der soziale Inhalt des kapitalistischen Zeitalters noch immer nicht erschöpft war. Die fällige Revolution, die der abstrakten Vergleichung und totalen Vergleichgültigung das gerechte Ende setzen wird, die das Individuum von der Subjektform emanzipiert und derart die Einheit der Vielen ohne Zwang ermöglicht – d. h. die »freie Assoziation« (Marx) –, kann unmöglich unter der Fahne von Freiheit und Gleichheit avancieren. Sie wird sich vielmehr den Gedanken zueignen, den Baruch de Spinoza ein volles Jahrhundert vor der *Erklärung der Menschenrechte* faßte: »Wir schließen also, indem wir sagen, daß Peter mit der Idee von Peter notwendigerweise übereinstimmen muß und nicht mit der Idee des Menschen« (de Spinoza 1658, 49).

Rassismus und sekundäre Humanisierung
Zur Psychologie der Charaktermaske

> »Zu den Lehren der Hitlerzeit gehört die von der Dummheit des Gescheitseins«
>
> Theodor W. Adorno

Der Mensch ist das Maß aller Dinge: Das ist gelogen und ist doch wahr zugleich, ein Exempel für den materialistischen Begriff von Ideologie als notwendig falschem Bewußtsein. Ideologie ist Irrtum, aber einer mit Methode. Nicht die Menschen als Individuen sind ausschlagggebend – und sind es doch, weil sie als praktischer Inbegriff des Menschen an und für sich denken und handeln. Keinesfalls kommt es auf die konkreten Einzelnen an – und doch geht es nicht ohne sie, zumindest solange und insoweit, als sie sich praktisch als Subjekte der Menschenrechte betätigen. Es geschieht ihnen wie den Waren. Nicht in ihrer konkreten Erscheinung, nicht als spezifische Gebrauchswerte sind sie von Belang und werden in Rechnung gestellt, sondern einzig nach Maßgabe ihres Wertcharakters. Das Subjekt ist die Wertform des Individuums, die Form seiner konkreten Allgemeinheit und »unmittelbaren Austauschbarkeit« (MEW 23, 82), seiner Gleichheit und totalen Vergleichbarkeit. Als Individuen sind sie verschieden, aber in der Form des Subjekts sind sie identisch; und einer gleicht dem andern aufs Haar. So unterschiedlich sie nach Temperament oder Bedürfnis auch sein mögen, als Träger ein und derselben Charaktermaske sind sie vom gleichen Schlag. Als Agenten des Tausches setzen sie sich gleich, und doch ist ihre Identität nicht das Werk ihrer selbst, sondern Ausdruck und Moment der prozessierenden Realabstraktion, die das Kapital an den Gebrauchswerten und der politische Souverän an den Individuen vornimmt. Als Subjekte sind die Individuen gleich, aber das Maß ihrer Vergleichung liegt außer ihnen, im Souverän, dem tatsächlichen Subjekt der Menschenrechte. Die Menschen tun, was sie nicht sind, aber sie werden es, indem sie es tun: ein logisches

Paradox, das trotzdem, gleichwohl und gerade deshalb funktioniert. Das Subjekt ist, wie das Geld, eine »verrückte Form« (ebd., 85), die Rationalität stiftet.

Unter der Form des Subjekts handelt und denkt das Individuum unter anderem dann wirklichkeitsgerecht, zielstrebig und verständig, wenn es rassistisch und antisemitisch auftrumpft. Nur dann kann der Mensch das Maß aller Dinge sein, wenn seine abstrakte Allgemeinheit zur konkreten Rasse sich verdinglicht, nur dann vermag er Identität zu behaupten, wenn er die Gattung spaltet. Das Menschenrecht wird praktisch, wenn der Staat als sein Treuhänder den Ausschluß aus der Menschheit organisiert, d. h. schon durch die Form Nation selbst. Weil das konkrete Individuum dem Subjekt der Menschenrechte nur als äußerliche Voraussetzung vorkommt, kehrt die verdrängte Stofflichkeit in verdrehter Gestalt wieder und erscheint nun als ›Anti-Subjekt‹ oder ›Gegen-Volk‹. Indem das Menschenrecht die formelle Gleichheit der Individuen als Subjekte setzt, produziert es Unmenschen und Übermenschen. Das Subjekt der Menschenrechte ist daher strukturell rassistisch und fundamental antisemitisch.

Vom Standpunkt der Ware aus betrachtet, erscheint die stoffliche Vergänglichkeit des Gebrauchswerts als Attentat auf den Wert schlechthin, als Desertation des Stoffs aus der Form. Und aus dem Blickwinkel des Subjekts gilt die bloße Existenz von nicht unter das Menschenrecht subsumierten Individuen als Sabotage am System von Freiheit und Gleichheit, als Fundamentalopposition der Menschen gegen ihren Begriff. Der freie und gleiche Tausch stiftet die fixe Idee des Parasiten als notwendig falsches Bewußtsein seiner selbst und damit die Halluzination eines Anti-Subjekts, das für sich die Gesetze der Reziprozität und der Äquivalenz außer Kraft setzt, sie den Subjekten gar als Bedingung seiner eigenen Existenz aufherrscht. »Die konsequenten Vertreter der Illusion, daß der Mehrwert aus einem nominellen Preisaufschlag entspringt oder aus dem Privilegium des Verkäufers, die Ware zu teuer zu verkaufen, unterstellen daher eine Klasse, die nur kauft, ohne zu verkaufen, also auch nur konsumiert, ohne zu produzieren«, schreibt Marx im *Kapital.* Und weiter: »Das Geld, womit eine solche Klasse beständig kauft, muß ihr beständig, ohne Austausch, umsonst, auf beliebige Rechts- und Gewalttitel hin, von den Warenbesitzern selbst zufließen« (ebd., 176). Weil die Warenbesitzer (und zumal die der Ware Arbeitskraft) Identität nicht an sich selbst, sondern nur im totalen Zwangszusammenhang der Akkumulation des Kapitals zu gewinnen vermögen, mißverstehen sie sich als hilflose Objekte selbstherrlicher Manipulation und unableitbarer Willkür. So inkarniert der formell freie Wille der Charaktermaske in der materiell bösen Absicht des einzig intakten, des Anti-Subjekts.

Damit ist die Bewußtseinsspaltung programmiert. Man selbst muß ein ganz Anderer sein. Unter der Form des Subjekts ist das Individuum genötigt, in Begriffen von Mittel und Zweck zu denken, d. h. rational. Es setzt sich darin selbst als Urheber seiner Subjektivität. Und es ist bestrebt, die zwar ganz und gar widersinnige, aber dennoch praktisch funktionierende Gleichsetzung der Gebrauchswerte durch die Wertform und dazu die Vergleichung der Menschen durch die Subjektform als Resultate seines Handelns und seines Willens sich einsichtig zu machen. Das Denken unter der Form des Subjekts ist Rationalisierung, und unter den Wissenschaften, die der Versuch, diesen Wahnsinn mit Methode zu treiben, zur Blüte bringt, genießen daher Jurisprudenz und Volkswirtschaftslehre, Politologie, Soziologie und Psychologie ein besonderes Ansehen. Charaktermaske ist Funktion pur, gerade davon bezieht sie existenzielle Gültigkeit. Intention, Wille, Bedürfnis, Bewußtsein kommen ihr nicht zu; und von Psyche läßt sich nur insoweit sprechen, als sie gar nicht vorhanden ist. Vielmehr hat ihr gerades Gegenteil statt, der »Naturinstinkt von Warenbesitzern« (ebd., 101), die handeln, bevor sie gedacht haben, und die nicht nachdenken können, was sie dann getan haben.

An dieser Stelle entsteht der therapeutische Bedarf, den insbesondere Soziologie und Psychologie zu befriedigen haben. Ihr gesellschaftlicher Auftrag ist es, den Skandal der falschen Vergesellschaftung wegzuarbeiten und hinter den Schleiern der sekundären Humanisierung, hinter den Fassaden der *Psychokratie* (ISF 1984a) verschwinden zu lassen. In verständiger Notwehr gegen die Schizophrenie staffieren sie die Charaktermaske mit den Insignien von Individualität aus und bereiten so die kapitalisierte Gesellschaft als Konsensveranstaltung von Zwischenmenschen zu. Dem Problem, daß der Mensch das Maß aller Dinge nur sein kann, indem er Unmenschen und Übermenschen als seine Erbfeinde identifiziert, der gedanklichen Schwierigkeit, die daraus entsteht, daß das Subjekt als unmögliche Form nur existieren kann, indem es an der Liquidation des Anti-Subjekts arbeitet, der theoretischen Zumutung, daß die Rassisten und Antisemiten in Wahrheit Selbstmord begehen wollen, aber dabei andere totschlagen – diesen Provokationen wird mit den Begriffen des Vorurteils und des Interesses gekontert.

Denn Rassismus und Antisemitismus müssen Sinn machen, und Mord und Totschlag haben ein (wenn auch falsches) Mittel zu einem (wenn auch falschen) Zweck zu sein – und das heißt: ins Individuum hinein muß eine Instanz operiert und implantiert werden, die ein strategisches Verhältnis zu sich selbst unterhält, eine Instanz, die, mag sie auch ihren Haushalt mit gänzlich imaginären Größen bestreiten, so immerhin doch kalkuliert. Indem derart Sinn gemacht wird, indem also mit dem Begriff des Vorurteils eine (wenn auch falsche, so doch immerhin irgendeine) Wahrnehmung objektiver Realität unterstellt wird, und indem weiterhin mit dem Begriff des Interesses ein (wenn auch unzutreffendes, so doch immerhin wenigstens irgendein) Kalkül auf Nutzen und Vorteil angenommen wird, indem also – kurz gesagt – das Subjekt im Jenseits seiner wirklichen Taten und Gedanken postiert wird, wird sein mörderischer Autismus bei allem zur Schau getragenen Abscheu doch in etwa verständlich und halbwegs nachvollziehbar. Das selbstbezügliche, das autistische Subjekt erhält das Privileg, dem Prinzip nach über seine Taten und Untaten immer schon hinaus und erhaben zu sein.

Natürlich mag, außer programmatischen Rassisten und Antisemiten, keiner mehr den Gedanken vertreten, der dieser Ehrenrettung des Subjekts am besten entspricht – nämlich den, daß, wo Rauch ist, auch Feuer sein muß, daß die Zigeuner selbst schuld sind, die Schwarzen auch, die Juden sowieso. Die liberale Öffentlichkeit weiß, wie sehr sich dies allzu simple Schema von Reiz und Reflex beim letzten Mal trotz gewisser Endsiege blamierte. Daher raffiniert sie das Schema und situiert es nun unmittelbar im Individuum selbst, das fürs Subjekt haftbar gemacht wird. Die moderne Gesellschaft, so der Jugendforscher Wilhelm Heitmeyer, ist ein janusköpfiges Ding, das zwischen Einerseits und Andrerseits deliriert, sie bietet Chancen, enthält aber auch Risiken – kein Wunder, daß ›Handlungsunsicherheiten‹, ›Ohnmachtserfahrungen‹ und ›Vereinzelungserfahrungen‹ epidemisch werden. Die Totschläger reagieren darauf zwar ganz falsch, aber irgendwie doch rational: »Entfremdungsangst wird in Überfremdungsangst umgewandelt«. So wird der Rassismus zum immerhin »subjektiv sinnhaften Mittel«, denn »mit Gewalt läßt sich die Kontrolle über Lebenswege, Sozialräume und so weiter wiedergewinnen« (*Badische Zeitung*, 11. Dezember 1992). Die Rationalität der Irrationalität ist damit gerettet, das Subjekt ist unschuldig, das Individuum gehört therapiert.

Links ist, wem nichts Menschliches, deutsch, wem nichts Allzumenschliches fremd ist. Daher gibt es nichts, was sich ein linker Deutscher nicht mittels der Kategorie des Interesses erklären könnte. Das macht: Wer nur lange genug an einem Linken kratzt, fördert unter Garantie einen Milieutheoretiker zutage, einen Menschen also, der sich unter Dialektik eigentlich weiter nichts als Wechselwirkung vorstellen kann. Daß die Menschen ihre Geschichte selbst machen, aber unter vorgefundenen Umständen, ist sein oberster Glaubenssatz, der ihn sich für einen Materialisten halten läßt. Daraus folgt nicht die Kritik der repressiven Vergleichung, sondern angewandter Humanismus: »Die Menschen können sich nur in dem Maße selbstbestimmen, wie sie die Verhältnisse bestimmen, durch die sie bestimmt sind« (Osterkamp 1989, 134). Dialektik löst sich auf in Ringelpietz mit Anfassen. Materialismus besteht sodann darin, diese Bilanz nach Soll und Haben aufzuschlüsseln, d.h. zwar das Sein das Bewußtsein bestimmen zu lassen, sich dabei aber nicht den Vorwurf des Determinismus, Objektivismus oder Ökonomismus einzuhandeln. Den Linken kommt es dabei sehr zupaß, daß ihr am sozialen Interesse geschärfter Röntgenblick alle schlechten Erscheinungen auf ihr ›eigentlich‹ honoriges Wesen, die Arbeit, zu durchschauen vermag. Was von unten kommt, erhält so automatisch einen Bonus: Die Unteren mögen zwar mies sein und gemeingefährlich, aber eigentlich sind sie ganz anders, nämlich Klasse. Noch im Mord sind sie zutraulich, sind konstitutionell unfähig, das zu meinen, was sie tun. Konsequent verflüchtigt sich, was links sein will und subversiv, in Rechtfertigung und durchtriebene Absolution.

So sehr sich daher die linken Anti-Rassisten auch in Sachen Strategie in den Haaren liegen mögen, so einig sind sie sich doch in der Diagnose. Ob man, mit den eher rabiat gestimmten *Materialien für einen neuen Antiimperialismus*, der Ansicht ist, Rassismus sei eine Methode der Herrschenden, »die HungerlohnarbeiterInnen von egalitären Ansprüchen und Kämpfen abzuhalten« (*Materialien* 1993, 8), oder ob man, mit Wolfgang Fritz Haug, dem Chef der ökopluraldiskursnationalistischen Zeitschrift *Argument*, meint, es ließe sich »verstehen, daß der Aufschrei der sozial getretenen Kreatur zum Haßschrei werden kann. Brandstiftung und Mord können verwandelte Formen von Protest sein – im Modus des entfremdeten Protests gegen Entfremdung« (Haug 1992, 34) – jedenfalls hat die Standpunktphilosophie des Klasseninteresses das Objekt ihrer politischen Begierde bei aller Manöverkritik doch vorab freigesprochen, und der proletarische Weltgeist ist jedenfalls an der Arbeit. Der Rassismus hat die entfremdete Energie des guten Ursprungs zu sein, nicht die negative Explosion der Subjektform selbst. Nicht die repressive Vergleichung der Individuen zu Subjekten wird derart zum Problem, sondern die mangelhafte Verwirklichung der Ideologie von Freiheit und Gleichheit. Ute Osterkamp empfiehlt als Gegengift »die konsequente Demokratie, d. h. die Gleichberechtigung der Bürger in allen Bereichen« (1989, 124).

Zu einer solchen Idiotie ist bloß fähig, wer um jeden Preis blitzgescheit sein möchte.

»Typisch deutsch«

Christian R. und der linke Antirassismus

Liebe Genossinnen und Genossen,
die *Konkret*-Redaktion hat dazu eingeladen, die »Bedingungen und Möglichkeiten linker Politik und Gesellschaftskritik« zu erörtern. Sollte allerdings der Kongreß ausgehen wie das Hornberger Schießen, dann wird es nicht zuletzt an dieser Themenstellung gelegen haben. Denn ›linke Politik‹ und ›Gesellschaftskritik‹ haben miteinander rein gar nichts zu schaffen – oder vielmehr gerade so viel, daß die Kritik über den unheilbar staatstragenden Charakter einer jeden und gerade der ›linken Politik‹ aufklärt. Weil das so ist, und weil der Gegenstand der Politik, der Staat, keinesfalls ein Hebel zum Sozialismus sein kann, war die russische Revolution theoretisch schon in dem Augenblick in den Sand gesetzt, als Lenin ein Buch mit dem Titel *Staat und Revolution* schrieb, wo es doch vernünftigerweise um Staat oder Revolution hätte gehen müssen.

Gegen den Rassismus kann es keine ›linke Politik‹ geben, denn dessen Zentrum ist der politische Souverän. Ich denke, daß es unter anderem ihr Staatscharakter ist, der den Linken das Verständnis von Rassismus und Antisemitismus derart sauer werden läßt, daß sie, wenn man sie peinlich befragt, immer mit den Menschenrechten als dem Minimal- und eigentlich Übergangsprogramm zum Sozialismus kommen. Diese falsche Heilung des Rassismus durch die Menschenrechte und durch eine Politik, die bestrebt, ihnen endlich zu ihrem praktischen Recht zu verhelfen, erzwingt als ihr logisches Seitenstück die Psychologisierung des Rassisten. Und darin offenbart sich die ›linke Politik‹ als einigermaßen linksbürgerlich.

1. »Ein Verlierer, der Verlierer haßte«

Christian R., einer der Mörder von Solingen, scheint – Underdog, der er ist, Schalke-Fan und Alkoholiker dazu – ein ideales Objekt für eine psychologische oder soziologische Erklärung des Rassismus abzugeben und für die antirassistische Pädagogik dazu. Seine Klassenlehrerin, die offenbar meint, Faschismus käme aus Mangel an Information, sagt über ihn: »Auf den Unterarm hat er ein Hakenkreuz gemalt, aber vom Dritten Reich hat er keinen blassen Schimmer.« Dürfen nur promovierte Historiker Nazis sein? Und ein anderer Lehrer meint, Christian R. sei ein Fall fürs Jugendamt und für den schulpsychologischen Dienst. Seine Biographie prädestiniert ihn zu einer Karriere als Gelegenheitsarbeiter und Rekrut der industriellen Reservearmee. Schon früh zeigt er alle Anzeichen sozialer Deprivation, die Mutter ist Alleinerziehende, und er bleibt sich selbst überlassen. Nach sechs Monaten Grundschule wird er in eine Sonderschule für schwer erziehbare Jugendliche abgeschoben. Mit acht fängt er an zu zündeln, mit neun wird er ins Heim verbracht. Dort schubst er einen Jungen in eine Grube, wirft einen Ballen Heu hinterher und dann ein brennendes Streichholz. Ein Paradebeispiel also für die ursprüngliche und wesentliche Ziellosigkeit der rassistischen Gewalt? Dafür, daß Christian R. einfach nur um Beachtung und Anerkennung gebettelt hat, dafür, daß es die Frustration dieser Bedürfnisse war, die die mörderische Brandstiftung auslöste? *Der Spiegel*, dem ich dies entnehme, faßt zusammen: »Kein dummer Junge, aber er ist unruhig, renitent, stört ständig. Diese Zeichen konnte eigentlich niemand übersehen. (...) Ein Verlierer, der Verlierer haßte« (7. Juni 1993).

Was zeigt dieser Fall? ›Typisch deutsch‹ ist er auf den ersten Blick überhaupt nicht, sondern vielmehr ›typisch proletarisch‹, d. h. ein Fall, der alle Rubriken sprengt, weil er in alle hineinpaßt. Man kann sich Christian R. ebensogut in Kreuzberg beim riot vorstellen oder eben in Solingen im Kreis seiner Kameraden von der DVU. Seine soziale Lage scheint ihn, folgt man dem Schema der ›linken Politik‹, eher zum Klassenkampf zu prädestinieren als zum Faschismus. Aber vielleicht ist ja diese Alternative falsch, und vielleicht ist der Faschismus – was dann allerdings ›typisch deutsch‹ wäre – nichts anderes als die deutsche Form des Klassenkampfs. Die Mordenergie jedenfalls, die soziale Unterprivilegierung und psychosoziale Verwahrlosung in Christian R. freisetzen, scheinen unspezifisch zu sein und ambivalent – nur eines scheint sie mit Sicherheit nicht zu sein: eine typisch bürgerliche Energie. Die Pädagogen, die ihm die Diagnose ›Modernisierungsverlierer‹ stellen, sind jedoch Agenten der planmäßigen Produktion bürgerlicher Subjekte, die ihre Psyche behandeln können wie ihren Geldbeutel und ihre Arbeitskraft. Sie sind es, die ihn als Defizitwesen diagnostizieren. Wenn Wilhelm Heitmeyer von »Handlungsunsicherheit, Ohnmachtserfahrung und Vereinzelungserfahrung« spricht, urteilt er aus dieser Perspektive bürgerlicher Identität (1992a, 213). Und wenn Ute Osterkamp den rassistischen Mord als Notwehr interpretiert, um wenigstens »scheinbar einen letzten Rest von Kontrolle über seine eigenen Lebensbedingungen zu gewinnen« (1993, 736),[1] befindet sie nach den Kriterien eben dieses bürgerlichen Ich. Wenn schließlich die Autonome L.U.P.U.S-Gruppe die Frage klären möchte, wann wer warum wo und wieso zum Benzinkanister greift, fordert sie die psychologische Generalkartographierung der Gesellschaft, d. h. die Errichtung eben des Frühwarnsystems, das auch der *Spiegel* gerne hätte (1993, 5).

Aber wie gesagt: Christian R. ist zu allem fähig – nur nicht zu einer Laufbahn als bürgerliches Subjekt. Ihm scheint die Fähigkeit gründlich abzugehen, den Mindestanforderungen, die der Subjektcharakter dem Individuum abverlangt – strategische Rationalität im Verhältnis von Mitteln und Zwecken –, gerecht zu werden und den entsprechenden moralischen Überbau dieser Rationalität an den Tag zu legen: Zivilität, Moral, Gewaltfreiheit. Stimmt daher, wie Richard Weizsäcker anläßlich der Trauerfeier für die Toten von Solingen sagte, daß Christian R. einer »derjenigen unter unseren Jugendlichen ist, denen wir den Anstand in der Gesellschaft bisher nicht zu vermitteln wußten« (*Frankfurter Rundschau*, 4. Juni 1993)? Jedenfalls war er nicht in der Lage, seinen Körper als Werkzeug zu begreifen und als den Arbeitskraftbehälter, den die kapitale Gesellschaft ihm

1 Zu Osterkamps sozialer Ehrenrettung des Rassismus paßt natürlich der typisch marxistisch-leninistische Persilschein, den sie der Nation ausstellt: »Die nationale und soziale Frage sind (...) keineswegs unabhängig voneinander zu lösen. (...) Marxisten, die die nationalen Interessen nicht ernstnehmen, sind nach Lenin keine Sozialisten, nicht einmal Demokraten« (1989, 124 f.). Nur ein Staat kann derartige Interessen haben – oder die Intellektuellen, die endlich selbst ans Ruder wollen (vgl. Pannekoek 1938).

leihweise anvertraut hat. Das ist es, was ihn zum Fall für Psychologen macht, denen zur notorischen Pathologie der bürgerlichen Identität gar nichts einfallen mag.

2. Die Psychologie der Psychologen

Erklären läßt sich nur, was einer wie immer verborgenen und diskreten, so doch dechiffrierbaren Logik folgt. Noch das aberwitzigste und absurdeste Verhalten kann ex negativo erklärt werden, indem man es als Verstoß gegen die Selbsterhaltung interpretiert, die, wie praktisch, Gebot und Interesse in einem sein soll, und alsdann eine Störung der Realitätswahrnehmung postuliert. Die theoretisierende Vernunft muß etwas in die Sache hineinsetzen, nämlich sich selber, wenn sie verstehen will, und wo sie es nicht findet, da projiziert sie es als metaphysisches Kriterium ihres Urteils.

Dieser Zwang des theoretischen Denkens verführt direkt zur Psychologisierung und also Rationalisierung des Rassismus, d.h. zu seiner zwar wie immer verdrucksten so doch letztlich treuherzigen Legitimation als einer zwar materiell unangemessenen oder gar falschen, zumindest der Form halber aber doch rationalen Verhaltensweise. Der Psychologe unterstellt dem Rassisten einen Zweck: Anerkennung als Subjekt der kapitalen Konkurrenz, der gar nicht der seine ist, um seine Abweichung infolge des Gebrauchs falscher Mittel zu ›erklären‹. Es ist wie mit dem Paranoiker, den man von seinem Verfolgungswahn heilen will, obwohl er tatsächlich verfolgt wird. Das rassistische Individuum wird darin vom Theoretiker gleichsam gespalten und für nicht ganz bei Trost erklärt. Konsequent wird ihm eine falsche Wahrnehmung, wenn schon nicht nach der Methode »Wo Rauch ist, muß auch ...« seines Opfers, so doch jedenfalls seiner selbst und seiner objektiven Interessen unterstellt: »Das kann er doch eigentlich gar nicht wollen.«

Diese Eigentlichkeit ist aber die Metaphysik des Theoretikers. Die ›Erkenntnisform‹ des Rassisten wird nicht in Frage gestellt, denn diese ist – eben die des Theoretikers. Es ist in Ordnung, sagt der rechte oder liberale Theoretiker, die Individuen als Deutsche zu behandeln; es wäre schön, fügt der ›linke Politiker‹ hinzu, wenn sie sich endlich als klassenbewußte Exemplare der Ware Arbeitskraft begreifen würden. Und Christian R. urteilt nicht anders, wenn er seine Opfer als Exemplare einer »Gegenrasse« (Alfred Rosenberg) behandelt, d. h. als Unmenschen und Ungeziefer. Der Theoretiker im allgemeinen, der Psychologe und Soziologe als Fachmann für Rassismus im besonderen, will dieser Wahrnehmungsform nur einen anderen Inhalt anpassen. Mit genau derselben Methode soll der Rassist zu einem ganz anderen Schluß kommen. Wer die Ausländer zuvor ›als Deutscher‹ bis auf den Tod haßte, der soll sie nun, gerade ›als Deutscher‹, mögen. Daß darin das Individuum eben nicht als Individuum, sondern nur als Exemplar vorkommt, ist dem Psychologen ebensowenig ein theoretisches Problem wie dem Rassisten ein praktisches. Beide subsumieren das Einzelne unter ein Allgemeines, beide erklären das wirkliche Individuum zur bloßen Erscheinung, beide bewegen sich wie selbstverständlich in der kapitalen Denkform, die alles und jeden instinktsicher als Wertbehälter durchschaut.

Die psychologische Affirmation des Rassismus von links beginnt mit der Gretchenfrage »Warum handeln Menschen gegen ihre eigenen Interessen?« (Heitmeyer 1992a). Schon diese Frage ist falsch, und die Antworten sind daher vom selben Schlag. Damit wird ins Individuum hinein die Spaltungslinie objektiv vs. subjektiv projiziert, um Kriterien der Beurteilung zu gewinnen. Und das heißt nichts anderes, als daß dies konkrete Individuum durch den Modus seiner Theoretisierung zum scheinhaften Wesen wird, genauer: zur Erscheinung eines anderen Wesens. Bevor die Erklärung ins Einzelne sich bequemt, hat sie durch ihre bloße Form schon alles erklärt. Der Rest ist Empirie, bei der es nur noch um das eine geht, um das Problem, warum wann weshalb und wieso ein Individuum außerstande ist, seinem objektiven Begriff gerecht zu werden. Bei aller Kritik daher an den Umtrieben des Scheins wird das Wesen – rechts: die kapitale Nation, links: das proletarische Interesse – heilig gesprochen. Das ist mehr als nur naiv – es ist die unkritische, wesentlich ideologische Verdoppelung eben jener kapitalen Denkform, die aus Reflektion der Warenform im Intellekt erwächst und die jeden Gebrauchswert in seiner spezifischen Dinglichkeit als begrifflich unerhebliche Begleiterscheinung denunziert. Ob diese Spaltung, gut bürgerlich, so verfährt, daß die Menschen an den Menschenrechten gemessen werden, oder, aufrecht links so, daß die Arbeit als Wesen der Gattung denselben Spaltungsdienst leistet, ist herzlich egal, weil es auf jeden Fall eine Anthropologie ergibt, die sich gewaschen hat. (Daher funktioniert, dies nur nebenbei, die materialistische Kritik im genauen Gegensatz zur ›linken Politik‹ als negative Anthropologie, als Sprengung der Subsumtion.)

Auch die Behauptung, Rassismus sei ein »entfremdeter Protest gegen entfremdete Verhältnisse« (Haug 1992, 34) unterstellt die Arbeit als das Wesen des Menschen. Hier lebt in aller Unschuld die theoretische Strategie weiter, die schon Wilhelm Reich zur Erklärung des Faschismus verwandte. In seiner *Massenpsychologie des Faschismus* heißt es im September 1933 über die präfaschistische Situation: »Es ergab sich eine Schere zwischen der Entwicklung in der ökonomischen Basis, die nach links drängte, und der Entwicklung der Ideologie breiter Schichten, die nach rechts erfolgte. Diese Schere wurde übersehen. Und weil sie übersehen wurde, konnte auch die Frage nicht gestellt werden, wie ein Nationalistischwerden der breiten Masse in der Pauperisierung möglich ist« (Reich 1933, 19). Die Erklärung, die Reich gab, ist bekannt – er fundierte die faschistische Irritation der proletarischen Arbeit in einem noch tiefer liegenden und nun definitiv guten Wesen, dem Lebenstrieb. Das soll hier nicht weiter interessieren (vgl. Burian 1985). Interessant ist nur, daß Reich das Prinzip des Interesses, d. h. das rationale Kalkül auf Mittel und Zweck und d. h. wiederum das Individuum als identisches Subjekt, ganz und gar nicht kritisierte. Er blieb, wie seine Nachfahren und Erben, im Schema der soziologischen und psychologischen Reduktion der gesellschaftlichen Totalität auf die Handlung und Interaktion von Subjekten befangen.

Darin lebt die ontologische Illusion. Sie ist der praktisch notwendige, theoretisch falsche Selbstbetrug von Individuen, die im Kapitalismus ihr Leben nur unter der Form des Subjekts organisieren und reproduzieren können. Was die linke Erklärung mit subversivem Elan unternimmt – die Spaltung des Individuums in Schein und Eigentlichkeit –, das hat das Kapital schon längst getan. Denn das Kapital ist nicht die verkehrt und entfremdet sich repräsentierende Arbeit, wie es die ›linke Politik‹ gerne hätte, sondern lebendig gewordene Realabstraktion, die es am Individuum vornimmt, um dieses auf sein kapitales Wesen, auf produktive Arbeitskraft zu reduzieren. Die Form, die diese Abstraktion annimmt, ist die Subjektform, ihr ideologisch-politischer Schein sind die Menschenrechte.

Abermals: Christian R. scheint zu allem möglichen fähig gewesen zu sein, nur nicht dazu, sich in diese Subjektform zu werfen. Folgerichtig denunziert ihn die Psychologie dafür, zum Erwerb von Identität unfähig gewesen zu sein. Sie kanzelt ihn von den Kommandohöhen des Subjekts herunter ab. Und doch ist es eben diese Subjektform, die an ihm, der doch noch gar nicht mit allen Insignien eines ordentlichen Subjekts, mit voller Mündigkeit, mit voller Geschäftsfähigkeit, mit dem Wahlrecht und mit der Wehrpflicht ausgestattet ist, im Mord explodiert. Untersuchen wir, bevor die Detonation studiert werden soll, den Inhalt der Bombe. Was geschieht, wenn ein Individuum zum Subjekt formiert wird?

3. Individuum und Subjekt

Die Psychologie und die Soziologie arbeiten daran, die Vermittlung des Menschen mit seiner Gesellschaft zu rekonstruieren. Aber im Elan des ideologisierten Denkens übersehen sie, daß das Individuum als Subjekt und unter der Form des Subjekts immer schon gesellschaftlich vermittelt, d.h. kapitalistisch konstituiert ist. Die Gesellschaft wird ihnen zur ›Umwelt‹ des Individuums, oder, wie die Linken sagen, ›das Sein bestimmt das Bewußtsein‹, und dies im Sinne eines objektiven, gar korrekt ›abzubildenden‹ Verhältnisses. Die Theoretiker verschlucken die Subjektform gleichsam und glauben am Ende ganz aufrichtig, als Psychologen den natürlichen Menschen vor sich zu haben, als Soziologen das zoon politicon, als Sozialisten den werktätigen Menschen. Aber ihr Gegenstand ist natürlich kein natürlicher, sondern ein naturrechtlicher, und ›die Gesellschaft‹ braucht sich mit dem Individuum nicht erst noch als mit einem ihr äußerlichen zu ›vermitteln‹, sondern sie ist in ihm als Ich-Funktion immer schon präsent, d.h. als zum regierenden Bestandteil der Psyche gewordene Subjektform. Der Gegensatz von Individuum und Gesellschaft, von dem die Psychologen sich ernähren, ist objektiver Schein. »Das vereinzelte Individuum, das reine Subjekt der Selbsterhaltung, verkörpert im absoluten Gegensatz zur Gesellschaft deren innerstes Prinzip« (Adorno 1972, 55). Der Schein leitet sich aus dem relativen Widerspruch von Markt und Fabrik her, d.h. aus dem Gegensatz der formellen Subjektivität des Individuums zu seinen materiellen ›Bedingungen und Möglichkeiten‹ als zu verwertendes Individuum. Das allerdings ist eine ›Vermittlung‹, die es in sich hat und die jeder auf eigene Rechnung und Risiko zu leisten hat.

Das Subjekt verhält sich zum Individuum wie der Tauschwert zum Gebrauchswert. Und in der Form des Subjekts ist die Individualität ausgelöscht sie wird im Begriff der Persönlichkeit zum zufälligen Accessoire. Die Subjekte, sagt Marx, sind die »Personifikationen der ökonomischen Verhältnisse, als deren Träger sie sich gegenübertreten« (MEW 23, 100), und so kann es keine Psychologie geben (aber vielleicht eine Psychoanalyse), die anderes wäre als die Erkundung der Untiefen der Warenseele. Als mit freiem Willen begabte sind sie das Sensorium der Ware, und deren Wertrealisierungstrieb ist ihr höchsteigener Trieb, d.h. ihre Lebensnot und ihr ›Naturinstinkt‹. Ihre Sinnlichkeit ist durch die Ware beschlagnahmt, und die Ware realisiert den Wert mit den Mitteln ihrer Sinnlichkeit, denn – abermals Marx – »der Warenbesitzer ergänzt diesen der Ware mangelnden Sinn für das Konkrete des Warenkörpers durch seine eigenen fünf und mehr Sinne« (ebd.). Im Tausch hat das Subjekt nicht mehr Individualität, als nötig ist, um das Preisschild zu lesen und zu zahlen. Und schon wieder Marx: »Aus dem Akt des Austausches selbst ist das Individuum, jedes derselben, in sich reflektiert als ausschließliches und herrschendes (bestimmendes) Subjekt desselben« (Marx 1974, 156). Das Denken des Subjekts ist in die Warenform gebannt – ein Bann, der erkenntnistheoretisch von der Philosophie und triebökonomisch von der Psychologie verdoppelt und rationalisiert wird. Wenn hier etwas spontan ist, dann der Idealismus.

Identität ist eine Kategorie, die dem Individuum nicht als Individuum zukommt, sondern nur in seiner Eigenschaft als Subjekt. Wie im Tausch von der natürlichen Beschaffenheit und also Vergänglichkeit des Warenkörpers abgesehen wird, so wird auch auch von der Leiblichkeit und den Stimmungsschwankungen des Individuums abstrahiert. Das Besondere ist nur insofern von Belang, als es eben da sein muß – alle weiteren Qualitäten kommen ihm nur als Inkarnationen des Allgemeinen zu. Als Subjekt ist das Individuum der juristische, mit sich selbst identische Zurechnungspunkt jener wechselseitigen Enteignung und Aneignung, als die sich der Tausch darstellt. Als Subjekt ist das Individuum bloßes Exemplar der Gattung der Warenhüter (der Arbeiter hat seine Arbeitskraft zu behüten). Daran hat es sein Leben. Ob ein besonderer Mensch stofflich zum Subjekt geeignet ist, ist und bleibt seine Privatangelegenheit. Der Mensch an und für sich, so wie die Menschenrechte ihn reflektieren und der politische Souverän ihn repräsentiert, ist, das hat 1791 der amerikanische Jakobiner Thomas Paine gesehen, »niemals jung, niemals alt, weder der Unreife noch der Gebrechlichkeit unterworfen, nie in der Wiege, noch auf Krükken« (Paine 1791, 216), und er hat auch kein Geschlecht. Darin liegt das Wesen der Menschenrechte als des politischen Ausdrucks der Kapitalisierung der Gattung, »daß sie dem Menschen einen neuen ontologischen Status zuweisen« (Moravia 1973, 13), eben den, als empirischer nur dann Anspruch auf Geltung, auf Leben zu haben, wenn er sich als praktische Verlebendigung des Transzendentalsubjekts demonstriert. Diese Subjektivierung des Individuums gerät zum rassistischen Schnitt mitten durch die Menschheit hindurch.

Weil die Subjektform nur die Bedingung, aber keineswegs die Möglichkeit oder gar das Recht der produktiven Verwertung des unter ihr befaßten Individuums darstellt, darum brütet das Subjekt, insoweit es sich unmittelbar mit der Erhaltung seiner funktionalen Basis, seines Leibes, befassen muß, unweigerlich jede Menge Ressentiments gegen den Markt aus. Ob ein Individuum stofflich zur Subjektkarriere tauglich ist, entscheidet sich nicht zuletzt daran, ob es mit der Reflexion der Ware in sich selbst umzugehen vermag, d. h. in der Lage ist, sich im weiteren als Eigentümer seiner selbst zu denken. Die Abstraktion, die am Individuum vorgenommen wird, muß es noch einmal in sich selbst vornehmen. »Alle sollen frei sein und keiner soll die Freiheit des anderen stören. (...) Jeder besitzt *seinen* Körper als freies Werkzeug seines Willens«, sagt daher Fichtes *Rechtslehre* (zitiert nach Paschukanis 1922, 114).

Die Menschenrechte sind die Magna Charta dieser selbstbewußten Humanware und des Gesellschaftszustandes der vollendeten Kapitalisierung der Gattung. Sie sind der Inbegriff aller Zumutungen von Verwertung und Herrschaft, denen die Individuen als Subjekte ausgesetzt sind. In der Subjektform ist das Individuum nicht Herr seiner selbst, sondern die leibhafte Erscheinung der Arbeitskraft. Und Subjekt kann das Individuum nur bleiben, wenn es in einem als kapitalproduktiv und staatsloyal sich bewährt. Für das erste kann es gar nichts, für das zweite aber um so mehr tun. Die organische Aversion gegen den Markt, die das Subjekt als immerhin körperbehaustes ausbrütet, wendet sich in den fanatischen Applaus für staatliche Arbeitsbeschaffung. Die marktförmige Abstraktion vom Organischen des Individuums läßt das Subjekt nach dem ›organischen Staat‹ schreien. Daß es keine Arbeit hat und keine Aussicht darauf, kann es sich nicht anders verständlich machen denn als absichtliche und willkürliche ›Unterprivilegierung‹, d. h. als ungerechten Ausschluß aus der Subjektform und insbesondere aus den materiellen Segnungen, die deren praktische Betätigung mit sich bringt. Es bedarf daher keiner Psychologie und keiner Soziologie, um zu erklären, warum das Subjekt ein geborener Rassist und ein waschechter Antisemit zugleich ist. Es denkt in der Warenform; und diese Denkform ist ein erkenntnisleitender Schematismus, der nur das als gleich identifizieren und anerkennen kann, was selbst kapitalproduktiv und staatsloyal ist. Damit ist die Bombe zubereitet. Als Mensch gilt nur, wer Subjekt ist; alles andere lebt bestenfalls auf Frist.

Die Subjektform explodiert zuerst bei jenen, die sie noch gar nicht haben oder noch nicht allzu lange. Weil das minderjährige und unmündige Subjekt zwar einige Erfahrung im Geldausgeben, aber wenig im Geldverdienen hat, ist ihm der Zwangszusammenhang der Selbstinstrumentalisierung in seiner vollen lebensgeschichtlichen Konsequenz noch nicht ganz vertraut, d. h. ist ihm der Gebrauch seiner selbst als Arbeitskraftbehälter noch nicht zur spontanen, zur zweiten Natur geworden. Nicht zufällig sind 70% der rassistischen Attentäter Jugendliche unter 21 Jahren. Gemeinhin sagt man der Jugend eine besondere Sensibilität nach – es ist die Fähigkeit zu ahnen, wohin die gesellschaftliche Reise geht. Mit den Segnungen der

Subjektform aus Funk und Fernsehen vertraut und schon in voller Vorfreude darauf, daß die Mündigkeit sie zu souveränen Herren über das Sortiment bestellen wird, zweifeln sie doch an ihrer Chance, nicht nur die Hüter, sondern auch die Verkäufer ihrer Arbeitskraft werden zu können. Sie haben Angst, daß nach dem Taschengeld gleich die Sozialhilfe kommt, daß sie nur politisch zu Subjekten befördert werden. Der Fall Christian R. scheint nach allem, was man dem *Spiegel* entnehmen kann, für diese Halbierung und eigentlich Kastration des Subjekts typisch zu sein.

4. Identität ohne Substanz

Die Subjektform ist objektiver Schein der Zirkulation, die unabdingbare Darstellung seiner ausbeutungsfähigen Leiblichkeit. Sie ist eine realpraktische Halluzination des Marktes und des Souveräns, der ihn bewacht. Unter der Subjektform ist die Identität des Individuums praktische Notwendigkeit und logische Unmöglichkeit in einem. Die Subjektform garantiert nicht den kapitalproduktiven Gebrauch des Individuums, obwohl sie es dafür präpariert und zurichtet. Als formelles Subjekt ist es nicht Herr seiner Identität, denn es hat keine Substanz. Seine Substanz als materielles Subjekt dagegen – die Arbeitskraft – ist variables Kapital, d. h. lebendige Darstellung der Selbstverwertung des Werts. Sein Inhalt ist das Nichts, bloße Funktion, und seine Perspektive daher der Tod. Es kann seine Stabilität, wenn auch prekär, überhaupt nur sichern, wenn es sich doppelt abgrenzt, wenn es sich distanziert von den Unmenschen und von den Übermenschen, wenn es rassistisch und antisemitisch fühlt, denkt und agiert. Rassismus und Antisemitismus sind die Formen, in denen das Subjekt sich zum Verkauf zur Schau stellt, in denen es seine Ausbeutungswilligkeit und Beherrschbarkeit demonstriert.

Als Subjekt hat das Individuum seinen Gehalt nicht an sich selbst, sondern einzig im Vollzug seiner Funktion: Charaktermaske des durch den Tausch hindurch sich verwertenden Kapitals zu sein. Seine Identität ist Prozeß, sein Wesen liegt außer ihm. So muß es den unmöglichen Versuch wagen, sein außerhalb liegendes Wesen sich einzuverleiben, und es verschreibt sich daher dem Ziel, die

Kapitalproduktivität als Fleiß und die Staatsloyalität als Treue sich anzueignen. Fleiß und Treue sind die psychischen Introjekte seiner kapitalen Brauchbarkeit, aus deren Besitz es dogmatisch ein ›Recht auf Arbeit‹ ableitet. Es erhofft, darin seine Existenz und Reproduktion nicht mehr seiner kapitalen Funktionalität, sondern vielmehr einer selbstgesetzten Qualität, einer autonomen Entscheidung zu verdanken, d.h. seinem ›Deutschtum‹. Unter der Form des Subjekts tastet sich das Individuum beständig darauf ab, ob seine Stofflichkeit der Funktionalisierung genügt. Es beargwöhnt sich als ungenügend und mangelhaft. Sein Selbstbewußsein ist Selbstmißtrauen, sein Selbstgefühl das der ›Minderwertigkeit‹ und Überflüssigkeit im Angesicht des Werts. Diese Angst zuzulassen, das hieße, dem Nichts sich zu konfrontieren, der totalen Entwertung. Die faschistische Flucht nach vorn radikalisiert das permanente Selbstmißtrauen dieses Subjekts zum rassistischen und antisemitischen Generalverdacht und heilt es derart. Die Sucht nach der kapitalen Verwertung seiner selbst eskaliert zum Wahn der Vernichtung.

Die Subjektform erscheint in doppelter, widersprüchlicher Gestalt, als Formalität des Marktes und als Substanzialität der Fabrik. Das subjektivierte Individuum trägt den Januskopf von Citoyen und Bourgeois. In seiner Eigenschaft als Citoyen sieht dies Subjekt allerorten Kosmopoliten, Vaterlandsverräter und Anarchisten am Werke, wie es in seiner Eigenschaft als Bourgeois allseits nur Parasitismus, Kommunismus und arbeitsloses Einkommen wittert. Als Citoyen schnüffelt es nach jedem Anzeichen von Anti-Staatlichkeit, als Bourgeois besitzt es den siebten Sinn für Anti-Produktivität. Darin erscheint seine höchsteigene potentielle oder reale Überflüssigkeit als Angriff von außen. Weil diesem schizoid gedoppelten Bourgeois/Citoyen-Subjekt die Naturalisierung seiner politökonomischen Funktionalität bestenfalls konjunkturell gelingen kann, weil es zugleich nichts sehnlicher sich wünscht, als von dieser allgemeinen Konstitution als Charaktermaske wie seiner Beschlagnahmung als Funktionär der Akkumulation für sich eine Ausnahme zu machen – darum affirmiert es sein unmögliches Selbst und daher stabilisiert es seine substanzlose Identität im rassistischen Kampf gegen die Minderwertigen wie im antisemitischen Krieg gegen die Überwertigen. Weil es sein eigener

Wert ist, der in Frage steht, müssen sie zum Inbegriff des ›unwerten Lebens‹ stilisiert werden. Weil die objektive Wertlosigkeit dieses Subjekts außerhalb seiner produktiven Vernutzung durchs Kapital außer Frage steht, darum müssen sie als Verleiblichung seiner subjektiven Wertlosigkeit halluziniert und als Erscheinung des Anti-Werts, als Agenten der Entwertung bekämpft werden.

Die bürgerliche Angst vor dem Chaos produziert sich den absoluten Feind, um daran ex negativo die kapitale Synthesis zu stabilisieren. Seine Diskriminierung und Liquidierung renoviert den Zwangszusammenhang der gesellschaftlichen Reproduktion mit der Akkumulation des Kapitals. Gäbe es ›den Neger‹ und ›den Juden‹nicht, das Subjekt würde sie erfinden. So sind der ›faule‹ Neger und der ›gerissene‹ Jude unabdingbare Halluzinationen einer Produktionsweise, die ständig um ihre Façon und Selbsterhaltung ringt. Sie symbolisieren den Untergang des Subjekts in bloße Natur und seine Überwältigung durch die ›Magie des Geldes‹. Weil das Privateigentum, an dem das Individuum zur Person wird, und weil das Geld, an dessen Stabilität das Subjekt seinen quasi-identitären Halt gewinnt, nur Formen der Selbstverwertung des Werts sind, vermag es seine Substanz nur im Raubmord an einem vermittlungslosen Anti zu gewinnen, am Erbfeind der kapitalisierten Menschheit. Er soll haben, was ihm mangelt: fraglose Identität durch das Privateigentum an einer unzerstörbaren Substanz, durch den Besitz des Kapitals als Ding.

Die Grunderfahrung des atomisierten Subjekts ist nicht Arbeit, auf die die Linke vergeblich setzt, sondern Angst, die im repressiven Kollektiv, das gegen den Feind anrennt, imaginär stillgestellt wird. Es ist die Angst als existenzielles Gefühl der vollkommenen Überflüssigkeit des je Einzelnen für den Fortgang der Akkumulation. Insgeheim weiß jeder: Ohne ihn ginge es auch, vielleicht sogar besser. Das in die Form des Subjekts gebannte Individuum der kapitalisierten Gesellschaft ist ein bloß zeitweilig mit kapitalproduktiven Aufgaben betrauter Staatsbürger. Es steht unter doppeltem Druck, ökonomisch wie politisch. Kapital und Staat unterwerfen es dem Zwang, beständig seine Produktivität und Loyalität zu beteuern und zu beweisen. Aber sein Bemühen, dieser Zumutung gerecht zu werden, ist aussichtslos – denn nichts anderes treibt die Rationalisierung der Produktion an als das Interesse, das Kapital autark werden zu lassen, es unabhängig von der lebendigen Arbeitskraft zu konstituieren und derart das Geheimnis der Arbeitskraft – die Potenz, Wert und noch mehr Wert zu schaffen – der Maschinerie einzuverleiben. Und nichts anderes ist der Stachel des Staates, als das unbedingte Interesse, der Souveränität das Geheimnis der Loyalität – d.h. die Treue bis in den Tod – als Naturelement in den Gewaltapparat einzubauen.

5. Falltür des Antirassismus

Die Psychologie der Psychologen kann nicht verstehen, daß Christian R., indem er sich das Recht auf Leben und Tod zuspricht, nichts anderes unternimmt, als sich selbst unmittelbar zum Souverän zu erklären, d.h. sich als Staat zu setzen. Wie der programmatische Faschist als negativer Ideologiekritiker des liberalen Bürgers auftritt und derart die fatalen Konsequenzen der Realabstraktion des Individuums zum Subjekt zieht, so auch, in voller Verblendung, der spontaneistische Rassist. Er ist das an sich selbst explodierende Subjekt, das an den Vermittlungen der bürgerlichen Gesellschaft verzweifelt, aber nichts anderes bezweckt, als deren Geheimnis sich anzueignen, d.h. den kapitalen Reichtum als das Naturrecht des ›Standorts Deutschland‹ zu reklamieren.

Die Psychologie der Psychologen klammert die politische Konstitution des Subjekts aus – und daher vermag sie die negative Flucht in die Volksgemeinschaft nicht als zwar barbarische, aber doch unwiderstehliche Vollendung der bürgerlichen Gesellschaft zu rekonstruieren. Es besteht daher kein Unterschied zwischen einer sozial verursachten, aus dem ›Grundwiderspruch von Lohnarbeit und Kapital‹ gespeisten Protestenergie und der falschen, rassistischen oder antisemitischen Form ihrer Verausgabung, in den die ›linke Politik‹ einen revolutionären Keil treiben könnte. Die rassistische Form ist die Form ihres Inhalts.[2] (Und den linken Psychologen unterlaufen

2 Auch Deutungen, die, in der Tradition von Max Horkheimers anthropologisierender Variante der Kritischen Theorie, den Rassismus als an sich ziellosen Ausbruch einer ›narzißtischen Wut‹ erklären, schweigen sich

noch zwei weitere Fehler: der erste besteht darin, nicht über die Idee der sozialistischen Staatsbenutzung zum anarchokommunistischen Projekt der Abschaffung des Staates hinauszugehen, d.h. unfähig zur Kritik der Form Staat zu sein; der zweite darin, sich eines unkritischen Faschismusbegriffs zu bedienen, d.h. die Barbarei nicht als eine aus der negativen Aufhebung des Kapitals erwachsende Gesellschaftsformation sui generis zu begreifen). Weil der Rassismus die barbarische Vollstreckung der bürgerlichen Selbsterhaltung darstellt, d.h. die tödliche Konsequenz der Menschenrechte, ist ihm mit der Forderung, diese zu verwirklichen, systematisch nicht beizukommen, sondern, wenn überhaupt, nur mit Ideologiekritik als der Kritik der falschen Vergleichung. Diese »Kritik ist das theoretische Leben der Revolution« (Krahl 1971, 213).

Erst wenn erkannt ist, daß der scheinbare Widerspruch zwischen den Menschenrechten und dem Faschismus in Wahrheit eine ideologische Halluzination der bürgerlichen Öffentlichkeit ist, läßt sich die Frage diskutieren, was denn die rassistische Rebellion als ›typisch deutsch‹ kennzeichnet. Es ist Mode geworden, die Parole ›Nie wieder Deutschland‹ als ›negativen Nationalismus‹ oder gar als ›anti-deutschen Rassismus‹ abzutun. Allerdings kommen derartige linksdeutsche Aversionen gegen den konsequenten Anti-Nationalismus nicht über einen soziologischen Marxismus hinaus, und ihre Unfähigkeit, die Form Nation und ergo den Nationalismus als Konsequenz der in den Menschenrechten angelegten Homogenisierung der kapitalen Konkurrenzgesellschaft zur Rasse zu begreifen, führt dann regelmäßig – nach theoretischen Raubzügen durch den Nationalbolschewismus Ernst Blochs oder die Ideologietheorien Ernesto Laclaus und Stuart Halls (Schönberger/Köstler 1992) – zur ›kritischen‹ Affirmation des Nationalen. Der ›deutsche Sonderweg‹ jedoch, d.h. die deutsche Form der Kapitalisierung, zeichnet sich dadurch aus, daß der Staat von Anfang an als Treuhänder von Kapital und Arbeit

über den Anteil des Staates an der Konstitution des Subjekts regelmäßig aus, so z.B. Eisenberg/Gronemeyer (1993); der gleiche Fehler auch bei Robert Kurz (1993, 183 ff.): Man kann nicht über die Warenform reden und von der Staatsform schweigen.

zugleich auftritt. Es ist dieser Staat, der sich, im Verein mit einer etatistischen Arbeiterbewegung, die den Klassenkampf von 1848 an nur im höheren Interesse des sozialen Friedens und der recht vestandenen Staatsidee führte, über den Sozialstaat zum Staat der Volksgemeinschaft entwickelt. Darin sind Kapital und Arbeit unter der Ägide des Staates zum Block verschmolzen, und darin wird die Lohnarbeit sich ihres Status als ›variables Kapital‹ bewußt, als Fleisch vom Fleische. Die Massenvernichtung ratifiziert diese Verschmelzung; sie ist das kollektive und klassenübergreifende Geschichtsverbrechen, das den »Grundwiderspruch von Kapital und Arbeit« definitiv zum systemimmanenten Motor der Akkumulation transformiert (vgl. Enderwitz 1991 und Bindseil 1993, 141 ff.).

Es ist dieser revolutionär nie geahndete Massenmord, der das kollektiv beschwiegene Fundament der Bonner Republik ausmacht und der sich in Staat und Grundgesetz inkarniert. ›Typisch deutsch‹ ist daher der Charakter einer bürgerlichen Gesellschaft, die ihre allgemeine, im Begriff des Kapitals sozialontologisch präsente Disponierung zum Faschismus schon einmal realisiert hat und die sich auf dem Boden seiner Resultate bewegt. Das macht den Gegensatz aus zwischen Deutschland und dem ›Westen‹, nicht die – leider auch unter Anti-Nationalisten gängige – Differenz zwischen ›Gemeinschaft‹ und ›Gesellschaft‹ (vgl. Dahlmann 1991). Daß die Resultate des Faschismus sich auch sozialpsychologisch sedimentiert haben – siehe die Analyse Tilmann Mosers (1992) –, liegt in der Natur der Sache. Wie daher kein Widerspruch zwischen Anti-Nationalismus und materialistischer Kritik besteht, weil ›Nie wieder Deutschland‹ nur eine Konsequenz dieser Kritik darstellt, so kann es auch den feinsinnigen Unterschied nicht geben, den die Psychologen zwischen Nationalismus, gar Chauvinismus einerseits und dem Nationalen andererseits als mindest emotional legitimer Chiffre für »Zusammengehörigkeitsgefühle« (Heitmeyer 1992, 214) aufmachen wollen.

Die Psychologisierung des Rassisten bedeutet die Rationalisierung des Rassismus. Indem die psychischen Qualitäten, die sich das Subjekt als Charaktermaske von Verwertung und Tausch anzueignen hat, zu naturalen Eigenschaften des Individuums verdinglicht werden, wird es in seiner Form als »bloßer Bezugspunkt abstrakter Arbeitskraft«

(Adorno 1972, 55) ins Jenseits der Kritik bugsiert. Derart leugnen die zur Psychologie erklärten Menschenrechte die fatalen Konsequenzen der durch sie in Szene gesetzen repressiven Vergleichung. Aber das rassistische und antisemitische Subjekt will vor eben dieser kapitalen Entwertung fliehen, indem es deren Logik radikalisiert und sie im Fortschritt von der juristischen über die nationalistische zur rassistischen Vergleichung überbietet. Nation erscheint ihm als das kompromißlose Anti der Konkurrenz, Rasse als das ultimate Heilmittel seiner Überflüssigkeit. In seiner doppelten Konstitution als kapitales und politisches Subjekt versucht es, sich aus der Ausbeutung in die Herrschaft zu flüchten. Der Souverän soll den Citoyen vor dem Bourgeois retten. Er soll die unter dem Titel des Subjekts vollzogene Beschlagnahmung des Individuums für kapitale Zwecke gefälligst als Pflicht zur Fürsorge verstehen.

Nicht mit der Vergleichung der Individuen zu Subjekten soll derart gebrochen werden, sondern einzig mit dem Maßstab ihrer Vergleichung. Das ist der soziale Inhalt der konformistischen Revolte, die sich in der Mordbrennerei austobt. Rebellisch in der Form, ist sie affirmativ im Inhalt – ein Kohlhaas-Phänomen. Sie setzt keine ihrer selbst noch unbewußte soziale Protestenergie frei, die, so abscheulich sie auch sein mag, doch über sich aufgeklärt werden könnte, sondern sie artikuliert die Staatsbedingtheit und Staatshörigkeit des Subjekts. Die konformistische Revolte will das Kapital ohne den Markt und das staatliche Gewaltmonopol ohne parlamentarische ›Schwatzbude‹, sie will die Ausbeutung ohne die Zutat von Tarifverhandlungen und die Herrschaft ohne die Wahlen – ganz wie Christian R. sagt: Diskutieren? – ›Was soll der Scheiß? Dat bringt nix.‹ Die konformistische Revolte ist die Methode, die Demokratie auf ihren funktionalen Gehalt zu reduzieren. auf Kratie, auf Herrschaft pur und unmittelbare Autorität (Fromm 1936, 131 f.). Aber indem sie diesen Aufstand für den besseren Staat organisiert, bereitet sie die negative Aufhebung der bürgerlichen Gesellschaft vor. Der Faschismus erscheint darin als das ganz andere der Subjektform, weil er deren innerste Konsequenz praktiziert.

Man darf aber nie die Konsequenz gegen ihre Voraussetzung ausspielen, es sei denn, man wolle den Kampf unter Garantie verlieren.

Der Rassismus ist, mit den Worten Adornos und Horkheimers, »kein Rückfall in die alte Barbarei, sondern der Triumph der repressiven Egalität, die Entfaltung der Gleichheit des Rechts zum Unrecht durch die Gleichen« (1984, 29). Die erste Falltür, der der Antirassismus daher auszuweichen hat, ist die Agitation mit den Menschenrechten, seine erste Pflicht die Kritik der repressiven Egalität.

Anhang

Abschaffung des Staates

Thesen zum Verhältnis von anarchistischer und marxistischer Staatskritik

1.

Marx beweist nichts gegen Bakunin, Kropotkin widerlegt nicht Lenin, Engels ist kein Argument gegen Proudhon, und der spanische Anarchismus der Jahre 1936/37 ist nicht die Alternative zur Russischen Revolution von 1917.

2.

Für eine Staatskritik in revolutionärer Absicht sind die anarchistischen wie marxistischen Theorien über den Staat gleichermaßen unerheblich und belanglos, d. h. nur Gegenstände von historischem Interesse. Das Bestreben, Marx gegen Bakunin auszuspielen, beweist nur, daß der Kritiker noch unter dem Niveau der Verhältnisse agiert, die er doch überwinden möchte. Das Beharren auf Bakunin als Alternative zum ›autoritären Sozialismus‹ ist ein Kapitel revolutionärer Romantik.

3.

Die Linke denkt klassisch die Gesellschaft in der Perspektive von ökonomischer Krise und Zusammenbruch. Sie denkt die Ökonomie als das zentrale Verhältnis der Ausbeutung, das den Staat strukturiert und aus dem er sich ›ableitet‹. Der Staat ist ein leerer, wesenloser Effekt der Produktion. Als wesenloser Staat gilt er – wäre er nur demokratischer Staat, also dem ›Einfluß‹ der herrschenden Klassen entzogen – als das neutrale Instrument krisenfreier Planung und Verwaltung der Produktion. Die ›linke Utopie‹ träumt den Staat als den Ort bewußter Selbstorganisation der Gesellschaft, als Verwaltung ohne Herrschaft.

4.

Ebenso klassisch betrachtet die Rechte die Gesellschaft in der Perspektive von politischer Krise und Staatsstreich. Sie denkt die Ökonomie als das an sich selbst neutrale Mittel der ›Bedarfsdeckung‹, die, wäre sie nur entformalisiert und entpolitisiert, den Staat auf das reine Mittel der Garantie gewaltfreier Tauschakte auf dem Markt reduzieren würde. Die Ökonomie, wäre sie wahrhaft nach ihrem Wesen, der freien Konkurrenz, organisiert, würde sich vom Staat als dem Ort des juristischen Privilegs emanzipieren. Die ›rechte Utopie‹ träumt die Gesellschaft ohne Staat.

5.

Die Linke und die Rechte sind das Spiegelspiel der Politik. Es ist die objektive Paradoxie der bürgerlichen Gesellschaft, daß die linke Vorstellung vom politischen Prozeß – Addition der staatsbürgerlichen Einzelwillen zum Inhalt der Souveränität im Akt demokratischer Wahl – exakt negativ und daher genau komplementär zur rechten Vorstellung vom ökonomischen Prozeß sich verhält: Addition der individuellen Nachfrage auf dem Markt zum Bestimmungsgrund der Produktion.

6.

Das Spiegelspiel der Politik ist der Prozeß der Verschmelzung von Legalität und Legitimität zur Souveränität. Der Bourgeois tritt an gegen den Citoyen, und der Citoyen strebt danach, den egoistischen Bürger der Konkurrenz in sich aufzuheben und zu vernichten. In diesem Verhältnis erzeugt jeder beständig sein Gegenteil. Dieses Verhältnis selbst ist die Reproduktion der Souveränität.

7.

Ökonomie und Politik, Gesellschaft und Staat, Ausbeutung und Autorität sind die extremen Abstrakta dieses Spiegelspiels, der Versuch, das eine aus dem anderen ›abzuleiten‹ und auf den ›Ursprung‹ zu reduzieren. Staatskritik in revolutionärer Absicht hätte zuallererst die Bedingung der Möglichkeit dessen zu denken, über den gleichen Gegenstand – den Staat, das Geld – das eine und das andere und im nächsten Moment das eine gegen das andere auszusagen. Wie kann etwas gedacht werden, das sich der logischen Regel des ›ausgeschlossenen Dritten‹ nicht fügt?

8.

Die historischen Gestalten anarchistischer und marxistischer Staatstheorie haben das bürgerliche Spiegelspiel der Politik in den Reihen der Opposition nur wiederholt und damit die Hegemonie der objektiven bürgerlichen Denkformen noch über ihre entschiedene Oppostion bewiesen.

9.

Der Anarchismus ist seiner historischen Gestalt nach der ins Äußerste getriebene Liberalismus, der Versuch, den Bourgeois vom Citoyen zu befreien. Er ist der radikale Liberalismus der Bürger, Kleinbauern und Handwerker, die ihre Produktion ohne Lohnarbeit organisieren und den Staat nur als Kommando, Befehl und allgemeine Steuererhebung ohne Nutzen erfahren. Die »Gesellschaft ohne Staat« (Ernst Mühsam) ist der ins Politische gewendete Traum des nicht-kapitalistischen Privateigentums, der Logik des Privateigentums zu entkommen, ohne das Kapital aufzuheben.

Nachbemerkung: Der Staat erscheint gegenüber der Gesellschaft als das reine Kommando und die bloß anordnende, ökonomisch sterilese Autorität in Gesellschaften ohne kapitalistische Vergesellschaftung und ohne allgemeines Wahlrecht. Es ist kein Zufall, daß der konsequente Anarchismus eines Bakunin oder Kropotkin im zaristischen Rußland entstand. Hier bestand keine Balance einer gesellschaftlich erzeugten Hegemonie, eines Konsenses von unten, mit den Imperativen der Staatsgewalt. Daß die Gesellschaftsmitglieder den Staat wollen müssen, war einer Gesellschaft, deren Mitglieder nicht Bürger waren, sondern Objekte der Feudalgewalt, undenkbar – daraus zieht die anarchistische Utopie die Konsequenz.

Kropotkin setzte folgerichtig der absolutistischen Willkür die Utopie der freien Vereinbarung entgegen. Er wies nach, daß die Regierung nur die gesellschaftliche Spontaneität einengt und hemmt. Das Kommando ist der Tod der Initiative. In der *Eroberung des Brotes* schreibt er: »Die Menschheit sucht sich von jeder Art Herrschaft zu befreien und ihre Organisationsbedürfnisse durch freie Vereinbarung zwischen den Individuen und Gruppen mit gleichen Zielen zu befriedigen. Unabhängigkeit der kleinsten territorialen Einheit wird ein dringendes Bedürfnis; gemeinsame Übereinkunft ersetzt das Gesetz und regelt, über die Grenzen hinweg, die partikularen Interessen in Hinsicht auf ein gemeinsames Ziel. Alles, was früher als Funktion der Regierung angesehen wurde, ist heute in Frage gestellt: man arrangiert sich leichter und besser ohne deren Intervention. (...) Wir gelangen zu dem Schluß, daß die Menschheit dahin tendiert, die Tätigkeit der Regierungen auf Null zu reduzieren, d.h. den Staat, diese Personifikation der Ungerechtigkeit, der Unterdrückung und des Monopols, abzuschaffen.« Er setzt dagegen die »aus freier Vereinbarung und privater Initiative hervorgegangene, völlig spontane Bewegung« (Kropotkin 1973, 102 bzw. 107).

Aber hinter dem Ideal der Mündigkeit ist unschwer die bürgerliche Autonomie, seinen Willen nur im gleichen Maße abzutreten, als ein Vertrag angemessenen Nutzen garantiert, zu erkennen. Kropotkins Beispiele der spontanen Initiative sind ebenso rührend wie lächerlich: Beispiele freier Vereinbarung sind der Weltpostverein, die Deutsche Lebensrettungsgesellschaft, die Eisenbahnen, schließlich gar das ökonomische Kartellwesen! Eben jene vertragsförmigen Organisationen, in denen die bürgerliche Gesellschaft sich selbst organisiert, in denen sie ihren Willen bekundet, vom Staat beherrscht zu werden, sind Kropotkin die anthropologische Utopie. Überhaupt vermag es der historische Anarchismus nicht, ohne positive Anthropologie auszukommen.

Der Mensch ist seiner Natur nach das freie, denkende, aufrührerische Wesen. Bakunin, in Bezug auf die ›freie Vereinbarung‹ weniger naiv als Kropotkin, vermag daher die Revolution nur in der Moral zu begründen, in der existentiellen Lage des Revolté. Freiheit entsteht aus Entscheidung, aus dem acte gratuit der Verweigerung, die nach ihrem Nutzen nicht fragt und durch die Tat für ihren Willen Zeugnis ablegt (vgl. Heintz 1985, 18 f; 58 f.). Aber auch diese existenzialistische Begründung der Abschaffung des Staates vermag einen logischen Zusammenhang von Gesellschaft und Staat nicht zu denken. Staat erscheint gänzlich als das, was er auch ist; das Spiegelspiel geht weiter:

»Es ist offenbar, daß alle sog. allgemeinen Interessen der Gesellschaft, die der Staat angeblich vertritt, eine Abstraktion, eine Fiktion bilden und der Staat gleichsam eine große Schlächterei und ein ungeheurer Friedhof ist«, schreibt Bakunin 1871 in dem Aufsatz *Die Kommune von Paris und der Staatsbegriff.* Und weiter: Das gesellschaftliche Elend gründet »im Prinzip und in der Tatsache einer jeden Regierung«. Der Anarchismus organisiert eine »antipolitische Macht« zur radikalen »Verneinung des Staates«, zur Abschaffung »jener ganz formellen, vom Staat aufgezwungenen, zugemessenen und reglementierten Freiheit« (Bakunin 1972, 307, 301, 300, 302, 244).

Ein Zusammenhang, aus dem die Mitglieder einer Gesellschaft im vernünftigen Verfolg ihrer ökonomischen Interessen die staatliche Autorität als die Ergänzung und Bedingung ihres Interesses wollen müssen, ist dem Anarchismus bis heute undenkbar geblieben. Auch neuere Versuche, Anarchismus als Praxis zur Abschaffung des Staates zu denken, verbleiben im traditionellen Schema. Ein Zeugnis dafür ist das *Jahrbuch für gewaltfreie und libertäre Aktion, Politik und Kultur. Wege des Ungehorsams.* Die etwa von S. Münster in seinem Aufsatz »Exterminismus und Revolution« versuchte Wiederbeatmung eines »bakunistischen Begriffs von Freiheit« (Münster 1984, 23) klingt nicht zufällig nach dem bürgerlichen Ahnherren des Vertragsbegriffes, Immanuel Kant. Münster schreibt, der bakunistische Freiheitsbegriff bestünde in der »Forderung des Sittengesetzes, so zu handeln, daß der Handelnde in seine Handlung auch dann einwilligen könnte, wenn er die Interessen derer abwägt, die von seiner Handlung betroffen sind.«

Letztlich bleibt nur die unbegründete Hoffnung, die Verhältnisse des 19. Jahrhunderts wiederkehren zu sehen: In den neuen sozialen Bewegungen deute sich an, daß »der gemeinsame Bezugspunkt zwischen Staat und Bürger brüchig wird. Auf einem neuen historischen Niveau wiederholt sich so etwas, was dem historischen Anarchismus die Kraft gegeben hat: Der Staat war äußerlich, Zwang, er hatte in der bäuerlichen, handwerklichen Produktion keine Funktion, er kam von außen und nahm mit Gewalt Rekruten und Steuern, er schützte die, die einen Eigentumstitel hatten, während die Arbeit ohne sie gemacht wurde.«(ebd., 35).

Nicht zufällig schreibt Münster diesen neuen sozialen Bewegungen zu, was nach Ansicht der RAF Ergebnis des Terrors ist. Über die Schleyer-Entführung 1977 heißt es in deren Erklärung »Guerilla, antiimperialistische Front und Widerstand« (1983), der Staat sei gezwungen worden, »zum reinen starken Staat zu werden, jede auch nur kritische Geste niederzuwalzen und sich als unentrinnbarer Apparat der Gesellschaft bis in die feinsten Verästelungen gegenüberzustellen« (RAF 1983, 600). Auch wenn man nicht, wie das bürgerliche Vorurteil, Anarchismus und Terror für zwei Seiten der gleichen Medaille hält, so ist doch die Übereinstimmung frappant: Als das Subjekt von Opposition und Revolution kann nur, wie schon bei Kropotkin und Bakunin, ›die Gesellschaft‹, ›das Volk‹, oder gar, in äußerster Konkretion, ›die Menschen‹ benannt werden.

Der dem Anarchismus konstitutive Ausfall einer Klassenanalyse der bürgerlichen Gesellschaft rächt sich. Es wird systematisch unmöglich den Begriff des Staates zu entwickeln. Dies zeigt instruktiv der Aufsatz von Bernd Ulrich/Stefan Saathoff über *Ziviler Ungehorsam – ein deutsches Trauma* im gleichen Band der *Wege des Ungehorsams.* Auf dem Wege immanenter Kritik der bürgerlichen Demokratietheorie versuchen sie, »einen Standpunkt außerhalb der Theorie bürgerlicher Demokratie« (Ulrich/Saathoff 1984, 100) aufzufinden. Sie zeigen auf, daß es letztlich keinen demokratietheoretisch begründbaren Widerstand gegen die im formellen Sinne legal ausgeübte Staatsgewalt geben kann. Aber gleichwohl muß sich der notwendige Widerstand auf ein allgemein als vernünftig anerkanntes Prinzip berufen können, soll nicht reine Willkür das Resultat der Kritik sein. Als Geltungsbedingung der Mehrheitsregel formell legaler Entscheidung bezeichnen sie die ›Reversibilität‹: Soll das Prinzip der Volkssouveränität gelten, dann ist das Handeln einer legal gewählten

Regierung auf jene Entscheidungen beschränkt, die von der nächsten Regierung rückgängig gemacht werden können. Daher sind Entscheidungen über Kernenergie und Atomkrieg undemokratische Entscheidungen, gegen die es das Widerstandsrecht gibt.

Sie schreiben: »Die Vernichtung eines Volkes ist der Extremfall der Vernichtung seiner Rechte« (ebd., 112) und glauben, so ein materielles Kriterium der Demokratie gegen die Formaldemokratie ins Feld geführt zu haben. »Überlebensprobleme sind in der Demokratietheorie nicht vorgesehen« (ebd., 114) – aber merkwürdig ist, daß sie, was genauso gut ginge, diesen Fall nicht an einem Individuum, sondern am ›Volk‹ durchexerzieren. Auch für den ›Staatsbürger in Uniform‹ gilt, daß die gegen seinen individuellen Willen gefällte Entscheidung für den konventionellen Krieg – der nach Saathoff/Ulrich die Mehrheitsregel nicht außer Kraft setzt – für ihn irreversible Folgen haben kann: Ist er tot, kann er bei der nächsten Wahl den Krieg nicht beenden. Oder anders: Dem Staat die Entscheidung über Krieg und Frieden zu bestreiten, wäre auch über die Frage möglich gewesen, warum dieser Staat das Recht haben soll, über jene Menschen auf seinem Territorium irreversible Entscheidungen zu verhängen, die noch nicht einmal staatsbürgerliche Qualität haben, also kein Wahlrecht besitzen: Ausländer, Minderjährige etc.

Saathoff/Ulrich behandeln die Demokratie nicht als Staatsform. Daher ist ihr Widerstandskriterium genauso willkürlich wie irgendein anderes. Nach allen, unbestreitbar angemessenen, Einwänden gegen die Rechtsstaatstheorie von Habermas et al. verfallen sie doch wieder in den liberalen Glauben, nicht die Demokratie selber könne am Krieg schuld sein, sondern nur ein »demokratisches Defizit«, ein »Zuwenig an Demokratie« (ebd. 114). Dies aber ist die alte Lösung Kants, der den Krieg einzig aus der willkürlichen Dezision absoluter Souveränität erklären konnte: Ein Publikum freier und gleicher Staatsbürger, versammelt im Parlament als einzigem Ort legitimer und legaler Dezision, könne seiner Konstitution nach den Krieg nicht beschließen (Zum ewigen Frieden). Der Widerstand gegen den Staat ist daher letztlich Widerstand für den Staat: Handeln für die völlige Subsumtion der Exekutive unter das Parlament, Opposition gegen den Krieg als eines Ergebnisses illegalen Einflusses privilegierter Gruppen

(Rüstungsindustrie) auf die Politik. Der »Geist der Freiheit« kämpft gegen »das äußere Hindernis einer sich selbst mißverstehenden Regierung«, sagt Kant (*Was ist Aufklärung*).

Das Modell »Gesellschaft gegen Staat« kann den Staat nur als grundlose Autorität denken. Konsequent mündet der moderne Anarchismus in revolutionärem Liberalismus, wie S. Jansson seinen Artikel im *Jahrbuch* (Jansson 1984, 131) resümiert. Aus der bloßen Tatsache: »Die Verfassung kann ihre Funktion als Legitimationsquelle bürgerlicher Staatlichkeit nur behalten, wenn darin die Interessen der Gesellschaft miteinbegriffen sind« (ebd., 129), aus der Tatsache, daß es eben jenen notwendigen Zusammenhang von bürgerlicher Gesellschaft, Staat und Recht doch gibt, den der historische Anarchismus stets geleugnet hat – daraus wird gefolgert, dieses Interesse sei im Gegensatz zum Staat als der unkontrollierten Gewalt schon das emanzipative, vernünftige und allgemeine Interesse.

Als revolutionärer Liberalismus mündet der moderne Anarchismus darin, sich gegen das System auf die Seite der Lebenswelt zu schlagen – ganz im Sinne der Kommunikationstheorie des Jürgen Habermas (vgl. Breuer 1985, 52 ff.). Der Anarchismus findet seine Praxis darin, alles, was der »Kolonisierung der Lebenswelt« (Redaktion 1984, 10) widerstreitet, als anarchistisch zu interpretieren. Über eine andere Praxis als jene, als einzige politische Strömung die Phrasen der Neuen Sozialen Bewegungen auch wirklich ernst zu nehmen, etwa ›Leben gegen Gewalt‹ zu setzen, kann nicht mehr verfügt werden. Das einleitende, grundlegend gemeinte Vorwort der *Wege des Ungehorsams* bringt dies u. a. auf die Formel: »Betroffenheit gegen ›Allgemeininteressen‹ = Staat« (ebd., 15). Wie aber soll in einer Gesellschaft, für die der Selbstwiderspruch von Gesellschaft und Staat, von Bourgeois und Citoyen konstitutiv ist, die die Souveränität als ein dynamisches Verhältnis organisiert, zwischen alltäglichem Widerstand etwa des Beamtenbundes gegen Stellenkürzung und revolutionärer Praxis noch unterschieden werden?

In der theoretischen Unmöglichkeit, diese Frage im Horizont des Anarchismus begründbar zu entscheiden, spiegelt sich insbesondere die Verschmelzung des klassischen Anarchismus eines Bakunin mit dem zivilen Ungehorsam nach Gandhi und H. D. Thoreau. Anarchismus wird zur Frage der Moral, die es verbietet, das Ziel-Mittel-Verhältnis pragmatisch zu denken: Der Kampf gegen die Gewalt, der aufgrund der objektiven Struktur der Souveränität immer die Militarisierung der Opposition erzwingt, kann nur als ›gewaltfreier‹ organisiert werden, soll nicht das Ziel diskreditiert werden. Das *Jahrbuch* drängt das Problem konsequent in die Fußnote: »Die Haltungen, die wir brauchen, um nicht unterzugehen und um die herrschenden Strukturen wirksam zu bekämpfen, und die Haltungen, die einer freien Gesellschaft entsprechen, sind grundlegend verschieden. Wir können aus diesem Dilemma nicht entkommen« (ebd., 18, Fußnote 16).

Zwei Seelen wohnen, ach!, in meiner Brust. Das *Jahrbuch* mündet im Staatstheoretischen dort, wo es anzufangen hätte: Bei der Frage, wie sich dies ›Dilemma‹ zwischen Moral und Politik, zwischen Recht und Gewalt, zwischen dem, was einer lieber lassen sollte, und dem, was derselbe zu tun gezwungen ist, überhaupt konstituiert. Der Anarchismus verbleibt innerhalb dieses Dilemmas, indem er eine Staatstheorie überhaupt versucht.

10.

Als radikaler Liberalismus will der Anarchismus die bürgerliche Gesellschaft ohne die kapitalistische Vergesellschaftung, von der er daher auch keinen Begriff entwickelt. Die ›Gesellschaft ohne Staat‹ ist der Traum, bürgerliche Hegemonie ohne Zwang, Konsens des Marktes ohne Despotie der Fabrik herzustellen. Der immanente Zusammenhang von Demokratie und Despotie, die Notwendigkeit der Despotie für das Funktionieren der Demokratie bleibt Geheimnis. Der Anarchismus will die politische Form der bürgerlichen Gesellschaft ohne ihren sozialen Inhalt.

11.

Gleichwohl: Als prinzipieller Einspruch gegen Befehl, Gehorsam, Disziplin und Autorität sowie im prinzipiellen Beharren darauf, die bürgerliche Gesellschaft als letztlich nach dem Muster der Kaserne zu kritisieren, ist der Anarchismus die halbe Staatskritik. Indem er aber den Staat aus diesem Prinzip der Autorität und Willkür ableitet, wird er zur Staatstheorie, wird die Revolution durch das Spiegelspiel der bürgerlichen Gesellschaft paralysiert. Marxismus wäre die andere Hälfte dieser Staatskritik, indem er die Autorität auf ihre soziale Konstitution hin untersucht und diese in einer prinzipiellen Analyse des Klassencharakters der bürgerlichen Gesellschaft fundiert. Indem er jedoch den Staat aus dem Kapital ableitet, wird auch Marxismus zur Theorie und stiftet die Denkbarkeit eines vernünftigen Gebrauchs der Staatsgewalt. Wer den Staat ableitet, der hat ihn als einen theoretisierbaren – und d. h., an sich selbst vernünftigen – Gegenstand schon legitimiert.

Nachbemerkung: Das Halbe wird zum Ganzen nicht durch Addition. Darin liegt der Irrtum aller Versuche, etwa Ernst Blochs, dem um stalinistische Staatsextase verkürzten Marxismus den spanischen Anarchismus aufzupfropfen oder gar, wie bei Wolfgang Harich, einen »Kommunismus im Geiste der Kaufhausbrandstiftung« zu fordern. Bloch hält, trotz der Frage, ob sich der Marxismus im Stalinismus »zur Kenntlichkeit oder zur Unkenntlichkeit« verändert habe, daran fest, diese Frage nur »treuen Marxisten« vorzulegen (Traub/Wieser 1975, 21). Ebenso bleibt Bakunins Versuch, die Kritik der Autorität um die des Kapitals zu ergänzen, ganz äußerlich und nur verbal (vgl. Stuke, in: Bakunin 1972). Letztlich gelangen alle Versuche der Addition nicht über das Lippenbekenntnis hinaus, Anarchismus und Marxismus hätten die letztlich gleichen Ziele und nur verschiedene Mittel – das aber war schon der Standpunkt Stalins (Stalin 1912, 257 ff.).

12.

Der Marxismus ist seiner historischen Gestalt nach zum Ausdruck der Verewigung des Kapitals mit proletarischen Mitteln geworden. So ist er wenig mehr als die Ideologie der gewerkschaftlich organisierten Facharbeiterklasse, die dem Privatkapital die Reproduktionsinteressen des Humankapitals aufzwingen will, um es darüber zum Staatskapital zu transformieren. Als Ideologie der Arbeit ist er die Ideologie des variablen Kapitals, des Werts in lebendiger Form. Als Politik ist

Marxismus der Aufstand gegen das ›mühelose Einkommen‹, die Rebellion gegen den für die Produktion unnützen Kapitalisten, der nur den Eigentumstitel und damit das Recht auf den Zins besitzt. Letztlich ist dem Marxismus das Kapital für die Produktion so äußerlich wie dem Anarchismus der Staat für die Gesellschaft. Der Gebrauchswert der Produktion scheint diesem Marxismus durch die allumfassende Logik der Arbeit letztlich ebenso garantiert, wie dem Anarchismus das gesellschaftliche Bedürfnis nach Freiheit trotz aller Staatsüberformung im Letzten eindeutig. Was für den Anarchismus das Volk oder die Gesellschaft – Fetisch vernünftiger Allgemeinheit –, ist dem Marxismus die Arbeit. Der sogenannte Grundwiderspruch von Lohnarbeit und Kapital reproduziert das Kapital in anderer Potenz.

13.

Als Politik des Staates gilt dem Marxismus daher die Verallgemeinerung der Arbeit als der Prozeß der Aufhebung von Herrschaft. Wenn sich das Kapital im Verfolg seiner eigenen (Arbeits-)Logik auf reines Recht reduziert, auf das Privateigentum als die äußerliche Garantie der Abschöpfung des Mehrprodukts und dessen geregelte Verteilung an die Klasse der Eigentümer, dann ist Revolution als Federstrich der Aufhebung dieses Rechts zugleich die Abschaffung des Staates als Klassenstaat, seine Überführung ins neutrale Instrument der Verteilung von Gebrauchswerten. Das gegen das Kapital gesetzte ›Recht auf Arbeit‹ schlägt um in allgemeinen Arbeitszwang. Der »soziale Arbeiterstaat« (Karl Kautsky) ist der Arbeitsstaat, der ideelle Gesamtlohnarbeiter, wie er unmittelbar mit dem ›ideellen Gesamtkapitalisten‹ identisch geworden ist, d.h. »Staat des ganzen Volkes« (Programm der KPdSU, 1961) oder zu werden strebt, d.h. ›Sozialstaat‹. Indem der Marxismus von der Krise her die Gesellschaft denkt, erhebt er den Staat als das Muster von Planung, Organisation und Bewußtsein zum Instrument der Revolution.

Nachbemerkung: Im Verhältnis zur sozialen wie zur historischen Funktion, die der Marxismus ausgeübt hat, ist der Versuch, seinen ›authentischen Gehalt‹ zu ›rekonstruieren‹ (das Hobby der akademischen Revolte von '68) oder den ›späten‹ Marx des *Kapital* gegen den Marx der Frühschriften einzutauschen (das Hobby progressiver Pfaffen und linker Sozialdemokraten) ein intellektuelles Spaßvergnügen. Der Marxismus hat den Staat stets im Rahmen einer positiven, ins Politische nur verdoppelten Metaphysik der Arbeit gedacht – vom frühesten Marx bis zum spätesten Engels. Sit venia verbo: Marx war schon immer ein mindest 90%iger Kautskyaner und, daher, Leninist. »Arbeit als der Selbsterzeugungsprozeß des Menschen« (*Ökonomisch-Philosophische Manuskripte*) setzt jenes Verhältnis von Wesen und Erscheinung, von Grund und Begründetem, das, indem es Ableitungsverhältnisse stiftet, proletarische Vernunft als emanzipatorische letztlich garantieren soll: Das ›Prinzip Arbeit‹ ist ein Idealismus von der Statur des Hegelschen Weltgeistes.

Schon in der Marxschen *Kritik des Hegelschen Staatsrechtes* ist vorgeprägt, was sich später zur ›Diktatur des Proletariates‹ auswachsen sollte: »Der Staat ist der Mittler zwischen dem Menschen und der Freiheit des Menschen« (MEW 1, 353). Indem sich der Bourgeois verdoppelt, sich in den egoistischen und den allgemeinen Menschen, den Citoyen, auseinanderlegt, provoziert er den Rückschlag des Allgemeinen ins Besondere und schafft, »indem sich der konkrete Mensch den abstrakten Staatsbürger aneignet« (ebd., 370), auch die objektiven Bedingungen der Revolution. Die marxistische Staatstheorie ist die Theoretisierung dieser Verdoppelung: Das Privateigentum als juristischer Ausschluß der Produzenten von der Aneignung ihres Produktes ist nur der ökonomische Aspekt des Zensuswahlrechtes als des Ausschlusses der Nicht-Besitzenden von der demokratischen Abstimmung über die Inhalte der Souveränität. Fällt das Zensuswahlrecht, dann kann von Staats wegen das Privateigentum zur Disposition gestellt werden. In diesem Sinne heißt es etwa in den Frankreichschriften: »Der umfassende Widerspruch dieser Konstitution besteht darin: Die Klasse, deren gesellschaftliche Sklaverei sie verewigen soll, Proletariat, Bauern, Kleinbürger, setzt sie durch das allgemeine Stimmrecht in den Besitz der politischen Macht« (MEW 7, 43).

Die Theorie der Republik ist die ins Politische gewendete Theorie der Aktiengesellschaft – die Anonymisierung der Verfügung durch Wegfall des Zensus wie der Personalunion von Eigentum und Direktion ist schon der Wegfall der Herrschaft. »Das namenlose Reich der Republik« (MEW 7, 58) ist als anonymes auch das herrschaftslose, zumindest virtuell, d.h. solange, bis die politischen Bestimmungen der Freiheit ins Ökonomische hinab ausgedehnt sind, der Staatsbürger auch zum ›Wirtschaftsbürger‹ geworden ist. Der Staat, in der berühmten Formel von Engels als ›ideeller Gesamtkapitalist‹ gedacht, geht restlos auf in der rationalen Garantie der Eigentumstitel, ist bloßer Exponent der Garantie der Abschöpfung des Mehrproduktes – ohne das geringste Eigenleben. Es ist diese positive, aus der Arbeitsdialektik von Subjekt und Objekt, von Wesen und Erscheinung, von Entäußerung und Aneignung gefolgerte Philosophie, die den Marxismus als ›wissenschaftlichen Sozialismus‹ auszeichnet. Als positive Philosophie des Wesens ist er eine rationalisierte Form schlechter Metaphysik. Denn »Arbeitsmetaphysik und Aneignung fremder Arbeit sind komplementär« (Adorno 1964, 29 f.).

Marxistische Staatstheorie als die Arbeitsmetaphysik auf politischem Terrain begreift Empirie als Erscheinung, den Protest der Erscheinung gegen das Wesen als Irrationalismus. Sie leistet damit der repressiven Aneignung des Besonderen durch das Allgemeine Vorschub. »(Es bedeutet) z.B. die allgemeine Arbeitspflicht im System des Staatskapitalismus eine Knechtung der Arbeitermassen, dagegen im System der proletarischen Diktatur ist sie nichts anderes als die Selbstorganisation der Arbeit durch die Massen; alle Formen des staatlichen Zwangs stellen bei der staatskapitalistischen Struktur eine Pression dar, die den Ausbeutungsprozeß sichert, ausdehnt und vertieft, während der staatliche Zwang bei der proletarischen Diktatur eine Methode des Aufbaus der kommunistischen Gesellschaft darstellt. Kurzum, die funktionelle Gegensätzlichkeit der formal ähnlichen Erscheinungen wird total bestimmt durch die funktionelle Gegensätzlichkeit der Organisationssysteme, durch deren entgegengesetzte Klassencharakteristik« (Bucharin 1920, 117 f.).

Dialektik von Wesen und Erscheinung ist als negative Dialektik, als gedanklicher Nachvollzug der Anverwandlung der Erscheinung ans Wesen allein möglich. Andernfalls verfällt sie der Metaphysik, deren Opfer – das Schicksal Bucharins beweist es nachdrücklich – selbst das Recht auf Protest verloren haben. Oder anders: Marxismus als positive Bestimmung des Wesens der Arbeit, dem das Kapital, die »Produktion um der Produktion willen nichts anderes (heißt) als Entwickung der menschlichen Produktivkräfte, also Entwicklung der menschlichen Natur als Selbstzweck« (MEW 26.2, 111), ist die Affirmation des Kapitals wider Willen.

14.

Der Marxismus denkt das Politische als eine Potenz des ökonomischen Antagonismus der Ausbeutung. Der Anarchismus denkt das Ökonomische als eine Potenz des politischen Antagonismus der Herrschaft. Aber beide begreifen ihren Gegenstand unter Kategorien des Dualismus: Die Ökonomie erscheint als Kuddelmuddel des Einerseits der Ausbeutung und des Andererseits der Vergesellschaftung der Arbeit; die Politik erscheint als Mischmasch von sowohl staatlicher Autorität als auch gesellschaftlicher Hegemonie und Freiheit. Theorie ergibt sich zwanglos aus der Reduktion dieses unheilbaren Dualismus auf ein Verhältnis von Wesen und Erscheinung.

15.

Marx und Bakunin liegen als die Urväter dieses Modells im Lager der Opposition unter dem Niveau ihres Gegenstandes, indem sie unter dem Niveau der Hegelschen Staatsphilosophie verbleiben. In ihrer konstitutionellen Unfähigkeit, das Wesen als die Bedingung der Möglichkeit dessen zu fassen, einen Gegenstand überhaupt unter den Kategorien des Dualismus zu begreifen und daher über ihn sowohl wahr als auch falsch sprechen zu können, können sie es zugleich als ein Unwesen nicht denken.

Nachbemerkung: Marx und Bakunin sind Schüler und Kritiker Hegels, indem sie ihm nachweisen, daß die Versöhnung von Staat und Gesellschaft im System der *Rechtsphilosophie* nicht gelingen kann. Bakunins berühmtes Diktum: ›Die Lust der Zerstörung ist zugleich eine schaffende Lust‹ ergibt sich daraus, daß er die Hegelsche ›Negation der Negation‹ der bürgerlichen Gesellschaft durch den Staat nicht mitvollzieht, bei der ›einfachen Negation‹ stehen bleibt und meint, die Abschaffung des Staates entbinde die Gesellschaft als eine der Freiheit unmittelbar. Das Eigentum fällt mit der staatlichen Garantie des Erbrechtes. In der Garantie dieses Rechtes jedoch war der Staat zugleich die äußere Usurpation des Sozialen, das eigenlogisch den Staat schon überschritten hatte. Bakunin unterstellt Hegel, er könne die Versöhnung von Staat und Gesellschaft nur als Gewalt und daher als eine gegen den Bürger denken. Er hat Recht im ersten, aber irrt im zweiten.

Marx führt den Nachweis, daß Hegel die Versöhnung von Citoyen und Bourgeois nur illusorisch denken kann, daß dieser Versöhnung im realen gesellschaftlichen Leben nichts entspricht als die bürgerliche Schizophrenie selber. Der Bourgeois wird zum Citoyen allein durch die völlige Abstraktion vom sozialen Leben, durch »Transsubstantion« (MEW 1, 280). Die menschliche Allgemeinheit des Citoyen verbirgt nur die Allgemeinheit der selbstsüchtigen Interessen des Bourgeois. Marx unterstellt Hegel, das Allgemeine sei gar nicht das wahre Allgemeine, da ihm keine besondere Existenz zukomme. Er hat Recht im ersten, aber irrt im zweiten.

Es ist charakteristisch, daß die Marxsche Hegelkritik noch vor dem Übergang Hegels von den Bestimmungen der innergesellschaftlichen zu den Bestimmungen der zwischenstaatlichen Souveränität Halt macht. Seine Hegel-Kritik geht bis §313; Hegel aber gibt in §328 seiner *Rechtsphilosophie* die Versöhnung von Citoyen und Bourgeois als eine reale und also negative. Der Soldat ist die reale Einheit, er ist Beispiel »des feindseligsten und dabei persönlichsten Handelns gegen Individuen bei vollkommen gleichgültiger, ja guter Gesinnung gegen sie als Individuen.«

Die unmittelbare Aufopferung der Individualität für den Staatszweck ist die wirkliche, mit Gewalt und mit Zustimmung des Bürgers (cf. Hegel über Patriotismus) vollzogene Synthese von Staat und bürgerlicher Gesellschaft, von Politik und Moral, von Citoyen und Bourgeois. Indem Hegel die Bewegung der Sache Souveränität selbst verfolgt, ist ihm die Synthese des Besonderen und des Allgemeinen nur als eine negative möglich. Das Wesen, das Hegel als ein affirmatives doch begründen wollte, entlarvt sich als Unwesen. Damit ist »Hegel (...) der metaphysische Denker des Kapitals« (Krahl 1970, 145).

16.

Negative Dialektik kann das Wesen als Unwesen denken. Es ist dies Bedingung dafür, einen Gegenstand als dualistischen zu begreifen. Der Staat ist weder Recht noch Gewalt, er ist Recht und Gewalt, Hegemonie durch Zwang und Konsens durch Polizei. Als Souveränität ist er die Bedingung dafür, am Staat überhaupt Recht und Gewalt unterscheiden zu können. Der Begriff der Souveränität verweist auf die negative Dialektik des Wertes. Diese aber kann weder von marxistischer noch anarchistischer Staatstheorie gedacht werden.

17.

»Souverän ist, wer über den Ausnahmezustand entscheidet. (...) Er steht außerhalb der normal geltenden Rechtsordnung und gehört ihr doch an, denn er ist zuständig für die Entscheidung, ob die Verfassung in toto suspendiert werden kann. (...) Im Ausnahmefall suspendiert der Staat das Recht kraft seines Selbsterhaltungsrechtes. (...) Die Ausnahme erklärt das Allgemeine und sich selbst; kann man sie nicht erklären, so kann man auch das Allgemeine nicht erklären« (Schmitt 1922, 9-15).

18.

Das Subjekt der Souveränität ist nicht theoretisierbar. Aber davon, es zu kritisieren, hängt in Sachen Staat alles weitere ab. Das Subjekt der Souveränität ist subjektlos, aber es ist dasjenige, das die letztlich verbindliche Entscheidung gewaltförmig trifft. Es hat keine gegenständliche Form, aber es vergegenständlicht sich stets in einer Situation der »Gefährdung der Existenz des Staates« (Schmitt). Wo der Souverän auftaucht, ist unabsehbar und jeder Staatstheorie verschlossen – und doch ist er die Bedingung, überhaupt Staatstheorie treiben zu können. Er gehört der Legalordnung an, steht aber als Legitimität über und neben ihr.

Nachbemerkung: Die Souveränität bezieht praktisch jenen »Standpunkt außerhalb der bürgerlichen Demokratie«, den Saathoff/Ulrich (Ulrich/Saathoff 1984, 100) aus immanenter Kritik dieser Theorie in einem emanzipativen Sinne beziehen wollen. In diesem Bedürfnis ist gesehen, aber nicht formuliert, daß der Sturz der Souveränität immer nur durch die Konstitution eines Gegen-Souveräns möglich ist. Dies ist der rationelle Kern der Formel von der ›Diktatur des Proletariats‹, zieht man einmal die soziologische Bestimmung des Subjektes der Gegen-Souveränität und den darin implizierten Leninismus ab. In diesem Sinne ist auch die Bestimmung von Friedrich Engels über das ›Absterben des Staates‹ zu verstehen: Tritt der Staat einmal als das wirklich Allgemeine auf, dann ist er zugleich als Staat schon das Besondere und damit Obsolete. Daraus wäre das Problem revolutionärer Organisation zu entwickeln.

19.

Die Souveränität ist dasjenige Verhältnis, das, als Bedingung der Möglichkeit, den Staat unter den Dualismus von Recht und Gewalt setzen zu können, der Grundregel der Theorie – dem Satz vom ausgeschlossenen Dritten – nicht gehorcht. Zwischen Staat und Kapital kann daher ein Verhältnis der Ableitung nicht bestehen, vielmehr: Die Souveränität ist das politische Verhältnis des Kapitals wie das Kapital nur das ökonomische Verhältnis der Souveränität ist. Zwischen ihnen besteht das Verhältnis der Verdoppelung und Komplementarität: Die ökonomische Synthesis bedarf der politischen, die politische der ökonomischen. Die Verdoppelung des Ökonomischen in Tauschwert und Gebrauchswert, ihre Synthese durch den Wert, ist und erzwingt die Verdoppelung des Politischen in die Bestimmungen von Citoyen und Bourgeois, ihre Synthese durch die Souveränität.

Nachbemerkung: Daher ist die Frage, ob der Staat das Kapital qua Erbrecht schafft oder das Kapital den Staat, nicht nur überflüssig, sondern hirnrissig. Die bürgerliche Gesellschaft suspendiert die Frage nach dem Verhältnis von Ursprung und Geltung. Der Streit zwischen Anarchismus und Marxismus stellt sich dar als Streit zwischen Geschichte und Logik, ohne zu bemerken, daß dieses Verhältnis selber nur im Rahmen einer negativen Dialektik – als selbst schon konstituiertes – gedacht werden kann. Folgerichtig unterstellen beide Systeme eine Notwendigkeit des historischen Ablaufes, wo es doch ein historischer Unfall war, der Staat und Kapital, Geschichte und Logik etc. überhaupt erst in ein prozessierendes Verhältnis setzte (vgl. Pohrt 1983).

20.

Den Staat unter den Gegensatz von Recht und Gewalt zu setzen, das verlängert die Setzung des Ökonomischen in den Gegensatz der ›Republik des Marktes‹ und der ›Despotie der Fabrik‹. Jenes Verhältnis, das Republik und Despotie als die zwei Seiten einer Medaille stiftet, ist zugleich die synthetische Instanz bürgerlicher Vergesellschaftung, der Wert. Es ist dieses Wesen, das negative Dialektik als das Unwesen denkt. Der Wert ist die ökonomische Bedingung dessen, die Politik als Spiegelspiel betreiben zu können.

Nachbemerkung: »Der Souverän (...) zentriert die Konkurrenz der Wahrheiten, so daß tatsächlich keine ausbrechen kann, sondern beiträgt, das Spiel durch den Widerspruch zu reproduzieren« (Demirovic 1985, 562).

»(Es zeigt sich) die Albernheit der Sozialisten (namentlich der französischen, die den Sozialismus als Realisation der von der französischen Revolution ausgesprochenen Ideen der bürgerlichen Gesellschaft nachweisen wollen), die demonstrieren, daß der Austausch, der Tauschwert etc. ursprünglich (in der Zeit) oder ihrem Begriff nach ein System der Freiheit und Gleichheit aller sind, aber verfälscht durch das Geld, Kapital etc. (...) Ihnen ist zu antworten: (...) daß, was ihnen in der näheren Entwicklung des Systems als störend entgegentritt, ihm immanente Störungen sind, eben die Verwirklichung der Freiheit und Gleichheit, die sich ausweisen als Ungleichheit und Unfreiheit. (...) Was die Herren von den bürgerlichen Apologeten unterscheidet, ist auf der einen Seite das Gefühl der Widersprüche, die das System einschließt; auf der andern Seite der Utopismus, den notwendigen Unterschied zwischen der realen und idealen Gestalt der bürgerlichen Gesellschaft nicht zu begreifen und daher das überflüssige Geschäft vornehmen wollen, den ideellen Ausdruck selbst wieder realisieren zu wollen, da er in der Tat nur das Lichtbild dieser Realität ist« (Marx 1974, 160).

21.

Die Marxsche Kritik der Politischen Ökonomie gibt – als negative Dialektik des Unwesens verstanden – die Begriffe der Kritik der Souveränität in der Kritik des Geldes vor. Das Geld ist mit den Mitteln der Vernunft ebenso unverständlich wie die Souveränität. Es ist die sinnliche Vergegenständlichung der abstrakten Synthesis der Gesellschaft durch den Wert. Das Geld ist die Bedingung der Einheit von äußerster Subjektivität (Bedürfnis, Nachfrage) und extremer Allgemeinheit (Markt, Angebot) ebenso wie die Souveränität die Bedingung der Einheit von Willkür, Gewalt, Autorität, Legitimität einerseits, von Kalkulierbarkeit, Recht, Legalität andererseits darstellt.

22.

Daher kann es eine Theorie der Souveränität ebensowenig geben wie eine des Geldes und der Wertform. Die Wahrheit über den Staat als eines falschen Verhältnisses ist die Abschaffung des Staates ebenso, wie die theoretische Wahrheit über das Kapital nur die praktische Aufhebung des Kapitals sein kann. Dieses materialistische Paradox reproduziert ex negativo die Form bürgerlicher Vergesellschaftung, indem sie es auf die Spitze treibt. In Sachen Staat ebenso wie in Sachen Kapital kann es ein Verhältnis von Theorie und Praxis nicht geben, sondern nur eines von Kritik und Krise, von Denunziation der ideellen Formen der Vergesellschaftung in der Hoffnung, deren reale Formen in die Krise zu treiben.

Nachbemerkung: Das *Jahrbuch Wege des Ungehorsams* hängt ganz dem Theorie-Praxis-Verhältnis an, und es ist daher folgerichtig, daß es in ›Theorie‹ wie ›Praxis‹ unter dem Niveau der Verhältnisse bleibt. Es geht ihm darum, die »Bearbeitung eines Theoriedefizits« (Herausgeber/Verlag 1984, 4) einzuleiten, als sei es möglich, Begriffe wie Kohlensäcke aufzufüllen und umzulagern. Hinter der Rede vom »Theoriedefizit« steckt stets – und da stehen die Jahrbuchautoren nicht alleine – die Vorstellung, Wahrheit ließe sich innertheoretisch erzeugen, d. h. letztlich auf Konsens reduzieren. Im Ergebnis bleibt dann wenig mehr als der Praxis, d. h. den neuen sozialen Bewegungen, einen anderen Sinn zu unterstellen, d. h. sie bloß zu interpretieren. Im Resultat führt dies zu linkskritischem Positivismus in Theorie und Praxis.

23.

Die Hoffnung, durch Kritik die Krise zu provozieren, ist durch nichts begründbar. Marxismus, als negative Dialektik des Unwesens verstanden, vermag ebensowenig das Subjekt der Revolution anzugeben wie der historische Anarchismus Bakunins. Als Kritik ist er strikter Anti-Utopismus, die gerade deshalb der Utopie im Schweigen die Treue hält. Die Berufung auf ein positives Allgemeines ist der Kritik versagt, da Allgemeinheit als gesellschaftlich nur negativ mögliche selber das Aufzuhebende darstellt. Kritik ist die Provokation darauf, daß die gesellschaftlichen Individuen die Resultate ihrer Vergesellschaftung sich als die Resultate ihres Willens nicht zurechnen können – also die kontrafaktische Unterstellung dessen, daß es außerhalb des Spiegelspiels von Citoyen und Bourgeois ein Anderes noch geben könne. Kritik ist Negation der ideellen Formen der Vergesellschaftung als Provokation und ungedeckter Wechsel auf die praktische Negation ihrer realen Formen. Daher der reinste Voluntarismus.

Nachbemerkung: Der objektive Zustand der Gesellschaft ist der Nihilismus, d. h. die Gleich-Gültigkeit aller Werte als objektives Resultat bürgerlicher Vergesellschaftung (Breuer 1983). Marxens Kritik an Bakunin, dieser könne Revolution nur als den reinsten »Voluntarismus« denken (MEW 18, S. 597-642), ist daher ebenso wahr wie falsch: Anders als der reine, auf nichts als den Willen begründete Akt ist Revolution nicht mehr denkbar – damit ist sie aber überhaupt als eine vernünftige nicht denkbar. Es ist ebenso vernünftig, im Hühnerstall

Motorrad zu fahren wie einen revolutionären Verein aufzumachen – die Gründe subjektiver Pathologie, das eine zu tun oder das andere zu lassen, sind nicht wahrheitsfähig.

24.

Die Kritik der bürgerlichen Gesellschaft kann sich nur aus der Differenz von Ausnahme und Regel herleiten. Sie muß als Synopse von Kapital- und Staatskritik arbeiten, die das eine im anderen denkt und zugleich aus der doppelten Perspektive von ökonomischer Krise und politischem Staatsstreich. Der Protest gegen Autorität und Kommando ist auf seinen kritischen Gehalt gegen die bürgerliche Hegemonie ebenso zu befragen wie die Opposition gegen Ausbeutung darauf, ob sie nicht einzig danach strebt, die ›Anarchie des Marktes‹ gegen die ›planmäßige Produktion in der Fabrik‹ auszuspielen. Kritik hat die Arbeit zu leisten, die Reproduktion des Spiegelspiels durch die Opposition zu unterbinden, soll die Therapie das Übel nicht nur ins Unaufhebbare verlängern.

25.

Als gewalttätige Garantie der Legalität des Marktes garantiert der Staat die Legitimität der Despotie der Fabrik ebenso, wie das Kapital in seiner Oberfläche als Republik des Marktes die Legitimität der bürgerlichen Legalordnung erzeugt und reproduziert. Der soziale Gehalt der bürgerlichen Legalität, die Ausbeutung, ist der politische Gehalt der staatlichen Legitimität: Hierarchie, Befehl, Kommando. Das eine ist ohne das andere nicht aufhebbar, das eine jedoch nur durch das andere.

26.

Damit fällt die historische Scheidung und Gegnerschaft zwischen Anarchismus und Marxismus. Anarchie als Freiheit ohne Gewalt ist unmittelbar nur denkbar im Sozialismus als Gewalt gegen die Gewerbefreiheit.

Echtzeit des Kapitals, Gewalt des Souveräns

Deutschlands Zukunft in der Krise

»In einem Meer der Unsicherheit ist der Staat der letzte Rettungsanker. (...) Wenn in Deutschland das Geld der Sparer nicht mehr sicher wäre, dann bräche das Fundament des Staates. (...) Ein funktionierender Zahlungsverkehr ist ein öffentliches Gut; das Einstehen des Staates für das von ihm ausgegebene Geld ist selbstverständlich.«

FAZ[1]

»Nationalökonomie ist, wenn sich die Leute wundern, warum sie kein Geld haben. Das hat mehrere Gründe, die feinsten sind die wissenschaftlichen Gründe, doch können solche durch eine Notverordnung aufgehoben werden.«

Kurt Tucholsky[2]

»(...) versucht die Regierung ein Solidaritätsgefühl zu wecken, das möglichst dem Gemeinschaftsempfinden nach einer Naturkatastrophe gleichen soll.«

FAZ[3]

»Das deutsche Volk kann Revolution machen nur noch gegen sich selbst.«

Ulrich Sonnemann[4]

Im Aufruf zur Konferenz *Auf einer Skala von eins bis zehn: Wie scheiße ist Deutschland?* wird es als das Dilemma der ›kommunistischen Kritik an Deutschland‹ dargestellt, daß sie nicht so recht wisse, ob sie es »mit Aspekten nationalsozialistischer Kontinuitäten im Postnazismus oder

1 Holger Steltzner, *Die Krise und die Folgen*, in: *FAZ*, 10. Oktober 2008.
2 Kurt Tucholsky, *Kurzer Abriß der Nationalökonomie* (1931), in: Ders., *Panter, Tiger und Co.*, Reinbek 1954, S. 161.
3 Johannes Leithäuser, *Irische Gemeinschaftsappelle*, in: *FAZ*, 9. April 2009.
4 Ulrich Sonnemann, *Institutionalismus und studentische Opposition. Thesen zur Ausbreitung des Ungehorsams in Deutschland*, Frankfurt 1968, S. 165.

mit der allgemeinen Logik von Staat, Nation und Kapital, mithin keiner ›deutschen Besonderheit‹, zu tun« habe.[5] Mit dieser Gretchenfrage wird ein leider eingeschliffener, aber gleichwohl unzutreffender Gegensatz aufgemacht zwischen dem deutschen Sonderweg einerseits, den allgemeinen Erkenntnissen der Kritik der politischen Ökonomie andererseits. Dieser Gegensatz ist falsch und lediglich dazu geeignet, sowohl die Kritik der politischen Ökonomie als auch das, was zu Recht als ›typisch deutsch‹ gilt, zu verfehlen: der deutsche Sonderweg wird dann verstanden als die historische Offenbarung eines als gegeben vorausgesetzten ›deutschen Wesens‹, die Nationalökonomie sodann als das konkrete Ensemble oder besser: nationale Kondensat der Weltmarktbewegung des Kapitals, und die Wertarbeit des Theoretikers besteht schließlich darin, diese gegeneinander substantiell gleichgültigen Bereiche miteinander zu ›vermitteln‹. Aber diese ›Vermittlung‹ besteht doch immer schon als realpraktisch-negative, längst bevor die Theorie auf den Plan tritt: wie die politische Ökonomie den Antisemitismus als ›objektive Gedankenform‹ aus sich heraus setzt, so verweist die Frage danach, was deutsch ist, nicht auf eine Gegebenheit von Geschichte oder von Natur, sondern auf ein gesellschaftliches Produktionsverhältnis im strikten Sinn.

Nie waren die Deutschen deutscher als am 9. Mai 1945, und deshalb war der Nazi-Faschismus keine Enthüllung und keine Offenbarung, sondern ein Produktionsverhältnis im durchschlagendsten Sinne: die Produktion der Barbarei als einer qualitativ neuen, dem Kapital im doppelten Sinne des Wortes entsprungenen Gesellschaftlichkeit. Der Antisemitismus erschöpft sich keineswegs ›schon‹ darin, eine Verfolgungs- und Vernichtungspraxis zu initiieren, d.h. die ›Endlösung‹, sondern er war zugleich die Produktion des Deutschen an und für sich, d.h. die Transformation der Bevölkerung in das deutsche Volk, d.h. dessen tatsächliche Enderlösung. Die entscheidende Frage ist also, was eigentlich das Mordkollektiv davon gehabt hat, was sein Movens war, die Tat zu begehen, und wie es sich selber begierig, lustvoll und leidenschaftlich in der Verfolgung und Ermordung der

5 Am 6. November 2010 veranstaltet von der Antinationalen Gruppe Bremen – siehe www.nadir.org/nadir/initiativ/ang/Konferenz2010.html.

Juden als etwas substantiell Neues konstituiert hat – und wie das, was schließlich konstituiert worden ist, in der Gegenwart als die zum ›Tausendjährigen Reich‹ noch fehlenden 988 Jahre fortwest und die Bedingung der Möglichkeit dessen ist, daß die Krise, wie sie seit Jahren in den schwarzen Messen des nationalökonomischen Okkultismus abgefeiert wird, von den Landsleuten so überaus gelassen, fast stoisch schon, hingenommen wurde und wird.

Deswegen blieb die Panik aus, weil das Vertrauen der Deutschen in die Nazismusfähigkeit ihres Souveräns bedingungslos ist; eben das ist das bleibende Resultat des Nationalsozialismus als eines Produktionsverhältnisses. Wenn etwa die *FAZ* in ihrer Neujahrsansprache 2010 sich fragt, was die Zukunft der Krise sein wird, dann lautet die Antwort, »daß die Deutschen in der größten und tiefsten Wirtschaftskrise seit Menschengedenken eine erstaunlich robuste Gemütsverfassung zeigten.«[6] Dabei verstieg sich die *FAZ* im weiteren zu Einsichten, wie man sie sonst nur in den Schriften von Hans-Georg Backhaus vermuten darf: »All das Geld ist genau so lange sicher, bis es jemand haben möchte. Aber warum soll es einer haben wollen, wo es doch so sicher ist? Das Geld der Deutschen ist derzeit in einem logischen Rätsel angelegt.«[7]

Der Dreh- und Angelpunkt ist die Frage nach den ökonomischen Kompetenzen des Souveräns, d. h. ob überhaupt und inwieweit er in der Lage ist, das ökonomischen Desaster zu steuern, was darin als bleibende Erbschaft des Nationalsozialismus gesetzt ist. Eines dieser bleibenden Ergebnisse ist sicherlich die Transformation des Proletariats in nichts als Pöbel und die Transformation der Bourgeoisie, d. h. der angeblich ›herrschenden Klasse‹, in nichts als Gesindel.[8] Das bedeutet immerhin, daß diejenigen, die sich heute noch anmaßen,

6 Günter Nonnenmacher, *Ein Jahr der Bewährung*, in: *FAZ*, 4. Januar 2010. Der Aufruf zur Bremer Konferenz attestiert sogar einen »erschreckenden Mangel an Panik«.

7 Nils Minkmar, *Und was ist nach dem Geld passiert?*, in: *FAZ*, 8. Oktober 2008.

8 Siehe dazu Eric Voegelin, *Hitler und die Deutschen*, München 2006, insbes. S. 88. Siehe auch das Buch des deutschen Gewerkschaftsführers August Winnig, *Vom Proletariat zum Arbeitertum*, Hamburg 1930.

das *Kapital* von Karl Marx als »Bibel der Arbeiterklasse« (Friedrich Engels) und daher klassenanalytisches Buch zu lesen, in diesem Ansatz ab ovo schon das Resultat des Nationalsozialismus als eines Produktionsverhältnisses ignorieren, um sich dafür um so bequemer in den vom Kapitalverhältnis selbst eröffneten Antinomien des Ideologischen herumzutreiben, unter anderem vermittels der überaus gewagten These, aller Wert resultiere aus Arbeit. Ist Ideologie die bewußtlose, aber absichtliche Reproduktion dieser Antinomien im Meinen und Dafürhalten, so der Pluralismus die zum Ganzen aufgespreizte Bewegungsform solcher Meinungsleidenschaft. Der Pluralismus ist mittlerweile an sich selbst zum letzten und höchsten Stadium von Propaganda geworden. Hier herrscht nichts als losgelassene Subjektivität, die an sich selbst die Objektivität der falschen Gesellschaft zum Dogma versteinert. Und hierin übt die Meinung ihre unumschränkte Diktatur über die Wahrheitsfähigkeit des Denkens aus. Indem die Meinung jenes Reich der Freiheit und herrschaftslosen Kommunikation eröffnet, in dem jedes Statement, jedes Einerseits unvermeidlich und prompt sein Andererseits provoziert, stiftet sie einen Raum, in dem ein herrschaftsfreier ›Diskurs‹, d.h. nichts als der ›zwanglose Zwangs des besseren Arguments‹ zu herrschen scheint. Und dieser Schein trügt überhaupt nicht, weder in den Talkshows noch in den akademischen Kolloquien oder im Wirtschaftsteil der *FAZ*. Denn er ist die Erscheinung des Verstandes, also jener aberwitzigen Fähigkeit, den Ort der Kritik, an dem sich erst die Wahrheitsfähigkeit des Denkens beweisen müßte, mit den Mitteln von nichts als blöder Logik erst zu okkupieren, dann zu annullieren: alles ist denkwürdig. Das Reich der Meinung wird vom Terror der Logik beherrscht, und so gilt es schon als Kritik, dem je anderen Standpunkt einen Widerspruch nachzuweisen. Dieses – nicht Wahrheits-, sondern – Richtigkeitskriterium, nur angewandt auf das Verhältnis von Wert und Geld, sodann von Geld und Kapital erzeugt den nachhaltigen Eindruck eines ernsthaften Bemühens um Verständnis bei gleichzeitig seliger Kapitulation vor der Sache selbst. Man redet sich um Kopf und Kragen und ist darin glücklich einverstanden mit dem Zweck aller Nationalökonomie, den Marx lapidar als die Organisation des größtmöglichen Unglücks der größtmöglichen

Zahl bestimmte.[9] Wie das geht, mit diesem Zweck absolut d'accord zu sein, wenn auch eben: konstruktiv-kritisch, zeigt ein beliebiger Blick in eine beliebige Ausgabe der *FAZ*, beispielsweise in die vom 22. Mai 2010. Erstens: man ist sehr besorgt, denn »ob die Währung ihre Funktion als Wertaufbewahrungsmittel weiter erfüllen kann, ist fraglich.« Zweitens: man gibt sich Mühe, sucht einen ›sicheren Hafen‹ für den Wert. Drittens: man wird praktisch, denn »Gold profitiert vom seinem Ruf als wertstabile Geldanlage in Krisenzeiten.« Viertens: man bleibt aber kritisch, denn: »Allerdings: Gold bietet keine Zinsen oder Dividenden, wie es zum Beispiel bei Aktien üblich ist.« Fünftens gibt man zu bedenken: der ›V-Dax-News‹, auch als die ›Fieberkurve des deutschen Aktienmarktes‹ bekannt, steigt auf 41°. Aber sechstens weiß man erst recht: »Es gibt derzeit weltweit keinen besseren Kredit als den aus Deutschland.« Denn schlußendlich ist ja klar, aber das schreibt die *FAZ* jetzt noch nicht: »Die erste Ursache des Gleichbleibens unserer Währung ist das KZ«, so der führende Volkswirt Adolf Hitler im Januar 1943 bei Tische in der Wolfsschanze, als die Herrschaften sich fragten, wie es eigentlich sein konnte, daß trotz des enormen Kaufkraftüberhangs, trotz des enormen Staatsdefizits noch immer keine Inflation losbrach.[10]

Es hat sich also mit dem ›Verhältnis von Basis und Überbau‹, und vielmehr ist der ›Überbau‹ eine unmittelbare Konstitutionsbedingung der ›Basis‹ selbst; ihm eignet keineswegs ein höherer Freiheitsgrad als dieser. Für die *FAZ* ist natürlich die Kapitulation vor der Sache des Geldes die ultimative Enderlösung des Kapitalsubjekts durch den Souverän. Das zeigt sich im heillosen Schwanken der Geldbestimmung: denn einerseits soll dem Geld, genauer und richtiger: der Währung, die Funktion eignen, den Wert als mit sich identischen

9 Karl Marx, *Ökonomisch-Philosophische Manuskripte,* in: Marx-Engels-Gesamtausgabe I.2, Berlin 1982, S. 203.

10 Adolf Hitler, *Monologe im Führerhauptquartier 1941-1944. Die Aufzeichnungen Heinrich Heims,* hrsg. von Werner Jochmann, Hamburg 1980, S. 88; hier zitiert nach: Hauke Janssen, *Nationalökonomie und Nationalsozialismus. Die deutsche Volkswirtschaftslehre in den dreißiger Jahren des 20. Jahrhunderts,* Marburg, ^{3}2009, S. 515.

darzustellen.[11] Das Geld ist in seiner unausweichlich notwendigen Bestimmung und Erscheinung als Münze und als Währung unmittelbar durch den Souverän konstituiert, erst in dieser zugleich politischen Qualität auch nur ein ökonomischer Gegenstand. Wenn der Währung die ›Funktion‹ eignen soll, den Wert als mit sich identischen darzustellen, dann fällt er, wie in der Rede vom ›sicheren Hafen‹, in den Bereich der politischen Nautik oder anderer Wissenschaften vom Fetisch. Geld ist Gold – c'est ça! Aber andererseits ist das Geld eine Funktion der Selbstverwertung des Werts. Um überhaupt nur Geld sein zu können, den Wert aufzubewahren, darf es um keinen Preis der Welt mit sich identisch sein, sonst: rien ne va plus! Was nun? Der zwanglose Zwang des besseren Arguments konfrontiert die Fans der objektiven Wertlehre mit denen der subjektiven. Die Diskussion ist eröffnet, das Geschwätz bricht los. Jeder hat seine Meinung nach Kräften zu logifizieren, bevor sie in ihr gerades Gegenteil umschlägt. Wenn schon die Nationalökonomie als Wissenschaft nichts anderes ist als die zu Kopf gestiegene Alltagsreligion, d.h. die »Metaphysik des Pokerspielers«,[12] wie Tucholsky 1929 meinte, so ist es die deutsche Volkswirtschaft erst recht.

Daß aber der Wert keine ›Funktionen‹ hat, sondern das ebenso dingliche wie prozessierende Verhältnis der falschen Gesellschaft zu sich selbst darstellt, d.h. die permanente Vermittlung des Unglücks, das geht über die Hutschnur und bringt alle Diskutanten, die Intellek-

11 Nach Alfred Sohn-Rethel ist das Geld »die bare Münze des Apriori«, also das, von dem sich alles in der Einheit von subjektiver und objektiver Geltung ableitet. Betrachtet man unter diesem Gesichtspunkt die Zehn-Euro-Gedenkmünze ›Deutsche Einheit‹, dann steht vorne natürlich die Zahl und man fragt sich dabei unwillkürlich: zehn, d.h. Quantität – aber von was? Zehn Kilo Fleisch z.B. wäre eine klare Bestimmung, hier jedoch steht einfach nur zehn, d.h. zehn von einem Souverän, der selber qualitativ nicht bestimmt ist. Die Sache klärt sich erst, wenn man die Münze umdreht, denn dort steht die Einheit, auf die das Geld geeicht ist: ›Wir sind ein Volk‹. Man siehe im übrigen das Kapitel *Das Geld und die Subjektivität* in Alfred Sohn-Rethels *Warenform und Denkform*, Frankfurt 1978, S. 67-89.

12 Tucholsky, a. a. O., S. 163.

tuellen besonders, systematisch um den Verstand. Denn die Ideologie des Geldes schließt das Dritte der Vermittlung systematisch aus. Der Denkzwang des Verstands kollabiert an sich selbst. Die Antinomie des Denkens, die aus dem »Geldrätsel« (Marx) folgt, muß unbedingt gedacht werden, kann dies aber überhaupt gar nicht: daß der erscheinende Wert, daß diese Selbstidentifikation als ein Verhältnis der unmittelbaren Gleichzeitigkeit von These und Antithese, von ›sowohl als auch‹ einerseits, von ›weder – noch‹ andererseits erscheint; daß der Wert die Logik in einem konstituiert wie zugleich überschreitet, das läßt noch das scharfsinnigste Rindvieh und den gewitzigsten Idioten am Denkzwang kirre werden; und deshalb übergibt es sich letzten Endes der letzten Instanz: dem Souverän. Kann man das verstehen? Vielleicht eben dann, wenn der Begriff der Ideologie nicht als objektiv notwendiges falsches Bewußtsein gefaßt wird, d. h. als widerzuspiegelndes und zu bekennendes Dogma, sondern eben als die spontaneistische Oszillation der Meinung in der Antinomie. Der Begriff der Sache wäre dann die Abschaffung der Sache, d. h.: die Befreiung vom manischen Zwang, das Undenkbare verstehen und theoretisieren zu wollen. Das heißt nichts anderes als: »Die gefährlichste Sorte von Dummheit ist ein scharfer Verstand.«[13]

Deshalb verweist die feinsinnige Unterscheidung zwischen der Kritik der politischen Ökonomie hier, der ›kommunistischen Kritik an Deutschland‹ da, auf eine auch unter Frankfurter Schülern durchaus nicht zur letzten Konsequenz getriebene Kritik der politischen Ökonomie. Offenbar ist es so, daß bei vielen, die Marx lesen, das Bedürfnis nach Marxismus und nach Theorie noch immer nicht durch Materialismus sublimiert wurde. Man möchte das Kapitalverhältnis so kritisch durchleuchten, verstehen und reflektieren wie die Gebrauchs-

13 So Hugo von Hofmansthal, *Aufzeichnungen*, Frankfurt 1959, S. 44; hier zitiert nach Theodor W. Adorno, *Noten zur Literatur*, Frankfurt1974, S. 379. Adorno fährt fort: »Der törichte Scharfsinn verfügt über die Allgemeinheit der logischen Apparatur als einsatzbereite Spezialität. (...) Die Scharfsinnigen (...) kommen zu sich selbst als das gescheite Rindvieh, dem das Wie, der Modus, etwas herauszufinden und nach vorgegebenen Klassen der Begriffsbildung zu sortieren, jegliches Interesse an der sei's auch subjektiv vermittelten Sache verdrängt.«

anweisung seines Vollwaschautomaten, und leider kommt es dann regelmäßig so, daß dem theoretischen Bedürfnis Begriff wie Sache der Kritik von Anfang an auf der Stecke bleiben. Fragt man einen »Kapital-Schüler, der gerade bei der Linkspartei unter Anleitung von Michael Heinrich oder Elmar Altvater »dem Wert auf der Spur«[14] ist, womit denn das marxsche *Kapital* anfängt, heißt es stupid: die Analyse beginne mit der Warenform. Und damit ist bereits alles in den Sand gesetzt: im Unverständnis des Marxschen Anfangs, im einfachen Nichtlesenkönnen wie im akademischen Analphabetismus, stecken schon die Liquidation des Begriffs wie der Sache der Kritik, ihre Substitution durch die Theorie, d.h. das bloße Verständigmachen – weshalb es leider kein Zufall ist, daß das, was für die Rechten die Burschenschaften sind, also eine in die Länge gezogene Adoleszenz, für einige Linke bißchen der antideutsche Kommunismus darstellt: eine Phase, in der sie sich für die akademischen Rituale der Theorie, fürs Kopflangertum also, qualifizieren, d.h. das Studentenfutter etwa des Marxologen Ingo Elbe konsumieren. Der hat es zum allgemeinen Neid der Marx-Gemeinde wirklich geschafft, ein sechshundertseitiges Angstschweißwerk herauszubringen (das im übrigen nützlich ist, weil es die Führung eigener Zettelkästen erspart), an dessen Ende das bemerkenswerte Resümee steht, das etwa so lautet, daß man gelegentlich und im übrigen, wenn man dafür ein Forschungsstipendium bekäme, auch noch einige Sätze sagen könnte und müßte über das ›Phänomen‹ des Antisemitismus.[15] Diese theoretifizierte

14 So das Motto der *Kapital*-Lektürebewegung, die der SDS zwecks Linkspeublierung der ideologischen Staatsapparate losgetreten hat.

15 Tatsächlich fällt Elbe nicht so grob mit der Tür ins Haus, denn Seite 599 seines Zettelkastens heißt es vielmehr: »Schließlich sollte das sehr hohe Abstraktionsniveau (...) nicht dazu verleiten, mögliche praktische Implikationen und politische Effekte derselben apriori auszuschließen. (...) Zudem könnte die (...) Perspektive auf eine Marx-Rekonstruktion und Reinterpretation erweitert werden, um weitere in den 1970er und 80er Jahren auftauchende Versuche zu beleuchten, die aus der Lektüre von Marx und deren Kombination mit anderen theoretischen Ansätzen neue Erkenntnisse (...) ziehen wollen. Zu denken wäre dabei zum Beispiel an die Versuche von (...) Moishe Postone, die Kritik der politischen Ökono-

Marx-›Rekonstruktion‹ schließt, weil sie vom Kapital als System ausgeht, den Begriff wie die Sache der Kritik von vornherein aus. Der Widerwille, der Aufhebung des Kapitalverhältnisses in die blanke Barbarei nachzudenken, resultiert aber aus der gewollten Fehlleistung bezüglich des Anfangs des Marxschen *Kapital*. Jeder, der lesen kann, weiß, daß der erste Begriff dieses Buchs der ›Reichtum‹ ist, nicht die ›Ware‹ in der faszinösen Schönheit ihrer ›Elementarform‹, wie sie sich dem Analytiker zur positivistischen Zerfleischung feilbietet – es sei denn, man liest das Buch unter der Anleitung von Elmar Altvater, Karl Kautsky, Michael Heinrich oder Wolfgang Fritz Haug.[16] Und in der Konsequenz des marxschen Anfangs liegt weiterhin beschlossen der spezifische Begriff von Wahrheit, der der materialistischen Kritik eigen ist – ein Wahrheitsbegriff, den man mit einem der wenigen guten Sätze, die Guy Debord jemals geschrieben hat, so fassen kann: »Die Wahrheit dieser Gesellschaft ist nichts anderes als die Aufhebung dieser Gesellschaft.«[17]

Daraus folgt das bestimmte Verhältnis von Kritik und Krise statt dessen von Theorie und Praxis, d.h. die Sabotage des nicht nur theoretischen, sondern erst recht des politischen Bedürfnisses nach Vermittlung. Wer die Frage der Aufklärung, die Frage der revolutionären Subversion in den verständigen Begriffen von Theorie und Praxis stellt, hat sie in dieser falschen Form schon an die Politik verraten, hat das Kriterium der Wahrheit durch das der Richtigkeit ersetzt.

mie für eine materialistische Erklärung der Phänomene Rassismus und Antisemitismus fruchtbar zu machen.«: das ist die deutsche Wert-Arbeit (Ingo Elbe, *Marx im Westen. Die neue Marx-Lektüre in der Bundesrepublik seit 1965*, Berlin 2008).

16 Siehe dazu meinen Artikel *Studentenfutter. Über die Transformation der materialistischen Kritik in akademischen Marxismus*, in: Redaktion Prodomo (Hg.), *Marxismus-Mystizismus. Eine Debatte um Marx*, Köln 2009, S. 53-80. Zum Problem des Anfangs unbedingt: Gerhard Stapelfeldt, *Das Problem des Anfangs in der Kritik der Politischen Ökonomie von Karl Marx*, Hamburg 2009.

17 Guy Debord, *Die Gesellschaft des Spektakels*, Berlin 1996, S. 170 – Zum Begriff der Kritik außerdem: Initiative Sozialistisches Forum, *Das Konzept Materialismus. Pamphlete und Traktate*, Freiburg 2009, insbes. S. 243 ff.

Daraus folgt weiterhin ein Begriff von Ideologie nicht als das Dogma, das man zu glauben hat, sondern als einer beständigen Oszillation der Meinung, als etwas, was man in seiner Meinungssucht alltäglich reproduziert. Marx entwickelt im *Kapital* eben diesen Begriff von Ideologie in der Diskussion des Geldbegriffs, indem er sogenannte nominalistische und sogenannte begriffsrealistische oder metallistische Definitionen einander konfrontiert: eben daraus erwächst die »Magie des Geldes«[18], daß es seinem Funktionär über den Verstand geht. Der Geldbegriff schwankt zwischen der Auffassung, Geld sei ein bloßes Zeichen gesellschaftlicher Konvention und basiere letztendlich auf dem Vertrauen, das man sich wechselseitig als (deutsche) Subjekte entgegenbringt – und der diametral entgegengesetzten Ansicht, wonach Geld in letzter Instanz doch objektiv Gold, damit in Naturform dargebotener objektiver Reichtum und ›echter Wert‹ sei. Die Nationalökonomie in Geschichte wie Gegenwart ist im Hinblick auf die Geldbestimmung nichts anderes als die endlose Oszillation in der so eröffneten Antinomie; und eben darin geschieht die Reproduktion von Ideologie als Prozeß. Ihr entscheidendes Konstituens ist der theoretische Logifizierungswahn, der die Sache »naiv durch die abgespaltene fetischisierte Methode substituiert.«[19]

Und daß diese gefährlichste Sorte von Dummheit, der scharfe Verstand, eben das ist, was in den Kolloquien der Rosa Luxemburg-Stiftung und anderer ideologischer Staatsapparate trainiert wird, zeigt sich immer dann, wenn Deutsche die Frage diskutieren, was eigentlich das Geld und wie der Zusammenhang von Geld und Staat, von Kapital und Souverän beschaffen ist. Dann eröffnet sich die rabenschwarze Nacht des »antinomischen Denkens«[20], und es genügt, das Bildungsbürgerblatt *Die Zeit* zu lesen, die eine schöne Serie mit dem Titel *Der Zeit-Bildungskanon* unterhält, um sich darüber zu

18 Karl Marx, *Das Kapital,* Bd. 1, Berlin 1973 (MEW 23) im Kapitel über den Austauschprozeß, S. 99 ff., hier S. 108. – Was Deutschland dazu zu sagen hat, studiere man einschlägig bei Hjalmar Schacht, *Die Magie des Geldes. Schwund oder Bestand der Mark,* Düsseldorf/Wien 1966.

19 Adorno, a. a. O.

20 Sohn-Rethel, a. a. O., S. 115.

unterrichten, was die scharfsinnigen Rindviecher immer so treiben. In Folge 18 wurde unter der Überschrift *Der Rohstoff der Wirtschaft* gefragt: »Was ist Geld?« Man fragt da natürlich immer Leute vom Fach: Akademiker, Ökonomen, Wirtschaftswissenschaftler; und einer von ihnen ist Ernst Fehr, der Bescheid stößt: »Geld ist für den Menschen das, was Käse für Mäuse ist, eine Belohnung.« Das kann Ernst Fehr nur deshalb so genau sagen, weil er, so *Die Zeit*, »von allen den kühlsten Blick auf das Geld hat, weil das zu seinem Beruf gehört: Fehr ist Wissenschaftler.« Er ist Ökonom, allerdings ein sehr ungewöhnlicher, denn »statt mit Effizienztheorien, Transaktionskosten und Substitutionseffekten beschäftigt er sich mit den Menschen, z.B. damit, was Geld im Kopf auslöst.« Klar ist: Gedanken löst das Geld keinesfalls aus, nur Reflexe. Und damit wird bereits eines der bleibenden Resultate des Nationalsozialismus, die Transformation des Proletariats zum Pöbel, der Bourgeoisie zum Gesindel, begriffslos vorausgesetzt: die Substitution der historischen Erfahrung durch ein reines Reiz-Reflex-Verhältnis, das der Reporter so darlegt: »Die Wissenschaftler an seinem Institut haben den Leuten ins Hirn geschaut und einen Unterschied zwischen Menschen und Mäusen entdeckt. Bekommt eine Maus ein Stück Käse, freut sie sich: man erkennt das daran, daß ihr Hirn Glückshormone ausschüttet. Beim Menschen der Vergangenheit, der Antike war das vermutlich ähnlich. Zufriedenheit empfand er nicht, wenn er Geld bekam, sondern wenn er das Brot aß, das er davon kaufte und seinen Hunger stillte. Der moderne Mensch ist anders. Die Hormone strömen, sobald er Geld erhält. Er fühlt sich dann belohnt, selbst wenn ihm weiter der Magen knurrt. Selbst wenn er schon alles besitzt, wie jene Millionäre, die um weiterer Millionen willen Steuern hinterziehen. Denn Geld ist nicht mehr nur ein Tauschmittel, es ist zur eigenständigen Größe geworden. Der Mensch will es besitzen, weil es ihm ein gutes Gefühl verschafft.«[21] Das ist ein weiterer Grund, warum die Psychoanalyse nicht mehr so hoch im Kurs steht; sieben Jahre, und dann man weiß, daß man unglücklich ist, das führt zu nichts, zum großen Geld schon gar nicht. Noch

21 Wolfgang Uchatius, *Der Rohstoff der Wirtschaft*, in: *Die Zeit*, 21. Februar 2008.

ein Experte für Ideologieproduktion, -distribution und -zirkulation wird befragt, Jörg Conzett, »ein freundlicher, älterer Herr, der ein ungewöhnliches Projekt verfolgt, das ›Moneymuseum‹«. Der weiß Bescheid, »denn Wasser hat viel mit Geld gemein, es kommt hereingeschwappt, manchmal fließt es davon. Der eine ertrinkt fast darin, der andere lechzt nach jedem Tropfen. Deshalb will Conzett in seinem Museum das Geld durch Wasser symbolisieren.« Der wird gefragt, »ob sich das Wesen des Geldes endgültig wird begreifen lassen? ›Die Kraft des Geldes zu erklären‹, sagt Jörg Conzett, ›ist fast so schwer, als wolle man Gott erklären.‹ Nur daß beim Geld niemand bezweifelt, daß es existiert.«[22]

Merkwürdig: Je metaphysischer die Resultate dieser Spökenkiekerei sind, je okkulter der Versuch, den Menschen in den Kopf zu schauen, um sich »die göttliche Kraft des Geldes«[23] zu deuten, desto näher kommen sie der negativen Wahrheit; aber je näher das Rindvieh dieser Wahrheit kommt, desto okkultistischer wird die schwarze Messe der Nationalökonomie. Eben deshalb arbeitet die neueste Beschwörung der traurigen Wahrheit mit den Mitteln der Neurophysiologie: »›Viele Probleme des realen Lebens kommen von unserer Unfähigkeit, mit Geld umzugehen‹, sagt der Verhaltensökonom Dan Ariely von der Duke-University, ›Geld ist ein abstraktes Konzept, das wir Menschen nicht verstehen.‹« Aber das macht nichts: knie' nieder, gebrauche es, und Du bist gläubig. Und so entdecken diese Hirnforscher »bizarre Wechselwirkungen zwischen Geld und Mensch. So bringen zum Beispiel Rabattaktionen Hirnareale in Wallung, die auch von Kokain angesprochen werden. Gratisangebote können gar rauschartige Zustände auslösen. In vielen Situationen reagieren hirngeschädigte Menschen vernünftiger als Gesunde.« Das macht: »Preise sind eine Gefühlssache«, und »in einem Kernspintomographen zeigt sich, wie das limbische System aktiv wurde bei denjenigen, die sich für das schnelle Geld entschieden. Hirnbereiche, die eher nüchtern kalkulieren, wurden

22 Ebd.

23 Marx, *Ökonomisch-Philosophische Manuskripte,* S. 565.

von diesem Gefühlszentrum übertrumpft.«[24] Am Ende bleibt die selige Kapitulation der Wissenschaft vor der Alltagsreligion bzw.: die Aufnordung der Alltagsreligion zur Wissenschaft, wenn auch »der Neurowissenschaftler Prof. Christian Eigner vom Universitätsklinikum Bonn, Mitbegründer der Life and Brain GmbH«, zugeben muß, daß es einfach nicht gelingen mag, »Licht ins Dunkel der Konsumentenschädel zu bringen.«[25]

Glücklich ist, wer vergißt, daß er längst schon hirntot ist. Das Geld ist eine vermaledeite Sache, und wenn man nicht mehr ein noch aus weiß, greift man sich den nächsten Fachmann – in unserem Fall haben wir das Glück, jemanden befragen zu können, der in höchsteigener Person die Theorie mit der Praxis so fugendicht verschmolzen hat, daß jeder Bolschewik ernsthaft neidisch werden müßte. Wir fragen also Anton Ackermann, der vor vielen Jahren eine Doktorarbeit geschrieben hat mit dem Titel: *Der Einfluß des Geldes auf die realen Wirtschaftsprozesse.*[26] Während die Rolle des Hirntods beim Erfolg akademischer Karrieren insbesondere im Fach ›Postmoderne‹ längst als so erforscht gelten kann wie die heilsame Potenzierung von nichts mit gar nichts in der Homöopathie oder die umwerfende Erotik des Astralleibs, hat sich Ackermann schon vor Jahrzehnten dankenswerterweise dieser unheimlich wichtigen, aber leider viel zu selten gestellten Spezialfrage zugewandt. Und deshalb hat ihm die *FAZ* mitten in der Krise seine vor dreißig Jahren erschienene Doktorarbeit noch einmal rezensiert und mußte, trotz aller Hochachtung, doch allerdings kritisch anmerken: »Die Krise legt offen, daß die Rolle des Geldes (...) in den volkswirtschaftlichen Theorien,

24 Patrick Illinger, Rabatt im Hirn. Der Finanzcrash ist kein Wunder: Menschen sind einfach nicht dafür gemacht, mit Geld umzugehen, in: *FAZ*, 25./26. Oktober 2008.

25 Silke Gronwald/Rolf-Hermann Peters, *Hilfe, Rabatt!*, in: *Stern*, Nr. 47, 17 November 2011.

26 Josef Ackermann, *Der Einfluß des Geldes auf das reale Wirtschaftsgeschehen – eine theoretische Analyse*, Bern 1977. Nota bene: ›theoretische Analyse‹!

insbesondere auch in den Geldtheorien unterbelichtet ist.«[27] Selbst als radikaler Anhänger der Idee des wissenschaftlichen Fortschrittes durch langsame Aufhäufelung von Fakten, Fakten, Fakten und deren penibler Rubrifikation ist man doch etwas enttäuscht, daß sich seit Adam Smiths Kotau vor der ›unsichtbaren Hand‹ so wenig getan haben soll in dieser doch nicht ganz unwichtigen Frage, aber immerhin ist damit offengelegt, daß die Ideologie des Geldes genau darauf geht, daß die Bedingung der Möglichkeit, zwischen produktivem und spekulativem, zwischen ›raffendem‹ und ›schaffendem‹ Kapital zu unterscheiden in der Existenz des Geldes schon je an sich präsent ist. Indem überhaupt nur vom ›Einfluß des Geldes auf das reale Wirtschaftsgeschehen‹ die Rede sein kann, ist die Bedingung der Möglichkeit deutscher Ideologie schon genau so präsent, wie Moishe Postone sie in seinem schon klassischen Aufsatz über die Logik des Antisemitismus expliziert hat.[28] Allerdings ist es nötig, Postones Bestimmungen aufhebend zu radikalisieren, indem man zeigt, wie diese im Geld sich präsentierende Antinomie zwischen dem Gebrauchswert und einer merkwürdigen äußeren, abstrakten Macht in Bezug auf das Kapital als ›automatisches Subjekt‹ sich darstellt. Es ist eine der bedenklichsten Entwicklungen der letzten Jahre, daß das Wort vom ›automatischen Subjekt‹ zur Erkennungsparole einer gewissen *Kapital*-Interpretationsfraktion verkam, anstatt es, als negativ-synthetische Metapher für die Antinomie, zu explizieren – insbesondere im Hinblick auf die Fragen: was ist der Begriff des Kapitals, womit beginnt die Kritik, was ist die Kritik in genauem Gegensatz zur Theorie, kann man überhaupt ›verstehen‹, was mit Begriff und Sache des Kapitals gemeint ist?[29]

27 Benedikt Fehr, Von der Theorie zur Praxis: Ackermans Einsichten in die Geldschöpfung, in: *FAZ*, 2. Februar 2009.

28 Moishe Postone, *Antisemitismus und Nationalsozialismus*, in: Ders., *Deutschland, die Linke und der Holocaust. Politische Interventionen*, Freiburg 2005, S. 165-194.

29 Vgl. Initiative Sozialistisches Forum, *Der Theoretiker ist der Wert*, Freiburg 2000.

Bei Marx heißt es: Der Wert, in der Form schon des Geldes als das »perpetuum mobile der Zirkulation«[30] gesetzt, »geht beständig aus der einen Form in die andere über, ohne sich in dieser Bewegung zu verlieren und verwandelt sich so in ein automatisches Subjekt. Fixiert man die besondren Erscheinungsformen, welche der sich verwertende Wert im Kreislauf seines Lebens abwechselnd annimmt, so erhält man die Erklärung: Kapital ist Geld, Kapital ist Ware. In der Tat (...) wird der Wert hier das Subjekt eines Prozesses, worin er unter dem beständigen Wechsel der Formen von Geld und Ware seine Größe selbst verändert, (...) sich selbst verwertet. (...) Er hat die okkulte Qualität gewonnen, Wert zu setzen, weil er Wert ist.« Und weiter: »Als das übergreifende Subjekt eines solchen Prozesses, worin er Geldform und Warenform bald annimmt, bald abstreift, sich aber in diesem Wechsel erhält und ausreckt, bedarf der Wert vor allem einer selbständigen Form, wodurch seine Identität mit sich selbst konstatiert wird. Und diese Form besitzt er nur im Gelde.«[31] Der Wert wird also bestimmt als etwas Identisch-Nichtidentisches, das sich zur Form des Geldes als einer äußeren, zwar unbedingt notwendigen, aber ihn keineswegs konstituierenden Bedingung verhält, denn seinem Begriffe nach »stellt er sich plötzlich dar als eine prozessierende, sich selbst bewegende Substanz, für welche Ware und Geld beide bloße Formen.«[32] Genau dies ist in der Postoneschen Darlegung des Wertbegriffes allerdings unterblieben, weil er zwar die in der Warenform gesetzte Spaltung von abstrakt und konkret, von Form und Stoff nachvollzieht, aber die Polarität nicht als ein notwendig *prozessierendes* Verhältnis der Identität und Nichtidentität des Kapitals faßt, d. h. als »Abstraktion in actu«[33], die gleichwohl dazu verdammt ist, sich zu vergegenständlichen.

Und das heißt: das Geld ist die unbedingt notwendige, dingliche Form, in der das Kapital nur erscheinen kann, d. h. die Form seiner

30 Marx, *Das Kapital*, Bd. 1 (MEW 23), S. 144.

31 Ebd., S. 168 f. Die Entfaltung der Darstellung des automatischen Subjekts führt darauf, daß es sich keinesfalls um einen ›Kreislauf‹ handelt.

32 Ebd.

33 Marx, *Das Kapital*, Bd. 2 (MEW 24), S. 109.

objektiven gesellschaftlichen Gültigkeit – aber zugleich ist das Geld diejenige Form zugleich, die es am Prozessieren hindert, die es daher um jeden Preis überschreiten muß. Das Medium, in der sich das Prozessieren vollzieht, ist die Zeit. Der notorische, zum Judenhaß und zum Antizionismus sich spreizende ›Proudhonismus‹ des linken Geldbegriffes[34] wäre nur dadurch zu kurieren, daß man die sozialvölkische Propaganda gegen die Aufspaltung des Kapitals in spekulatives und produktives, in ›raffendes‹ und ›schaffendes‹, dadurch subvertiert und sabotiert, indem dargestellt wird, daß die sogenannte Spekulation nichts anderes darstellt als eine zutiefst und wesentlich kapitalproduktive Tätigkeit, weil die Rationalisierung des Geldumlaufs, die Beschleunigung und Verkürzung der Zirkulationszeit einen unmittelbar produktiven Dienst an der Kapitalakkumulation darstellt. Es gibt also nicht nur nicht den geringsten Grund, sich im Namen der produktiven Arbeit über die Spekulation zu erheben – vielmehr ist die erfolgreiche Spekulation und ist jede Hedge-Fonds-›Heuschrecke‹ für die Akkumulation ebenso substantiell notwendig und konstitutiv wie noch jede Fließbandarbeit. Wer dagegen, wie etwa Sarah Wagenknecht, gegen den »globalen Geldadel«[35] agitiert, wird schon wissen, warum er die Spekulanten von derart anderer Rasse darstellt wie nur die bürgerlichen Revolutionäre von 1798 die kosmopolitische Aristokratie.

Diese Zuspitzung der Kritik des Antisemitismus setzt allerdings den Bruch mit jeder Klassenmetaphysik der Arbeit voraus, den Bruch mit jedweder Interpretation, die das Kapital als wie immer entfremdete Selbstdarstellung der gesellschaftlichen Arbeit darzustellen beliebt, d. h. als einen entfremdeten Gesamtarbeiter, der irgendwie nicht recht bei Sinnen ist. Das Kapital wird keineswegs irgend durch Arbeit konstituiert, bedingt oder erfordert. Sondern die Arbeit ist jene

34 Vgl. Marx, *Das Kapital*, Bd. 1 (MEW 23), S. 102, über ›die Pffiffigkeit des kleinbürgerlichen Sozialismus‹ in Sachen Geldreform, vgl. des weiteren Frédéric Krier, *Sozialismus für Kleinbürger. Pierre Joseph Proudhon – Wegbereiter des Dritten Reiches*, Köln/Weimar/Wien 2009.

35 Sarah Wagenknecht, *Wahnsinn mit Methode. Finanzcrash und Weltwirtschaft*, Berlin3 2009, S. 185.

Form der produktiven menschlichen Tätigkeit, wie sie vom Kapital gesetzt wird: als Naturkraft.[36] Kapital und Wert sind, so verstanden, nichts anderes als jene Kategorien, in denen sich die Negativität der Gesellschaft, d.h. die Spaltung der Gattung in Herr und Knecht wie ihre falsche Vermittlung unter der so egalitären wie homogenen Form des Subjekts, sich mit sich selbst vermittelt und als nichts anderes ›erscheint‹ denn als Kampf um die Quantität des Geldes.[37] Deshalb sind Marx, wo er Materialist ist, alle sozialdemokratischen Flausen von wegen Wert der Arbeit zuwider, und ist sein kategorisches Urteil über das Proletariat klar, denn es ist »die selbstbewußte und selbsttätige Ware, die Menschenware«, d.h. der »subjektivierte Tauschwert«.[38] Eben deshalb ist es unabdingbar, den Anfang des *Kapital* vom Begriff des Reichtums, nicht dem der Ware aus zu ›rekonstruieren‹. Denn der erste Satz lautet ja ausdrücklich: »Der Reichtum der Gesellschaften, in denen kapitalistische Produktionsweise herrscht, *erscheint als* eine ›ungeheure Warensammlung‹, die einzelne Ware als seine Elementarform«[39] – weil nur unter dieser Voraussetzung sich die Frage stellt: was ist das für ein seltsamer Reichtum, der nicht ganz bei sich ist und bleiben kann, der gezwungen ist, zu ›erscheinen‹ und sich in der Form seines eigenen Gegenteils darzustellen, weil er im Gesellschaftszustand der erst gespaltenen, dann falsch versöhnten Menschheit erzeugt wurde? Was ist Reichtum an sich selbst wie seinem Begriff nach anderes als freie Aneignung nach Bedürfnis in freier Zeit? »Was ist der Reichtum anderes als die in universellem Austausch erzeugte Universalität der Bedürfnisse, Fähigkeiten, Genüsse, Produktivkräfte etc. der Individuen«?[40] Warum muß dieser Reichtum in der ›Elementarform‹ der Ware als Ausschluß aller durch alle vom

36 »Der Kapitalist hat durch den Kauf der Arbeitskraft die Arbeit selbst als lebendigen Gärungsstoff den toten ihm gleichfalls gehörigen Bildungselementen des Produkts einverleibt. (...) Der Arbeitsprozeß ist ein Prozeß zwischen Dingen...« (*Das Kapital,* Bd. 1, S. 200).

37 Vgl. Karl Marx, *Reflection* (1850), in: MEGA IV.8, S. 227 ff.

38 Marx, *Ökonomisch-Philosophische Manuskripte,* S. 524.

39 Marx, *Das Kapital,* Bd. 1 (MEW 23), S. 49 (meine Hervorhebung).

40 Marx, *Grundrisse der Kritik der Politischen Ökonomie (Rohentwurf) 1857-1858,* Berlin 1974, S. 387.

Reichtum erscheinen, dieser allgemeine Ausschluß sodann als der vermittels des prozessierenden Werts organisierte totale Einschluß im offenen Vollzug der kapitalisierten Gesellschaft? Nur deshalb, weil der Reichtum in seiner vernagelten Warenförmigkeit nur die »innerlich verzweifelte Armut«[41] darstellt, der Antagonist seiner selbst. Also ist unterm Kapital im Reichtum ein von Grund auf selbstnegatorisches Moment gesetzt, das eben ein Vermittlungsproblem aufwirft. Und das, worauf die endlosen Exerzitien der *Kapital*-Rekonstruktion abzielen, ist nichts anderes als die Vermittlung dieser Negativität, die notwendigerweise in dinglicher Form erscheinen muß, zu theoretisieren, d. h. marxistisch zu rechtfertigen, wo es nichts zu verstehen, schon gar nichts politisch zu ›regulieren‹, sondern etwas abzuschaffen gilt. So ist der deutsche Marxismus seit dem August 1914, dann erst recht und tatsächlich seit der Wannsee-Konferenz zu einem Abspaltungs- und Verdrängungsunternehmen geworden, das von Klassenkampf faselt statt endlich vom Gebot der materialistischen Vernunft zu reden und eine Entscheidung zu fordern: »Politische Ökonomie *oder* Herrschaft der Sozietät über den Reichtum.«[42]

Als prozessierende Vermittlung der gesellschaftlichen Negativität, wie sie in der paradoxen Formulierung vom ›automatischen Subjekt‹ bündig zusammengefaßt ist, als das »Übergreifende und sich Behauptende«[43], das gleichwohl nur im permanentem Formwandel mit sich identisch sein kann, hat das Kapital nur zwei geborene Feinde: der eine ist die Stofflichkeit der Natur, der andere Feind ist die Zeit schlechthin. Jede Zeit, die vergeht, ist jedenfalls zuviel Zeit gewesen und das ist der Grund dessen, warum Marx so überaus gerne den alten Benjamin Franklin mit seinem Satz von wegen ›Time is Money‹ zitiert – ein Moment, das abermals auf die originär produktive Funktion der Spekulation hinweist. Alle Akkumulation kann sich nur in der Zeit vollziehen, aber jede Stunde, die sie braucht, wird

41 Ebd., S. 139 – Vgl. im übrigen Wolfgang Pohrt, *Theorie des Gebrauchswerts* (1977), Berlin 1995.

42 Marx, *Zur Kritik der Hegelschen Rechtsphilosophie. Einleitung*, in: MEW 1, S. 382.

43 Marx, *Das Kapital*, Bd. 1 (MEW 23), S. 11.

eine Stunde zuviel gewesen sein. Das ist das grundlegende Dilemma, weswegen Marx im zweiten Band des *Kapital* sagt, daß die Zeit des Kapitals ihrem Begriffe nach die Nullzeit ist, d. h. die Aufhebung und die Vernichtung jedweder Zeit: »Je mehr die Zirkulationsmetamorphosen des Kapitals nur ideell sind, d. h. je mehr die Umlaufszeit = 0 wird oder sich Null nähert, um so mehr fungiert Kapital, um so größer wird seine Produktivität und Selbstverwertung.«[44] Und in den *Grundrissen* heißt es dazu: »Das Maximum der Verwertung des Kapitals wie der Kontinuität des Produktionsprozesses oder die Zirkulationszeit = 0 gesetzt; d. h. also, die Bedingungen, unter denen das Kapital produziert, seine Beschränktheit durch die Zirkulationszeit, die Notwendigkeit, die verschiednen Phasen seiner Metamorphose zu durchlaufen, aufgehoben. Es ist die notwendige Tendenz des Kapitals, danach zu streben, die Zirkulationszeit = 0 zu setzen, d. h., sich selbst aufzuheben, da nur durch das Kapital die Zirkulationszeit als die Produktionszeit bestimmendes Moment gesetzt ist.«[45]

Die Echtzeit des Kapitals besteht in der Tendenz, sich selber = Null zu setzen; sie ist die Aufhebung jeder Zeit, damit auch die Aufhebung jeden Gedächtnisses, jeder Geschichte und jedweder Erfahrung. Damit ist schon der gesellschaftliche Grund gesetzt, warum es unmöglich ist, aus irgendwelchen politisch angedrehten Gedenkübungen an die Ermordung der Juden je ein kritisches Bewußtsein der Geschichte zu gewinnen, weil die Zeit des Kapitals dessen Voraussetzung, das Gedächtnis, zerstört. Aus diesem gesellschaftspraktischen Begriff der Zeit des Kapitals folgt jedenfalls alles, was Marx über Börse und Kredit, über fiktives Kapital und über das Bankwesen zu sagen hat; und es faßt sich so zusammen: »Das Maximum, das die Geschwindigkeit der Zirkulation, wenn sie aufstiege, bewirken könnte, wäre die Zirkulationszeit = 0 zu setzen, d. h. sich selbst aufzuheben. Sie kann also nicht ein positiv wertschaffendes Moment sein, da ihre Aufhebung – Zirkulation ohne Zirkulationszeit – das Maximum der

44 Marx, *Das Kapital.* Bd. 2: *Der Zirkulationsprozeß des Kapitals,* Berlin 1973 (MEW 24), S. 127.

45 Marx, *Grundrisse der Kritik der Politischen Ökonomie (Rohentwurf) 1857-1858,* Berlin 1974, S. 547.

Verwertung, ihre Negation = der höchsten Position der Produktivität des Kapitals wäre.«[46] Und schlußendlich: »Die Zirkulationszeit drückt nur die Geschwindigkeit der Zirkulation aus; die Geschwindigkeit der Zirkulation nur Schranke derselben. Zirkulation ohne Zirkulationszeit – d.h. das Übergehn des Kapitals aus einer Phase in die andre mit derselben Schnelle, womit der Begriff umschlägt – wäre das Maximum, d.h. das Zusammenfallen der Erneurung des Produktionsprozesses mit seiner Beendigung.«[47] Der Haß, den u.a. die Linkspartei gegen die Spekulation andreht, ist deswegen so furchtbar, weil er so grundlos ist, und die Propaganda von wegen die Spekulanten hätten »vergessen, daß Geld eine dienende Funktion hat«[48], ist deswegen so grundlos, weil sie die Deutschen schon wieder zu dem machen will, was sie längst schon sind.

Daraus folgt ein Begriff des Kapitals, der im Jenseits jeder Arbeits- und Klassenmetaphysik liegt. Vielmehr ist das Kapital ein sich historisch zu seinem logischen Begriff entfaltendes Gesellschaftsverhältnis. Deshalb kann die tatsächliche Gesellschaftsgeschichte des Kapitals nur der grausige Versuch sein, sich selbst als die reine Nullzeit zu setzen, d.h. der Akkumulation durch die Kassierung und Liquidation jeder Vermittlung so unmittelbar zur gesellschaftlichen Geltung zu verhelfen, wie ›der Begriff umschlägt‹ und aus der Idee einer bestimmten Profitrate von jetzt auf gleich deren geldförmige, gesellschaftliche Geltung und Wirklichkeit folgt. Daß diese geschichtliche Perspektive des Kapitals über Krisen vermittelt ist, ist evident; daß der totale Zusammenbruch der Akkumulation, wie er 1929 in Deutschland eintrat, genau die Konsequenz darstellt, ebenfalls. Den negativen Begriff der Kapitalzeit vorausgesetzt, ist ebenso klar, daß sich dadurch alle ökonomischen Bestimmungen substantiell von der Theorie zur Kritik zu bewegen haben – insbesondere jene nicht

46 Ebd., S. 530.

47 Ebd., S. 550.

48 Franz Müntefering, zitiert nach: 25% Gewinn sind eine moralische Verirrung. SPD-Chef Franz Müntefering über Manager als Gangster, den Kampf für deutsche Fabriken und einen neuen, sozialen Kapitalismus, in: *FAZ*, 3. Mai 2009.

nur von der Nationalökonomie propagierte Auffassung, wonach die Volkswirtschaft wesentlich nichts anderes sei und eigentlich zu sein habe als Reproduktion. Darin wird das Kapital als ein einfacher Kreislauf aufgefaßt – während Marx im genauen Gegensatz zu diesem eingängigen Ideologem das Bild der *Spirale* wählt: »Konkret betrachtet löst sich die Akkumulation des Kapitals auf in die Reproduktion auf progressiver Stufenleiter. Der Kreislauf der einfachen Reproduktion verändert sich nun und verwandelt sich, nach Sismondis Ausdruck, in eine Spirale.«[49] Die beständig höher steigenden und zugleich enger werdenden Schleifen der Spirale, der Versuch des Kapitals, sich selbst wie die Katze in den Schwanz zu beißen und mit sich selber selbstbezüglich so identisch zu werden, daß der Umschlag seines eigenen Begriffs in die unmittelbare, in die vermittlungslose Wirklichkeit möglich wird – diese so unbedingt notwendige wie niemals und nimmermehr gelingende Bewegung eskaliert in den progressiv sich verengenden Schleifen einer Spirale und beschreibt darin den historischen Versuch des Kapitals, seines eigenen Unwesens auch empirisch-praktisch innezuwerden. Hier zeigt sich, sagt Marx, die Zeit als die »negative Schranke« des Versuches, die Umlaufzeit des Kapitals auf Null zu setzen.[50]

Aus diesem fundamental autistischen Selbstverhältnis des Kapitals kann zugleich das Verhältnis von Politik und Ökonomie, von Staat und Geld, von Souveränität und ›automatischem Subjekt‹ bestimmt werden. Wenn das Kapital diese Zwanghaftigkeit der prozessierenden Identität ist, d.h. ein auf die Freiheit seines Willens programmierter Roboter, ein auf nichts als die Vergegenständlichung dieses Verhältnisses bei gleichzeitiger Reproduktion eben dieses Verhältnisses, das die reine Ungegenständlichkeit ist, zielender »automatischer Fetisch« (Marx), dann ist allein das Geld das erscheinende Wesen, das dem Staat in seiner politischen Aktion zugänglich ist. Der Staat kann das Kapital allein in der Geldform erreichen, also in der Form, in der das Geld, wie Marx sagt, die »allgemeine Ware der Kontrakte«[51] ist und

49 Marx, *Das Kapital,* Bd. 1 (MEW 23), S. 607.

50 Marx, *Das Kapital,* Bd. 2 (MEW 24), S. 127 f.

51 Marx, *Das Kapital,* Bd. 1 (MEW 23), S. 154.

sich als eine so identische wie dingliche wie eben auch rechtsförmige Sache darbietet.[52] Das heißt aber unmittelbar zugleich: der Staat kann nie und nimmer in der Echtzeit des Kapitals selbst agieren. Er kann das Kapital niemals einholen, er vermag es nur, im Ausnahmezustand seines Gewaltmonopols auf Leben und Tod, zu überholen – und damit sind alle, insbesondere auch die keynesianischen Strategien der Politik zur definitiven Behebung des Akkumulationsproblems systematisch ausgeschlossen. Der Staat kann nur in dem historischen Augenblick, in dem die Spirale in sich zusammenfällt, dann also, wenn selbst die einfache Reproduktion kollabiert und so die Ideologie vom Kreislauf der Lüge straft, die sie immer schon war, die Kapitalzeit überholen und, im Ausnahmezustand, die unbedingte Geltung des Geldes als Währung mit den Mitteln seiner absoluten Gewalt dekretieren und durchsetzen: an das Geld muß man tätig glauben, sonst hat man dran zu glauben.

Die erste Gesellschaft, in der diese logische Zwanghaftigkeit des Kapitals historisch und praktisch wurde, war der Nationalsozialismus. Sein Begriff ist aus dieser Perspektive zu entwickeln als der so unerbittliche wie notwendig vergebliche Kampf des Souveräns um die Aneignung des automatischen Subjekts als die legitime Substanz und erste Natur der Deutschen. Es bedarf einer nur geringen Übertreibung, um in diesem deutschen Souverän die bestimmte Wahrheit noch der romantischen Staatsauffassung zu erblicken: »Der Staatsmann«, so heißt es in Adam Müllers *Elementen der Staatskunst*, »muß unaufhörlich das Nationalgeld und die Metalle oder das Universalgeld vermitteln; er muß das über diese beiden Geldsorten erhabene, höhere, lebendige Geld sein.«[53] Wie dieser Kampf des Souveräns mit der Nullzeit als Totalbankrott des Kapitals im Postfaschismus in den Wirtschaftsblättern und in den schwarzen Messen

52 Siehe dazu in Eugen Paschukanis' Buch *Allgemeine Rechtslehre und Marxismus* (1928/Freiburg 2003) S. 109 ff. das Kapitel über *Ware und Subjekt* sowie S. 134 ff. das über *Recht und Staat*, die Konsequenzen aus Sohn-Rethels o. a. Bestimmungen über Geld und Subjektivität ziehen.

53 Adam Müller, *Die Elemente der Staatskunst. Sechsunddreißig Vorlesungen*, Berlin 1936 (Neuausgabe des Originaldrucks 1808-1809), S. 381.

des nationalökonomischen Okkultismus sich artikuliert, läßt sich, wie immer verläßlich, in der *FAZ* studieren: hier leidet man darunter, daß »die Lichtgeschwindigkeit ist der begrenzende Faktor«[54] der Volkswirtschaft ist. Das ist zwar eine wirklich schlimme Nachricht, aber kein Grund, den Kampf aufzugeben, denn: »Die deutsche Börse will ihre Handelsverbindungen zu anderen Börsenplätzen verbessern. Dazu sollen künftig die geographisch kürzesten Datenwege genutzt und mit den neuesten Übertragungstechniken ausgestattet werden. Ein in Amsterdam erteilter Handelsauftrag soll künftig in 3,3 Millisekunden in Frankfurt eintreffen. Bereits im August hatte die Börse mitgeteilt, die Verbindungen nach London derart zu optimieren, daß Handelsaufträge binnen 5 Millisekunden von einem Handelsplatz zum anderen gelangen. Handelsgeschäfte in Frankfurt brauchen vom Kundenauftrag bis zur finalen Rückbestätigung nur noch 0,7 Millisekunden. Die Verbindung nach Paris soll nur mehr 4,5 Millisekunden dauern, die nach New York maximal 40 Millisekunden. Für immer mehr Marktteilnehmer ist die extrem hohe Handelsgeschwindigkeit von elementarer Bedeutung.«[55] Der Kampf bricht los, jeder Broker versucht, seinen Rechner möglichst nah an der Börse aufzustellen, denn es ist klar, im algorithmischen Handel, der versucht, die Zeit des Kapitals auch empirisch auf Null zu bringen, ist derjenige im Vorteil, der die Millisekunde Vorsprung hat. »Es kommt beim Handel auf jede Millisekunde an, weil die erwartete Reaktion sonst eintritt, bevor der Computer reagiert hat. Die nahe Hamburg beheimatete IAT hat deshalb 30 Hochleistungsserver direkt an der Börse Frankfurt aufgestellt. ›Der Wertpapierauftrag braucht etwa eine Millisekunde auf hundert Kilometer. Bis Hamburg und zurück gingen uns so etwa 10 Millisekunden verloren – das ist zuviel.‹« Immerhin gibt es noch einen ›Panikbutton‹, wenn die Algorithmen falsch programmiert sind.[56] Das ist es also das, was die Gesellschaft in den Hedge-Fonds vorsätzlich begriffsstutzig als ›Spekulation‹ anglotzt: nichts weiter

54 Im Gespräch: Tim Guldimann von Sungard über den technologischen Fortschritt im Wertpapierhandel, in: *FAZ*, 23. November 2007.

55 Frankfurt – Amsterdam in 3,3 Millisekunden, in: *FAZ*, 15. Januar 2010.

56 Aktienhandel in Millisekundenschnelle, in: *FAZ*, 23. November 2007.

und weiter nichts als der Versuch, die Kapitalzeit, die ihrem Begriffe nach Null ist, auch empirisch-praktisch auf Null zu setzen. Und wenn es zum Segen aller »der Computer ist, der neutral und transparent den Preis berechnet«, dann macht es nichts, daß »ein Mensch in diesem Kampf um die Zeitvorsprünge überfordert wäre« – nur leider »fehlt das menschliche Antlitz der Börse mittlerweile«[57], was aber auch nichts macht, »denn die Finanzen sind eine sehr direkte, sichtbare Manifestation geistiger Kräfte« und es ist in Wahrheit »das Unbewußte, das den Geldstrom bremst.«[58]

Die ideologische Zwangsvorstellung vom ›Kreislauf‹ des Kapitals, wie sie in den okkulten Riten der deutschen Nationalökonomie und den daraus folgenden politischen Praktiken bemüht wird, bezeichnet daher unmittelbar zugleich den Vorschein der Aufhebung des Kapitals in nichts als Barbarei wie dann auch die bewußte Aneignung ihrer Resultate. Otto Veit, 1947 der Neubegründer der Hessischen Landesbank, faßte in seiner Gründungsrede die Lehre aus dem Faschismus folgendermaßen zusammen: »Kann der Kreislauf der Güter in einer modernen Geldwirtschaft so gestaltet werden, daß er dem naturalen Kreislauf in der geldlosen Wirtschaft entspricht? Soweit dieses möglich ist, wird das Geld zum reinen Verrechnungsgeld. Es wird neutral. Die Neutralität ist der ideale Grenzfall.« Zwar ist dann noch vom »geheimnisvollen Etwas des Geldes«[59] die Rede, aber es ist klar, daß der ›naturale Kreislauf‹ die übergreifende Bestimmung ist. Darin, wie der Nationalsozialismus sich in der Sprache der Politik und der Nationalökonomie fortschleppt, ist das so sinnlose wie ideologische, doch evidente Phantasma vom Kreislauf unabdingbar – so im Gerede vom nur dem Gemeinwohl verpflichteten Unternehmertum in der Rede Otto Köhlers, des früheren Bundespräses, vom »Geldkreislauf«, der die »Lebensader« der Wirtschaft sei. Desweiteren meint Köhler:

57 Daniel Mohr, *Ohne menschliches Antlitz*, in: *FAZ*, 15. November 2009.

58 Alles weitere dazu in *Einblick. Zeitschrift für Metaphysik, Kultur und Wissenschaft*, 16. Jg, Nr. 4 (Juli/August 2006), S. 38.

59 Otto Veit, *Deutsche Geldpolitik*, Frankfurt 1950, S. 128 f. – Zur Kritik dieses wirkmächtigen Unfugs siehe Hans-Georg Backhaus, *Marx, Adorno und die Kritik der Volkswirtschaftslehre* (in Vorbereitung).

»Wir wollen auch den Wert und die Würde der Arbeit neu entdekken. (...) Das ist die Lehre aus unserer Geschichte. Arbeit, Kapital und Nachhaltigkeit gehören zusammen. Bei uns. Und überall.« Und dann noch, was allerdings niemand bestritten hatte: »Die Deutschen haben etwas anzubieten beim Aufarbeiten der Krise«[60] – und sei es nur eben die unvergeßliche Erklärung des obersten aller Volkswirte damals in der Wolfsschanze. Daß es der ›Gemeinnutz‹ ist, der vor ›Eigennutz‹ geht, das schreibt nicht allein das famose Grundgesetz fest[61], das ist zugleich das selbstverständliche amtliche Endergebnis der einfachen Tatsache, daß, »je größer der Humbug, desto wissenschaftlicher die Versuchsanordnung«[62], was kein Geringerer als der Jura-Professor Rolf Stürmer aus Freiburg bescheinigt, wenn er im Ergebnis langjährig mühseliger Forschung weiß: »Die deutsche Gesellschaft hat in der Vergangenheit ein sozial integriertes Unternehmertum vorgezogen, das nicht nur durch Gewinnschöpfung, sondern auch durch ein unternehmerisches Ethos im Dienst der Allgemeinheit und der Arbeiterschaft motiviert war.«[63]

Der ›naturale Kreislauf‹ bezeichnet ein Gesellschaftsverhältnis, in dem die Individuen mit ihrer Funktion als kapitalhörige und kapitalfunktionale Subjekte rückstandslos nicht nur zu verschmelzen haben, sondern unbedingt verschmelzen wollen. Um die Transformation, die hier statthat, zu ›rekonstruieren‹, ist es notwendig, die Marxschen Bestimmungen des Fetischcharakters nicht nur, was katastrophal genug ist, als die Darstellung der Gesellschaft als Quasi-Natur und daher Ameisenstaat zu begreifen, sondern als die wirkliche Naturalisierung des Gesellschaftlichen, nach der die Individuen aus freiem Willen verlangen müssen. Das ›Als ob‹ der fetischistischen

60 Horst Köhler, Der Markt braucht Regeln und Moral. Die »Berliner Rede« vom 24. März 2009, in: *FAZ*, 25. März 2009.

61 Siehe dazu Initiative Sozialistisches Forum, Der Staat des Grundgesetzes, in: Dies., *Das Konzept Materialismus*, Freiburg 2009, S. 40-48, sowie Dies., Kalkül und Wahn, Vertrauen und Gewalt. Vor dem Ausnahmezustand des Kapitals, in: Ebd., S. 233-242.

62 Theodor W. Adorno, *Minima Moralia. Reflexionen aus dem beschädigten Leben*, Frankfurt 1979, S. 327.

63 Rolf Stürmer, Fortschritt durch Eigennutz?, in: *FAZ*, 9. Oktober 2008.

Fiktion wird handgreiflich erste Natur. Wie die Individuen als Subjekte konstituiert werden, ist bei Marx nachzulesen: »Als Subjekte der Zirkulation sind sie zunächst Austauschende und daß jeder in dieser Bestimmung gesetzt ist, macht gerade ihre Bestimmung aus. Sie treten in der Tat nur als subjektivierte Tauschwerte, das heißt lebendige Äquivalente entgegen, als Gleichgeltende. Als solche sind sie nicht nur gleich, es findet vielmehr nicht mal eine Verschiedenheit zwischen ihnen statt.«[64] Als Subjekte der Zirkulation und Produktion sind die Individuen in absoluter, unterschiedsloser Homogenität und Identität gesetzt; und dieser »fictio juris«[65] haben sie zu genügen, die zugleich, wie Strafrechtler gerne sagen, eine »staatsnotwendige Fiktion«[66] ist: Als solche sind sie das natürliche Material des Staates.

Aber in diesem Subjektstatus wird eine Identität des Individuums als Privateigentümer seiner selbst unterstellt, die keinesfalls in die Verfügung der subjektivierten Individuen fällt, sondern auf gut' Glück der Akkumulation geht. Sie sind daher beständig auf der Jagd nach ihrer Identität, dem Identitätszwang ausgesetzt; und auch hier ist es notwendig, in bestimmter Negation über die Darstellung Moishe Postones hinauszugehen. Denn Postones Versäumnis, die von der Warenform gestiftete Antinomie als notwendig prozessierendes Verhältnis zu begreifen, wiederholt sich in seiner Bestimmung der Subjektform. Deshalb muß ihm entgehen, daß die Rassifizierung des Subjekts kein ›Rückfall‹ auf vorkapitalistische Bestimmungen ist, sondern der ›Triumph der repressiven Egalität‹, d.h. die Entfaltung und Radikalisierung eben der ›Gleichheit des Rechts zum Unrecht durch die Gleichen‹, der Versuch des Subjekts, die negative Wahrheit der repressiven Vergleichung, die in der Subjektform bereits als quasinatürliche gesetzt ist, auch praktisch zu vollstrecken, um schließlich

64 Marx, *Grundrisse der Kritik der Politischen Ökonomie (Rohentwurf) 1857-1858,* Berlin 1974, S. 913.

65 Marx, *Das Kapital,* Bd. 1 (MEW 23), S. 50.

66 Winfried Hassemer, Lassen wir uns die staatsnotwendige Funktion nicht abhandeln!, in: *FAZ,* 14. November 2011. – Der Erfinder dieser Definition, der Jurist Eduard Kohlrausch, bekam dafür 1942 die Goethe-Medaille des Führers.

als »hundertprozentige Rasse«[67] sich zu reorganisieren. (Nur dies gegen eine gewisse Tendenz unter Frankfurter Schülern, ›den Westen‹ derart zu ontologisieren, das vergessen gemacht wird, daß Hitler »wie kein anderer Bürger das Unwahre im Liberalismus durchschaute«[68], daß der Nazismus die vollendete ›Selbstkritik‹ des Liberalismus darstellt). Und weil Postone die selbstnegatorischen Bestimmungen des prozessierenden Werts systematisch entgehen, muß er am Ende ganz unselig Auschwitz, den gesellschaftlichen Zweck der deutschen Revolution, als »Fabrik zur ›Vernichtung des Werts‹«[69] definieren. Er gibt doch tatsächlich eine verständige Definition der Widervernunft als solcher, statt den Massenmord als den irren Versuch scharfsinniger Rindviecher zu entziffern, die paradoxe, an sich selbst unbegreifliche Identität des Kapitals als automatisches Subjekt zu liquidieren und es als fixe Qualität zu verdinglichen, als Versuch daher des volksgemeinschaftlichen Mordkollektivs, das Kapital als naturale Eigenschaft sich einzuverleiben, d. h. das ›Geldrätsel‹ zu lösen, indem man G–G' zum Wesen des Deutschtums erhob. Weil das Mordkollektiv vom Wahn inspiriert war, in der jüdischen ›Gegenrasse‹ sei das Geheimnis endlos gelingender Akkumulation quasi genetisch inkorporiert, so daß es des kollektiven Raubmords bedürfe, dieses Geheimnis den Juden aus dem Leib zu reißen und den Deutschen einzuverleiben, weil es ihre negative Utopie ausmacht, sich in den ›Kapitalfetisch‹ zu verwandeln und sich selbst als »reiner Automat«[70] darzustellen: daher konnte der Versuch, das ›Tausendjährige Reich‹ der definitiven Abschaffung aller Vermittlung und der Selbstdarstellung des Deutschtums als des automatischen Fetischs schlechthin nur in der barbarischen Einheit von Verstandesdiktatur und Apokalypse münden.

67 Max Horkheimer/Theodor W. Adorno, *Dialektik der Aufklärung. Philosophische Fragmente* (Gesammelte Schriften Bd. 3), Frankfurt 1984, S. 29 und 193. Und: »Rasse heute ist die Selbstbehauptung des bürgerlichen Individuums, integriert im barbarischen Kollektiv.«

68 Adorno, *Minima Moralia*, S. 135.

69 Postone, a. a. O., S. 193.

70 Marx, *Das Kapital*, Bd. 1 (MEW 23), S. 412. Und: »Das zinstragende Kapital ist das Kapital als Eigentum gegenüber dem Kapital als Funktion.« (Ebd., S. 392).

Der Nationalsozialismus war in dieser Perspektive ›nichts anderes als‹[71] der Versuch des Subjekts, sich selbst zu rassifizieren, um das Kapital unmittelbar als natürliche ›Eigenschaft‹ sich anzueignen, d. h. sein ›Naturrecht‹ auf die so endlos wie krisenfrei gelingende Akkumulation zu verwirklichen[72]: eben das ist der (ja, auch: Lust-) Gewinn, den das Kollektiv aus Verfolgungswahn und Massenmord einstrich. Das war die Geschichte des Nationalsozialismus als Produktionsverhältnis, das ist der Grund dafür, daß die Deutschen nie deutscher waren als am 9. Mai 1945, daß sie seitdem die absolute Transzendenz ihrer Geschichte niemals werden vergessen können, bis endlich die »Emanzipation der Deutschen zu Menschen«(Marx) doch noch revolutionär gelingen möge. Es ist diese Überbietung jedweder Vermittlung im Mord an den Juden, die seitdem ›aufgearbeitet‹, bzw. voller Sehnsucht rekapituliert wird. Der öffentliche ›Diskurs‹ über den NS gleicht nicht nur einer nicht enden wollenden Trauerrede – wenn etwa die *FAZ* jammert, Hitler habe »das Selbstbewußtsein der einfachen Menschen gestärkt und seine Arbeitsleistung gewürdigt. Der Sinn für das Allgemeinwohl, dessen Träger der Staat ist, wurde wieder geweckt.«[73] –, sondern dieser ›Diskurs‹ ist nichts anders als die Selbstdressur in die doch noch gelingen mögende Erfüllung des Hitlerschen Vermächtnisses. Es ist sein *Politisches Testament* vom 29. April 1945, das seitdem abgearbeitet wird, sein letzter Wille, dem »internationalen Judentum und seinen Helfern« den totalen Krieg zu erklären und dafür immer wieder aufs Neue im deutschen Staat die so klassenübergreifende wie die Klassen in sich aufhebende Volksgemeinschaft zu verschweißen, d. h. das Mordkollektiv, daß in erlogener präventiver Notwehr dagegen sich erheben solle, daß »die Völker Europas wieder nur als Aktienpakete dieser internationalen Geld- und Finanzverschwörer

71 Nur aus Zeitgründen bediene ich mich dieser klassisch-marxistischen, von Karl Kautsky aufgebrachten Reduktionsformel.

72 Siehe nur: Wilhelm Utermann, *Krisenfreie Wirtschaft,* Stuttgart/Berlin 1939, sowie Hansgeorg Kayser, *Das Wunder der festen Preise,* Stuttgart/Berlin 1941.

73 Sybille Tönnies in der *FAZ,* 10. September 2007.

angesehen werden.«[74] Die restlose Verschmelzung der Individuen als Körper mit ihrer gesellschaftlichen Subjektfunktion hat stattgefunden, die deutsche Utopie war schon einmal Wirklichkeit gewesen: das ist der Grund für das allseits festgestellte Ausbleiben einer jeden Panik und Hysterie in der größten Krise des Kapitals seit 1929, der Grund auch dafür, das die konformistischen Revolteure etwa der Bewegung gegen das Stuttgarter Bahnhofsgrab selig identisch und zur Melodie von »Freude, schöner Götterfunken« singen können: »Wir sind das Volk, wir sind das Geld.«[75] Das Urvertrauen in den Souverän ist ungebrochen (wenn nur diese Regierung nicht wäre!).[76]

Das führt zu einer weiteren Bestimmung, die aus der Marx-Lektüre folgt, wenn sie den Untertitel des *Kapital* nur erst beim Wort, dann endlich beim Begriff nimmt. Denn Marx hat, wenn er von der Ware spricht, nicht nur eine ökonomische ›Elementarform‹ vor Augen, sondern die Ware ist ein ökonomischer Gegenstand nur insofern und kann dies auch nur sein insoweit, als sie unmittelbar zugleich ein juristisch-politischer Gegenstand ist und vom Souverän als unbedingt geltend gesetzt wird: alle politischen Bestimmungen sind unmittelbar zugleich ökonomische Bestimmungen und umgekehrt;

74 *Politisches Testament Adolf Hitlers vom 29. April 1945,* dokumentiert in: Joseph Goebbels, *Tagebücher 1945. Die letzten Aufzeichnungen,* Hamburg 1977, S. 534 ff. – Und damit ist der Judenhaß notorisch geworden nicht ›nur‹ als Antisemitismus, sondern notwendig als Antizionismus, vgl. dazu meinen Artikel *Nichts gelernt und nichts vergessen* in dem vorliegenden Band.

75 Siehe: www.bei-abriss-aufstand.de/texte/freunde-schoner-kopfbahnhofe.

76 Es versteht sich, daß der ›kleinbürgerliche Sozialismus‹, wie auf die fixe Idee vom guten Geld, zugleich auf den Wahn der Volkssouveränität abonniert ist: »Wo es politische Parteien gibt, findet jede den Grund eines *jeden* Übels darin, daß statt ihrer ihr Widerpart sich am *Staatsruder* befindet. Selbst die radikalen und revolutionären Politiker suchen den Grund des Übels nicht im *Wesen* des Staats, sondern in einer bestimmten *Staatsform.*« (Marx, *Kritische Randglossen zu dem Artikel eines Preußen* (1844), in: MEW 1, S. 401). Dieses Denken in der Form Staat mündet im »Wahn vom Weltsouverän« (vgl. Gerhard Scheit, *Der Wahn vom Weltsouverän. Zur Kritik des Völkerrechts,* Freiburg 2009), d.h. in der tätigen Hoffnung auf die Exterminierung Israels.

es besteht hier kein ›Verhältnis‹ von, schon gar keine ›Ableitung‹ des Überbaus aus der Basis, sondern die kapitalförmige Verdoppelung und Transformation des alle menschliche Vorgeschichte fundierenden Verhältnisses von Herrschaft und Knechtschaft in Politik und Ökonomie, Recht und Geld, Souveränität und Kapital. Und wie sich die Ware notwendig in Ware und Geld zerlegt, sich die Antinomie eröffnet, die durch das automatische Subjekt ebenso nachhaltig wie begriffsstutzig ›versöhnt‹ wird, so zerlegt sich der Warenhüter, das (juristische) Subjekt, in die Antinomie von Bourgeois und Citoyen, deren Synthese der Souverän ist in der Gestalt negativer Versöhnung, wie sie zuerst in der Form des Soldaten erscheint: kasernierte Mordenergie, bedingungslose Bereitschaft zum Töten und Getötetwerden, damit die Dezision über Leben und Tod in letzter Instanz. Die Form des Subjekts, so, wie die *Erklärung der Menschenrechte* sie bestimmt, enthält, wie Jean-Jacques Rousseau schon vorher bemerkte, eben dies: »Der Staatsbürger ist (...) nicht länger Richter über die Gefahr, der er sich auf Verlangen des Gesetzes aussetzen soll; und wenn der Fürst gesagt hat: ›Dein Tod ist für den Staat erforderlich‹, so muß er sterben, da er nur auf diese Bedingung bisher in der Sicherheit gelebt hat und sein Leben nicht mehr ausschließlich eine Wohltat der Natur, sondern ein ihm bedingungsweise bewilligtes Geschenk des Staates ist.«[77] Daher auch die Begeisterung der deutschen Proletarier (mit Ausnahme Johann Georg Elsers) für ihre Beförderung zu ›Soldaten der Arbeit‹ und dafür, das die Emanzipation des Arbeitskörpers aus der »Allseitigkeit der selbstsüchtigen Interessen«[78], die politische Garantie der Selbsterhaltung, das Selbstopfer durch Vernichtungskrieg zu überhegeln versprach.

Adolf Hitler war der erste unmittelbar allgemeine Deutsche: darin besteht die genaue Konsequenz, liest man nur Marx' Wertform-

77 Jean-Jacques Rousseau, *Der Gesellschaftsvertrag*, Stuttgart 1980, S. 39. – Der Mangel der marxschen Kritik der Hegelschen Rechtsphilosophie besteht dann eben darin, den Staat nur im Verhältnis zur Gesellschaft, nicht zugleich im Verhältnis zum Weltmarkt und zur Staatenkonkurrenz zu kritisieren; vgl. dazu meinen Artikel »Subjektform ist die Uniform«, in: *Jungle World* Nr. 6/2009, 5. Februar 2009.

78 Marx, *Grundrisse*, S. 913

analyse, wie sie dann in den Schriften von Hans-Georg Backhaus sorgsam expliziert worden ist, auch politikkritisch, d.h. im Sinne der logischen Gleichursprünglichkeit ökonomischer und politischer Formen. Wie das Kapital als automatisches Subjekt die Bedingung der Möglichkeit aller ökonomischen Formen, von der ›Elementarform‹ der Ware bis hin zu den ›verrückten Formen‹ des Zinses und Zinseszinses darstellt, so die Souveränität die der Existenz aller politischen, insbesondere der (noch) in Form der Gewaltenteilung verfaßten Staatlichkeit. Die Wertformanalyse zeigt, gegen jeden Proudhonismus und gegen allen deutschen Sozialismus, daß die Ware erst und nur dann sie selbst sein kann, wenn sie sich ihrer eigenen Allgemeinheit in der Form des Geldes so dinglich wie begriffslos konfrontiert, eben im Geld als der allgemeinen Ware. Dieser Begriff der unmittelbaren, dinglich vorliegenden Allgemeinheit,[79] eben das, was Marx dem Wert in seiner geldförmigen Erscheinungsform attestiert, ergibt: Das Geld ist ein logischer Widerspruch, der doch in dinglicher Identität auftritt, er ist unmittelbare Allgemeinheit, das vermittlungslos gesetzte Abstrakte in einer konkret-dinglichen Form. Das ist die allgemeinste Bestimmung des Geldes, wie sie aus sich selbst zum ›automatischen Subjekt‹ forttreibt, und der Souverän ist seinem dem Verstand unmöglichen Begriffe nach nichts anderes als dessen politische Verdoppelung, d.h., wie schon Jean Bodin wußte, etwas, das sich selbst nicht widersprechen kann, weil es die Bedingung der Möglichkeit aller logischen Antinomie darstellt, d.h. »der innere und notwendige Zusammenhang zwischen zwei scheinbar sich Widersprechenden.«[80], d.h. die notwendige Darstellung der negativen Qualität der Vergesellschaftung einer in Herr und Knecht gespaltenen Gattung in Gestalt der dinglichen, meßbaren Quantität des Geldes und der daraus folgenden, nun ja: Klassenkämpfe um seine

79 Das heißt der »Form unmittelbarer allgemeiner Austauschbarkeit« nach Marx, *Das Kapital,* Bd. 1 (MEW 23), S. 82.

80 Ebd., S. 235, vgl. auch S. 787. Und wie die Geschichte aller Nationalökonomie im Disput der subjektiven mit der objektiven Wertlehre sich resümiert, so die Geschichte der Staatslehre im Zank zwischen subjektiver, demokratischer, und objektiver, autoritärer Staatsphilosophie.

Verteilung. Dieser Klassenkampf ist es – *Bild der Frau* charakterisiert ihn, ganz recht, so: »›Trotz 320. Mio. Verlust straffrei, aber wegen 5 Euro Buße in Haft!‹ Politikverdrossenheit, Gerechtigkeitszweifel: die Unzufriedenheit wächst. ›Die da oben können machen, was sie wollen. Aber die Kleinen müssen dran glauben‹, sagen die Menschen auf der Straße«[81] –, der im Zusammenbruch des Kapitals zur Volksgemeinschaft treibt.

Der Wert faßt sich im Geld als seiner eigenen dinglichen, unmittelbaren Allgemeinheit so in sich zusammen wie er sodann, im Kapital, zum spiralförmig prozessierenden Subjekt seiner selbst wird: als Realabstraktion. Nun gilt es, die politikkritische Implikation daraus zu ziehen, daß diese Abstraktion weder nominalistisch verallgemeinert noch ontologisch diktiert wird, denn vielmehr verhält es sich so: »Es ist als ob neben und außer Löwen, Tigern, Hasen und allen anderen wirklichen Thieren, die gruppirt die verschiedenen Geschlechter, Arten, Unterarten, Familien usw. des Thierreichs bilden, auch noch *das Thier* existierte, die individuelle Inkarnation des ganzen Thierreichs. Ein solches Einzelne, das in sich selbst alle wirklich vorhandenen Arten derselben Sache einbegreift, ist ein *Allgemeines*, wie *Thier*, *Gott* usw.«[82] Anders gesagt: Es ist, als ob neben und außer den Müllers und Meiers, den Jürgen Habermas' und den Carl Schmitts' und allen anderen wirklichen Deutschen, die gruppiert die verschiedenen Gender, Klassen, Schichten usw. der deutschen Gesellschaft bilden, auch noch *der Deutsche an sich und für sich* existierte, die individuelle Inkarnation des Deutschtums, d.h. der unmittelbar allgemeine Deutsche als der Souverän der barbarischen Gemeinschaft. Hegel schon hat in der *Rechtsphilosophie* die Gestalt

81 *BILD der Frau* Nr. 42/2009, 11. Oktober 2009. – Angela Merkel gibt weiterhin zu bedenken: »Es geht um nicht mehr und nicht weniger als um das Vertrauen in unsere Wirtschafts- und Gesellschaftsordnung« (Dies., Wie jede Krise bietet auch diese Krise eine Chance. Regierungserklärung zu Lage auf den Finanzmärkten am 7 Oktober 2008, in: *Das Parlament* Nr. 42/2008, 13. Oktober 2008).

82 Marx, *Das Kapital*, Bd. 1, Reprint der Erstausgabe Hamburg 1867 (Urausgabe), hrsg. von Fred E. Schrader, Hildesheim 1980, S. 27 (MEGA II.5, S. 37).

des Monarchen als den allgemeinen Menschen[83] bestimmt, also als den, der in seinem konkreten Körper das Allgemeine der Gattung unmittelbar handgreiflich darstellt und damit die Versöhnung im staatlichen Herrschaftsverhältnis garantiert: das ist, nach Hegel, der Begriff des Souveräns. Und Feuerbach schreibt gar vom Souverän als dem je nationalen »Repräsentanten des universalen Menschen.«[84] Im Normalzustand der Akkumulation ist der Souverän als Bedingung der Möglichkeit der Existenz von Staatsapparaten unsichtbar. Aber die Souveränität als reines Verhältnis von Befehl und Kommando, als die bedingungslose Pflicht zum Opfer und als unbedingte Freiheit zum Morden, wie sie im allgemeinen Menschen präsent ist, tritt in der großen Krise hinter den Staatsapparaten hervor und aus ihnen heraus, hebt die Gewaltenteilung auf und setzt sich absolut als »frei aus sich selbst Anfangendes«, als so ableitungs- und begründungs- wie rechtfertigungsloses »Ich will.« (Hegel)

Die Begriff des Nationalsozialismus ist demnach, d. h., wie ihn auch der Materialist Johann Georg Elser praktisch zu fassen suchte, in der Perspektive zu entwickeln, daß Hitler als Erscheinung des allgemeinen Deutschen, als der Souverän, hinter den Staatsapparaten hervortrat und als Person unmittelbar alles, was deutsch ist, verkörperte. Darin nun konvergieren die Kritik der politischen Ökonomie und gewisse Einsichten der Psychiatrie, denn eine barbarische Gesellschaft kann nur von einem Subjekt repräsentiert und ausagiert werden, das seiner psychischen Konstitution zufolge nichts anderes als ist als eben: die negative Aufhebung des Subjekts, d. h.: ein Barbar sondergleichen. Liest man *Mein Kampf* nicht nur als die ultimative Offenbarung aller in Deutschland nur möglichen Staatsphilosophie[85],

83 G. W. F. Hegel, *Grundlinien der Philosophie des Rechts* (Werke, Bd. 7), Frankfurt 1970, S. 444 f.

84 Ludwig Feuerbach, *Vorläufige Thesen zur Reform der Philosophie* (1843), in: Ders., Werke, Bd. 3, hrsg. von Erich Thies, Frankfurt 1975, S. 243.

85 Man tut das aber nicht, sondern verschiebt das böse Faszinosum statt dessen auf die Lektüre Carl Schmitts, dessen Kultus der Souveränität die nötige Abspaltung und Verschiebung erlaubt – was gemeint ist, wenn Schmitt seine ›Theorie‹ in Broschüren wie *Staatsgefüge und Zusammenbruch des zweiten Reiches: Der Sieg des Bürgers über den Soldaten«*

sondern, was gar kein Widerspruch ist, zugleich als das Dokument einer psychischen Krankheit und, genauer, als das Protokoll einer seelischen Katastrophe, die das Ich, das internalisierte Subjekt, zerstört hat, und in Schizophrenie eskaliert, wird deutlich, was sich die Deutschen von heute mit der billigen, rationalistischen Deutung Hitlers als eines strategisch-raffiniertem Machiavellis und leider auch: charismatischen Teppichbeißers so vom Halse schaffen wollen, daß sie es für immer als ihr ursprüngliches Eigentum behalten können. *Zwar:* Man muß ziemlich plemplem sein, um der Führer werden zu können, aber noch lange nicht jeder, der zum »stofflichen Träger« (Marx) der Souveränität taugt, wird massenhaft dazu eingeladen, diese Karriere auch tatsächlich machen, Hugo Chavez zum Beispiel nicht, obwohl die *FAZ* seine aussagekräftige Bewerbung in dessen eigenen Worten überliefert hat: »Ich bin kein Individuum, ich bin ein Volk. Ich bin verpflichtet, den Willen des Volkes durchzusetzen. Wer das Vaterland will, ist bei Chavez.«[86] *Gleichwohl:* das Pendeln in der Schizophrenie, das Schwanken Hitlers zwischen Rasse und ›Antirasse‹ verweist, wie auch der zur putativen Notwehr jederzeit ermächtigende Verfolgungswahn, auf eine schizophrene Persönlichkeitsverfassung, deren Zwangsgebote Hitler zwar allemal unmittelbar inkarniert, die ihrer Struktur zufolge aber zugleich das ausweglose Oszillieren in der vom automatischen Subjekt konstituierten Antinomie ausdrückt. *Denn:* »Die Vermittlungen der irrationellen Formen, worin bestimmte ökonomische Verhältnisse erscheinen und sich praktisch zusammenfassen, gehen die praktischen Träger dieser Verhältnisse in ihrem Wandel und Wandel jedoch nichts an; und da sie gewohnt sind, sich darin zu bewegen, findet ihr Verstand nicht den geringsten Anstoß daran. Ein vollkommener Widerspruch hat durchaus nichts Geheimnisvolles für sie«[87], zumindest solange nicht, wie das »plötzliche Umschlagen aus dem Kreditsystem in das

(Hamburg 1934) ausführt, weiß eh' jeder und wird es sich auch von einem Buch wie Raphael Gross' *Carl Schmitt und die Juden* (Frankfurt 2000) nicht erst noch erklären und gar: kritisieren lassen müssen.

86 So die *FAZ*, 28. Januar 2010.

87 Marx, *Das Kapital*, Bd. 1 (MEW 23), S. 787.

Monetarsystem den theoretischen Schrecken zur praktischen Panik fügt«, und dann »erschaudern die Zirkulationsagenten vor dem undurchdringlichen Geheimnis ihrer eigenen Verhältnisse«[88] und fahnden nach dem Souverän, der ihnen ihren eigenen Okkultismus verfleischlicht darstellt, ganzheitlich verschweißt und glaubwürdig für dessen Synthetisierung bürgt. Es bedürfte daher eines staatskritischen Psychoanalytikers, der die psychiatrische Lektüre von *Mein Kampf* wieder aufnimmt, wie sie der Emmendinger Arzt Wolfgang Treher vor Jahrzehnten in seinem fulminanten Buch *Hitler, Steiner, Schreber: Gäste aus einer anderen Welt. Die seelischen Strukturen des schizophrenen Prophetentums* geleistet hat;[89] seine Resultate geben nichts anderes (aber auch nicht mehr) als die Analyse der Spaltung, wie Moishe Postone sie ökonomiekritisch geleistet hat. Die Gestalt des unmittelbar allgemeinen Deutschen, der in einer Person inkarnierten Souveränität, ist der archimedische Punkt, zu dessen Begriff die materialistische Kritik dringend ihrer Belehrung durch Psychiatrie und Psychoanalyse bedarf.

In der Konsequenz der unmittelbaren Erscheinung des allgemeinen Deutschen erblüht ein grandioses Verschmelzungserlebnis von Masse und Macht: das Glück vermittlungsloser Identität in der verkehrten Gesellschaft. Es ist, »als ob« die Utopie des wahren deutschen

88 Ebd., S. 152.

89 Wolfgang Treher, *Hitler, Steiner, Schreber: Gäste aus einer anderen Welt. Die seelischen Strukturen des schizophrenen Prophetentums,* Emmendingen 1990. – Das hatte auch der Freudianer Walter C. Langer erkannt: »Zwischen Hitler und dem deutschen Volk besteht eine beispiellose Ähnlichkeit im Denken, Fühlen und Handeln, als hätte Hitler die kritischen Funktionen eines jeden einzelnen paralysiert und deren Rolle selbst übernommen. So ist er in geradezu körperlichem Sinne Teil eines jeden Einzelnen, dessen Denkvermögen er beherrscht. Hier liegt die Wurzel der unfaßbaren Verbundenheit der Person Hitlers mit dem deutschen Volk. Diese Verbundenheit macht alle Appelle an Vernunft und Logik wirkungslos. Wer für Hitler kämpft, kämpft unbewußt gewissermaßen um seine eigene psychische Integrität.« (*Das Hitler-Psychogramm. Eine Analyse seiner Person und seines Verhaltens, verfaßt 1943 für die psychologische Kriegsführung der USA,* Wien/München/Zürich 1972, S. 225 f.)

Sozialismus, »man könne allen Waren den Stempel unmittelbarer Austauschbarkeit aufdrücken«, d.h. »alle Katholiken zu Päpsten machen«[90], sich in der Volksgemeinschaft realisiert hat. Das Verhältnis von Volk und Führer mündet, je intensiver der Mordwille sich ausagiert, in zwar geborgter, gleichwohl fugenloser Identität, zumindest solange, wie auch nur ein Jude noch am Leben ist und die Jagd weitergehen darf bzw.: muß. (Darum ist Israel den Deutschen Verheißung und Schrecken zugleich, eben: »Das letzte Tabu deutscher Außenpolitik«[91], d.h. Objekt von Angstlust par excellence.) Der Nazifaschismus war ein Traum – das ist der Profit, den Babi Jar und Treblinka den Deutschen abgeworfen haben, denn im Massenmord hatten sie sich die absolute Transzendenz einmal schon angeeignet. Die gern beschwatzte ›Unfähigkeit zu trauern‹ gründet darin, daß man die Verschmelzung niemals wird vergessen können und den Staat als den Garanten sine qua non ihrer möglichen Wiederkehr versteht, d.h. als Versprechen. Es ist die Hoffnung auf das organisierte Pogrom, was gegen Panik immun macht.

Das bedeutet nicht, daß dem System des erst pazifizierten, dann oberflächlich parlamentarisierten Wahns der deutschen Ideologie keine bemerkenswerten Einsichten in die Zukunft der Krise möglich sind, auch wenn dessen Lautsprecher nicht wissen, was sie denken, bevor sie hören, was sie sagen oder lesen, was sie schreiben – so der *FAZ*-Kolumnist Frank Schirrmacher, der, mutmaßlich den Einflüsterungen Dietmar Daths erlegen, dies zu bedenken gibt: »Wer meint, daß die aktuelle Vernichtung des Grundvertrauens in die Rationalität ökonomischen Handelns ohne Folgen bleibt, wird sich spätestens bei den nächsten Wahlen enttäuscht sehen. Über Nacht ist die Welt des Geldes fiktionalisiert worden. Die Flucht in die Verstaatlichung, die von den Banken selbst angeführt wird, ist der Bankrott der Metaphysik des Marktes.« So verständig schreibt kein *Neues Deutschland.* Und weiter: »Jetzt, da völlige Unklarheit darüber herrscht, was ist und was nicht ist, kann nur der Staat noch dezisionistisch darüber verfügen,

90 Marx, *Das Kapital,* Bd. 1 (MEW 23), S. 82.

91 Schlagzeile der Wochenzeitung des Bundestages *Das Parlament,* 18. September 2006

daß etwas und nicht vielmehr nichts existiert.«[92] Noch ist nicht von Juden, sondern vom Geldwert die Rede, aber jeder weiß, was gemeint ist, nämlich die Erklärung des obersten Volkswirts in der Wolfsschanze. In derlei traumwandlerischen, aber zielsicheren Inszenierungen des Staatlichkeitswahns wird die sehnsüchtige Erinnerung an wie die tätige Hoffnung auf das (neuerliche) Erscheinen des unmittelbar allgemeinen Deutschen beschworen, denn wenn schon die aktuellen ›Notstandsgesetze‹ nichts weniger bedeuten als eine »Revolution von oben«[93] – wo ist dann der Kyffhäuser, wo wartet der authentisch deutsche Revolutionär? Es ist diese unheimliche Sehnsucht, die die Linkspartei mit der Rechtspartei trotz aller, oberflächlich betrachtet, verschiedener Terminologie lange schon eint, bevor sie nun, im sich warmlaufenden ›Extremismus der Mitte‹, zur Volksfront sich finden werden, zugleich der Grund dafür, warum ein ausgemachter Prä-Faschist wie der »Professor für BWL an der FH Worms«, Max Otte, den Horst Köhler und die Sarah Wagenknecht in einem Atemzug und fürs haarscharf Gleiche loben kann, für deren Programm »Werden Sie ›Volkskapitalist‹!« und für ihren Appell: »Gebt das Geld in *unsere* Hände!«[94] Denn wer, wenn nicht wir, ist das Geld?

Der Traum der deutschen Ideologie ist die Verwandlung der Volksgenossen in die lebendige Münze. In diesen Verschmelzungsphantasien läuft sich die neuerliche Transformation des bürgerlichen wie des proletarischen Besitzindividuums langsam warm in das, was Johann Most treffend die »Eigentumsbestie«[95] genannt hat, d.h. die selbstbewußt zynische Verschmelzung der Individuen als homogene Subjekte mit der Akkumulation. Die gesellschaftliche Mitte, d.h. der Angelpunkt der falschen Gesellschaft wie der Nullpunkt ihres Bewußtseins zugleich, hat längst G – G' als ihr Naturrecht proklamiert und sinnt jetzt auf Rache dafür, daß niemand »den echten Wert der

92 Frank Schirrmacher, Was wird morgen sein?, in: *FAZ*, 11. Oktober 2008. – Und immer weiter so! Siehe zuletzt Ders., Demokratie ist Ramsch, in: *FAZ*, 1. November 2011.

93 Berthold Kohler, Notstandsgesetze, in. *FAZ*, 14. Oktober 2008.

94 Max Otte, *Stoppt das Euro-Desaster!*, Berlin 2011, S. 42.

95 Johann Most, *Die Eigentumsbestie* (1887), Reprint Nürnberg 1981.

Bilanzen«[96] kennt. Denn, so Marx, »in dem zinstragenden Kapital ist die Vorstellung vom Kapitalfetisch vollendet, die Vorstellung, die dem (...) Geld die Kraft zuschreibt, durch eine eingeborene geheime Qualität, als reiner Automat, in geometrischer Progression Mehrwert zu erzeugen, so daß es (...) allen Reichtum dieser Welt für alle Zeiten als ihm von Rechts wegen gehörig und zufallend schon längst diskontiert hat.«[97] Das ist die historische Mission der Eigentumsbestie, daß es den Fetischismus und die Naturalisierung der gesellschaftlichen Verhältnisse nicht länger, wie es der akademische Marxismus glauben machen möchte, als die nur historische ›zweite Natur‹, d.h. bloße Kulisse und Simulation des ›als ob‹ dulden mag, sondern als die erste, rassische Qualität des Deutschtums setzen und sich einverleiben will.

»Aller Reichtum dieser Welt für alle Zeiten«, und dies von Staats und »von Rechts wegen«, sagt Marx, d.h. eben: das tausendjährige Reich glücklich gelingender Akkumulation im endlich doch noch vollbrachten Endsieg vollendeter Selbstrassifizierung. Dazu bedarf die Eigentumsbestie nicht nur eine gehörige Dosis an heroischem Realismus, sondern auch der entschiedenen Polemik gegen die ›Leistungsträgerverleumdung‹ und eines Propheten der ›Stolzkultur‹, der nach Lage der Dinge wohl nur der PoMo-Prof. und praktizierende Heidegger-Fan Peter Sloterdijk aus Karlsruhe sein kann, damit »die Staatlichkeit«, die »als solche das Organon des Allgemeininteresses verkörpert«, endlich »die Leistungsträger aller beteiligten Seiten in die Mitte der sozialen Synthesis rückt.«[98] Der rigorose Kurzschluß der Welt als Wille und Vorstellung mit ihrer Wirklichkeit, d.h. die ihrem Gehalt wie ihrer Perspektive nach rassistische Liquidation jed-

96 Holger Steltzner, Zur Rettung der Wall Street, in: *FAZ,* 22. März 2008. Aber: wo die Not am größten, ist der Trost am nächsten, denn »Wert ist kein objektives Konzept, sondern rein subjektiv«, d.h.: politisch, so Philipp Plickert in der *FAZ* schon am 19. November 2007.

97 Marx, *Das Kapital,* Bd. 3 (MEW 25), S. 412.

98 Peter Sloterdijk, Aufbruch der Leistungsträger, in: *Cicero* Nr. 11/2009. – Zur Psychologie der Bestie siehe im allgemeinen Christoph Deutschmann, *Der kollektive »Buddenbrooks-Effekt.« Die Finanzmärkte und die Mittelschichten* (Working Paper des Max-Planck-Instituts für Gesellschaftsforschung 08/5, Köln 2008).

weder Differenz und Entfremdung zwischen Intention und Resultat, illustriert sich im Wirtschaftsteil der Zeitung wie im Forschungsprogramm der Universitäten und anderer ideologischer Staatsapparate. Hier ergänzen sich logischer Denkzwang und narzißtischer Wille zur Originalität aufs Fatalste, wenn etwa versucht wird, einen verständigen Zusammenhang zwischen ökonomischem Erfolg und körperlicher Konstitution der Subjekte zu stiften.

Sodann hat man in der *Financial Times* unter der Überschrift. *Lange Ringfinger sind erfolgreicher an der Börse* dies zur Kenntnis zu nehmen und sich eine Lehre sein lassen: »Das Längenverhältnis zwischen Zeige- und Ringfinger verrät, zumindest bei Männern, wie erfolgreich der Kandidat im Anlagegeschäft sein kann. Je länger der Ringfinger im Vergleich zum Zeigefinger ist, desto mehr Profit machen Börsianer, wie eine Studie der Universität Cambridge herausgefunden hat. Grund ist demnach ein höherer Einfluß männlicher Hormone im Mutterleib. Frühere Untersuchungen hatten gezeigt, daß das Längenverhältnis von Ring- und Zeigefinger ein Maß dafür ist, wie stark ein Fötus während der Schwangerschaft den Androgenen ausgesetzt war. Eine hohe Konzentration der Androgene wirke sich auf die Hirnentwicklung aus und fördere das Konzerntrations- und Reaktionsvermögen – was an der Börse durchaus hilfreich sein kann. Die Forscher hatten die Finger der rechten Hand von 44 männlichen Börsenhändlern in London vermessen, deren Job« – also Panikbuttondrücken beim Algotrading – »schnelle Entscheidungen und rasche körperliche Reaktionen erfordert. Die Fingerdaten verglichen die Wissenschaftler mit den Gewinnen und Verlusten der einzelnen Börsianer in den vergangenen 20 Monaten. Ein am Zeigefinger gemessen längerer Ringfinger sagte einen höheren längerfristigen Erfolg voraus, ebenso eine höhere Verweildauer im Job.«[99] Das allerdings ist ein wichtiger Hinweis für weitere Forschungen, denn ob man mit nur 44 männlichen Brokern (und dann noch angelsächsischer Herkunft) überhaupt ein empirisch valides Sample hat, um derart verallgemeinerte Aussagen zu treffen, ist methodisch doch höchst fragwürdig, nicht zuletzt unterm Aspekt des Gender-Mainstreaming. Zwar haben

99 *Financial Times Deutschland*, 13. Januar 2009.

andere Studien zur ›Psychologie der Handelswelt‹ längst ergeben, »daß das Verhalten der Finanzmärkte von Männern beeinflußt wird und damit vom Niveau ihrer Sexualhormone. Frauen haben nur ein extrem niedriges Niveau des Sexualhormons Testosteron. Angesichts der extrem geringen Zahl von Frauen in Handelssälen, dem hormonverzerrenden Einfluß der Pille und der Komplexität der Hormonschwankungen im Zyklus der Menstruation werden entsprechende Experimente mit Frauen auf sich warten lassen«, aber, trotz aller Desiderate der Forschung, gilt doch: »Je höher der Hormonspiegel des männlichen Sexualhormons am Morgen, desto größer die Gewinne, die ein Händler über Tag am Markt abkassieren konnte.«[100]

Das Verhältnis zwischen Intention und Resultat ist nun zwar halbwegs verständig geworden, obwohl valide Studien zur Interaktion von Testosteron und Langfingern immer noch ausstehen, aber die Gender-Lücke tut sich weiter auf und klafft. Eben diesem Problem wollte eine gemischtgeschlechtliche Forscher_Innengruppe des *Center for Financial Research* in Köln abhelfen und hat endlich eine Studie mit dem Titel *The Impact of Work Group Diversity on Performance: Large Sample Evidence from the Mutual Fund Industry* verfaßt. Der Forschungsansatz war zweifellos angemessen, denn es wurde – nur so als Hypothese – erwartet, »daß Frauen aufgrund ihres integrativen und unterstützenden Verhaltens zur Harmonie im Team beitragen. Man sollte also einen positiven Einfluß von gemischtgeschlechtlichen Teams auf die Teamperformance erwarten.« Die Aufklärung war zwar die Mühe wert, aber das Resultat, aufs Ganze gesehen, doch niederschmetternd. Zwar wußten die Forscher vorher schon dies, daß nämlich so »manche und mancher vermutlich aus leidvoller persönlicher Erfahrung bestätigen kann, daß die Kommunikation zwischen Männern und Frauen sich manchmal als schwierig erweist«. Aber dann ergab sich im Ergebnis dreijähriger, methodisch intensiv reflektierter Expeditionen in die Wüsten der Empirie dies – und Michaela Bär vom *Center for Financial Research* (Köln), Alexandra Niessen, immerhin *Visiting Scholar Kellogg School of Management* (Evanston), Dr. Stefan Ruenzi, immerhin erst recht

100 *FAZ*, 19. April 2008.

Visting Assistant Professor of Finance, University of Texas (Austin), dazu noch so ein HiWi waren zwar platt, aber nicht sprachlos – : denn »im Mittel erzielt ein Team, das aus drei Männern und einer Frau besteht eine pro Jahr um 1,2% niedrigere Rendite als ein Team, das nur aus vier Männern oder nur aus vier Frauen besteht.«[101] Es wird also noch dauern, bis die Volkswirtschaftslehre von der Theorie zur Praxis gelangt und fähig wird zur Selektion des Menschenmaterials. Aber einstweilen mag Professor Stefan Bornhold, Physiker an der Universität Bremen, mutig in die Forschungslücke springen und verlautbaren: »Es sollte aber vielmehr um die Frage gehen, an welchem Punkt ein System in einen ganz anderen, ungewollten Modus rutschen kann. So wie ein magnetisches Stück Eisen, das beim Erwärmen plötzlich bei einer ganz bestimmten Temperatur seine Magnetkraft verliert. Wann genau dies passiert, kann das einzelne Atom nicht verstehen, weil es eine Systemeigenschaft des Zusammenwirkens aller Atome ist. Die Finanzwelt ist ein großes experimentelles System.«[102] Zwar ist die Nachricht doch sehr ernüchternd, daß das zwar an sich intelligible, aber doch total bornierte ›einzelne Atom‹ komplett blöde ist, und daß das im Körper des Geldfunktionärs verbürgte organische Theorie-Praxis-Verhältnis an sich zwar da sein muß, aber immer noch nicht zu seiner Technologie gefunden hat – aber das ist eben das Viagra der scharfsinnigen Rindviecher und das Stimulans eines interdisziplinären Forschungsprogramms, das alle diese Ansätze zusammenfassen soll und das, wie man hört, demnächst in Kooperation des Instituts für Soziologie (Freiburg) mit dem Center for Financial Research (Köln) und der Bank für Leihen und Schenken (Stuttgart) initiiert werden soll, das alles, wie es sich gehört, unter strenger philosophischer Observanz von Alain Badiou, Judith Butler und Antonio Negri. Da mag es zwar noch ernüchternder sein, wenn das ›einzelne Atom‹ laufend Knüppel zwischen die Beine geworfen bekommt, etwa von Nassim Nicholas Taleb, dem Entdecker des schwarzen Schwans, aber das ist kein Grund zur Verzweiflung, denn dessen These über das Eintreten der großen Krise – »Wenn ein Truthahn nach tausend

101 *FAZ*, 19. November 2008.
102 *FAZ*, 9. Dezember 2008.

Tagen geschlachtet wird, erscheint der Todestag dem Truthahn als unvorhersehbar, nicht aber dem Metzger.«[103] – läßt doch hoffen, daß der Henker der andern ein unsereins gnädiger Souverän sein wird.

Das Geschwätz der deutschen Ideologie klingt unfreiwillig komisch und ist es irgendwie auch, denn es ist stets erheiternd und liefert allemal Material fürs Kabarett, bei Anne Will oder Günther Jauch, in der *BILD*-Zeitung oder im Feuilleton fürs Bildungsbürgertum, im *Neuen Deutschland* oder in der *Deutschen Stimme* die Volkswirtschaftler und ihre Staatsrechtslehrer bei der Arbeit zu beobachten, dabei, wie sie das zur höheren Einsicht raffinieren und destillieren, was ohnehin jeder gedacht haben wird, wenn er hört, was er sagt: die Metaphysik der Deutschmark nämlich, die jetzt leider Euro heißen muß.[104] Marx hat das so ausgedrückt: »Der Vulgärökonom tut in der Tat nichts anderes als die sonderbaren Vorstellungen der in der Konkurrenz befangen Kapitalisten« (und seit 1933 auch der Arbeiter) »in eine scheinbar mehr theoretische verallgemeinernde Sprache zu übersetzen und sich abzumühen, die Richtigkeit dieser Vorstellungen zu konstruieren«, d. h. sich im »schönen theoretischen Dualismus«[105] des Einerseits, dann aber natürlich auch des Andererseits der Antinomie zu suhlen. Aber das Gelächter über diese gewitzten Idioten bleibt doch im Halse stecken, denn es verrät in seiner ganz unfreiwilligen Komik deren restlos verzweifeltes Bemühen, die Gesellschaftlichkeit in ihrer negativen Verkehrung als erste Natur sich anzueignen und einzuverleiben, sich zur verlebendigten Funktion zu machen, d. h. sich im Interesse der ewigen Akkumulation erst in der politischen Opposition, dann im Kampf auf Leben und Tod gegen die ›Parasiten‹, gegen die, die leben, ohne zu arbeiten und gegen die ›Heuschrecken‹ sowieso, zu rassifizieren. Wie sich das pluralistisch gehört, auch auf dem Boden der fdGO noch gar nicht anders sein kann, wird diese

103 Banker weg, wir brauchen eine Revolution. Ein Gespräch mit Nassim Nicholas Taleb, in: *FAZ*, 13. November 2008.

104 Vgl. Initiative Sozialistisches Forum, Metaphysik der Deutschmark, in: Dies., *Flugschriften, Gegen Deutschland und andere Scheußlichkeiten*, Freiburg 2001, S. 108-116.

105 Marx, *Das Kapital*, Bd. 1 (MEW 23), S. 241.

allgemeine Mobilmachung – denn der Narzißmus des Subjekts darf nicht zu kurz kommen –, und wird dieses die Leute agitierende Gesellschaftsprojekt in so nachhaltiger Diversifikation wie pseudoantagonistischer Kooperation unternommen. Jeder darf je nach Gusto. Es ist diese unendlich pluralisierte Form, in der sich derzeit die Generalüberholung dessen vollzieht, was als deutsche Ideologie sattsam bekannt ist: der nun aber definitiv ›wahre Sozialismus‹ des Volkes ist das dogmatische Ziel dieser noch einigermaßen chaotisch verlaufenden Suchbewegung der Keynesianer und aller anderen »Geld-Narren«.[106]

Weil das Notwendige nicht getan werden will, eröffnet sich der Spielplatz der Selbstverwirklichung; wem Vernunft als dogmatisch gilt, der hat jedenfalls Verstand genug, seine Halluzinationen auf Punkt und Komma zum totalen System der Sozialreform auszuarbeiten. Die materialistische Kritik hatte zwar 1848 versucht, sich einen Überblick zu verschaffen, denn »Ökonomisten, Philantrophen, Humanitäre, Verbesserer der Lage der arbeitenden Klassen, Wohltätigkeitsorganisierer, Abschaffer der Tierquälerei, Mäßigkeitsvereinsstifter« wetteiferten schon damals darum, den ›wahren‹ deutschen Sozialismus auf Touren zu bringen. Aber die schiere Masse an »Winkelreformern der buntscheckigsten Art«[107], dazu der Elan fatal ihrer allgemeinen Konkurrenz haben jeden Versuch, einen wirklich vollständigen Katalog zu erarbeiten, zum Scheitern verurteilt. Allein die grausige Fülle der Projekte, die »Ideologie des Geldes und der Gier«[108] praktisch zu überwinden, beginnend mit Proudhons Idee einer ›Volksbank‹ über die Eingebungen Sylvio Gesells bis hin zur nun wirklich definitiven »Bre-

106 Paul Mattick, *Marx und Keynes. Die Grenzen des »gemischten Wirtschaftssystems«*, Frankfurt 1971, S. 13. Vgl. meinen Artikel »Die bürgerliche Wissenschaft vom Reichtum als Politische Ökonomie des Reformismus. Über Sir John Maynard Keynes«, in: *Bahamas* Nr. 26 (Sommer 98), S. 20-22.

107 Karl Marx/Friedrich Engels, *Das Manifest der kommunistischen Partei in Deutschland*, in: MEW 5, S. 488 – vgl. auch Engels, *Die wahren Sozialisten*, in: Ebd., S. 248 ff.

108 Verantwortung übernehmen. »Frankfurter Appell« der IG Metall, in: *Financial Times*, 25. März 2009.

chung der Zinsknechtschaft« nach Gottfried Feder läßt jeden Archivar verzweifeln: hier kam die Phantasie an die Macht; das Ergebnis ist ein Albtraum. Marxistische *Kapital*-Schüler gründen erst eine Ökobank und fusionieren dann mit den Anthroposophen, Tauschringe schießen aus dem Boden, letztens wurde endlich die Uckermark erfunden – und langsam fragt man sich doch, warum, wenn die Geltung des Geldes der Psychologie des Vertrauens entspringt, die telepathische Zahlung noch immer nicht erfunden wurde: Schau' mir in die Augen, Kleines, bis der Groschen fällt. Wo alle darum kämpfen, ein kleines Licht in einer großen Finsternis zu sein, wo ein jeder seine Utopie ›vorlebt‹, da treibt man sich gegenseitig in die allgemeine Umnachtung und hat sein Spaßvergnügen dabei – wie, nur zum Beispiel, die allseits bekannte Geldforscherin, Tauschringaktivistin und Silvio Gesell-Anhängerin Margret Kennedy, deren Buch *Geld ohne Zinsen und Inflation*, wie die *Süddeutsche Zeitung* neidisch anmerkt, schon in 22 Sprachen übersetzt wurde: »Neben Rassismus und Sexismus gibt es Pekunismus, Geldgier. Den Sexismus haben wir illegalisiert, den Rassismus haben wir bekämpft, den Pekunismus erachten wir noch als legal. Eine Geldaristokratie beherrscht die Welt. Alles fließt jenen zu, die ihr Geld verleihen können. Die Masse der Kreditnehmer sind leider die neuen Sklaven, die ihre Ketten nicht sehen können.«[109]

Pekunismus! Darauf muß man erst 'mal kommen! Aber vielleicht hilft Johanniskraut? Dabei gefallen sich Kennedy und ihre Genossenschafter immer noch als kleine radikale Minderheit und als Avantgarde, während ihre Zwangsneurose doch längst im Zentrum der Gesellschaft, im Frankfurter Westend, angekommen ist: so beschäftigt die Deutsche Bank in ihrer Abteilung für Scharia-Banking mittlerweile hunderte Angestellte. Weil die Parole von wegen »Brechung der Zinsknechtschaft« einstweilen noch nicht wieder opportun ist – selbst Jürgen Elsässers *Volksinitiative* zensiert sich und will erst einmal der »Schuldknechtschaft« an den Kragen[110] – läßt die *Zeitung für Deutschland* lieber dezent

109 Margret Kennedy: »Kreditnehmer sind die neue Sklaven«, in: *Süddeutsche Zeitung*, 11. November 2008.

110 Siehe dazu Hans-Peter Büttner, Antisemitismus und Finanzkapital. Zur Kritik des völkischen Denkens des ehemaligen Linken Jürgen Elsässer,

durchblicken, daß »soziale Marktwirtschaft und islamische Wirtschaft vieles gemein haben« und resümiert, »daß beide Ordnungen mehr sind als reine Wirtschaftsmodelle und mit einer ›sozialen‹ Komponente auch Gesellschaftsmodelle, die sich stark an der Solidarität und der Sozialbindung des Eigentums orientieren.«[111] Daß ›Gemeinnutz vor Eigennutz‹ zu gehen habe, darin bestand seit je die Erkennungsparole des ›wahren‹ deutschen Sozialismus, daß es dem Grundgesetz gelang, den nazifaschistischen Sozialpakt in Artikel 14 (2) Grundgesetz fortzuschreiben und den in den Staatsapparaten verborgenen Souverän als ›Treuhänder der Arbeit‹ (ein Tatbestand, auf den sich insbesondere Linksdeutschland beruft) zu verewigen – daraus ergeben sich die Perspektiven für die Erneuerung des historischen Bündnisses zwischen dem deutschen Souverän und dem Djihad der Islamisten gegen Israel. Denn irgendwann wird die Eigentumsbestie begreifen, wie recht die Hamas hat, wenn sie erklärt: »Die Juden tragen die Schuld an der Finanzkrise.«[112] Dann fällt es ihr wieder wie Schuppen von den Augen.

Einstweilen muß die Eigentumsbestie noch bißchen in Bionade, Psychokratie und Lebensreform machen. Aber sie lauert unter der Aufsicht ihrer Verstandesakrobaten auf das Stichwort, von Professoren wie Hartmut Rosa von der Universität Jena, der messerscharf

in: *trend-onlinezeitung*, April 2009 (www.trend.infopartisan.net/trd0409/t060409.html. Und auch die *FAZ* kämpft gegen diese unter den Esoterikern des Geldes augenzwinkernd ›Schuldknechtschaft‹, indem sie neuerdings Artikel des Occupy-Beraters Michael Hudson druckt; vgl. Ders., Was sind Schulden? in: *FAZ*, 3. Dezember 2011, sowie Ders., Der Krieg der Banken gegen das Volk, in: *Frankfurter Allgemeine Sonntagszeitung*, 4. Dezember 2011 – vgl. im übrigen: Gottfried Feder, *Das Manifest zur Brechung der Zinsknechtschaft*, München 1919, sowie Ders., *Kampf gegen die Hochfinanz*, München 1935

111 Rainer Herrmann, Auf ähnlicher Grundlage, in: *FAZ*, 5. November 2010. – Vgl. im übrigen den Artikel »Was ist Gold? Was ist Geld?«, in: *Islamische Zeitung* Nr. 13/2007.

112 Siehe: www.israelnetz.com/themen/arabische-welt/artikel-arabische-welt/datum/2008/10/07/hamas-juden-tragen-schuld-an-finanzkrise/ – vgl. auch: uk.news.yahoo.com/18/20081015/tpl-iran-hails-world-financial-crisis-asb04fc5e.html (Stand: 2012).

diagnostiziert hat, daß den Subjekten ›der innere Boden‹ verlustig ging, d. h. die ›Erdung‹, der nun die Echtzeit des Kapitals mit neuen, nachhaltigen Strategien der ›Entschleunigung‹ kontern will und deshalb ein ›Institut zur sozialen Therapie der Eilkrankheit‹ gegründet hat, denn in Jena ist alles möglich. Er »sieht drei Zeitebenen durcheinander geraten: die Alltagszeit (Buszeiten, Ladenzeiten, Termine), die Lebenszeit (die Übersicht über sein Leben und was man damit anfangen will) und die geschichtliche Zeit (der Blick von sich selbst in der historischen Zeit)«, was daran liegt, »daß es keinen zeitunabhängigen Werterahmen mehr gibt, auf den wir uns stützen können«. Zwecks Therapie empfiehlt er, »im Denken das halb volle Glas zu bevorzugen« und anzuerkennen, daß man der Eilkrankheit nie und nimmer »durch äußerliche Veränderungen, sondern nur durch eine Wende im Inneren, eine Umwertung der Werte« entkommt, die die Verewigung des Werts einleitet[113] Gewitzte Idioten wie Hartmut Rosa hätten vor 1933 auf den Namen Hanussen gehört, den Nazis die Karten gelegt und mit den Mitteln der Astrologie den richtigen Zeitpunkt für den Nürnberger Parteitag errechnet – und auch des penetranten Erfolgs solch geistrevolutionärer Strategien wegen war der NS-Faschismus ein durchschlagender und bleibender Erfolg.

Die Transformation der Bevölkerung in das ›Wir sind ein Volk‹-Verhängnis ist im Gefolge von Wannsee-Konferenz und Grundgesetz definitiv gelungen, und das ist der Grund dafür, daß man in Deutschland angesichts der Krise und des kommenden Zusammenbruchs der kapitalistischen Produktionsverhältnisse keine Panikattacken hat und überhaupt gar keine Angst vor dem ›Schwarzen Freitag‹, der Grund also dafür, warum niemand das ›logische Rätsel‹, in dem ›unser Geld‹ angelegt ist, anders als mit den Mitteln von scharfsinnigen Rindviechern lösen will, warum daher diese unheimliche, diese so hoffnungslose wie erwartungsschwangere Stille nur das eine ist: die Stille vor dem Schuß. Denn während der materialistischen Kritik Ulrich Sonnemanns Diktum gilt: »Seit Auschwitz das Problem: der

113 Sind sie eilkrank? Professor Hartmut Rosa diagnostiziert (und bekämpft) eine neue Gesellschaftskrankheit, in: *Das Magazin aus Ihrer Apotheke* Nr. 3/2011, 21. Januar 2011. – Vgl im übrigen: www.eilkrankheit.de

Staat schlechthin in seiner Schlechtigkeit«[114], da ist den Deutschen ihr Staat, der Statthalter des Souveräns, der die Wiederkehr des allgemeinen Deutschen verbürgt, nichts als Verheißung: »Gutes Geld für gute Arbeit.«[115]

114 Ulrich Sonnemann, *Institutionalismus und studentische Opposition. Thesen zur Ausbreitung des Ungehorsams in Deutschland,* Frankfurt 1968, S. 119.
115 Vgl. www.amazon-verdi.de.

»Nichts gelernt und nichts vergessen«

Ein Schema zur Geschichte des Antizionismus in Deutschland

Irgendwann zwischen der Wannsee-Konferenz und der Gründung Israels verliert der Haß auf die Juden jedwede Geschichte. Danach gab es keine Antisemiten mehr: weil alle es sind. Der Antisemitismus wird zum logischen wie zum historischen Apriori, zur Ontologie des gesellschaftlichen Seins der Deutschen. Als außer Johann Georg Elser kein proletarisches Subjekt zur Verteidigung der Juden in Waffen sich erhob, als noch die Idee der kommunistischen Internationale, die Weltrevolution für die staaten- und klassenlose Gesellschaft, ausgestrichen und durch »internationalen Patriotismus«[1] ersetzt wurde, hatte sich die kapitalisierte Gesellschaft mit sich selbst zur zwar negativen, so doch fugenlosen Identität vermittelt, d.h. historisch ausgemittelt, und sie hatte darin alle Idee eines Fortschritts der Menschheit im Bewußtsein der Freiheit von sich gewiesen. Der Sinn der Geschichte selbst wurde liquidiert. Danach ist jedwede ›List der Vernunft‹, deren emanzipative Logik aus der bewußtlosen Wechselwirkung der ihrer selbst unbewußten Subjekte folgen sollte, nur Projektion, macht sich, so Adorno, »der Kardinalsünde schuldig: Sinn zu infiltrieren, der nicht existent ist«[2], und noch die marxistoide Gebetsmühle vom ›Grundwiderspruch von Lohnarbeit und Kapital‹ beweist, daß Adornos Frage, ob es denn »Geschichtsphilosophie ohne latenten Idealismus«[3] geben kann, strikt verneint werden muß.

Die Geschichte der bürgerlichen Gesellschaft, deren Schwung aus der Dialektik von Bourgeois und Citoyen sich ergab, der Marx in jugendlichem Leichtsinn das Telos freier Assoziation dann andichtete, hatte sich in Deutschland in der Gestalt des Soldaten zusammengefaßt,

1 Theodor W. Adorno, *Minima Moralia*, Frankfurt 1979, S. 147.

2 Ders., *Zur Lehre von der Geschichte und von der Freiheit* (Vorlesungen 1964/65). Nachgelassene Schriften Bd. 13, Frankfurt 2001, S. 16.

3 Ebd.

dessen Opferbereitschaft nur durch seinen Mordwillen noch überboten wurde. Seitdem schwebt diese, wenn auch vollendet negative Versöhnung der kapitalisierten Gesellschaft mit sich selbst als Drohung, als negative Utopie und, gewissermaßen, transzendentaler Horizont über jeder jetzt noch möglichen Geschichte der Menschheit. Nur das Wunder der zionistischen Revolution ist ungleichzeitig und steht quer: eine Insel der Aufklärung in einem Ozean des Widersinns. Dafür hat Israel als das schlechte Gewissen wie als der Vorschein einer befreiten Menschheit zu büßen. Daß die Deutschen ihr Menschenmöglichstes taten, um die Nicht-Identität des Kapitals in Gestalt der Juden nicht nur physisch auszurotten, sondern deren halluziniertes Geheimnis als das Tausendjährige Reich ewige unendlicher Akkumulation durch Raubmord metaphysisch sich einzuverleiben, daß es ihnen trotz alledem nicht gelang, sich ins exklusive Privateigentum der negativen Utopie einzusetzen, stiftete eine gegen jede Erfahrung abgedichteten Haß auf die Juden und ihren unwahrscheinlichen Staat, auf Israel. Daß der ›Führer‹ sich morden mußte, das gerade setzt die Zukunft frei.

Was immer sich seitdem auch ereignet hat – es spiegelt den prinzipiellen Stillstand der Geschichte, den Bann, die Angstlust der erpreßten Versöhnung. So findet auch der Haß auf die Juden, egal, ob antisemitisch oder antizionistisch ausgebrüllt, keine neuen Worte mehr, sondern gehorcht einem manischen Wiederholungszwang, dessen Vokabular in den Werken Adolf Hitlers gesammelt vorliegt. Es ist sein ›Politisches Testament‹ vom 29. April 1945, das seitdem abgearbeitet wird, sein letzter Wille, dem ›internationalen Judentum und seinen Helfern‹ den totalen Krieg zu erklären und dafür immer wieder aufs Neue im deutschen Staat die so klassenübergreifende wie die Klassen in sich aufhebende Volksgemeinschaft zu verschweißen, d.h. das Mordkollektiv, das in erlogener präventiver Notwehr dagegen sich erheben solle, daß »die Völker Europas wieder nur als Aktienpakete dieser internationalen Geld- und Finanzverschwörer angesehen werden.«[4] Dieser Haß auf die Juden, der sich antikapitalistisch auf-

4 *Politisches Testament Adolf Hitlers vom 29. April 1945,* dokumentiert in: Joseph Goebbels, *Tagebücher 1945. Die letzten Aufzeichnungen,* Hamburg 1977, S. 534 ff.

führt, aber doch nur auf die Aufhebung des Kapitalverhältnisses in unvermittelt erste Natur provoziert, diese schon vegetative Aversion gegen das Geld und gegen den ›schnöden Mammon‹, bei der man unmöglich wissen kann, ob der Deutsche Gewerkschaftsbund oder die Deutsche Arbeitsfront oder Dr. Goebbels selber spricht: »Das Geld muß wieder der Wirtschaft und die Wirtschaft wieder dem Volke dienen«[5] – dieser Haß, den man gemeinhin, weil ökonomisch in Phrasen wie ›Brechung der Zinsknechtschaft‹ etc. pp. kostümiert, als den Antisemitismus schlechthin bezeichnet, muß sein auch politisches Gesicht herauskehren, seinen Plan einer definitiv kapitalen Souveränität. Die antisemitische ›Kritik‹ der Ökonomie erfordert und impliziert die antizionistische ›Kritik‹ der Politik; und wie sich die negative Utopie der Verwandlung von Ausbeutung und Akkumulation aus einem gesellschaftlichen, historischen Verhältnis in die erste und fraglose Natur der Volksgemeinschaft im Antisemitismus ausspricht, so die barbarische Hoffnung auf die Verwandlung von Herrschaft und Souveränität in einen Staat des ganzen Volkes als Antizionismus.

Darin besteht das authentische Programm des Nazifaschismus, daß Hitler von Anfang an nur insofern Antisemit sein konnte, indem er unmittelbar und zugleich als Antizionist auftrat. Als Hitler am 13. August 1920 im Hofbräuhaus seine erste dokumentierte Rede gegen die Juden hielt – das Motto war: »Wie kannst Du als Sozialist nicht Antisemit sein?«[6] – da sprach er im gleichen Atemzug gegen jedwede Staatlichkeit der Juden in Palästina. Überhaupt beobachteten die Nazis überaus genau die politischen Gehversuche des Jischuw, und als dann zwischen 1938 und 1944 mehrere Auflagen der gesammelten Palästina-Kommentare Alfred Rosenbergs aus dem *Völkischen Beobachter* unter dem eben nur auf den ersten Blick befremdlichen Titel »Der staatsfeindliche Zionismus« im NSDAP-Parteiverlag erschienen, war klar, wie überaus nachhaltig die Spaltung, die die Nazis am Kapital

5 Joseph Goebbels, *Revolution der Deutschen. 14 Jahre Nationalsozialismus*, Oldenburg 1933, S. 155. Vgl. auch Heinz Gess, »*Sozialismus: das ist die Brücke von links nach rechts« (Goebbels, 1929*), in: www.kritiknetz.de.

6 *Dokumentation: Hitlers »grundlegende Rede« über den Antisemitismus*, in: *Vierteljahreshefte für Zeitgeschichte*, 16. Jg., 1968, Heft 4, S. 390-420.

vollzogen, als sie es in ein ›raffendes‹ und ein ›schaffendes‹ zerlegten, genau der Spaltung der Herrschaft in einen ›mechanischen‹ Staat einerseits, den ›organischen‹ Souverän andrerseits bedurfte. Und konsequent heißt es auch in Hitlers unveröffentlichtem, sogenannten ›Zweitem Buch‹ von 1928: »Das jüdische Volk kann mangels eigener produktiver Fähigkeiten einen Staatsbau räumlich empfundener Art nicht durchführen.«[7] Erst im Antizionismus war der Antisemitismus komplett, und eben derselbe deutsche Souverän, der an der Rampe von Auschwitz zur integralen Praxis wie zum ganzheitlichen Bewußtsein seiner selbst kam, wurde vor El-Alamein zum Stehen gebracht.

Weder ist daher der Antizionismus bloß Import aus den maroden Weiten des Marxismus-Leninismus, noch ließe sich in Deutschland irgend zwischen Antizionismus und einer sog. ›legitimen Israel-Kritik‹ unterscheiden. Ob vor über dreißig Jahren eine von der DKP importierte KPdSU-Broschüre mit dem Titel *Zionismus: Lüge von A bis Z* erklärte, »die Gründung eines ›Judenstaates‹ war den zionistischen Führern (...) lediglich ein Mittel (...) zur größtmöglichen Bereicherung um der Macht und des parasitären Wohlergehens (...) willen«[8], ob die *Junge Welt* von vorgestern und übermorgen Israel als ein ›Staatswesen‹ denunziert, »das sich nicht auf die Gesamtheit seiner Bürger, sondern auf das gesamte jüdische Volk, wo immer sich das auch befinden mag, bezieht«,[9] d. h. als Staatsunwesen schlechthin,

7 *Hitlers Zweites Buch. Ein Dokument aus dem Jahr 1928.* Eingeleitet und kommentiert von Gerhard L. Weinberg (*Quellen und Darstellungen zur Zeitgeschichte*, Bd. 7), Stuttgart 1961, S. 220.

8 B. Bakanow, *Zionismus: Lüge von A bis Z,* Moskau 1974, S. 9. Siehe auch die ebenfalls in Moskau auf Deutsch erschienene Broschüre *Der Zionismus – ein Werkzeug der imperialistischen Reaktion* (1970), hier insbesondere S. 140: »Die Zionisten müßten Hitler ein Denkmal setzen.«

9 Werner Pirker, *Im Zweifel für Israel. Mit seinem Bekenntnis zum Zionismus hat Gregor Gysi die Koordinaten linker Außenpolitik umgeworfen,* in: *junge Welt*, 25. April 2008. Und warum wohl arbeitet ausgerechnet der Gregor Gysi, insinuiert Pirker, an der »Herstellung einer prozionistischen Hegemonie«? Interessant immerhin, wie der bewußtseinslegasthenische Pirker aus nur vier Vokabeln – ›Heimat‹, ›Boden‹, ›Volk‹ und ›angestammte Rechte‹ – einen ML anrührt, der keine Wünsche

ob die obskure Gruppe Arbeitermacht (»Liga für die Fünfte Internationale«) den Zionismus selbst für »ein Hindernis auf dem Weg zur Befreiung«[10] hält – jedenfalls harmoniert diese materialismusver-

mehr offenläßt. Neulich (s. o.) kam noch die Vokabel hinzu, die Antideutschen seien »Nationalnihilisten«, die vorhätten, »die ›Kameltreiber‹ für Auschwitz büßen zu lassen.« Der Nazi Claus Nordbruch (siehe Fußnote 11), der sein Kenntnisse über die Antideutschen gerne aus der Zeitschrift *Wildcat* (www.wildcat-www. de/zirkular/63/z63antidt. htm) bezieht, nennt diese auch gern »Helfershelfer des Imperialismus« (S. 87), womit die Querfront komplett ist und man wieder im Jahr 1923, dem Jahr der Apologie des Nazis Albert Leo Schlageters durch eine Rede Karl Radeks vor dem Exekutivkomitee der Kommunistischen Internationale angelangt ist; siehe nur das Traktat einer in ausgerechnet Magdeburg heimischen KPD/ML *Zionismus – Todfeind der Völker* von 2006, insbesondere S. 17 ff.: »Die fünfte Kolonne: Die Antideutschen« (www.kpd-ml.org). – Dieser Staatlichkeitswahn speist sich aus der Linie Lassalle-Noske-Stalin, vgl. dazu auch Initiative Sozialistisches Forum, »Ulrike Meinhof, Stalin und die Juden. Die (neue) Linke als Trauerspiel«, in: Dies., *Das Ende des Sozialismus und die Zukunft der Revolution. Analysen und Polemiken,* Freiburg 1990, S. 119-165, auch unter www.ca-ira. net sowie Dies., *Furchtbare Antisemiten, ehrbare Antizionisten. Über Israel und die linksdeutsche Ideologie,* Freiburg ²2002 und ihre Flugblätter *Karl Marx, Israel und die Militanz der Vernunft* (2006) sowie *Die Konterrevolution gegen Israel* (2008) unter: www.ca-ira.net. – Dieser stalinistische Staatlichkeitswahn ist wohl auch der Grund für Pirkers Vorstellung von »Israelis, deren Staat auf Terror gegründet ist« (Werner Pirker, *Am Pranger. Carter macht sich Israel zum Feind,* in: *junge Welt*, 26./27. April 2008) – im Gegensatz zu allen andern Staaten dieser Welt natürlich, die kein Gewaltmonopol auf Leben und Tod besitzen, die friedlich/schiedlich im Geiste des Völkerrechts begründet wurden und in denen die Gewalt, wie im Grundgesetz der Deutschen, ›vom Volke‹ ausgeht. – Zu einer tatsächlichen Kritik an Gysis neuerlicher Haltung zu Israel (Gregor Gysi, *Die Haltung der deutschen Linken zum Staat Israel,* in: *rls Standpunkte* 9/2008 der Rosa-Luxemburg-Stiftung unter www.rosalux.de), ist Pirker allerdings so wenig in der Lage, als dessen »Juristensozialismus« (Engels) sein eigener ist, nur mit anderer Meinung beklebt.

10 Martin Suchanek, *Antizionismus = Antisemitismus?*, in: www.arbeitermacht.de/ni/ni113/antizionismus.htm. – Die Frage, warum der Anti-

gessene Propaganda von links so innig mit der Agitation von rechts, daß man darüber fast zum Parteigänger des Liberalismus und seiner totalitarismustheoretischen Projektionen werden könnte: »Es liegt auf der Hand«, meint der einschlägige Claus Nordbruch im einschlägigen Grabert-Verlag: »Philosemitismus und die uneingeschränkte Solidarität mit Israel gehören zur bundesdeutschen Staatsräson. (...) Die extremste Form des Philosemitismus in der BRD ist der öffentlich verbreitete Haß auf das eigene Volk.«[11] Rot = Braun also, zumindest in Sachen Israel?

Ja und nein: denn die Konkurrenz der Genossen mit den Volksgenossen ist der Wettbewerb darum, wer der Erste sein darf, das Ungeheuerliche auszusprechen, das die sozialliberale Mitte sich zur Zeit zwar nicht traut, wozu sie aber durch die kommende Zusammenbruchskrise des Kapitals gezwungen sein wird. Längst beschwört die Wirtschaftspresse den nächsten ›Schwarzen Freitag‹, d.h. eine Krise, »die sich wie ein gefährliches Gift in einem Körper ausbreitet«, während man sich doch so sehr nach dem ›echten Wert‹ sehnt mit all dem Fascho-Fanatismus, den der Fetischismus des Goldes immerhin und allemal hergibt.[12] Als Rhetorik der Krisenangst liegt der Antisemitismus längst bereit, auch als die panische Gier nach dem krisen-

zionismus gerade durch trotzkistische Gruppen am Köcheln gehalten wird, wäre eine eigene Untersuchung wert. In diesem Milieu, das wohl nie begreifen wird, warum ihr Heros, Leo Trotzki, nur der »gescheiterte Stalin« war (siehe Willy Huhn, *Trotzki – der gescheiterte Stalin,* Berlin 1974 sowie Ders., *Der Etatismus der Sozialdemokratie. Zur Vorgeschichte des Nazifaschismus,* Freiburg 2003), wird trotz Abraham Léon immer wieder insistiert, es sei sehr wichtig, »zwischen der Kritik am Zionismus und Antisemitismus zu unterscheiden«; denn »mit dem Antisemitismus-Vorwurf erschwert Israels Regierung eine echte Bekämpfung des Antisemitismus«. (Ahmed Shah, *Israel und die antinationale Linke,* in: Linksruck Netzwerk (Hg.), *Sozialismus von unten. Magazin für antikapitalistische Debatte und Kritik,* auf: www.sozialismus-von-unten.de.)

11 Claus Nordbruch, *Judenfragen. Selbstverständnis und Problematik,* Tübingen 2006, S. 85.

12 Holger Steltzner, Zur Rettung der Wallstreet, in: *FAZ,* 22. März 2008. – Zur panischen Rhetorik der Krise siehe auch: Initiative Sozialistisches Forum, *Zahltag,* in: *Jungle World* N° 46, 15. November 2007.

enthobenen, dem absoluten Wert, den das souveräne Gewaltmonopol garantieren soll. Der Liberalismus – intellektueller Sachwalter der Akkumulation – produziert darin seine eigenen Extreme, seine Negation; es ist seine politökonomische Logik, aus der die Nazis ihre Bilanz der großen Krise des Kapitals zogen: »Die Arier hatten das Papier, die Juden aber das Gold und den Wert.«[13] Und daraus folgt

13 Robert Körber/Theodor Pugel (Hg.), *Antisemitismus der Welt in Wort und Bild*, Dresden 1935, S. 235. – Daß man sich, gerade als Kommunist, durch die notorische Unaufklärbarkeit und typisch deutsche Verstocktheit der Linken ins Rot = Braun-Bockshorn jagen läßt, ist allerdings kein Beweis von dessen Wahrheit. Man wird Adornos Einsicht, Hitler habe »wie kein anderer Bürger das Unwahre im Liberalismus durchschaut« (*Minima Moralia*, Frankfurt 1979, S. 135), unmöglich dadurch los, daß man diesem, wie es der *Bahamas*-Redakteur Justus Wertmüller tun möchte, als seine Logik ins Stammbuch schreibt: »Das gesellschaftliche Projekt, das man überhaupt erst aufzurichten hätte, wäre (...) der Westen, die bürgerliche Republik, mit ihrer Respektlosigkeit gegenüber Kollektiven, ihrem Respekt vor dem Einzelnen und ihrem wachsamen Mißtrauen gegenüber der schrankenlosen Demokratie, diesem Pendant des totalen Staates«, im weiteren ist dann auch noch von »republikanischer Vernunft« und ähnlichen Einbildungen die Rede (*Auf der Suche nach Schutz. Warum ein Bündnis mit der »Mitte« der Israelsolidarität das Licht ausblasen würde*, auf: www.redaktion-bahamas.org). Wo der Ex-KBler Wertmüller, der einem anderen Ex-KBler, dem ehemaligen wissenschaftlichen Mitarbeiter der Grünen-Bundestagsfraktion Matthias Küntzel, mit seiner Rede das Recht auf »knallharte Realpolitik« bestreiten möchte, das wohl her hat? Bestimmt nicht aus der materialistischen Staatskritik etwa Johannes Agnolis, wohl eher aus dem Kapitel »Die sozialistischen Wurzel des Nationalsozialismus« aus Friedrich A. Hayeks *Der Weg zur Knechtschaft* von 1944 (München 2007, S. 210 ff.): Aber darin wird der Sozialdemokratie die Rechnung aufgemacht, nicht Marx. Statt derlei interessierten Machinationen zu folgen, in deren Konsequenz der Materialismus an die Politik verkauft wird, wäre die Lektüre von Herbert Marcuses klassischem Essay *Der Kampf gegen den Liberalismus in der totalitären Staatsauffassung* von 1934 anzuraten. – Für die Erfindung der begrifflichen Alternative ›bürgerliche Republik‹ vs. ›schrankenlose Demokratie‹ verdiente Wertmüller jedenfalls, wenn das denn die Möglichkeit wäre, das Patent zum Adornostalinisten. Schade eigentlich. – Daß *Bahamas*

notwendig die Denunziation des Zionismus als eines zur eigentlichen Staatlichkeit unfähiges Projekts, d.h. so unbefugt wie impotent zu »bodenständigem Bauerntum, rechtschaffenem Arbeitertum, wehrhaftem Soldatentum und ehrsamen Bürgertum«: Kein Wunder daher, »daß die Araber stets mit dem anerkennenswerten Fanatismus einer orientalischen Rasse ihre Heimat schützen werden.«[14]

1989, als die Wiedervereinigung der Antisemiten (BRD), die genötigt worden waren, mit Israel sich zu arrangieren, mit den Antizionisten (DDR), denen es nur erlaubt war, die Juden in Form der ›Zionisten‹ zu hassen, unvermeidlich wurde, waren alle formellen Bedingungen der deutschen Souveränität wiederhergestellt, die es möglich machen, Hitlers Testament doch noch zu vollstrecken, d.h. die Shoah durch ihre Vollendung, Überbietung und restlose Vollstreckung an Israel ungeschehen zu machen: Der Rechtsnachfolger rüstet sich auf, der Gesellschaftsnachfolger zu sein. Denn erst der Tag, an dem es die Juden, außer in Geschichtsbüchern, niemals gegeben haben wird, wird der Tag der vollendeten »Deutschen Revolution« (Goebbels) gewesen sein. So trifft das paradoxe Resümee jetzt erst zu, das Eric Voegelin 1964 aus dem Verhältnis der Deutschen zu Hitler zog: »Nichts gelernt und nichts vergessen.«[15] Es ist diese irrsinnig redundante, die penetrante Permanenz des Nullpunkts materialistischer Aufklärung, in dem der Wiederholungszwang sich breitmacht.

den Weg des autoritären Liberalmarxismus gehen könnte, war seit den Thesen der Redaktion über *Antipolitik und Gegenaufklärung* zwar möglich, aber leider doch absehbar (siehe: *Bahamas* N° 43, Winter 2003/04, S. 36-39).

14 Körber/Pugel, a. a. O., S. 302 und 303.

15 Eric Voegelin, *Hitler und die Deutschen* (1964), München 2006, S. 309.

Nazismus als Erkenntnisfalle

Warum die Geschichtswissenschaft die denkbar ungeeignetste Methode ist, Auschwitz zu verstehen[1]

> »Die Diskussion ist absurderweise jetzt so: Waren die deutschen Judenmörder der Nazizeit a) untertänige autoritäre Opportunisten oder b) sadistische brutale antisemitische Mörder? Es fällt mir auf, daß niemand darauf gekommen ist, daß sie wahrscheinlich untertänige autoritätshörige opportunistische sadistische brutale antisemitische Mörder waren. Die Fakten sprechen dafür. Und insofern Goldhagen einem noch die Wahl zwischen den beiden Möglichkeiten bietet, ist sein Buch inkomplett.«
>
> Peter Zadek, Leserbrief, in: *Die Zeit*, 23. August 1996

Vier Beweise und ein Schluß

»Keine Deutschen, kein Holocaust«: So klar und einleuchtend, so überaus evident und plausibel ist Daniel Jonah Goldhagens These wie die zwar allemal beweisbare, aber nicht sehr abseitige oder beweispflichtige Behauptung, ohne Henne kein Ei und ohne Wolke keinen Regen, so sehr, daß, sollte überhaupt Diskussionsbedarf bestehen, eher die hollywoodreife Titulierung der Massenvernichtung als ›Holocaust‹, d.h. als sinnträchtiges Brandopfer, statt als *Shoah* (Claude Lanzmann) oder *Churban* (Manès Sperber), zur Debatte stünde. Wer nicht von den Deutschen sprechen mag, der soll von Auschwitz schweigen – das ist so wahr wie der unter Historikern längst in Karteikästen begrabene Satz Max Horkheimers, wonach, wer sich weigere, vom Kapitalismus zu reden, über den Faschismus sich auszuschweigen habe. Das Problem mit den Deutschen besteht eben darin, daß sie das Selbstverständliche leugnen, es zum Geheimnis und zum Gegenstand der Wissenschaft machen. Eine pluralistische Ge-

1 Die Seitenangaben in Klammern beziehen sich auf Daniel Goldhagen, *Hitlers willige Vollstrecker. Ganz gewöhnliche Deutsche und der Holocaust*, Berlin 1996.

sellschaft verlangt nach vielen guten Gründen für ihren Faschismus; einer allein wäre zu armselig, geradezu beleidigend eindimensional, monokausal, deterministisch. Weil in Deutschland jedes Gefühl für Logik und für die Einsicht in den Zusammenhang von Ursache und Wirkung verloren ging, weil schon die Behauptung, ein derartiger Zusammenhang bestehe nicht nur beim freien Fall des Apfels, sondern auch beim tendenziellen der Profitrate, irgendwie exotisch erscheint und als höhere Philosophie, weil schon der Versuch, wenn nicht strafbar, so doch verdächtig ist, sich einen strikten Begriff vom Faschismus zu bilden, der den »Schein der Tatsachen« (MEW 25, 95) durchdringt und nicht nur eine so bienenfleißige wie krude Meinung über allerhand Daten und Fakten, deren Konstitution Geheimnis bleibt, weil die deutsche Geschichtswissenschaft daher vorgeben kann, sie betreibe Aufklärung über Geschichte statt Verklärung der Nation, weil schließlich deutsche Historiker wie Götz Aly, denen noch niemand vorgeworfen hat, sie seien hervorragende Dialektiker, gegen Goldhagen einwenden, er vertrete einen »bewußt eindimensionalen, extrem deterministischen Ansatz« (Aly 1996, 48), weil sie das, was der Anfang aller Erkenntnis ist: die Suche nach dem einen und identischen Grund, nach dem Wesen der Sache, als Determinismus denunzieren – kurz und gut: weil die Deutschen, ihre Historiker in vorderster Reihe, die elementaren Gebote der Logik verleugnen, um deutsch sein und bleiben zu können, gerät die Aufklärung in eben die schiefe Lage und unglückliche Konstellation, das Einmaleins noch einmal zu beweisen, d. h. Goldhagens Argumentation zu legitimieren. Daß das Ganze mehr ist als die Summe seiner Teile, obwohl es aus nichts anderem als eben diesen Teilen besteht, war ein Lehrsatz der Philosophie, bevor sie durch den Positivismus guillotiniert wurde. Daß ›die Deutschen‹ mehr und schlimmeres sind, als die Summe aller einzelnen Deutschen, obwohl Deutschland aus nichts anderem als aus lauter Deutschen besteht, ist die unbezweifelbare Konsequenz. Wo soll da ein Problem sein? Hans-Ulrich Wehler etwa bezichtigt Goldhagen des »monokausalen Erklärungsversuchs auf der Grundlage des dezisionistischen Aktes, einen Teil der Menschheit aufgrund der ethnischen, rassistischen, naturalistischen, essentialistischen Zuschreibung des permanent Bösen zu stigmatisieren«

(Wehler 1996, 203 f.). Schlimmeres als Stigmatisierung war, was die Deutschen an den Juden verübten. Und darüber sollten sie nicht wirklich selbst zum Volk geworden sein, d h. sich nicht selbst aus der Menschheit ausgeschlossen haben?

Goldhagen sagt, der Antisemitismus sei erstens »die Normalwährung der deutschen Gesellschaft« (522) gewesen, er leitet daraus zweitens »das nationale Projekt der Verfolgung und Ausrottung der Juden« (513) ab, folgert drittens, »daß sich jeder Deutsche zum Massenmörder eigne« (543), und schließt viertens, die Massenvernichtung sei in nichts anderem begründet als in dem »Willen zu töten«. Alles in allem: »Die Deutschen konnten zum Massenmord nein sagen. Sie haben sich dazu entschieden, ja zu sagen« (446). Vier beweisbare Behauptungen und ein logischer Schluß, an dem nichts zu deuteln ist. Wo ist das Problem?

Die erste beweisbare Behauptung, Deutschland sei eine durch und durch antisemitische Gesellschaft (gewesen), ist evident. Man muß nur das Interview zur Goldhagendebatte lesen, das der Erfinder der *Männerphantasien*, Klaus Theweleit, der *Badischen Zeitung* (15. Oktober 96) gab. Theweleit reißt die unter Antisemiten aller Fraktionen so beliebten Namenswitze, nennt Goldhagen erst einen »Goldjungen«, dann einen »guten Hagen, eben ein Goldhagen«, der nicht von hinten, sondern »von vorne kommt, offen, sympathisch«. Außerdem hält Theweleit die studentenbewegte Mischung aus Marxismus, Psychoanalyse und Kritischer Theorie für ein ausgemacht »jüdisch-intellektuelles Rotwelsch« (Theweleit 1995, 150). Wenn aber schon jemand, der, wie unbegründet auch immer, so doch zur Fraktion der Irgendwielinken gerechnet wird, derart ressentimentgeladen ist, wie muß es dann erst um den Rest der Gesellschaft bestellt sein? – So und nicht anders argumentiert Goldhagen, nämlich im korrekten Umkehrschluß von dem, was sich in Deutschland für die Aufklärung und den Fortschritt hält, auf den Rest. So geht ihm gerade an den Liberalen des 19. Jahrhunderts, an den Philosemiten auf, wie total der Antisemitismus war; es waren »antisemitische Wölfe im Schafspelz« (505). Die Juden, die solche Freunde hatten, brauchten keine Feinde mehr.

Die zweite Behauptung, der Massenmord sei ein »nationales Projekt« gewesen, kann ebenfalls nicht strittig sein. Denn der Massenmord als Option von Herrschaft ist ja nichts als der praktische Ausdruck dessen, daß der Staat als politischer Souverän in letzter Instanz über das absolute Recht auf Leben und Tod verfügt. Der Antisemitismus ist eine Ideologie, die diesen Tatbestand reflektiert und die die Ausübung dieses Rechts durch den Souverän antizipiert. Und was soll der Faschismus anderes gewesen sein als das amtliche Endergebnis der aus ihrer eigenen Logik wie Konstitution entspringenden Transformation der bürgerlichen Gesellschaft in ein ›Volksgemeinschaft‹ genanntes und arbeitsteilig am gleichen Vernichtungsprojekt arbeitenden Mordkollektiv? »Es gibt zwei Dinge«, so wußte Hitler schon 1923, »die die Menschen vereinigen können: gemeinsame Ideale und gemeinsame Kriminalität« (zitiert nach Bankier 1995, 225). Das kollektive Ideal war die im Antisemitismus reflektierte negative Utopie einer bürgerlichen Gesellschaft ohne kapitalistische Krise, einer Gesellschaft bürgerlicher Subjekte ohne Markt, ohne Konkurrenz. Das bürgerliche Subjekt – aber das ›bürgerliche‹ dieses Subjekts ist schon Tautologie, denn die Rede ist vom juristischen Subjekt, vulgo: Charaktermaske – spaltet das Bedrohliche an der Konkurrenz und an der Akkumulation, die sein Leben ist, ab, spaltet die Krise ab und rechnet sie der Willkür eines Anti-Subjekts, eines ›Gegen-Volks‹ zu. Gegen dies Anti-Subjekt mobilisiert er das Selbstbewußtsein und den Aktionsausschuß der bürgerlichen Gesellschaft, den Souverän, der, alles andere denn ephemerer, gar: ohnmächtiger ›Überbau‹ oder haltloses Luftschloß, vielmehr das Kapitalverhältnis selbst als selbstbewußte Subjektivität ist, nämlich: die notwendig falsche und daher jenseits allen Zufalls so praktisch richtige wie handlungsmächtige Denkform der negativen Vergesellschaftung. – Der Massenmord also war Ausdruck eines ›nationalen Projekts‹, nämlich der resoluten Entschlossenheit der Deutschen, inmitten und trotz der Zusammenbruchskrise des Kapitals um jeden Preis Subjekte zu bleiben. Unklar an Goldhagens Darstellung ist nur, daß er das kollektive Verbrechen nicht in voller Konsequenz würdigt: Nach der gewaltsamen Beendigung des Mordens durch die Alliierten waren die Deutschen (und sind es bis heute geblieben) noch deutscher als zuvor.

Spätestens durch den Nazismus wurden die Deutschen zu den Deutschen, wurde also das Ganze zu etwas, das mehr und anderes darstellt als die Summe seiner Teile. Die Bedingung der Möglichkeit dieser Transformation liegt in Begriff und Sache des Subjekts beschlossen. Daher ist auch Goldhagens dritte Behauptung, jeder Deutsche eigne sich zum Massenmörder, über jede empirische Widerlegung erhaben, denn das in die Subjektform gepreßte Individuum kann die Gewalt, die es sich selbst zufügen muß, um seiner Funktion als Charaktermaske gerecht zu werden, nur aushalten, wenn es sie gegen den ob nun zufällig realen oder notwendig imaginierten Feind und Antagonisten der Kapitalvergesellschaftung wendet (vgl. Claussen 1987, insbesondere 113 ff.), den es nicht als rechtsfähigen Gegner anerkennt. Das Gegenteil von Goldhagens These kann nicht durch irgendwelches Wechselreiten zwischen einer nominalistischen und einer realistischen Definition der und des Deutschen bewiesen werden, sondern nur durch die praktische Emanzipation der Deutschen zu Menschen, d. h. durch die revolutionäre Entnationalisierung. Johann Georg Elser war kein Deutscher, sondern dessen Gegenteil: ein Mensch, der durch das Attentat auf die Inkarnation des Deutschtums schlechthin sein eigenes durchstrich.

Die vierte Behauptung Goldhagens schließlich, Antisemitismus sei in letzter Instanz ›der Wille zu töten‹ ist ebenso banal wie evident. Ist es nicht eben die Willensfreiheit, die das Subjekt ausmacht, d. h. sind es nicht der praktizierende Idealismus und die wirklichkeitsmächtige Realabstraktion des sich selbst verwertenden Werts, als dessen Agent das unter der Form des Subjekts verfaßte Individuum agiert, auf dessen Rechnung es handelt, in dessen historischer Mission es unterwegs ist? Der freie Wille ist die Form, in der nur der Systemzwang erscheinen kann, die subjektive Willkür die Darstellungsweise der objektiven Gesetzlichkeit, in der sie sich wie in ihrem wirklichen Widerspruch, aber tatsächlich bloß formellen Gegensatz verhüllt. Als mit dem Recht des freien Willens begnadetes ist das Subjekt die Miniaturausgabe des kapitalen Souveräns, dessen Urbild und Stellvertreter. Es verfügt über eine Welt, die ihm nichts als Material darstellt, d. h. in der Warenform gegebener Gebrauchswert und daher in der Preisform verfügbare Ware, deren Aneignung kein qualitatives Problem, sondern eine quantitative Schwierigkeit bedeutet. Das Subjekt ist Gott, das inaugurierende Zentrum der Vergesellschaftung, ist der Zirkelschluß, der selber sich im Akt seiner logischen Begründung als gesellschaftlichen Grund setzt. Freiheit ist diesem Subjekt widerspruchslos ihr gerades Gegenteil: Einsicht in die Notwendigkeit. Wie der Schöpfergott, so verfügt auch der politische Souverän über das unbedingte Recht auf Leben und Tod, ein Recht, das in der fundamentalen Krise von Akkumulation und Integration an die Subjekte zurückfällt. Antisemitismus ist die Form, unter der diese Aneignung sich vollzieht. Der ›Wille zu töten‹, von dem Goldhagen als der Quintessenz spricht, ist nichts anderes als die Spitze des praktizierenden Idealismus; Riefenstahls Propagandafilm heißt eben *Triumph des Willens*, und das System der Vernichtung war der Ausdruck dieses Willens, war der Idealismus in Aktion. Im Antisemitismus behandelt die Gattung sich selbst als Material der Akkumulation, aber die Sortierung und Selektion der Gattung geschieht nach Maßgabe der Integration, die die Akkumulation in anderer, in politischer Potenz darstellt.

Vier Beweise also, die nur einen Schluß zulassen: ›Die Deutschen‹ hatten sich entschieden, ja zum Massenmord zu sagen, ein Ja, dessen Implikationen zwar vielfältig waren und von der widerstandslosen Hinnahme über die sympathisierende Unterstützung bis zum tatkräftigen Vollzug reichten, aber ein Ja, dessen mehr oder weniger geheime, dessen mehr oder minder erklärte Absicht die Austilgung selbst war, vollzogen von allen, die das System in den Genuß brachte, jeden Auftrag und welche Arbeit auch immer im gesellschaftsübergreifenden Plan der Vernichtung auszuüben. ›Der Staat sind wir‹: Dies Credo der Sozialdemokratie Ferdinand Lassalles war die Wahrheit der Volksgemeinschaft, und der Nazismus war die vermittlungslose Basisdemokratie der Deutschen, d. h. die Unmittelbarkeit des Souveräns als Subjekt in den Subjekten. ›Die Deutschen‹ hatten sich entschieden, sowohl in ihrer Summe wie auch als Ganzes, d. h. als zum Staat legal inkarniertes und vom Führer legitim repräsentiertes Subjekt dieser Summe, die eben dies, Summe zu sein, nur sein konnte, indem sie mehr und anderes wurde als die Summe ihrer Teile, indem sie sich qua innerer Logik überschritt und ein integrales Ganzes, ein völkischer Organismus wurde. Wer dem sich verweigerte, gar widersetzte, konnte kein Deutscher mehr sein, sondern wurde, wie widerwillig auch immer, Mensch, war nicht mehr Subjekt, sondern Individuum, der trug keine Charaktermaske mehr, sondern hatte eine. Der Nazismus war eine Gesellschaftsformation, die nicht nur bewies – was jeder Logiker weiß –, daß das Ganze mehr ist als die Summe seiner Teile, sondern überdies demonstrierte – was jeder Dialektiker befürchtet –, daß die Teile sich alle Mühe geben, das Bewußtsein ihrer selbst als einer Summe zu erreichen und ganzheitlich zu überbieten.

Dieser traurige Sachverhalt rechtfertigt es, über ›die Deutschen‹ als kollektiven Singular zu sprechen, und er erzwingt es um so mehr, weil diese Deutschen von sich selbst immer als ›wir Deutsche‹ reden und darunter offensichtlich einen pluralis majestatis verstanden wissen wollen. Aber es ist eben Goldhagens begriffliche Verallgemeinerung der Deutschen zu den Deutschen (die nicht begreift, warum sie an sich schon verallgemeinertes unter sich begreift), die den Historikern und den Feuilletonisten sauer aufstieß. Sie wollen die Verallgemeinerung auf Popper und Feyerabend komm' raus als Subsumtion mißverstehen, d. h. nicht als Reflektion des Einzelnen in seinem konstitutiven Begriff, sondern als seine Denunziation im Zuge äußerlicher Wertung, nicht als Vermittlung des Einzelnen mit sich selbst zum Ganzen, sondern als Ableitung aus einem ganz Anderen und gänzlich Fremden, nicht als Rekonstruktion der gesellschaftlichen Synthesis, sondern als absurde Deduktion aus der Willkür fast schon totalitär gesetzter Totalität. Zu verallgemeinern – das soll plötzlich in einem Deutschland verboten sein, das ›den Juden‹ trotz aller Juden zum Inbegriff des Generalfeindes erhob und das dem Mechanismus dieser mörderischen Verallgemeinerung bislang so wenig auf die Spur kommen wollte, daß es ernsthaft glaubt, dem Antisemitismus durch interkulturelle Beschnupperungsrituale an Juden abzuhelfen. Verallgemeinern – das heißt vom Verhalten auch noch so vieler Deutscher, daß es mutmaßlich hundert Prozent der Deutschen sind, auf das Wesen der Deutschen zu folgern –, das, sagen die Historiker unisono, darf man nicht, denn das bedeutet, in den Worten des Linksliberalen Hans Mommsen, ›Kollektivschuld‹, ›Quasi-Rassismus‹ und ›umgedrehten Antisemitismus‹. Derlei Verallgemeinerung macht den Historiker, der sonst kein Problem hat, die aktenstaubtrockene Sprache der Verwaltungswissenschaft mit dem Slang der soap opera zu quirlen und etwa von der »Implementierung des Holocaust« zu sprechen, ganz fuchsig, denn so »erscheint das deutsche Volk als das antisemitische Urvolk schlechthin« (Mommsen 1996).[2] Nur einen Schritt weiter, und die Deutschen sind die Juden der Welt, die Parias, die für ihren Platz an der Sonne kämpfen müssen.

Ideologie als Methode

Max Horkheimer hatte der heiligen Entrüstung über den Vorwurf der ›Kollektivschuld‹, den leider nie jemand ernsthaft erhoben hat, das camouflierte Interesse abgemerkt, das nationale Wir zu wahren, zu hegen und zu pflegen, d. h. die Volksgemeinschaft über die Nazipleite zu retten. Im nahezu einhelligen Affekt der deutschen Historiker gegen Goldhagen entlarvt sich die deutsche Geschichtswissenschaft als Verlängerung der klassischen Nationalgeschichtsschreibung mit anderen, nämlich sei's strukturalistischen, sei's intentionalistischen Mitteln. Es ist dies eine Art und Weise, die Historie zu schreiben, die ihrer eigenen Methodik und Vorgehensweise trotz aller Akribie und vielmehr wegen allen Fleißes derart unbewußt ist, daß sie Ideologie absondert wie die Raupe den Faden. Die Geschichtswissenschaft überhaupt, die deutsche vor allem, ist der denkbar ungeeignetste Ort, um Aufschluß und Aufklärung über die Geschichte im allgemeinen, und insbesondere über den Nazismus, zu gewinnen. Denn die wissenschaftlich organisierte Vergangenheitsbetrachtung ist, die Goldhagen-Diskussion zeigt es exemplarisch, Ideologie im starken und eigentlichen, im materialistischen Sinne, das notwendig falsche Bewußtsein des nationalen Kollektivs von sich selbst, ist nichts als systematisierter gesunder Deutschenverstand, nur in Façon gebrachte und mit einer ans Aberwitzige grenzenden Unmasse sogenannter Fakten und Quellen garnierte Selbstreflexion und also Selbstlegitimation einer Akkumulationsgesellschaft, die sich in der Form der Nation und unter der fürsorglichen Aufsicht ihres Souveräns so außerordentlich wohl fühlt, daß sie vor keinem Geschichtsverbrechen zurückschreckt.

2 Von Ideologie hat der Strukturalist so wenig Ahnung, daß er damit eines der fundamentalen antisemitischen Stereotypen bedient. Weiteres Material in Schoeps 1996.

Die Geschichtswissenschaft begreift buchstäblich nichts; weil sich die kapitale Gesellschaft in ihr begreift, kann sie nicht einmal sich selbst begreifen. Begriffsstutzig, wie diese Wissenschaft ihrer Natur nach ist, denunziert sie im Namen des Besonderen alle Verallgemeinerungen. Außer ihren eigenen (vgl. Enderwitz 1988).

Indem die Geschichtswissenschaft derart vehement gegen Verallgemeinerungen überhaupt plädiert, indem sie insbesondere gegen die Verallgemeinerung der Deutschen zu den Deutschen polemisiert, offenbart sie nicht etwa, daß ihr jedweder Maßstab historischen Urteilens abginge, sondern vielmehr, wie sehr ihr notorischer Relativismus ein ausgewachsener Dogmatismus ist, und weiter, wie durchgängig sich ihr chronischer Antifaschismus einem überaus staatstragenden Pluralismus verdankt. Den Nazismus zum Gegenstand einer geschichtswissenschaftlichen Betrachtung zu machen, das bedeutet in Deutschland, Hitler dafür kritisieren, daß er nicht Bismarck redivivus war. Das Kriterium, nach dem der Nazismus sortiert wird, entspringt ebenso umstandslos wie rückhaltlos dem demokratischen Ich-Ideal, in dem die kapitalisierte Gesellschaft ihren ausbeuterischen Triebgrund so projektiv wie sublimativ aufhebt und verklärt. Der Pluralismus, vulgo: die postmoderne Zivilgesellschaft, ist die Gesellschaftstheorie dessen, was der Geschichtswissenschaft als rabiater Nominalismus, als Kult des Besonderen und Einzelnen, als Fetischismus der ›Quellen‹ und der ›Tatsachen‹ zur allerdings dogmatisch gehandhabten Methode taugt.

»Heute gegen den Faschismus auf die liberalistische Denkart sich berufen«, hatte Horkheimer 1939 festgestellt, das »heißt, an die Instanz zu appellieren, durch die er gesiegt hat« (Horkheimer 1939, 34). Die Nazi-Diktatur im Auftrag des Pluralismus und mit den Mitteln des Nominalismus geschichtswissenschaftlich zu untersuchen, kann nur – ganz unabhängig von der je eingeschlagenen, sei's ›funktionalistischen‹, sei's ›intentionalistischen‹ Strategie und wie contre coeur auch immer, bedeuten, die methodologische wie soziale Notwendigkeit des Dezisionismus nachzuweisen. Das Elend des Nominalismus liegt in seinem immanenten Umschlag in sein gerades Gegenteil, den Realismus als unvermittelte Allgemeinheit, beschlossen, ein Gegenteil, der doch seine so unabweisbare wie unbewußte Ergänzung darstellt. Gegen den Nazismus, wie es die Bielefelder Historikerin Ingrid Gilcher-Holthey will, auf »das Gegenmodell einer Bürgergesellschaft auf der Basis der Menschenrechte« (Gilcher-Holthey 1996, 213) sich zu berufen, impliziert schon die Rechtfertigung genau des politischen Souveräns, der den praktischen Inbegriff der Geltung dieser Rechte darstellt. Die Menschenrechte sind keinesfalls das Antidot, sie sind die objektive Ideologie der Staatsgewalt[3]; sie gleichwohl zum ›Gegenmodell‹ zu erklären, ist irrational, ist bloß Dezision wie ihre Begründung Rationalisierung, d. h., Ideologie. Die Demokratie der Bürger ist die interessierte Demutsadresse an den autoritären Staat; die philosophische Position, in der sich die Demokratie zu anthropologischen Würden aufschwingt, ist so irrational wie die ihres vermeintlichen Gegners und gar vorgeblichen Todfeindes. Sir Karl Popper, dessen Bürgerbibel »Die offene Gesellschaft und ihre Feinde« die demokratische Ideologie zur Philosophie des ›kritischen Rationalismus‹ systematisiert hat, muß denn auch einbekennen, »daß die rationalistische Einstellung auf einem irrationalen Entschluß oder auf dem Glauben an die Vernunft beruht« (Popper 1980, 285). Der Glaube an die Vernunft jedoch ist an sich selbst so nichtig wie jeder Glaube, d. h. sein eigenes Gegenteil und damit seine Vernichtung. Darin bekennt die bürgerliche Philosophie, daß ihr die Alternative von Faschismus und Demokratie den gleichen Rang besitzt wie die Wahl zwischen Rhabarberjoghurt und Lakritze: Über Geschmacksfragen läßt sich nicht streiten.

Der diskrete Dogmatismus der Geschichtswissenschaft, d. h. das relativistische Auftragsdenken, dessen Geherda die Aversion gegen Verallgemeinerungen ist, offenbart sich nicht zuletzt daran, wie fein säuberlich zwischen Nation und Nationalismus unterschieden wird. Man dürfe, wendet Hans Mommsen gegen Goldhagen ein, den deutschen Nationalismus »nicht pauschal« (Mommsen 1996) verdammen, man müsse doch differenzieren. Die Unfähigkeit zum Begriff der Nation, d. h. zum Urteil über die deutsche, geriert sich als freundliche Einladung zur undogmatischen Einzelfallbetrachtung.

3 Siehe dazu im vorliegenden Band das Kapitel *Das Menschenrecht des Bürgers.*

Geschichtswissenschaft, die derart der juristischen Methode sich anbequemt, maßt sich an, das je Besondere zu würdigen und leistet doch nur die Affirmation des Ganzen. Die Form Nation liegt so im Jenseits des Begriffs wie nur die Form Staat, die Nation inauguriert; aus diesem Jenseits der fraglos je schon existenten Verallgemeinerung von Menschen zu Deutschen agiert sie als transzendentale Form, die das Material organisiert, als das unbedingte Apriori jeder historischen Erfahrung, das darüber entscheidet, was als Empirie soll gelten können. Die deutsche Nation ist das Apriori dieser seltsamen Wissenschaft, die vorgibt, nichts zu kennen als Quellen, Quellen und nochmals Quellen, nichts als das lautere Plätschern der Tatsachen und das ungetrübte Sprudeln der Empirie. Die Quelle aber ist der Historie, was der Jurisprudenz das Indiz: Spielmaterial, bloße Illustration des Systemzwangs zum Rechtsfrieden, d. h. empirische Legitimation der vorab existenten letzten Instanz, an der jede Berufung aufhört und jede Revision endet. Egal, wer Recht hat, solange nur Recht ist; was immer die Quellen sagen, ein Beweis gegen die Nation wird sich daraus nie und nimmer folgern lassen.

Hans Mommsen sagt: »Der Versuch Goldhagens, von der Zahl der aktiven Vollstrecker auf die Gesamtnation zu schließen (...), ist methodisch wenig hilfreich und empirisch nicht abgesichert« (ebd.). Historische Wahrheit wird nach dem Modell von Meinungsumfragen vorgestellt; kein Sample jedoch wird je repräsentativ genug sein, um der deutschen Nation als solcher die Taten der Nazis zuzurechnen. Die juristische Methode dieser seltsamen Wissenschaft, die sich die Behandlung der Geschichte anmaßt, weiß so überaus sorgfältig zwischen Intention und Resultat zu scheiden, daß der einzig noch mögliche Weg historischer Wahrheitsgewinnung, der allerdings leider ausgeschlossen ist, Psychoanalyse wäre. Erst dann wäre zu wissen, ob die ›aktiven Vollstrecker‹ tatsächlich aktiv vollstrecken wollten, erst dann wäre klar, was der Führer wirklich wollte. Der Historiker verschanzt sich im Besonderen, macht das je Einzelne zur Barrikade gegen dessen Begriff und plädiert im Namen des Konkreten gegen die Abstraktion. Aus dem Verbot jedoch, von Deutschen auf die Deutschen zu schließen und von Einzelnen aufs Mordkollektiv, spricht die Entscheidung, das Geschichtsverbrechen nicht sich zurechnen zu lassen, es entschlossen abzuspalten. Nicht anders ist zu deuten, daß die Massenvernichtung den Historikern längst zum Sinn, d. h. zum demokratischen Auftrag der Deutschen gerann, daß selbst der Freiburger Historiker Ulrich Herbert, der Goldhagen noch am verständnisvollsten kritisierte, von »uns, den Deutschen« (Herbert 1996, 224) als von einem mit sich identischen Subjekt spricht: Nichts anderes sagt Goldhagen.

Was ein Faktum ist, darüber entscheidet, wenn es mit rechten Dingen, d. h. materialistisch zugeht, die Theorie; was eine historische Quelle ist, darüber befindet die deutsche Ideologie, als deren Schreibautomat der Historiker die Vergangenheit seiner Nation zu Protokoll nimmt. Niemand glaubt weniger als der Historiker, daß sich aus den Akten jemals Aufschluß über den wirklichen Verlauf und irgendwann Aufklärung über die tatsächliche Logik der Geschichte ergeben könne, aber niemand unterwirft sich anstrengenderen Exerzitien und gibt sich mehr Mühe, den Anschein des geraden Gegenteils zu erwecken. Seine Fakten dienen der Illustration, sie sind *fact fiction.* Die Forschungsfrage, die vor dem Gang in die Archive pro forma gestellt wird, ist schon die Antwort selbst; kein Fund wird jemals die Frage kritisieren können. Hans Mommsen etwa fragt, »warum in einem fortgeschrittenen und hochzivilisierten Land wie Deutschland der Rückfall in die Barbarei möglich geworden ist« (Mommsen 1996). Daß Deutschland vor 1933 ›zivilisiert‹ war und nicht vielmehr kapitalistisch, ist schon die Antwort in der Frage; und es bleibt nur, darüber zu spekulieren, mittels welcher ›empirisch abgestützter‹, anhand welcher ›methodisch hilfreicher‹ Verfahren Mommsen aus dem empirischen Material hat schließen können, daß der Nazismus der ›Rückfall‹ war, nicht die Konsequenz, daß die ›Barbarei‹ nicht das Anti der Zivilisation war, sondern das historische Telos des Kapitals. So wird die demokratische Historie zum da capo des Nazismus. Georg Friedrich Wilhelm Hegel, dessen Geschichtsphilosophie unter Historikern aus gutem Grund einen schlechten Leumund genießt, hat dazu bemerkt: »Das besondere Interesse der Leidenschaft ist also unzertrennlich von der Betätigung des Allgemeinen. (...) Es ist das Besondere, das sich aneinander abkämpft und wovon ein Teil zugrunde gerichtet wird. Nicht die allgemeine Idee ist es, welche sich in Gegensatz und Kampf, welche sich in Gefahr begibt; sie hält sich unangegriffen und unbeschädigt im Hintergrund« (HW 12, 49). Keine Empirie vermag das Allgemeine je zu widerlegen; bei Hegel allerdings bezeichnete dies die ›List der Vernunft‹, d.h. den Progreß der bürgerlichen Revolution gegen alle feudale Reaktion, während das Allgemeine des postfaschistischen Historikers nur die Penetranz der deutschen Revolution von 1933 gegen alle Evidenz der materialistischen Vernunft verkörpert.

Der Nationalhistoriker polemisiert gegen das Verallgemeinern, denn er selbst besitzt nicht den Schimmer eines Bewußtseins davon, wie die bürgerliche, wie die kapitalisierte Gesellschaft das Besondere und das Allgemeine synthetisiert, wie der transzendentale Schematismus a priori sich konstituiert, der das Besondere zum Ganzen sich fügen läßt, wie es daher, materialistisch gesprochen, um den Nexus von Warenform und Denkform bestellt ist. Er schmiert seinen Faktenbrei auf das dürre Gerüst der Ideologie, die darüber zur bunten Kulisse werden soll, vor der nichts als immer nur Menschen endlose Reprisen des Allzumenschlichen aufführen: die Nation als Lindenstraße, wo viel geschieht und nichts passiert. Die Erkenntnisfalle, in die er sich so verstrickt, ist, weit entfernt, ihm irgend Kopfschmerzen zu bereiten, vielmehr sein Lebenselixier: indem er notorisch zwischen haltlosem Empirismus, also der sprichwörtlichen Fliegenbeinzählerei, einerseits und ebenso leerer Metaphysik, d.h. den unverständigen, nämlich ideologischen Abstraktionen seiner Kategorien, andrerseits schwankt, erfüllt er genau seinen gesellschaftlichen Auftrag. Darin besteht diese Mission, als Vermittler zwischen den traurigen Tatsachen und ihrem höheren Sinn aufzutreten, darin, die Vermittlung der Gesellschaft durch das Kapital zum humanen Sinn der Geschichte zu verdoppeln.

Die Geschichte ist die Beute des Historikers. Die Methode, sie unter den Nagel sich zu reißen, hat, abermals, Hegel denunziert: »Die Grundtäuschung im wissenschaftlichen Empirismus ist immer diese, daß er die metaphysischen Kategorien von (...) Einem, Vielen, Allgemeinheit (...) gebraucht, ferner am Faden solcher Kategorien weiter fortschließt, dabei die Formen des Schließens voraussetzt und anwendet und bei allem nicht weiß, daß er so selbst Metaphysik enthält und treibt und jene Kategorien und deren Verbindungen auf eine völlig unkritische und bewußtlose Weise gebraucht« (HW 8, 109). In den »Formen des Schließens« ist die komplette Gesellschaft, ist die Quintessenz ihrer Totalität enthalten. Wer im Gegensatz von Besonderem und Allgemeinem vermitteln will, statt auf die Konstitution dieses Gegensatzes und also des Vermittlungsproblems selbst zu reflektieren, der hat in dieser Denkform nichts anderes gedacht als das Kapital selbst, d.h. das Kapital mit anderen, mit intellektuellen Mitteln fortgesetzt; eben das meinen Begriff und Sache der Ideologie. Der Empirismus ist, Hegel zufolge, »eine Lehre der Unfreiheit« (HW 8, 111), die Geschichtswissenschaft als die vergangenheitsselige Version dieses Empirismus daher eine Doktrin der bedingungslosen Persistenz der Nation und ihres Staates, die sich durch kein Auschwitz je wird beirren lassen.

All dies reflektiert sich, vielmehr, da von Reflektion allseits keine Rede sein kann: dies alles spiegelt sich wider in der Weise, in der deutsche Historiker Goldhagen entweder unkontrollierte Induktion oder hemmungslose Deduktion vorhalten, drückt sich aus in der wildwuchernden Rede von vielfältigen ›Bedingungen‹, komplexen ›Faktoren‹ und hochdiffizilen ›Umständen‹, die ein wohltemperiertes historisches Urteil im Interesse seiner Konsensfähigkeit zu berücksichtigen habe, und schlägt sich schließlich nieder im Vorwurf, aus Goldhagen spräche in Wahrheit gar »kein Historiker, sondern ein Informatiker, der historische Prozesse und Dokumente wie Bestandteile einer gewaltigen Software liest«, der einem monokausalen, eindimensionalen und also monomanen Determinismus huldige: Und dies sei, befindet die *FAZ* und sagt Frank Schirrmacher, nichts anders als: »Geschichtsmetaphysik« (Schirrmacher 1996, 104), die, sekundiert *Die Welt* und schreibt Jost Nolte, einzig auf einer »Technik der Vereinfachung und Verallgemeinerung« (Nolte 1996, 111) gründen könne.

Die Kritik an Goldhagen manifestiert, wie gewaltig der Abgrund zwischen der deutschen Geschichtswissenschaft und der historischen Wahrheit klafft. Der Historiker scheut den synthetischen Begriff der Geschichte, weil dieser nichts anderes sich aussprechen kann denn als kategorisches Urteil über die Zukunft, d.h. als kommunistisches Programm der Abschaffungen. ›Geschichtsmetaphysik‹: Der schlimmste

Vorwurf, den Historiker überhaupt erheben können, enthüllt zugleich den ideologischen Charakter dieser obskuren Wissenschaft, deren Anhänger das im Kapitalverhältnis gesellschaftsmächtig gewordene Phänomen der Realabstraktion, d.h. der praktischen Metaphysik und ihrer »gesellschaftlich gültigen, also objektiven Gedankenformen« (MEW 23, 90), in einen historischen Prozeß auflösen, der auf der Flucht vor seinem Begriff beständig um die Pole von Interaktion und Struktur, von Geschichte als Handlung und Kommunikation einerseits, als Funktion und System andrerseits oszilliert. Diese Bewegung allerdings vermöchte der Informatiker adäquater zu fassen als der Historiker, weil er, wenn er auch sonst nichts weiß, doch immerhin das eine weiß, daß der Prozeß durch die Form determiniert wird. Die Festplatte der Weltgeschichte ist auf das Betriebssystem Kapital formatiert, und die deutsche Geschichte insbesondere gehorcht einer antisemitischen Software.

Das Verhältnis von Induktion und Deduktion, dessen mangelhafte methodische Beherrschung die deutschen Historiker Goldhagen ankreiden, impliziert das Problem der gesellschaftlichen Synthesis, die Frage, wie es möglich sein soll, daß das sinnlich so Verschiedene und schlechthin Inkommensurable doch in einem Begriff sich fassen soll, in einem synthetischen Begriff, der, weit davon entfernt, von außen oktroyiert, abgehoben oder ›abstrakt‹ zu sein, vielmehr von innen emergiert, wie also Äpfel und Birnen sich zu Obst addieren lassen, wie die differenten Gebrauchsdinge, nur als Waren produziert, in einem quantifizierten Tauschwert sich summieren. Kann in diesem Verhältnis vom Einzelnen aufs Ganze gefolgert werden? Und aus wieviel Einzelnem besteht das Ganze? Oder hat man vom Ganzen auf das Einzelne zu schließen? Und was ist sodann das Ganze?

Schließt man, induktiv, von der subjektiven Erfahrung etwa Viktor Klemperers auf das Ganze, d.h. auf ganz Deutschland, dann kann an der Wahrheit der Thesen D. J. Goldhagens so wenig Zweifel aufkommen wie im umgekehrten, deduktiven Schluß von der nazistischen Regierungsprogrammatik auf die Gesellschaft. Klemperers ›Forschungsprozeß‹ führte ihn vom ungläubigen Staunen darüber, »daß Hitler wirklich die deutsche Volksseele verkörpert, daß er wirklich ›Deutschland‹ bedeutet«, über die fortschreitende Gewißheit,

»daß Hitler wahrhaftig der Sprecher so ziemlich aller Deutschen ist« auf die furchtbare Wahrheit, daß »die Seuche in allen wütet, vielleicht ist es nicht Seuche, sondern deutsche Grundnatur«. Am Ende schließlich die Erkenntnis: »So bedeutet die Judenfrage für den Nationalsozialismus das Zentrum der ›Wesensmitte‹ und seine Quintessenz« (Klemperer 1995, Eintragungen vom 17. August 1937, 20. September 1937, 25. Oktober 1941 und 5. September 1944). Viktor Klemperer verallgemeinert ›from the bottom up‹, während Hitler, wie nicht nur seine Rede zum Jahrestag der NSDAP-Gründung 1942 belegt, mit allen Kräften und in aller Öffentlichkeit entschlossen war, ›from the top down‹ zu besondern: »Dieser Kampf wird nicht mit der Vernichtung der arischen Menschheit, sondern mit der Ausrottung des Judentums in Europa sein Ende finden« (zitiert nach Domarus 1973, 1992).

Josef Joffe und die Logik

Der einzige unter Goldhagens Kritikern, der die Frage nach dem erkenntnistheoretischen Status der geschichtswissenschaftlichen Begriffe überhaupt aufgerollt hat, war bezeichnenderweise kein Fachhistoriker, sondern Josef Joffe, Leitartikler der Süddeutschen Zeitung. Er schreibt: »Schon der Talmud sagt ganz knapp: ›Zum Beispiel ist kein Beweis‹. Die Fallstudie, die Zitate (und seien sie auch noch so massenhaft aufgetürmt) summieren sich nicht per se zum Richtspruch. (...) Noch problematischer wird es bei der Logik. Der Satz A, ›Die Killer waren normale Deutsche‹. enthält nicht den Beweis, den Goldhagen zu liefern wünscht, also den Umkehrschluß B, ›Die normalen Deutschen waren Killer‹ (...). Zwischen Satz und Umkehrschluß tut sich die älteste logische Falle überhaupt auf; A ergibt nicht B, es sei denn, daß die A-Menge identisch mit der B-Menge wäre, was sie aber per definitionem nicht ist. Anders ausgedrückt: (Soziologische) Korrelation ist keine Kausation. (...) Mithin kommt Goldhagen das klassische Problem von der Vermischung verschiedener Analyse-Ebenen in die Quere, zwischen denen kein zwingender Konnex herrscht, in diesem Fall zwischen Individuum, Gruppe und Nation. Formal ausgedrückt: Die Eigenschaften einer Gruppe sind nicht identisch mit den Eigenschaften ihrer Mitglieder, und beide unterscheiden sich wiederum von denen des gesamten Volkes. (...) Oder: ›Das Ganze ist mehr als die Summe seiner Teile‹. (...) (Auf Goldhagens) Weise von ›unten nach oben‹, von der Stichprobe zur Gesamtkultur räsonieren, geht nicht. Aber man kann auch nicht von ›oben nach unten‹, von der präsumtiven Kultur auf das mörderische Verhalten schließen, wie Goldhagen es ebenfalls tut.« Joffe folgert, es bedürfe einer »intervenierenden Variable«, also eines Dritten der Vermittlung, das er »das ›System‹« nennt (Joffe 1996, 164 f.), etwas, das die Einheit von Induktion und Deduktion stiftet. Wer oder was jedoch ist »das System«? Offenkundig kann es nur gedacht werden als Identität von Identität und Nicht-Identität, d. h. als Übergreifendes über sich selbst und sein eigenes Gegenteil, d. h. als Einheit der Logik mit der Bedingung der Möglichkeit ihrer eigenen Geltung. Die Logik gilt, da hat Joffe gegen Goldhagen ganz recht, aber sie vermag ihre eigene Geltung nicht logisch zu begründen, und deshalb hat Joffe gegen Goldhagen ganz und gar unrecht. Die Geltung der Logik selbst beruht nicht auf Logik, sondern auf einem dialektischen Paradox dergestalt, wie das klassische vom Kreter es demonstriert. Satz A: Alle Kreter lügen; dann Satz B: Der dies sagt, ist selbst ein Kreter. Was nun? Wahrheit oder Lüge? Die Bedingungen der Geltung von Satz A sind die Kriterien der Unwahrheit von Satz B; und umgekehrt. In diesem Beispiel ist der Kreter die Teilmenge seiner selbst, das Übergreifende über sich und sein Gegenteil. Daraus wiederum folgt: Der Satz C ›Alle Kreter sind Lügner‹ läßt sich in den Satz D ›Alle Lügner sind Kreter‹ umkehren, oder anders: Der von Joffe inkriminierte Schluß Goldhagens kann nie und nimmer von einem Deutschen bestritten werden. Das Paradox allerdings, aus dem die Logik praktisch Geltung gewinnt, ist an sich selbst alles andere als ein Denkproblem, sondern das im Kapitalverhältnis durch die Selbstkonstitution des Werts zum »automatischen Subjekt« (MEW 23, 169) negativ gelöste Problem der Vergesellschaftung, d. h. die Identität des Werts als Identität seiner prozessierenden Identität im Geld mit seiner Nichtidentität als Produktion von Gebrauchswert, d. h. die praktische Identität von Mommsen und Nolte im Historiker als ihrem immanenten Allgemeinbegriff. Der kapitale Wert, der im Prozeß seiner Verwertung seine eigenen Voraussetzungen produziert und reproduziert, ist so die Bedingung der Geltung von Logik schlechthin. ›Das System‹ daher, von dem Joffe, wie er freundlicherweise selbst sagt, im ›Soziologen-Jargon‹ spricht und das er eine ›intervenierende Variable‹ nennt, ist weder eine Variable noch interveniert es; es ist die Form der kapitalen Vergesellschaftung selbst, die sich als ihren eigenen Inhalt setzt und reproduziert.

Goldhagens Folgerung, daß, weil die Killer normale Deutsche waren, alle normalen Deutschen potentielle Killer waren, ist daher mit den Mitteln der Logik ebenso angreifbar (nur nicht von Deutschen, die von sich selbst als ›wir Deutsche‹ sprechen) wie sie, dialektisch betrachtet, über jeden Zweifel erhaben ist. Auch nur Historiker, fühlt Goldhagen sich, im eklatanten Unterschied zu seinen deutschen Kritikern, nicht genötigt, den fraglosen Positivismus der historischen Methode nationalistisch zu verbiegen, ein fröhlicher Positivist, der sich Induktion und Deduktion nicht gegeneinander ausspielen läßt, der sich vielmehr gewiß ist, seinen Gegenstand im Gleichklang der Verallgemeinerung der Quellen wie der Konkretisierung der Allgemeindiagnose gewaltlos in den Begriff zu zwingen. Was ›deutsch‹ ist, wird so mentalitäts- wie ideengeschichtlich zugleich bestimmt, von unten erschlossen wie von oben gefolgert. Seine Ergebnisse sind um so zwingender, als er den Gesellschaftsbegriff seiner deutschen Kritiker teilt, demonstrieren sie doch, wozu selbst Positivisten fähig sein können, wenn ihnen der Poppersche ›Glaube an die Vernunft‹ mehr ist als Lippenbekenntnis.

Goldhagens Wissenschaft

Denn Goldhagen ist ein Positivist, den es mit Macht zum Begriff drängt, ein Positivist, der weiß, daß die Theorie darüber entscheidet, was ein Faktum ist, ein Positivist, der sich vom Kraut und den Rüben der Empirie nicht den Blick verstellen läßt, der überdies, allem Manko eines ideologiekritischen Wahrheitsbegriffs zum Trotz, ganz genau weiß, daß, wenn es schon so sein soll, wie es der Positivismus will, die innere Stimmigkeit einer Theorie das Indiz ihrer objektiven Richtigkeit abzugeben hat, daß diese Theorie dann ökonomisch zu sein hat und elegant, daß sie mit einem Mindestmaß an Argumenten auszukommen hat, daß sie Ockhams Messer ansetzen muß, um rational zu sein. »Der Ruf nach Komplexität ist häufig die letzte Rettung jener, die bestimmte Folgerungen unerträglich finden«, doziert er gegen seine Kritiker, und weiter: »Die Vorstellung, daß eine einfache Erklärung eine vereinfachende Untersuchung zur Voraussetzung« haben muß, ist irrig, »viele schreckliche und komplexe Resultate haben einfache Ursachen« (Goldhagen 1996a).[4]

4 Hier liegt der Grund, warum Christopher R. Brownings Studie *Ganz normale Männer. Das Reserve-Polizeibataillon und die ›Endlösung‹ in Polen* (1993) so überaus gut ankommt: Es wimmelt hierin von »psychologischen und situativen (sozialen, kulturellen und institutionellen) Faktoren« (ebd., 217), die alle »eine Rolle spielen – allerdings in unterschiedlichem Maße und keineswegs uneingeschränkt« (ebd., 208). Die Faktoren schwirren umher wie ein Bienenschwarm, nichts, was sie zusammenhält; der ins Äußerste getriebene Empirismus kapituliert: »Das Verhalten eines jeden menschlichen Wesens ist natürlich eine sehr komplexe Angelegenheit, und wer es als Historiker zu ‚erklären' versucht, befleißigt sich automatisch einer gewissen Arroganz. Wenn es nun um fast 500 Männer geht, ist es noch gewagter, den Versuch einer allgemeingültigen Erklärung ihres kollektiven Verhaltens zu unternehmen« (ebd., 246). Aber er kapituliert nur pro forma: »Die Verantwortung für das eigene Tun liegt letztlich bei jedem einzelnen« (ebd.). Diesem ultraliberalen Credo, daß Erklären Verstehen heißt und letztlich jeder Nazi sein eigener Nürnberger Gerichtshof zu sein habe, folgt der Umschlag in den krudesten Objektivismus. Plötzlich, auf der letzten Seite, tritt sie auf, »die Gesellschaft«, »die ihre Mitglieder dazu erzieht, sich der Autorität respektvoll zu fügen«, die Gesellschaft, »die ohne diese Form der Konditionierung wohl auch kaum funktionieren« würde, und sie erweist sich in vollendeter Begriffslosigkeit als quasi-anthropologisches Existential, nämlich als Auswuchs der »Komplexität des Lebens« (ebd.).

Der vermeintliche Gegensatz von Erklären und Verstehen (ein Derivat nur der Max Weberschen Scheidung von Tatsachenfeststellung und Werturteil), mit dem sich die Historiker, ob nun als Strukturalisten oder als Intentionalisten, bis heute plagen, hebt sich zur Apologie. Dächte er wirklich radikal subjektivistisch, hätte der Historiker als Psychoanalytiker zu arbeiten, aber dort, im Innersten des Verstehens, käme ihm in Gestalt der Libido doch nur und wiederum das Kapital entgegen, vor

Seine Entschiedenheit nimmt um so mehr wunder, als Goldhagen den liberalen Gesellschaftsbegriff mit allen Konsequenzen vertritt und verteidigt. So überaus resolut outet er sich als Parteigänger der ›offenen Gesellschaft‹, daß sich das vernünftige Resultat geradezu im vollendeten Widerspruch zu seinen theoretischen Grundannahmen ergibt. Daß der deutsche Antisemitismus im Kern ›der Wille zu töten‹ ist, daß er in letzter Instanz auf Vernichtung geht, daß alle seine noch so differenzierten Spielarten und wie immer komplexen Ausdrucksformen vom linken Antizionismus über den liberalen Philosemitismus bis hin zum altgermanischen Neuheidentum in einem übergreifenden Horizont, in einem logischen Kontinuum stehen, dessen inneres Telos die Liquidation ist – dieser Nachweis ist so stupend, daß man sich fragt, wie er überhaupt mit den Mitteln des Positivismus zu begründen sein sollte, ist so frappant, daß man den Positivismus nachgerade vor lauter Hochachtung vor Goldhagen für die in Deutschland allein noch mögliche Form der Aufklärung selbst halten möchte. Es ist aber nur die Logik der Sache selbst, die sich hierin ausspricht, die als ›kognitives Modell‹, ›Mentalität‹ und ›politische Kultur‹ definiert, was tatsächlich Begriff und Sache der Ideologie zukommen würde. Unter dem anthropologisch anmutenden Titel der ›Mentalität‹ reflektiert Goldhagen jedenfalls den Tatbestand, daß die deutsche Ideologie den Deutschen so rigoros zur zweiten Natur geworden ist, daß sie darin wohler sich fühlen als in ihrer ersten Haut, was schon ihre massenhafte Bereitschaft bewies, sie für Führer, Volk und Vaterland zu Markte zu tragen. Goldhagen geht »im Ge-

dem er aus guten Gründen schon in den Empirismus geflohen ist. Die Historie ist eine unmögliche Wissenschaft, die, gleichwohl betrieben, nur zur Ideologieproduktion taugt, d. h. zur Abwehr jedes kategorischen Urteils über die Nation: Mommsen *(Die dünne Patina ...)* sagt in diesem Sinne, »daß Goldhagens vorurteilsgeprägtes Herangehen eine differenzierte Analyse, die die unterschiedlichen handlungsleitenden Faktoren gegeneinander abwägt, weitgehend ausschließt, zumal er weniger auf eine Erklärung des Handelns der Individuen als vielmehr den Nachweis ihres schuldhaften Verhaltens abhebt.« – Die »Komplexität dieser Vorgänge« (ebd.) ist eben eine so hochkomplexe, daß man nicht Universitäten, sondern Rechenzentren mit dem Nazismus befassen müßte.

gensatz zu Marx' bekanntem Diktum davon aus, daß das Bewußtsein das Sein bestimmt« (533), eine zwar billige, aber jedenfalls legitime Polemik gegen den unter Marxisten gängigen Ideologiebegriff, denn vom Zusammenhang von Warenform und Denkform wissen die Marxisten ebenfalls weniger als nichts. Wie ist es nun in Goldhagens Perspektive um den Zusammenhang von Sein und Bewußtsein, von deutschem Sein und antisemitischem Bewußtsein bestellt?

Goldhagen ist, was seine Erkenntnistheorie angeht, radikaler Konstruktivist. Man müsse sich, sagt er, »das kognitive, kulturelle und teils sogar das politische Leben einer Gesellschaft wie ein ›Gespräch‹ vorstellen. Alles, was wir über die gesellschaftliche Wirklichkeit wissen, ist dem Strom dieser ununterbrochenen ›Gespräche‹ entnommen, die diese Realität konstituieren« (51 f.). Das gesellschaftliche Sein ist eine an sich selbst deutungsfreie Tatsache, die pure Faktizität; was das Sein bedeuten soll, bestimmt das Bewußtsein, indem es die Realität mittels »axiomatischer Themen« (52) als sinnhaft konstruiert und daraus »kognitive Modelle« ableitet, die wohl in etwa dem entsprechen, was Immanuel Kant als transzendentalen, d. h. erfahrungs- und empirieunabhängigen Schematismus der Verstandesbegriffe definierte. Der Antisemitismus sei solch ein Schematismus und kognitives Modell. Über seinen Ursprung schweigt Goldhagen sich aus, seine Fortzeugung und Reproduktion ›von Generation zu Generation‹ soll dem ›Gespräch‹ zuzuschreiben sein, durch das Gesellschaft sich synthetisiert. Kognitive Modelle jedenfalls sind überall, »sie bestimmen die Sichtweise, die Menschen von allen Aspekten des Lebens und der Welt entwickeln, ebenso wie ihre Handlungsweisen« (52); und ein solches Modell ist der Warentausch: »Das kulturelle Modell des Kaufs eines Gegenstandes«, so zitiert Goldhagen einen amerikanischen Konstruktivisten, »umfaßt den Verkäufer, den Käufer, die Ware, den Preis, den Verkauf und das Geld. Zwischen diesen Teilen bestehen verschiedene Beziehungen; da ist einmal die Interaktion zwischen dem Abnehmer und dem Verkäufer, die die Mitteilung des Preises an den Käufer umfaßt, möglicherweise kommt es dabei zu Preisverhandlungen, zu dem Angebot, zu einem bestimmten Preis zu kaufen, zur Einigung über das Geschäft, zum Transfer des Eigentums an der Ware und dem Geld et cetera. Dieses Modell muß man verstehen (und praktizieren), nicht nur um kaufen, sondern auch um sich an solchen kulturellen Aktivitäten wie Leihen, Mieten, Leasen, Beschwindeln, Verkaufen, Profitmachen, Läden, Werbung et cetera beteiligen zu können« (564 f.)

Das Geld soll das eine sein, seine Wahrnehmung aber das ganz andere: Unvorstellbar, daß, wie die marxsche Wertformanalyse nachweist – d. h. die berüchtigten ersten hundert Seiten des *Kapital*, die schon August Bebel sich rühmte, nicht gelesen zu haben –, das Geld an sich selbst so beschaffen ist, daß es, als sinnliche Inkarnation und handgreiflich empirische Darstellung des kompletten gesellschaftlichen Verhältnisses, seine eigene Interpretation und Sinngebung immer schon enthält, daß es nichts anderes darstellt als die Identität von Sein und Sinn. Denn indem der Wert doppelt sich darstellt, indem er als Preis der Ware neben der Ware erscheint, verdoppelt er sich zugleich in materiellen und ideellen Wert, in wirkliches Geld und nur gedachtes Geld. Derart enthält die Ware ihre eigene Sinngebung, sie interpretiert sich selbst und ist ihr autonomer Philosoph. Ihr Wahrheitsbegriff meint die praktisch gelingende Identifikation des sinnlich Verschiedenen. Im Austausch werden Sein und Sinn der Ware zur Deckung gebracht; die Ware denkt sich soi disant zu ihrem logischen Ende, indem sie ihren Wert praktisch in Geld übersetzt, sich aus dem Gedanken in die Wirklichkeit begibt, d. h. indem sie sich, wie es die liberale Gesellschaftstheorie und ihr ökonomischer Troß, die nominalistische Geldtheorie, sagen, im Geld als einem »Medium« reflektiert.[5] Als Identität von Sein und Sinn, d. h. unter der Warenform, die nur sein kann, indem sie unmittelbar zugleich als Denkform erscheint, stiftet der Wert in Gestalt des Geldes und als

5 Zuletzt hat Jochen Hörisch (1996) diesen Gedanken ausgeführt. Vgl. jedoch vor allem Sohn-Rethel (2018b) – Geldtheorie ist der Kern von Gesellschaftstheorie überhaupt. Nicht nur hängen nominalistische Geldtheorie und pluralistische Gesellschaftstheorie untrennbar zusammen (vgl. Backhaus 1969), sondern die Rekonstruktion dieses Nexus ist es, was einen materialistischen Begriff von Wahrheit erst stiftet. Andernfalls »gibt es soviel prinzipiell verschiedene Wahrheiten, wie es prinzipiell verschiedene (...) Lebensanforderungen gibt« (Simmel 1977, 70), also kein einziges Argument mehr gegen den Antisemitismus.

»bare Münze des Apriori«, eben die Verstandesbegriffe, aus denen sich das Vermittlungsproblem der Historiker erst ergibt. Die unendlichen Streitereien zwischen ›Intentionalisten‹ und ›Funktionalisten‹ unter den Historikern verweisen in letzter Instanz auf ihr Unvermögen, das Geld zu denken. Goldhagen wählt die nominalistische Strategie, um nachzuweisen, daß Antisemitismus Projektion ist und in nichts gründet, was irgend den Juden – die in genau diesem Sinne deutungsfreies Sein darstellen – zuzuschreiben wäre, aber indem er diesen Satz der beweisfreien Vernunft nur nominalistisch zu begründen weiß, torpediert er sein eigenes Interesse: »Unser Konzept der persönlichen Autonomie« (52), das Goldhagen dem Antisemitismus entgegenstellen möchte, der das konkrete Individuum unter abstrakte, völkische Kategorien subsumiert, ist ebensowenig in fundamentum humanun verankert wie sein genaues Gegenteil. Wenn »das Wissen eine soziale Konstruktion« (87) ist, wenn nichts existiert, was in sich, wie tatsächlich negativ auch immer, die Einheit von Sein und Sinn stiftet und reproduziert, wenn daher keine Wahrheit denkbar ist, die so unabhängig von Konsens und so wenig irgendeiner Zustimmung bedürftig wäre wie der Satz, daß Juden Menschen sind, mögen auch drei Milliarden das Gegenteil behaupten, dann ist über den Antisemitismus kein kategorisches Urteil möglich, dann ist der Kampf gegen den Antisemitismus nur Ausdruck eines anderen »kognitiven Modells«, d. h. einer anderen Meinung.

Die Kritik der deutschen Historiker an Goldhagen hat folgerichtig alles mögliche benörgelt, aber nirgends hat sie die erkenntnistheoretische Konstruktion des Antisemitismusbegriffs ihm angekreidet: Es ist ihr eigener, Ausdruck eines liberalen Antifaschismus, der in Deutschland das verkappte Bündnisangebot an den Faschismus enthält. Insbesondere hat die Kritik jenen Punkt bemängelt, an dem nichts anderes aus Goldhagen spricht als das Bedürfnis der Vernunft, das Bewußtsein nicht von ›Faktoren‹ und ›Bedingungen‹ sich zerstäuben zu lassen, sondern nach einem Grund zu suchen, nach einer intelligiblen Ursache. »Denn beweisen«, sagt Hegel, »heißt in der Philosophie so viel als aufzeigen, wie der Gegenstand durch und aus sich selbst sich zu dem macht, was er ist.« (HW 8, 178 f.) Daß Goldhagen etwas beweisen wollte, d. h. er eine Interpretation vorlegen wollte, die genau einen Schluß zuläßt, diese Impertinenz hat die geschichtswirtschaftenden Faktorenverwalter vielleicht noch mehr erschüttert als der Schluß selbst. Im vollen Elan ihrer Empörung haben sie übersehen, daß Goldhagen ihren eigenen Positivismus gegen sie wendet, daß er mit der haargenau gleichen Methode – positivistische Logik, d.h., »Wenn es eine einzige Tatsache gäbe, und zwar eine, die das gemeinsame Motiv erkennen und sich auf die meisten der zu untersuchenden Phänomene anwenden ließe, dann wäre diese jedem mühsam zusammengebauten Erklärungsmosaik vorzuziehen« (668) –, und mit dem selben historischen Material ihre Trial-and-error-Methode im Umgang mit dem Nazismus als typisch deutsch entlarvt, d.h. als Geschichtsschreibung, die nicht der Wahrheit, sondern deren Gegenteil, der Nation, verpflichtet ist.

Weil Goldhagen das Geld für eine deutungsfreie soziale Tatsache hält und also das ›Profitmachen‹ für eine von vielen ›kulturellen Aktivitäten‹, verfehlt er den Begriff des Antisemitismus. Im Unterschied allerdings zu den Historikern zielte er wenigstens auf einen Begriff, und seine Methode, die vorfindlichen Antisemitismusbegriffe daraufhin zu untersuchen, unter welcher Voraussetzung eigentlich und überhaupt einander widersprechende Definitionen ein und desselben Gegenstandes möglich sein können, führt ihn so nahe wie nur irgend möglich an die Antwort heran, daß es einen Gegenstand geben muß, der, ganz und gar nicht deutungsfrei, an sich selbst die objektive Eigenschaft haben muß, nur unter sich einander wechselseitig ausschließenden Denkbestimmungen und Definitionen gedacht werden zu können. Die Bedingung der Möglichkeit der einander widerlegenden Vorstellungen vom Antisemitismus ist, so folgert Goldhagen ganz logisch, der ›Wille zu töten‹: Nur unter dieser Prämisse ordnet sich der Faktorenstaub, nur mit dieser Annahme hebt sich der Komplexitätsnebel, nur am Leitfaden dieser These wird das »Feld sehr unterschiedlicher Formen des Antisemitismus« und werden die »Vielzahl von Motiven«, von denen pars pro toto Ulrich Herbert spricht, intelligibel und taugt das Bewußtsein zu mehr als zur Büroklammer. Und zwar verständlich als Camouflage eines Willens, der sich selbst sucht, d.h. einer Intention, die objektiv und an sich immer schon das ist, was sie durch alle Irrungen und Wirrungen der Geschichte hindurch, heißen sie nun christlicher Antijudaismus oder liberaler Philosemitismus, auch für sich sein zu streben sucht. Nur das kann verstanden werden, sagt Goldhagen, was über die Phänomene hinaus und durch die Erscheinungen hindurch seiner eigenen Logik folgt. Eine solche Konstruktion nennt man gemeinhin eine idealistische; und wie wenig Goldhagen zu ihr als Positivist eigentlich befugt ist, zeigt sich daran, daß er kein Kriterium anzugeben vermag, nach dem, was als Gebot des Denkens und was als Schluß aller Logik sein muß, auch tatsächlich existiert. Es muß etwas geben, das die Identität von Sollen und Sein real darstellt, und dieses Etwas muß die Einheit von Genesis und Geltung sein; d. h. es muß seiner Konstitution gemäß in der Lage sein, sich selbst zu konstituieren, sein eigener Ursprung zu sein und sich selbst in allgemeine Geltung zu setzen. Goldhagen nennt dies Etwas das ›kognitive Modell‹, aber dessen Reproduktion durch das intergenerative ›Gespräch‹ bleibt kaum weniger mysteriös als seine historische Abkunft. Was Goldhagen unter dem Titel des kognitiven Modells verfehlt, spricht die Wahrheit des Kapitals als automatisches Subjekt aus, und die Formen des logischen Schließens enthalten und offenbaren so die Gesellschaft in ihrer dialektischen Quintessenz tatsächlich.

So nahe Goldhagen der ›Logik des Antisemitismus‹ daher kommt, so sehr verfehlt er sie doch (vgl. Postone 1995; Vogt/Benl 1996, 42 ff.). Seiner logischen Notwendigkeit ermangelt die gesellschaftliche Wirklichkeit. Was der Geldbegriff Goldhagens, der alles andere als ein Begriff war, schon durchscheinen ließ, das macht sein Kapitalbegriff unabweisbar: Hier denkt und arbeitet jemand, den nur Zufall und höhere Fügung davor bewahrt haben, das Drehbuch zu *Schindlers Liste* zu schreiben. Da ist die Rede davon, die ›subjektive Vorstellung der Deutschen von den Juden‹ hätte sie dazu veranlaßt, »Arbeit – also eine instrumentelle Tätigkeit, die normalerweise der effizienten und rationalen Produktion dient – in ein Mittel der Zerstörung zu verwandeln« (377), da spricht Goldhagen von einem »Sieg von Politik und Ideologie über das ökonomische Eigeninteresse« (382) und davon, »daß der eliminatorische Antisemitismus selbst dann das Handeln der Akteure bestimmte, wenn ihnen die normalerweise machtvolle Logik ökonomischer Rationalität gegenüberstand, die doch das deutsche Wirtschaftsleben im großen und ganzen bestimmte« (471), schließlich noch davon, daß »die Macht des Antisemitismus die ökonomische und für eine moderne industrielle Produktionsweise erforderliche Rationalität außer Kraft gesetzt« (499) hätten: Reinhard Kühnl, Ernst Nolte und die deutsche Reichsbahn lassen grüßen. Von der Vorstellung, Geld und Kapital seien an sich selbst antisemitisch, erzeugten gar aus eigenem Wesen und eigener Dynamik die objektive Ideologie eben jenes abstrakten und unproduktiven, jenes wurzellosen und kosmopolitischen Un- und Antiwesens, als das die Nazis dann die Juden mörderisch identifizierten, ist Goldhagen so weit entfernt wie nur die deutschen Historiker vom Grundkurs ›Marx für Anfänger‹. »Die konsequenten Vertreter der Illusion, daß der Mehrwert aus einem nominellen Preisaufschlag entspringt«, notierte Marx für alle, die den Warentausch für ein kognitives Modell halten, »oder aus dem Privilegium des Verkäufers, die Ware teurer zu verkaufen, unterstellen daher eine Klasse, die nur kauft, ohne zu verkaufen, also auch nur konsumiert ohne zu produzieren. Die Existenz einer solchen Klasse ist (...) unerklärlich. (...) Das Geld, womit eine solche Klasse beständig kauft, muß ihr beständig, ohne Austausch, umsonst, auf beliebige Rechts- und Gewalttitel hin, von den Warenbesitzern selbst zufließen« (MEW 23, 176). Darin nimmt die Logik des Antisemitismus ihren Anfang, die durch die Irrungen und Wirrungen der Geschichte hindurch nach ihrer Selbstverwirklichung trachtet, d. h. danach, ihres eigenen objektiven Zwecks auch subjektiv und praktisch inne zu werden, d. h. den nazistischen Aufstand des Konkreten gegen das Abstrakte, die deutsche Revolution des Gebrauchswerts gegen den Tauschwert ins Werk zu setzen, d. h. die Liquidation des monetären Parasiten und »Gegen-Volks« (Rosenberg).[6] Die historische Gelegenheit dazu ergab

6 Was Goldhagen den »ökonomischen Antisemitismus« (60 f.) nennt, verfällt zu Recht seiner Kritik: Interessen erklären nichts, ihre Verwissenschaftlichung zur linksparteilichen Soziologie auch nichts. Von den Marxisten kann man tatsächlich nicht lernen, wie der Antisemitismus mit Marx zu deuten wäre: Man lese nur fk. (1996, 22), der Goldhagen vorwirft, »die eigentlich Schuldigen im Brei der Allgemeinschuld ungeschoren« zu lassen, oder Reinhard Kühnl, der der Rede von »den Deutschen« eine »Nähe zum völkischen Antisemitismus« ankreidet (1996). – Überhaupt kann einer wie Goldhagen von den Linken in

sich aus dem Zusammenbruch des deutschen Kapitals im Zuge der großen Krise von 1929. Diese Krise, die nur aus dem allgemeinen Begriff des Kapitals zu erklären ist, setzte das totalitäre politische Potential frei, das in der deutschen Nation und ihrem Staat aufgespeichert war und das sich im Antisemitismus niederschlug. Was folgte, war so ›typisch deutsch‹, wie das Kapital es nicht ist, denn es gehorchte einer derart zwanghaften, in Barbarei als bis dato unbekannte Gesellschaftsform überschnappenden Logik, daß das Kapital ihrer nirgendwo anders denn eben in Deutschland hätte fähig sein können.

»Die Täter«, sagt Goldhagen, »waren keine Automaten und keine Puppen« (Goldhagen 1996a), und sie waren erst recht nicht Marionetten des Kapitals. Sie waren ganz gewöhnliche Deutsche, die es definitiv satt hatten, vom Kapital geschurigelt und determiniert zu werden, die sich mit Haut und Haaren dafür entschieden hatten, es in wahnhaftem Elan zu überbieten, um selbst Kapital zu sein, um endlich dem Geheimnis der Verwertung des Werts auf die Spur zu kommen.

Auschwitz, Begriff der deutschen Geschichte

Es ist diese überaus negative Dialektik, die es macht, daß Auschwitz mit den geistigen Mitteln des bürgerlichen Verstandes, so wie er sich in der Geschichtswissenschaft ausdrückt, weder zu verstehen

Sachen Gesellschaft bemerkenswert wenig lernen, nämlich weniger als gar nichts. Ein Beispiel ist die »Geld ist genug da«-Kampagne, die an ein gleichnamiges Buch des Distel-Verlages anknüpft. In einer Freiburger Kongreßzeitung schreibt Stefan Vey, der für die »Arbeitsgruppe Buchenwald« zeichnet, in einem Artikel *Über das Geld*, daß es »wider seine Natur zur Eigentumsbildung und damit zur Machtbildung mißbraucht« werde, daß es daher darum zu tun sei, »die Krebsgeschwüre der Welt (das Geldkapital), die überall auf Kosten des Ganzen wuchern«, zu bekämpfen, um so das Geld auf »das Ganze des sozialen Organismus« zu verpflichten (Vey 1996, 2). – Wenn schon die mutmaßlich Linken der »Arbeitsgruppe Buchenwald« die nazistische Geldtheorie so entschieden vertreten, daß nur noch Name und Anschrift des Parasiten fehlen, braucht man sich um die zukünftige, wenn nicht: Wahrheit, so doch: Richtigkeit der Thesen Goldhagens keine Sorgen zu machen.

noch zu erklären ist. Der Massenmord ist das synthetische Produkt der Geschichte der bürgerlichen Gesellschaft in Deutschland, ihr wie immer vermitteltes Resultat. Im Massenmord ist alles enthalten und aufgehoben. Auschwitz ist die Wahrheit Deutschlands; und eine andere Wahrheit, da können sich deutschen Historiker mühen und quälen, wie sie wollen, wird es niemals gegeben haben. War der Massenmord also der logische Schlußpunkt einer Linie, die von Luther über Nietzsche zu Hitler führt?

Ja und nein. Ja: denn Luther war ein großer Antisemit vor dem Herrn, nein: denn er war es nicht vor dem Gott, der nach ihm kam, dem Kapital, konnte es noch nicht sein – aber die Antwort ist an sich nichtig und egal, denn der historische Prozeß erlischt im Resultat, das Auschwitz heißt, und er verschwindet darin so, wie die Absichten und Motive der am Warentausch Beteiligten erlöschen und gleichgültig werden, wenn Zahltag ist. Es ist das Resultat, das ex post über den historischen Prozeß entscheidet, der dann ex ante zu ihm führte und auf kein anderes führen konnte, d. h. es ist das Produkt, das die Produktion bestimmt. Man kann das Produkt nicht vom Prozeß her denken, und daher identifiziert das Produkt das Ausschlaggebende, das Wesentliche am Prozeß. Die Toten jedoch sind tot, kein Sinn, der ihren Tod ungeschehen machen könnte, keine Interpretation der Entwicklung hin zum Mord, der daran ein Jota ändern könnte. Geschichtswissenschaft, die in ›Faktoren‹ und ›Bedingungen‹ denkt (und anders kann sie, wenn sie überhaupt denkt, überhaupt nicht denken) arbeitet im nationalen Interesse an der Virtualisierung der Massenvernichtung: Je mehr Argumente über ›notwendige und hinreichende Bedingungen‹ sie dafür beibringt, daß alles auch hätte ganz anders kommen können, wenn (...), desto weniger ist, ob Mommsen, Wehler, Jäckel oder Zitelmann, von der fatalen Notwendigkeit der bürgerlichen Gesellschaft die Rede, die es machte, daß ...

Das Produkt der Geschichte des Kapitals in Deutschland ist Auschwitz. Was aber ist Auschwitz? Was ist die Massenvernichtung im Verhältnis zu einer, wie es heißt, von der Zweck-Mittel-Rationalität beherrschten bürgerlichen Gesellschaft, die die Vernichtungslager hervorbrachte? Es ist die Wahrheit dieser Gesellschaft, so, wie sie aus der an sich irrationalen Dialektik von Zweck und Mittel hervorgeht.

Die bürgerliche Gesellschaft kann den Nazismus nicht begreifen, denn dieser ist ihr originäres und genuines Produkt, Fleisch vom Fleische. Würde sie ihn begreifen, sie müßte gegen sich selbst revolutionieren, d.h. Selbstmord begehen. Die Geschichtswissenschaft dieser Gesellschaft, d.h. die planmäßige Bilanzierung ihrer verflossenen Taten und Untaten, kann den Nazismus erst recht nicht begreifen, denn sie transformiert, Maß und Maßstab ihrer Urteile, die Zweck-Mittel-Rationalität aus einer Ideologie zur Methode: Nie wird sie damit fertig werden, über die ›falsche‹ Verwendung der knappen Güterwaggons zu staunen, niemals damit, in *Schindlers Liste* den produktiven, d.h. recht eigentlich antifaschistischen Gebrauch der Arbeitskraft durch das Kapital zu begaffen. Auschwitz jedoch, das war, in stenogrammatischer Definition, die Selbstaufhebung des Kapitals im Verfolg seiner eigenen Dynamik und auf seiner eigenen Grundlage, d.h. eine qualitativ neue, zwar kapitalgeborene, aber doch kapitalentsprungene Gesellschaftsformation, d.h. Barbarei in einem nicht luxemburgistischen, nicht metaphorischen Sinne, d.h. die geoffenbarte Wahrheit der »verrückten Form« (Marx). Barbarei allerdings ist bloße Definition, alles andere als Begriff im strengen Sinne, denn begreifen, d.h. verstehen und erklären läßt sich nur, was, wie diskret auch immer, an Vernunft doch immerhin partizipiert. Die Toten müßten sprechen; aber wenn sie es denn könnten, würden sie von den deutschen Historikern mit allen Mitteln ihrer »seriösen Holocaust-Forschung« (Mommsen) daran gehindert, bestenfalls in die Abteilung oral history deportiert.

Der Antisemitismus ist daher schuld an Auschwitz, und er ist es nicht. Ja und nein. Ja: denn Antisemitismus ist eine Basisideologie der bürgerlichen Gesellschaft schlechthin, und ist es insbesondere in Deutschland, einer Gesellschaft, die sich als bürgerliche nur gegen die bürgerliche Revolution zu konstituieren vermochte, d.h. als Produkt eines erst absolutistischen, dann bonapartistischen, in letzter Instanz nazistischen Staates, der, so klassenübergreifend wie klassennegierend, im Antisemitismus das politische Programm der totalen politischen Integration fand (vgl. Enderwitz 1991). Der Antisemitismus ist schuld am Massenmord, weil er das notwendig falsche, sprich: praktisch richtige Bewußtsein einer verkehrten Gesellschaft darstellt:

Goldhagen hat ganz recht. – Nein: denn der Antisemitismus ist, als objektive Ideologie, nichts ohne die Gesellschaft, die in ihm sich reflektiert. Daher irrt Goldhagen. Der Antisemitismus ist schuld; und er ist es nicht, weil die Vernichtung, die auf die Juden zielte und sie traf, in wahnhafter Verschiebung der Selbstvernichtung der bürgerlichen Gesellschaft wehren sollte. Darin liegt das Anathema der Geschichtswissenschaft, das ihre Bemühungen im Ansatz nichtig macht: Daß Auschwitz eine Tat war, die, nach dem Bild des Amokläufers, keine wie immer geartete Beziehung zwischen dem Täter und seinem Opfer, die irgend in letzterem gründete, zu ermitteln erlaubt, daß diese Tat kein Mittel gewesen ist zu irgendeinem Zweck, sondern das Mittel als autistischer Selbstzweck, d. h. die fatale Konsequenz aus der Todeskrise der Selbstvermittlung der bürgerlichen Gesellschaft durch das Kapital, in deren Konsequenz das automatische Subjekt alle in der Perspektive des Positivismus rationalitätsstiftenden Vermittlungen kassiert und in vollendeter Raserei zum tödlichen Block erstarrt. Darin sind »die historischen Voraussetzungen, unter denen allein das Kapital Gebrauchswert setzt« (Pohrt 1995), ebenso vergangen wie die materiellen Bedingungen aufgehoben, unter denen allein es erkennbar ist. Auschwitz liegt im Jenseits des Begriffs, weil sich die kapitalisierte Gesellschaft im Zuge ihrer Selbstaufhebung in Barbarei selbst im Jenseits ihrer menschenmöglichen Begreifbarkeit plaziert hat. Ja und nein daher, pro und contra Goldhagen in einem: Ja, denn der Antisemitismus ist schuld an der Massenvernichtung, weil er, funktional äquivalent, für die Nazis das darstellte, was fdGO, Pluralismus und soziale Marktwirtschaft ihren legitimen Rechtsnachfolgern bedeuten: praktische Geschäftsordnung der Politik und ideologisches Selbstbewußtsein in einem. Und nein, denn Antisemitismus ist nur selbstbewußte Ideologie, d. h. ein Denken, das nicht sich selbst denkt, das gedacht wird. Der ›Wille zu töten‹, dessen Spur Goldhagen mit kriminalistischer Akribie und juristischer Präzision verfolgt, ist in einem der unwiderstehliche und unabweisbare Zwang zu töten.

Zwangscharakter der Freiheit: In völliger Freiheit nicht anders zu können – in diesem Realparadox resümiert sich der Grund, der es macht, daß man niemals wird wissen können, was Auschwitz war, und warum es war. Auschwitz läßt sich weder erklären noch verstehen, es läßt sich weder erklären und nicht verstehen noch läßt es sich nicht erklären und doch verstehen, weil es die gesellschaftlichen Bedingungen der Möglichkeit dieser Unterscheidung selbst aufhebt. Die Wahrheit der Massenvernichtung kann daher keine in sich selbst noch so schlüssige oder gar vernünftige Theorie sein, sondern nur die praktische Herstellung der ›freien Assoziation‹, d. h. der staaten- und klassenlosen Weltgesellschaft. Es kann keine vernünftige Theorie der vollendeten Unvernunft geben, nur deren Rationalisierung. Auschwitz macht keinen Sinn: Und das ist das Ende der Geschichtswissenschaft.

Literatur

Siglen

KW: Kant, I., *Werkausgabe*, hrsg. v. Wilhelm Weischedel. 12 Bde. Frankfurt am Main 1982.
HW: Hegel, G.W.F., *Werke* (Redaktion Eva Moldenhauer u. Karl Markus Michel). 20 Bde. Frankfurt am Main 1970.
MEW: *Marx-Engels-Werke*. 43 Bde. Berlin/DDR 1956-1990.

Literatur

Adorno 1964: Adorno, Th. W., *Drei Studien zu Hegel*, Frankfurt 1964

Adorno 1966a: Ders., *Meinung, Wahn, Gesellschaft*, in: Ders., *Eingriffe. Neun kritische Modelle*, Frankfurt 1966, 147 ff.

Adorno 1966b: Ders., *Negative Dialektik*, Frankfurt 1966

Adorno 1969: Ders., *Auf die Frage: Was ist deutsch*, in: Ders., *Stichworte. Kritische Modelle* 2, Frankfurt 1969, S. 102 ff.

Adorno 1972: Ders., *Soziologische Schriften 1*, Frankfurt 1972

Adorno 1979: Ders., *Minima Moralia. Reflexionen aus dem beschädigten Leben*, Frankfurt 1979

Adorno/Horkheimer 1984: Ders./Horkheimer, M., *Dialektik der Aufklärung. Philosophische Fragmente* (Gesammelte Schriften 3), Frankfurt 1984

Agnoli 1990: Agnoli, J., *Die Transformation der Demokratie und andere Schriften zur Kritik der Politik*, Freiburg 1990

Agnoli 1994: Ders., *Der Staat des Kapitals und weitere Schriften zur Kritik der Politik*, Freiburg 1994

Albrecht 1976: Albrecht, E., *Der Staat – Idee und Wirklichkeit. Grundzüge einer Staatsphilosophie*, Stuttgart 1976

Althusser 1987: Althusser, L., *Machiavelli, Montesquieu, Rousseau. Zur politischen Philosophie der Neuzeit*, Berlin 1987

Aly 1996: (Aly, G., *D. J. Goldhagen. Hitlers willige Vollstrecker. Rezension*, in: *Mittelweg 36. Zeitschrift des Hamburger Instituts für Sozialforschung* 6/1996

Amnesty 1988: Amnesty International, *40 Jahre Allgemeine Erklärung der Menschenrechte*, o. O. 1988

Arendt 1950: Arendt, H., *Besuch in Deutschland 1950. Die Nachwirkungen des Naziregimes*, in: Dies., *Zur Zeit. Politische Essays*, Berlin 1986

Arendt 1980: Dies., *Ursprünge und Elemente totaler Herrschaft*, Frankfurt/Berlin/Wien 1980

Autonome L.U.P.U.S.-Gruppe 1993: Autonome L.U.P.U.S.-Gruppe, *Etwas wenig*, in: konkret-extra, Mai 1993, S. 5

Backhaus 1969: Backhaus, H.-G., *Zur Dialektik der Wertform*, in: Alfred Schmidt, *Beiträge zur materialistischen Erkenntnistheorie*, Frankfurt 1969

Bakunin 1972: Bakunin, M., Die Commune von Paris und der Staatsbegriff, in: Ders., *Staatlichkeit und Anarchie* und andere Schriften, herausgegeben und eingeleitet v. Horst Stuke, Frankfurt/M./ Berlin/Wien 1972

Bankier 1995: Bankier, D., *Die öffentliche Meinung im Hitler-Staat. Die ›Endlösung‹ und die Deutschen: Eine Berichtigung*, Berlin 1995

Bergfleth 1984: Bergfleth, G., *Die zynische Aufklärung*, in: Bergfleth et al., *Zur Kritik der palavernden Aufklärung*, München 1984, S. 180 ff.

Bindseil 1981: Bindseil, I., *Faschismus im Politroman. Zum Werk Eric Amblers*, in: Dies./Enderwitz, U., (Hg.), *Notizbuch 4: Faschismus, Literatur, bürgerlicher Staat*, Berlin 1981, S. 141 ff.

Bindseil 1993: Dies., *Versuch über Faschismus*, in: Initiative Sozialistisches Forum (Hg.), *Kritik & Krise. Materialien gegen Ökonomie und Politik* N°6: *Nationalsozialistischer Staat, postfaschistische Demokratie*, Freiburg 1993, S. 15 ff.

Bindseil 1993: Dies., *Streitschriften*, Freiburg 1993

Browning 1993: Browning, C.R., *Ganz normale Männer. Das Reserve-Polizeibataillon und die »Endlösung« in Polen*, Reinbek 1993

Breuer 1983: Breuer, S., *Sozialgeschichte des Naturrechts*, Opladen 1983

Breuer 1985a: Ders., *Nationalstaat und pouvoir constituant bei Sieyes und Carl Schmitt*, in: Ders., *Aspekte totaler Vergesellschaftung*, Freiburg 1985, S. 176 ff.

Breuer 1985b: Ders., *Die Depotenzierung der Kritischen Theorie. Über Jürgen Habermas,* in: Ders., *Aspekte totaler Vergesellschaftung,* Freiburg 1985, S. 52 ff.

Bröckling 1993: Bröckling, U., *Zwischen Hitler und Adenauer. Vergessen, Verleugnen, Wegarbeiten in einer Zeit ohne Führer,* in: Initiative Sozialistisches Forum (Hg.), *Kritik & Krise. Materialien gegen Ökonomie und Politik* N°6: *Nationalsozialistischer Staat, postfaschistische Demokratie,* Freiburg 1993, S. 50 ff.

Broszat 1988: Broszat, M., *Was heißt Historisierung des Nationalsozialismus?,* in: *Historische Zeitschrift,* Bd. 247, 1988, 1 ff.

Bruhn 1982: Bruhn, J., *Thesen zum nationalsozialistischen Arbeitsbegriff,* in: *Archiv für die Geschichte des Widerstands und der Arbeit* N°5 (1982), S. 57 ff.

Bucharin 1920: Bucharin, N., *Ökonomik der Transformationsperiode* (1920), Reinbek 1970

Burian 1985: Burian, W., *Sexualität, Natur, Gesellschaft. Eine psychopolitische Biographie Wilhelm Reichs,* Freiburg 1985

Claussen 1987: Claussen, D., *Grenzen der Aufklärung. Zur gesellschaftlichen Geschichte des modernen Antisemitismus,* Frankfurt 1987

Dahlmann 1991: Dahlmann, M., *Der Frieden des Kapitals. Zur Logik des deutschen Moralismus,* in: Initative Sozialistisches Forum (Hg.), *Kritik & Krise. Materialien gegen Ökonomie und Politik* N°4/5: *Logik des Antisemitismus,* Freiburg 1991, S. 65 ff.

Darwin 1875: Darwin, Ch., *Die Abstammung des Menschen* (1875), Reprint: Drei Eich 1986

Demirovic 1985: Demirovic, A., *Philosophie und Staat. Althussers philosophische Strategie und der hegemoniale Status der Philosophie,* in: *Das Argument* 152 (1985)

Demirovic 1992: Ders., *Vom Vorurteil zum Neorassismus. Das Objekt »Rassismus« in Ideologiekritik und Ideologietheorie,* in: Institut für Sozialforschung (Hg.), *Aspekte der Fremdenfeindlichkeit. Beiträge zur aktuellen Diskussion,* Frankfurt 1992

Diderot 1755: Diderot, D., *Naturrecht (Moral)* (1755), in: Ders., *Philosophische Schriften,* hrsg. von Theodor Lücke, Berlin 1984, Bd. 1, S. 378 ff.

Domarus 1973: Domarus, M., *Hitler. Reden und Proklamationen 1932-1945,* Wiesbaden 1973

Dubiel u. a. 1990: Dubiel, H., u. a., *»Wir sind das Volk«. Die Geburt der Zivilgesellschaft in der demokratischen Revolution,* in: *Frankfurter Rundschau,* 2. Januar 1990

Durkheim 1897: Durkheim, E., *Der Selbstmord* (1897), Frankfurt 1983

Eisenberg/Gronemeyer 1993: Eisenberg, G./Gronemeyer, R, *Jugend und Gewalt. Der neue Generationenkonflikt oder der Zerfall der zivilen Gesellschaft,* Reinbek 1993

Emmerich 1937: Emmerich, E., *Die Philosophie des Blutes,* in: *Nationalsozialistisches Bildungswesen* 1937, S. 389 ff., zitiert nach: Poliakov/Wulff 1983, S. 287 ff.

Enderwitz: Enderwitz, U., *Der revolutionäre Staat: Das Paradox der bürgerlichen Gesellschaft,* in: Bindseil, I/Enderwitz, U. (Hg.), *Notizbuch* 4: *Faschismus, Literatur und bürgerlicher Staat,* 27 ff.

Enderwitz 1986a: Ders., *Die Republik frißt ihre Kinder. Hochschulreform und Studentenbewegung in der BRD,* Berlin 1986

Enderwitz 1986b: Ders., *Totale Reklame. Von der Marktgesellschaft zur Kommunikationsgemeinschaft,* Berlin 1986

Enderwitz 1987: Ders., *Die Herrschaft des Apparats: Science Fiction als Faschismustheorie,* in: Ders.,/Bindseil, I, *Der Wahnsinn der Wirklichkeit. Ideologiekritische Essays,* Dülmen-Hiddingsel 1987, S. 39 ff.

Enderwitz 1988: Ders., *Kritik der Geschichtswissenschaft. Der historische Relativismus, die Kategorie der Quelle und das Problem der Zukunft in der Geschichte,* Berlin 1988

Enderwitz 1991: Ders., *Antisemitismus und Volksstaat. Zur Pathologie kapitalistischer Krisenbewältigung,* Freiburg 1991

Enderwitz 1993: Ders., *Linker Strukturalismus. Einige Überlegungen zu Postones Antisemitismus – Thesen,* in: Initiative Sozialistisches Forum (Hg.), *Kritik & Krise. Materialien gegen Ökonomie und Politik* N°6: *Nationalsozialistischer Staat, postfaschistische Demokratie,* Freiburg 1993, S. 15 ff.

Eppler 1989: Eppler, E., *»Nation ist nichts Unzerstörbares«. Rede im Bundestag am 17. Juni 1989,* in: *Vorwärts. Sozialdemokratisches Magazin,* H.8/1989, S. 15 ff.

f.k. 1996: f.k., *D. J. Goldhagens »Hitlers willing executioners«. Wer waren die Täter?* (in: *Linksruck. Jung – sozialistisch – aktiv,* N° 30 (März 1996)

Feuerbach 1843: Feuerbach, L., *Vorläufige Thesen zur Reformation der Philosophie* (1843), in: Ders., *Werke in sechs Bänden,* hrsg. v. E. Thies, Frankfurt 1975, Bd. 3, S. 223 ff.

Fichte 1808: Fichte, J. G., *Reden an die deutsche Nation* (l808), Hamburg 1978 Fischer, G. (Hg.), *Reden der französischen Revolution,* Stuttgart 1974

Franz 1990: Franz, F., *Das Abstammungsprinzip im Staatsangehörigkeitsrecht als Fossil nationaler Exklusivität,* in: *Perspektiven. Die internationale Studentenzeitschrift* N°6, 1990, S. 35 f.

Fromm 1936: Fromm, E., *Theoretische Entwürfe über Autorität und Familie. Sozialpsychologischer Teil,* in: Horkheimer, M. (Hg.), *Schriften des Instituts für Sozialforschung.* Bd. 5: *Studien über Autorität und Familie* (Paris 1936), Reprint Lüneburg 1987

Gauchet 1991: Gauchet, M., *Die Erklärung der Menschenrechte. Die Debatten um die bürgerlichen Freiheiten 1789,* Reinbek 1991

Gilcher-Holthey 1996: Gilcher-Holthey, I., *Die Mentalität der Täter,* in: Schoeps 1996., S. 213 (zuerst in: *Die Zeit,* 7 Juni 1996)

de Gouges 1980: de Gouges, O., *Schriften,* hrsg. von Monika Dillier, Vera Mostowlansky und Regula Wyss, Frankfurt 1980

Goldhagen 1996a: Goldhagen, D. J, *Das Versagen der Kritiker,* in: *Die Zeit,* 2. August 1996

Goldhagen 1996b: Ders., *Hitlers willige Vollstrecker. Ganz gewöhnliche Deutsche und der Holocaust,* Berlin 1996

Habermas 1989: Habermas, J., *Volkssouveränität als Verfahren. Ein normativer Begriff von Öffentlichkeit,* in: *Merkur,* H.6/1989, S. 465 ff.

Haug 1987: Haug, W. F., *Vom hilflosen Antifaschismus zur Gnade der späten Geburt,* Berlin 1987

Haug 1992: Ders., *Zur Dialektik des Anti-Rassismus,* in: *Das Argument* 191 (1992)

Hecht 1982: Hecht, L, *Als unsichtbare Mauern wuchsen,* Stuttgart 1982

Heintz 1985: Heintz, P., *Anarchismus und Gegenwart,* 3. Aufl. Berlin 1985

Heitmeyer 1992a: Heitmeyer, W., *Rechtsextremismus. »Warum handeln Menschen gegen ihre eigenen Interessen?«. Materialien zur Auseinandersetzung mit Ursachen,* Köln, 2. Aufl. 1992

Heitmeyer 1992b: Ders., *Wie die Gewalt entsteht. Die traditionelle Gesellschaft ist dahin, die neue macht Angst,* in: *Badische Zeitung,* 11. Dezember 1992

Herausgeber/Verlag 1984: Herausgeber & Verlag, *Auf den Weg begeben...,* in: *Wege des Ungehorsams, Jahrbuch für libertäre & gewaltfreie Aktion, Politik & Kultur* 1984, Kassel-Bettenhausen 1984

Herbert 1996: Herbert, U., *Die richtige Frage,* in: Schoeps 1996, S. 224 (zuerst in: *Die Zeit,* 14 Juni 1996)

Hilberg 1982: Hilberg, R., *Die Vernichtung der europäischen Juden. Die Gesamtgeschichte des Holocaust,* Berlin 1982

Hitler 1936: Hitler, A., *Mein Kampf,* München, 209.-210. Auflage 1936

Horkheimer 1936: Horkheimer, M., *Egoismus und Freiheitsbewegung (1936),* in: Ders., *Traditionelle und kritische Theorie,* Frankfurt 1970

Horkheimer 1939: Ders., *Die Juden und Europa* (1939) in: Ders., *Autoritärer Staat. Aufsätze 1939-41,* Amsterdam 1967, 7 f.

Horkheimer 1940: Ders., *Autoritärer Staat* (1940), in: Ders., *Autoritärer Staat. Aufsätze 1939-41,* Amsterdam 1967, 41 ff.

Hörisch 1996: Hörisch, J., *Kopf oder Zahl. Die Poesie des Geldes,* Frankfurt 1996

ISF 1984a: Initiative Sozialistisches Forum (Hg.), *Diktatur der Freundlichkeit. Über Bhagwan, die kommende Psychokratie und Lieferanteneingänge zum wohltätigen Wahnsinn,* Freiburg 1984

ISF 1984b: Dies., *Je näher man hinschaut, desto ferner schaut es zurück. Zur Kritik einer deutschen Friedensbewegung,* Freiburg 1984

ISF 1990: Dies., *Das Ende des Sozialismus, die Zukunft der Revolution. Analysen und Polemiken,* Freiburg 1990

ISF 1993: Dies., *Materialismus und Barbarei,* in: Dies. (Hg.), *Kritik & Krise. Materialien gegen Politik und Ökonomie* N°6: *Nationalsozialistischer Staat, postfaschistische Demokratie,* Freiburg 1993, S. 2 ff.

ISF 1994: Dies. (Hg.), *Schindlerdeutsche. Ein Kinotraum vom Dritten Reich,* Freiburg 1994

Jansson 1984: Jansson, S. »*...erkämpft das Menschenrecht!*«, in: *Wege des Ungehorsams, Jahrbuch für libertäre & gewaltfreie Aktion, Politik & Kultur* 1984, Kassel-Bettenhausen 1984
Jellinek 1914: Jellinek, G., *Allgemeine Staatslehre*, Berlin, 3.Aufl 1914
Jesi 1984: Jesi, F., *Kultur von rechts*, Frankfurt 1984
Joffe 1996: Joffe, J., *»Die Killer waren normale Deutsche, also waren die normalen Deutschen Killer«*, in: Schoeps 1996, S. 164 ff. (zuerst in: *Süddeutsche Zeitung*, 13./14. April 1996 und *Time*, 29. April 1996)
Kedourie 1971: Kedourie, E., *Nationalismus*, München 1971
Kjellen 1924: Kjellen, R., *Der Staat als Lebensform*, Berlin, 3. Aufl 1924
Klemperer 1995: Klemperer, V., *Ich will Zeugnis ablegen bis zum letzten. Tagebücher 1933-1945*, Berlin 1995
Kofler 1962: Kofler, L., *Marxistische Staatstheorie. Staat, Gesellschaft, Elite zwischen Humanismus und Nihilismus* (Reprint der 1. Aufl. Ulm 1962), Frankfurt 1970
Kommune 11/87: Kommune. Forum für Politik, Ökonomie und Kultur, Nr. 11, Jg. 1987
Krahl 1970: Krahl, H.-J., *Bemerkungen zum Verhältnis von Kapital und Hegelscher Wesenslogik*, in: Negt, O. (Hg.), Aktualität *und Folgen der Philosophie Hegels*, Frankfurt 1970, S. 141-150
Krahl 1971: Krahl, H.-J., *Konstitution und Klassenkampf. Zur historischen Dialektik von bürgerlicher Emanzipation und proletarischer Revolution*, Frankfurt 1971
Krieck 1934: Krieck, E., *Der Staat des deutschen Menschen*, Berlin 1934
Kristeva 1990: Kristeva, J., *Fremde sind wir uns selbst*, Frankfurt 1990
Kropotkin 1973: Kropotkin, P., *Die Eroberung des Brotes*, in: Ders., *Die Eroberung des Brotes und andere Schriften*, herausgegeben, neu übersetzt und mit einem Nachwort v. Hans G. Helms, München 1973
Küchenhoff 1967: Küchenhoff, G./Küchenhoff, E., *Allgemeine Staatslehre*, 6. Aufl., Stuttgart u. a. 1967
Kühnl 1996: Kühnl, R., *Kampf ums Geschichtsbild*, in: *junge Welt*, 24. Juni 1996
Kurz 1993: Kurz, R., *Potemkins Rückkehr. Attrappen-Kapitalismus und Verteilungskrieg in Deutschland*, Berlin 1993

Langenbach 1982: Langenbach, J., *Selbstzerstörung. Zur Identität von abstrakter Arbeit (Technik) und Faschismus,* München 1982

Laplanche/Pontalis 1973: Laplanche, J./Pontalis, J.-B., *Das Vokabular der Psychoanalyse,* Frankfurt 1973

Marcuse 1934: Marcuse, H., *Der Kampf gegen den Liberalismus in der totalitären Staatsauffassung* (1934), in: Ders., *Kultur und Gesellschaft* 1, Frankfurt 1965, S. 17 ff.

Marx 1974: Marx, K., *Grundrisse der Kritik der Politischen Ökonomie (Rohentwurf),* Berlin 1974

Maschke 1987: Maschke, G., *Sterbender Konservativismus und Wiedergeburt der Nation,* in: *Der Pfahl. Jahrbuch aus dem Niemandsland zwischen Kunst und Wissenschaft* 1, München 1987, S. 363 ff.

Materialien 1993: *Materialien für einen neuen Antiimperialismus* N°5: *Strategien der Unterwerfung, Strategien der Befreiung. Thesen zur Rassismusdebatte,* Berlin 1993

Meister 1987: Meister, J., *Die »Zigeunerkinder« von der St. Josefspflege in Mulfingen,* in: 1999. *Zeitschrift für Sozialgeschichte des 20. und 21. Jahrhunderts,* April 1987

Memmi 1987: Memmi, A., *Rassismus,* Frankfurt 1987

Mendlewitsch 1988: Mendlewitsch, D., *Volk und Heil. Vordenker des Nationalsozialismus im 19. Jahrhundert,* Rheda-Wiedenbrück 1988

Modugno 1975: Modugno, E., *Arbeiterautonomie und Partei. Das Proletariat zwischen politischem Staat und bürgerlicher Gesellschaft,* in: Pozzoli, C. (Hg.), *Jahrbuch Arbeiterbewegung* 3: *Die Linke in der Sozialdemokratie,* Frankfurt 1975, S. 284 ff.

Mommsen 1996: Mommsen, H., *Die dünne Patina der Zivilisation. Der Antisemitismus war eine notwendige, aber keineswegs hinreichende Bedingung für den Holocaust,* in: *Die Zeit,* 30. August 1996

Moravia 1973: Moravia, S., *Beobachtende Vernunft. Philosophie und Anthropologie in der Aufklärung,* München 1973

Moser 1992: Moser, T., *Motive und Ziele der Rechtsradikalen. Der vergessene intergenerative Aspekt,* in: *Perspektiven. Die internationale Studentenzeitung* N° 16/*1992,* S. 36 ff.

Mosse 1979: Mosse, G. L., *Ein Volk, ein Reich, ein Führer. Die völkischen Ursprünge des Nationalsozialismus,* Königstein 1979

Müller 1808/1809: Müller, A., *Die Elemente der Staatskunst. 36 Vorlesungen* (1808/1809), Berlin 1936

Münster 1984: Münster, S., Exterminismus und Revolution, in: *Wege des Ungehorsams, Jahrbuch für libertäre & gewaltfreie Aktion, Politik & Kultur 1984*, Kassel-Bettenhausen 1984

Musil 1981: Musil, R., *Der Mann ohne Eigenschaften*, Reinbek 1981

Nolte 1987: Nolte, E., *Vergangenheit, die nicht vergehen will*, in: *»Historikerstreit«. Die Dokumentation der Kontroverse um die Einzigartigkeit der nationalsozialistischen Judenvernichtung*, München 1987, S. 391 ff. (zuerst in: *FAZ*, 6. Juni 1986)

Nolte 1996: Nolte, J., *Sisyphos ist Deutscher*, in: Schoeps 1996, S. 111 (zuerst in: *Die Welt*, 16. April 1996)

Osterkamp 1989: Osterkamp, U., *Gesellschaftliche Widersprüche und Rassismus*, in: *Theorien über Rassismus* (Argument-Sonderband N°164), Berlin 1989, S. 113 ff.

Osterkamp 1993: Dies., *Antirassismus. Weitere Fallstricke und Problematisierungen*, in: *Das Argument* 195 (1993)

Pannekoek 1938: Pannekoek, A., *Lenin als Philosoph* (1938), in: Pannekoek, A./Mattick, P. u. a., *Marxistischer Anti-Leninismus*, Freiburg 1991, S. 59-153

Paine 1791: Paine, Th., *Die Rechte des Menschen* (1791), Frankfurt 1973

Paschukanis 1922: Paschukanis, E., *Allgemeine Rechtslehre und Marxismus. Versuch einer Kritik der juristischen Grundbegriffe* (1922), Freiburg 2003

Pohrt 1983: Pohrt, W., *Vernunft und Geschichte bei Marx*, in: Schweppenhäuser, G. (Hg.), *Krise und Kritik. Zur Aktualität der Manschen Theorie*, Lüneburg 1983, S. 5 ff.

Pohrt 1992: Ders., *Das Jahr danach. Ein Bericht über die Vorkriegszeit*, Berlin 1992

Pohrt 1995: Ders., *Theorie des Gebrauchswerts*, Berlin 1995

Poliakov/Wulf 1983: Poliakov, L./Wulf, J., *Das Dritte Reich und seine Denker*, Frankfurt/Berlin/Wien 1983

Poliakov/Delacampagne/Girard 1984: Poliakov, L./Delacampagne, C./ Girard, P., *Über den Rassismus*, Frankfurt 1984

Popper 1980: Popper; K.R., *Die offene Gesellschaft und ihre Feinde.* Band 2: *Falsche Propheten: Hegel, Marx und die Folgen* (engl. 1944), München 1980

Postone 1988: Postone, M., *Nationalsozialismus und Antisemitismus. Ein theoretischer Versuch,* in: Diner, D., (Hg.) *Zivilisationsbruch. Denken nach Auschwitz,* Frankfurt 1988

Postone 1995: Ders., *Nationalsozialismus und Antisemitismus. Ein theoretischer Versuch,* zuletzt in: Werz, M. (Hg.), *Antisemitismus und Gesellschaft. Zur Diskussion um Auschwitz, Kulturindustrie und Gewalt,* Frankfurt 1995

RAF 1982: RAF, *Guerilla, Widerstand und antiimperialistische Front (Mai 1982),* in: *texte der raf.* Überarbeitete und aktualisierte Ausgabe, o. V., 1983

Redaktion 1984: Redaktion Wege des Ungehorsams, *»...oder Barbarei!«,* in: *Wege des Ungehorsams, Jahrbuch für libertäre & gewaltfreie Aktion, Politik & Kultur 1984, Kassel-Bettenhausen 1984*

Reemtsma 1992: Reemtsma, J.P., *Die Falle des Antirassismus,* in: Bielefeld, U. (Hg.), *Das Eigene und das Fremde,* Hamburg 1992

Reich 1933: Reich, W., *Massenpsychologie des Faschismus. Zur Sexualökonomie der politischen Reaktion und zur proletarischen Sexualpolitik,* o. O., o. J. (Reprint der 2. Aufl. 1933)

Reichsführer – SS 1983: Reichsführer – SS (Hg.), *Der Untermensch,* in: Poliakov, L./Wulf, J., *Das Dritte Reich und die Juden,* Frankfurt/Berlin/Wien 1983, S. 217

Robespierre 1791: Robespierre, M., *Rede über die Mark Silbers* (1791), in: Fischer, P. (Hg.), *Reden der französischen Revolution,* München 1974, S. 112 ff.

Robespierre 1792: Ders., *Über den Prozeß gegen den König* [3 Dezember 1792], in: Fischer, P. (Hg.), *Reden der französischen Revolution,* München 1974, S. 250 ff.

Rosenberg 1921: Rosenberg, A., *Der Pogrom am deutschen und am russischen Volke,* in: *Völkischer Beobachter,* 4. August 1921

Rosenberg 1934: Ders., *Der Mythos des 20. Jahrhunderts,* München 1934

Rosenberg 1937: Ders., *Kampf um die Macht. Aufsätze 1921-1932,* München 1937

Rousseau 1762: Rousseau, J.-J., *Der Gesellschaftsvertrag oder Die Grundsätze des Staatsrechtes* (1762), Stuttgart 1975

Roux 1793: Roux, J., *Manifest der Enrages (25. Juni 1793),* in: Ders., *Freiheit wird die Welt erobern. Reden und Schriften,* hrsg. von Walter Markov, Leipzig 1985

Schirrmacher 1996: Schirrmacher, F., *Hitlers Code,* in: Schoeps 1996, S. 104 (zuerst in: *FAZ,* 15 April 1996)

Schmelzeisen 1938: Schmelzeisen, G. K., *Deutsches Recht. Einführung in die Rechtswissenschaft,* Leipzig 1938

Schmid 1978: Schmid, Th., u. a., *Gespräch über die politische Kultur in Deutschland,* in: Brüggemann, H. u. a., *Über den Mangel an politischer Kultur in Deutschland,* Berlin 1978, S. 93 ff.

Schmitt 1928: Schmitt, C., *Verfassungslehre* (1928), Berlin 1983

Schmitt 1922: Ders., *Politische Theologie. Vier Kapitel zur Lehre von der Souveränität* (1922), Berlin 1979

Schmitt-Egner 1975: Schmitt-Egner, P., *Kolonialismus und Faschismus. Eine Studie zur historischen und begrifflichen Genese faschistischer Bewußtseinsformen am deutschen Beispiel,* Gießen/Lollar 1975

Schmitt-Egner 1976: Ders., *Rassismus und Wertgesetz,* in: *Gesellschaft. Beiträge zur marxschen Theorie* N° 8/9, Frankfurt 1976

Schröcke o. J.: Schröcke, H., *Zum Begriff ›Volk‹ aus naturwissenschaftlicher Sicht* (Flugschrift 22, Hrsg: Schutzbund für das deutsche Volk), Frankfurt, o. J.

Schönberger/Köstler 1992: Schönberger, K./Köstler, C., *Der ›freie‹ Westen, der ›vernünftige‹ Krieg, seine ›linken‹ Liebhaber und ihr okzidentaler Rassismus,* Marbach 1992

Schoeps 1996: Schoeps, J. H. (Hg.), *Ein Volk von Mördern? Die Dokumentation zur Goldhagen-Kontroverse um die Rolle der Deutschen im Holocaust,* Hamburg 1996

Schopenhauer 1986: Schopenhauer, A., *Parerga und Paralipomena,* Frankfurt 1986

Schumacher 1937: Schumacher, J., *Die Angst vor dem Chaos. Über die falsche Apokalypse des Bürgertums* (1937), Frankfurt 1978

Sieyes 1981: Sieyes, E.J., *Politische Schriften 1788-1790,* München/Wien 1981

Simmel 1977: Simmel, G., *Philosophie des Geldes,* 7. Auflage, Berlin 1977

Sölle 1986: Sölle, D., *Ein Volk ohne Vision geht zugrunde. Anmerkungen zur deutschen Gegenwart und zur nationalen Identität,* Wuppertal 1986

Sohn-Rethel 1973: Sohn-Rethel, A., *Ökonomie und Klassenstruktur des deutschen Faschismus,* Frankfurt 1973

Sohn Rethel 1978: Ders., *Das Geld und die Subjektivität,* in: Ders., *Warenform und Denkform,* Frankfurt 1978

Sohn-Rethel 2016: Ders., Industrie und Nationalsozialismus, in: Ders., *Die deutsche Wirtschaftspolitik im Übergang zum Nazifaschismus. Analysen 1932-1948,* Freiburg 2016, S. 219-362

Sohn-Rethel 2018a: Ders., *Geistige und körperliche Arbeit,* in: Ders., *Geistige und körperliche Arbeit. Theoretische Schriften 1947-1990,* Teilband 1, Freiburg 2018, S. 185-419

Sohn-Rethel 2018b: Ders., *Warenform und Denkform,* in: Ders., *Geistige und körperliche Arbeit. Theoretische Schriften 1947-1990,* Teilband 1, Freiburg 2018, S. 83-110

Spinoza 1658: de Spinoza, B., *Kurze Abhandlung von Gott, dem Menschen und seinem Glück* (1658), Hamburg 1965

Stalin 1912: Stalin, J., *Anarchismus oder Sozialismus?* (1912), in: Werke Bd. 1, S. 257 ff.

Stein 1921: von Stein, L., *Geschichte der sozialen Bewegung,* Bd. 1: *Der Begriff der Gesellschaft und die soziale Geschichte der französischen Revolution bis zum Jahre 1830,* München 1921

Theweleit 1995: Theweleit, K., *Das Land, das Ausland heißt. Essays, Reden Interviews zu Politik und Kunst,* München 1995

Todorov 1987: Todorov, T., *Die Eroberung Amerikas. Die Entdeckung des Anderen,* Frankfurt 1987

Traub/Wieser 1975: Traub, R/Wieser, H.; *Gespräche mit Ernst Bloch,* Frankfurt 1975

Türcke 1987: Türcke, Ch., *Darüber schweigen sie alle. Tabu und Antinomie in der neuen Debatte über das Dritte Reich,* in: Ders., *Gewalt und Tabu. Philosophische Grenzgänge,* Lüneburg 1987, S. 26 ff.

Ulrich/Saathoff 1984: Ulrich, B./Saathoff, G., Ziviler *Ungehorsam – ein deutsches Trauma,* in: *Wege des Ungehorsams, Jahrbuch für libertäre & gewaltfreie Aktion, Politik & Kultur 1984*, Kassel-Bettenhausen 1984

Vey 1996: Vey, S., *Über das Geld*, in: *Allerdings*. Hrsg. von der Linken Liste/Friedensliste Freiburg, Nr. 3 (Dezember 1996)

Vogt/Benl 1996: Vogt, S./Benl, A., *»No Germans, no Holocaust«. Zur Kritik von D. J. Goldhagens »Hitlers willing Executioners«*, in: *Bahamas* Nr. 20 (Sommer 1996)

Walser 1979: Walser, M., *Händedruck mit Gespenstern*, in: Habermas, J. (Hg.), *Stichworte zur »Geistigen Situation der Zeit«*, Frankfurt 1979, S. 39 ff.

Walterspiel 1993: Walterspiel, G., *Das zweite Geschlecht und das »Dritte Reich«. Über »Rasse« und »Geschlecht« im Feminismus*, in: Initiative Sozialistisches Forum (Hg.), *Kritik & Krise. Materialien gegen Ökonomie und Politik* N°6: *Nationalsozialistischer Staat, postfaschistische Demokratie*, Freiburg 1993, S. 23 ff.

Wehler 1996: Wehler, H. U., *Wie ein Stachel im Fleisch*, in: Schoeps, J. H. (Hg.), *Ein Volk von Mördern? Die Dokumentation zur Goldhagen-Kontroverse um die Rolle der Deutschen im Holocaust*, Hamburg 1996, S. 203 ff. (zuerst in: *Die Zeit*, 14. Mai 1996)

Nachweise

Die vorliegende Zweitauflage von *Was deutsch ist* wurde um vier bereits veröffentlichte Artikel ergänzt, deren Erstveröffentlichungsorte an dieser Stelle genannt werden. Die im Folgenden genannten Aufsätze folgen einer anderen Zitationsweise als der Hauptteil der Arbeit.

Das vorliegende Vorwort Manfred Dahlmanns zur zweiten Auflage *Was deutsch ist* geht auf einen Artikel aus der Wochenzeitung *Jungle World* (2005/48) zurück.

Der Aufsatz *Echtzeit des Kapitals, Gewalt des Souveräns Deutschlands Zukunft in der Krise* ist die überarbeitete und erweiterte Fassung eines Vortrags, den Joachim Bruhn auf dem Kongress *Auf einer Skala von 1 bis 10: Wie scheiße ist Deutschland?* am 6. November 2010 gehalten hat; erstmals wurde der transkribierte und überarbeite Vortrag abgedruckt in: *Bahamas* Nr. 63 (Winter 2011/2012), S. 67-78.

Der Aufsatz *»Nichts gelernt und nichts vergessen«. Ein Schema zur Geschichte des Antizionismus in Deutschland* erschien zuerst in der *Jungle World* (2008/19). Bei dem hier aufgenommenen Beitrag handelt es sich um die annotierte und überarbeitete Fassung des in der *Jungle World* erschienenen Artikels.

Der Aufsatz *Nazismus als Erkenntnisfalle. Warum die Geschichtswissenschaft die denkbar ungeeignetste Methode ist, Auschwitz zu verstehen* wurde in *Bahamas* Nr. 22 (Frühjahr 1997) erstveröffentlicht.